Johann Bernhard Basedows

Leben Charakter und Schriften

unparteiisch

dargestellt und beurtheilt

von

Johann Christian Meier,
Rektor der Domschule zu Verden.

Erster Theil.

Hamburg, 1791,
bei Benj. Gottlob Hoffmann.

Sr. Hochwohlgebohrenen
dem Herrn Oberhauptmann
Frhn. von Knigge
zu Bremen:

und
Ihro Hochwürden
dem Herrn
Consistorialrath Watermeyer
zu Stade,

dem Herrn
Consistorialrath Streithorst
zu Halberstadt,

Meinen Hochgeneigten Gönnern
und Freunden.

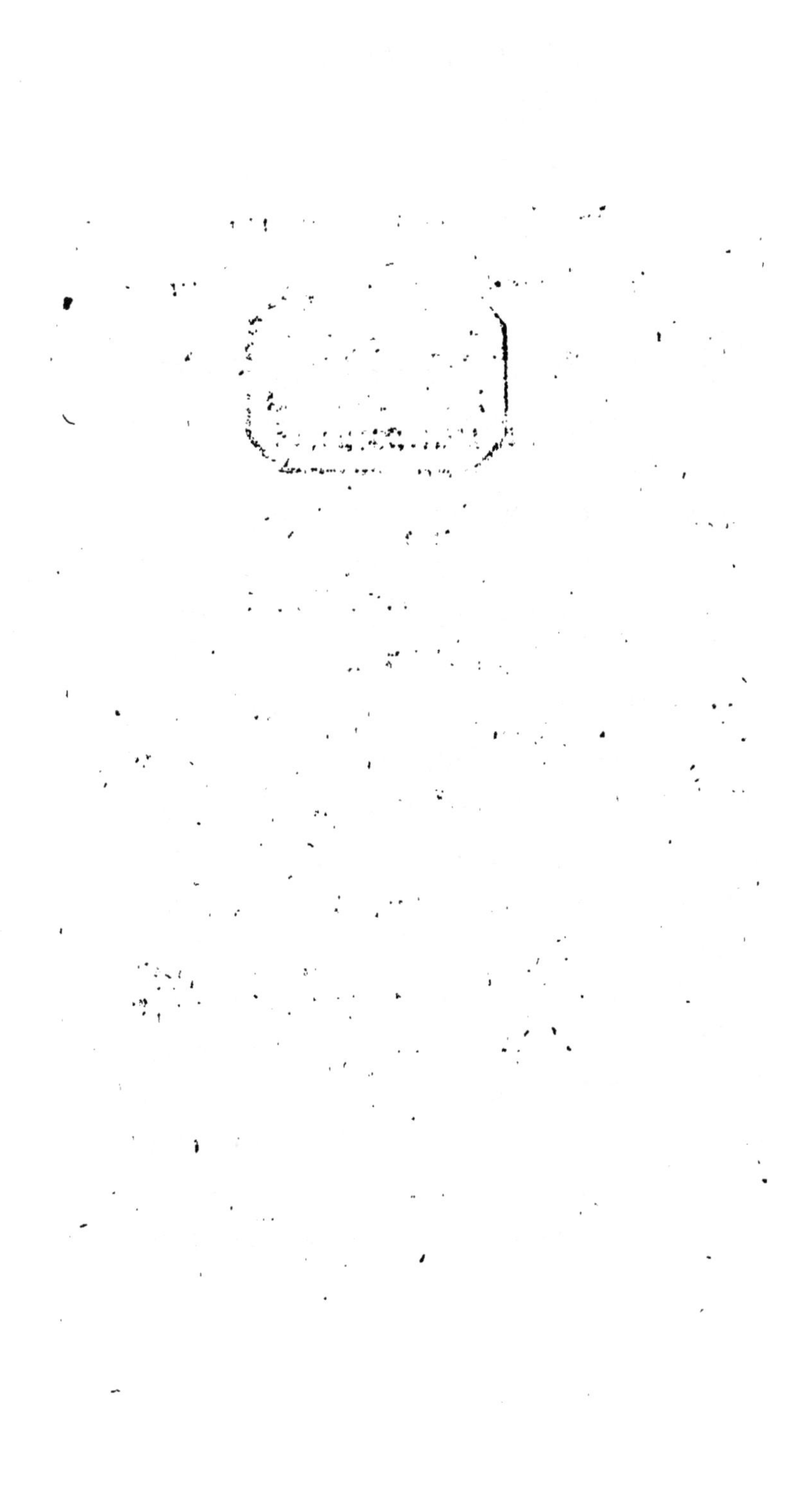

Hochwohlgebohrener!
Hochwürdige!
Verehrungswürdigste Gönner!

Als der Pastor Schmager seinen Dickius dem Frhn. von Moser dedicirte, drückte er sich so aus: sagte ich es Ew. Hochwohlgebohrenen nicht voraus, daß Sie mir bey meinem Dickius Gevatter stehen würden?

Ew. Hochwohlgebohrenen und Hochwürden haben gewiß sichs nicht träumen lassen, daß ich Sie bey der Ausgabe des Basedowischen Lebens zu Gevattern bitten würde. Sie, verehrungswürdigste Gönner! können also etwas unwillig fragen, aus waserley Macht ich das gewaget, und wer mir die Erlaubniß dazu gegeben habe? Verdenken kann ich es Ew. Hochwohlgebohrenen und Hochwürden nicht, wenn Sie es vielleicht sehr befremdend und sonderbar finden, daß ein niedriger Schulmann es sich herausnimmt, Denenselben das Leben eines merkwürdigen und berüchtigten Mannes zu widmen; eines Mannes, der nicht im Geruch der Rechtgläubigkeit gestorben, und dessen Begräbniß noch einen Pendant zur Kirchen- und Ketzergeschichte dieses Jahrhunderts erzeuget hat: und noch dazu ein Leben, das ohne Schminke ist aufgesetzet worden. Ich muß bekennen, daß ich freylich erst hätte anfragen sollen. Allein die Entfernung meiner hochgeneigten Gönner, und die Eilfertigkeit erlaubten dieses nicht. Vielleicht erhalte ich Verzeihung.

Verehrungswürdigste Gönner und Freunde! Es könnte scheinen, als wenn ich durch diese Zuschrift Schutz und Beystand und Vertheidigung unter den Flügeln so berühmter und belobter Männer wider alle Angriffe suchen wollte, die ich wegen dieses Lebenslaufes zu vermuthen und zu befürchten habe. Vor Gottes allsehendem Auge versichere ich aber, daß dieses nicht im geringsten meine Absicht ist. Sie, theuersten Gönner und Freunde! bleiben, ohnerachtet dieser Dedikation, völlig frey, über diesen Versuch einer Lebensbeschreibung eines

merk-

merkwürdigen Mannes zu urtheilen, was Sie nach Ihrer Einsicht und Wahrheitsliebe für richtig und gut erkennen werden. Verzeihen Sie es mir nur, wenn ich meiner Einsicht und meinen Erfahrungen beständig treu geblieben bin. Sie, mein Herr Oberhauptmann von Knigge, sind durch Ihre lesenswürdigen Schriften zu sehr bekannt, als daß ich nöthig hätte, den darin liegenden Bewegungsgrund vorzuzeigen. Aber eben dieser Ruhm würde mich mehr abgeschreckt, als eingeladen haben; wenn ich nicht das unvergeßliche Glück und die erquickende und unerwartete Freude gehabt hätte, Ew. Hochwohlgebohrenen in Egyptens Sandwüste, wo doch das Orakel Ammons, ich meine der Verdener Gesundbrunnen, in einem nicht unangenehmen Thale lieget, persönlich kennen zu lernen, und als einen seltenen Mann in Dero Herablassung zu bewundern und zu lieben, so als ich Dieselben schon so lange nach Dero Schriften geschätzet und mir gedacht hatte. Und was soll ich Ihnen, mein Herr

 Con-

Consistorialrath Watermeyer! zur Entschuldigung sagen? Ich darf dreiste hoffen, daß Ew. Hochwürden wissen, wie sehr ich Sie schätze und verehre. Auch Sie, mein theuerster Gönner! sind dem Publikum rühmlichst durch Ihre nützlichen und vortreflichen Schriften bekannt, und folglich ein Mann, um dessen schonende Nachsicht bey der Beurtheilung dieses Versuchs ich gehorsamst zu bitten habe. Bleiben Sie mir, theuerster Gönner! gewogen; denn Sie wissen, daß es mir an Gönnern und derselben beglückseligenden Gewogenheit fehlt. Bey Ihnen, mein theuerster Herr Consistorialrath Streithorst! brauche ich mich vielleicht am allerwenigsten zu entschuldigen; denn sollten Sie Ihrem alten Lehrer diese Freiheit nicht verzeihen? Freilich haben Sie wohl am allerwenigsten daran gedacht, daß Sie von Ihrem alten und ersten Lehrer, der Sie noch ungebohren denken kann, noch eine Dedikation erhalten würden. Belieben Ew. Hochwürden sich an Ihren letztern mir zugesandten

Brief,

Brief, den Inhalt desselben und an Ihre beygefügten vortreflichen Schriften zu erinnern; so wissen Sie die Gelegenheit, wodurch dieser Vorsatz in mir entstand. Ihr alter Lehrer gehet noch immer im Trommelrade, wie zu Halle, wenn er sich in den Salz-Kothen Bewegung machte, und ist deswegen seit 20 und mehrern Jahren noch nicht von der Stelle gekommen. Meine in der Vorrede angeführten Schicksale sind Ihnen nicht unbekannt. Verzeihen Sie, bitte ich ergebenst, mir meine genommene Freiheit.

Ihnen insgesamt, meinen verehrungswürdigsten Gönnern! habe ich durch diese Zuschrift einen geringen Beweis meiner Hochachtung geben und zugleich dadurch zeigen wollen, wie sehr ich Dero Verdienste und Schriften schätze. Ew. Hochwohlgebohrenen und Ew. Hochwürden ersuche ich noch unterthänigst und gehorsamst um die angelegentliche Gefälligkeit, mir nach Durchlesung dieses Lebenslaufes Dero Meinungen über Schreibart,

Ausführung und darin begangene Fehler freimüthigst und gütigst mitzutheilen. Im 2ten Theile werde ich gewiß nicht verfehlen, Gebrauch davon zu machen. Freilich werden die Herren Recensenten dieses Geschäfte besonders auf sich nehmen. Aber auch die strengste Kritik und sogar bitterer Tadel soll mir willkommen seyn; denn ich bin versichert, daß kein ehrliebender Recensente eine anonymische Pasquille machen, sie eine Recension nennen, und seinen Unflat nach Salzburg an die O. A. L. Z. schicken wird. Mit der tiefsten Ehrerbietung und Ergebenheit, und mit der aufrichtigsten Hochachtung bestehe ich

Ew. Hochwohlgebohrenen
Ew. Ew. Hochwürden,

Meiner verehrungswürdigsten Gönner

unterthäniger und gehorsamster Verehrer.
Johann Christian Meier.

Vorbericht.

Von dem vor einiger Zeit in dem Hamburgischen Correspondenten angekündigten Leben ohne Schminke des im vergangenen Jahre zu Magdeburg verstorbenen eben so berühmten als berüchtigten Basedows übergebe ich dem Publikum den ersten Theil. Der Stof war zu ergiebig, als daß alles nach dem mir gemachten Entwurfe hätte in einen Band zusammengepreßt werden können. Um etwas vollständiges zu liefern, habe ich das Leben dieses berühmten und berüchtigten Mannes in 5 Abschnitte vertheilet. 1) Einige erläuternde Anmerkungen zu den Fragmenten über B — s Leben und Character in der teutschen Monatsschrift December 1790 S. 281 ff. als eine vorläufige und vorbereitende Einleitung. 2) Das eigentliche Leben B — s von seiner Kindheit 1724 an, bis auf seinen zu Magdeburg den 25. Julius 1790 erfolgten Tod. Und diese beiden Abtheilungen machen den Inhalt des hier nächst folgenden erstern Theils aus. In dem 2ten Theile soll nun nachfolgen 3) B — s Character und Privatleben in der weitläuftigsten Bedeutung dieses Wortes. 4) B — s Schriften mit Anzeige ihres Inhaltes und Urtheile darüber. 5) Beantwortung einiger aufgeworfenen Fragen und muthmaßlichen Einwürfe gegen diese Lebensbeschreibung. So vertheilt und abgetheilt glaubte ich dem Publikum das Leben eines Mannes vorlegen zu können, für

welchen

welchen es sich eine lange Reihe von Jahren mehr interressiret hat, als für viele tausend große und hochberühmte Gelehrte dieses Jahrhunderts, so daß es der Aufmerksamkeit der Kenner, Gönner, Anhänger und Vertheidiger desselben nicht ganz unwürdig scheinen dürfte. Ich habe kein Bedenken getragen meinen Namen auf den Titel zu setzen, und sogar dieses Leben 3 hochansehnlichen und berühmten Männern unsers gelehrten Publikums zu dediciren. Man rufe aber ja nicht bey Erblickung meines Namens aus: "was kann von Nazareth Gutes kommen?" Der Mann ist ja ganz unbekannt, und will über einen hochberühmten B**, über ein lumen mundi schreiben? Gemach meine lieben Herren! lassen Sie uns denken: Help God mit Gnaden, hier ward ock Seepe gesaden. Sticht doch wohl eine Mücke einen Elephanten. Man lese und prüfe erst alles, und urtheile denn, ob ich die Wahrheit habe schreiben wollen und können? Damit aber doch der Leser, dem meine Existenz sogar unbekannt ist, etwas beruhiget und befriediget werden möge, so werde ich gleich nachher einige Nachricht von mir ertheilen, bloß um meine Gerechtsame etwas vorzuzeigen und den Leser zu versichern, daß ich ohnerachtet meiner umwölkten Dunkelheit, worin ich lebe, und so lange gelebt habe, doch nicht als Pflanze und Strauch vegetiret habe. Uebrigens wolle ja kein Leser, bitte ich, glauben, als hätte ich nicht selber zum voraus gefühlt, wie viel ich wagen würde,

wenn

wenn ich das Leben eines Mannes ohne Schminke beschreiben und herausgeben wollte, der länger als 30 Jahr eine über alle Erwartung wichtige und bedeutende Rolle als Philosoph, Theologe, und Pädagogiker gespielet hat. Ich versichere nach meinem innersten Bewußtseyn, daß ich dieses mehr fühle, als man mir wird zuglauben wollen, zumal er noch seine Anhänger, Vertheidiger, Anbeter und Nachbeter hat. Jedoch auch diese werden finden, daß ich B** das gegeben und gelassen habe, was ihm gehöret und gebühret, und ihm nur dasjenige genommen, was nicht seinen Verdiensten, sondern entweder seiner Einbildung, oder anderen übertriebenen Lobeserhebungen sein Daseyn zu verdanken hat. Freilich leben auch noch Männer, die den verstorbenen gekannt haben und ihn noch itzt beurtheilen, wie er muß beurtheilet werden. Daß diese und dergleichen Männer mir in allen Stücken ohne die geringste Ausnahme sollten beypflichten, das erwarte ich eben so wenig, als ich es verlange. Einige derselben habe ich in der Abhandlung selber ersucht, mich zu widerlegen. Auch alsdann, wenn sie es nicht thun werden, werde ich keinesweges aus dieser Unterlassung schliessen: qui tacet, consentire videtur. Ich glaube übrigens B** an Ort und Stelle so studiret, belauschet und ausgemerkt, und solche Nachrichten über ihn eingezogen zu haben, daß sich wohl wenige werden rühmen können, ihn so genau gekannt und beobachtet und ihre Beobachtungen so

geitzig

geitzig gesammlet zu haben. Ganz natürlich werden aber viele, wo nicht die meisten meiner Leser denken und fragen: Was mich doch wohl bewogen haben möchte, das Leben dieses Mannes noch weitläuftiger zu beschreiben, als wir es in den Fragmenten und Beiträgen allbereits besitzen? Diese Frage bedarf eine kleine erläuternde Antwort. Ist B * * der große, ausserordentliche, und hochberühmte Mann, unsterblichen Andenkens, bey der itzigen und bey der spätesten Nachwelt, wofür er bey seinem Leben von einigen gehalten wurde, und nach seinem Tode von vielen noch gehalten wird; so verdient er eine noch weitläuftigere Lebensbeschreibung, als diese ist. Will mich nun ein Basedowianer widerlegen, und glaubet dazu berechtiget zu seyn; so wird er mir doch wenigstens das Verdienst nicht absprechen können, daß ich ihm den Weg gebahnet und hier und da auf die rechte Spur gebracht habe. Ist B * * aber nicht der große Mann, und hat er sich um die itzige und um die Nachwelt nicht so verdient gemacht, als ihm einige, nach meiner Meinung diesen Ruhm fälschlich beilegen; und hat er folglich nicht den großen und unsterblichen Namen und Ruhm durch Thaten und Schriften sich erworben, wie andere glauben und behaupten wollen, und wie ich versichert bin, so verdienen abermals die Lebens-Umstände und Unternehmungen und Schriften dieses Mannes eine etwas genaue Untersuchung und umständliche Beschreibung

schreibung eben deswegen, weil man ihn noch nach seinem Tode für einen grossen und ausserordentlichen Mann erkläret. Dieses mögte aber meine gerechtsame Ansprüche noch nicht genug rechtfertigen; daher thue ich zur Verstärkung noch folgendes hinzu. Seit langen Jahren habe ich dieses Mannes Leben im Pulpet aufbewahret, welches ich aus meinen persöhnlichen Erfahrungen und aus den von ihm selber und von andern erhaltenen Nachrichten zusammengetragen hatte, so daß ich immer noch Nachträge und Vermehrungen hinzuthun konnte; wie auch wirklich geschehen ist. Als ich von diesem Mann wegging, und mich einigermaßen mit Gewalt von ihm losreissen mußte — wovon gleich nachher — er aber besorgte, daß ich ohne seine fernere Leitung mich in der großen Welt verlieren und unglücklich seyn könnte: so verlangte er von mir eine schriftliche Versicherung und Erklärung, daß ich ihm nie die Schuld meiner mir etwa in der Zukunft zugestoßenen Unglücksfälle beimessen wollte; und versprach mir dagegen auch eine schriftliche Erlaubniß zu geben, dem Publikum die Ursachen, wann und wo ich wollte, vorzulegen, warum ich durchaus nicht hätte bey ihm bleiben wollen und können. Viele Kenner B — s zu Hamburg und zu Altona widerriethen mirs, mich voritzt nicht ferner mit dem Manne abzugeben; riethen mir aber zugleich, meine gesammleten Erfahrungen und Beobachtungen und Nachrichten zusammen zu tragen, noch ferner zu ver-

vermehren und eine günstigere Gelegenheit und Zeit abzuwarten. Sehr ofte habe ich in einem Zeitraume von 20 und weit mehrern Jahren Gelegenheit gehabt, manchen Kennern und Nichtkennern B — s etwas aus meiner Sammlung mitzutheilen, und vielen dadurch einen ganz unrichtigen Wahn zu benehmen. Als die Fragmente über B — s Leben heraus kamen, wurde ich schriftlich und mündlich aufgefordert, dasjenige nun über das Leben dieses Mannes der Welt mitzutheilen, was ich schon längst herauszugeben versprochen hätte. Hier haben die Leser meine Bewegungsgründe, die ich so ganz ungekünstelt hergesetzt habe, sie mögen nun in dieser Naivete gefallen oder nicht.

Und nun! wie bin ich denn mit diesem Manne bekannt geworden? Es war ohngefähr in den Jahren 1764 bis 66, daß mir viele theologische Schriften dieses Mannes in die Hände fielen, die ich begierig las und verschlang, und mir einen Patriarchen und Apostel unter diesem Manne vorstellete. Da ich schon längst den Vorsatz gefaßt hatte, meine Schulbedienung in meiner Vaterstadt aufzugeben, und ein besseres Glück in der großen Welt zu suchen; so kam ich auf den Einfall, an B** zu schreiben, und ihn um seinen guten Rath zu bitten und zu fragen, ob ich wohl mit meinen etwanigen Kenntnissen zu Hamburg mein Auskommen finden könnte? B°° antwortete nicht nur, sondern schickte mir auch viele seiner

Schrif-

Schriften, die ich noch nicht gelesen hatte, und die mir noch bis itzt um desto schätzbarer sind, weil von seiner eignen Hand geschriebene Anmerkungen davor stehen, nebst seines Namens Unterschrift. Bey fortwährender Correspondenz erhielt ich unvermuthet ein Schreiben von diesem Manne, daß ich aufs schleunigste selber nur vors erste zu einem Besuche und einer mündlichen Unterredung überkommen möchte. Mit unbeschreiblicher Erwartung reisete ich in der rauhesten Jahrszeit ab, und lernte B** von Angesicht zu Angesicht kennen; und erfuhr zum erstenmahle in meinem Leben, wie wahr es sey: minuit praesentia famam. Schüchtern und furchtsam machte ich mit ihm einen schriftlichen Contract, den wir gegen einander auswechselten, daß ich meine Bedienung gehörig niederlegen und nach einem halben Jahre als Gehülfe zu ihm kommen, und mit ihm gemeinschaftlich und unter seiner Leitung arbeiten wollte. Ich mußte mir gefallen lassen, daß er mich vor Auswechselung des besagten Contracts gleichsam tentirte, wo ich das Glück hatte, das erstemal Basedowisch Latein zu hören, wodurch ich denn eben nicht sehr erbauet wurde. Kurz, ich reisete wieder ab, und kam richtig nach einem halben Jahre wieder, und blieb bey diesem Manne eine geraume Zeit, ob ich gleich gerne nach 4 Wochen wieder von ihm weggegangen wäre. Aufrichtig bekenne ich, daß mir der Mann zuletzt so unausstehlich wurde — wovon ich in der Beschreibung seines Characters hinreichende und befriedigende Ursachen angeben werde — daß ich gewiß glaube, ich würde tödtlich krank geworden und gar gestorben seyn, wenn ich länger bey diesem bizarren, in seiner Art einzigen und für mich ganz unausstehlichen und ungenießbaren Manne hätte länger bleiben müssen. Ich wagte verschiedene Versuche, von ihm loszukommen, ließ mich aber allemal durch seine Ueberredungen und Versprechungen, und besonders durch die dringenden Bitten und Vorstellungen seiner vortreflichen Gattin und Schwiegermutter auf andere Gedanken bringen. Seine liebenswürdige Gattin und Schwiegermutter rechneten es mir zu einem großen Verdienst an, daß ich ihrem Manne und Schwiegersohne dreiste zu Leibe ging, und ihm bittere Wahrheiten ungeschminkt ins Gesicht sagte, und erkannten: daß solch ein Mann um ihn und nahe bey ihm zu seyn, nöthig wäre, und suchten mich daher durch beträchtliche Versprechungen zu bewegen, die eingegangene Verbindung noch ferner fortzusetzen. Nach vielen überstandenen Kämpfen und erfahrenen hypochondrischen Launen schien es zuweilen würklich, als wenn B** ein ganz anderer Mann geworden wäre. Dieser Anschein dauerte wohl 8 oder 14 Tage, und es ging oft so weit damit, daß er sein Unrecht einigermaaßen erkannte und Besserung versprach, welches bey B** ungewöhnlich und fast unerhört war. Von Allem sollen an gehörigem Orte erläuternde Beyspiele

ange-

angebracht werden. Mutter und Tochter schrieben daher meinem nähern Umgange mit B * * einen größern Einfluß auf seine Launen zu, als doch in der That wahr war. Denn es währte meistens nur einige Tage, so wurde er dem ganzen Hause wieder fürchterlicher und unausstehlicher, als jemals. Zuletzt verabscheuete ich diesen Mann so sehr, daß ich in vielen Tagen nicht zu Tische ging, und ihn gar nicht sprechen und sehen mogte. B * * schwieg erst stille, und machte es mit mir, wie der hypochondrische Saul sich einige Zeit bey der Abwesenheit Davids verhielt. Jedoch zuletzt schämte er sich, und merkte meinen Vorsatz. Er kam nicht selber, sondern schickte einen seiner alten Bekannten, Namens Rahn, einen Schwager Klopstocks, der durch angelegte und gescheiterte Fabriken zu C. und H. damals berüchtigt genug war, an mich, um mich fragen zu lassen, was mir fehlte? Ich ließ ihm kurz sagen: daß es mir unfehlbar den Tod zuwege bringen würde, wenn ich noch einige Wochen oder Monate bey ihm bleiben sollte; ich wollte aber mit seiner Einwilligung und nicht mit Gewalt, wie ich thun könnte, unsern schriftlichen Contract aufheben, und als ein ehrlicher Mann sein Haus verlassen. B * * kam selber so freundlich und so gütig, wie ich ihn noch nie gesehen hatte; that mir erst nach seiner Gewohnheit tausend Vorstellungen. Da er aber merkte, daß er tauben Ohren predigte; so bat er, daß ich ihm nur ganz kurz sagen mögte, warum ich nicht länger in Verbindung mit ihm stehen wollte, da er doch nun eben im Begriff wäre, die wichtigsten Unternehmungen anzufangen? Ich antwortete, daß ich alsdann ihm meine Ursachen und Bewegungsgründe schriftlich geben wollte, wenn erst unsere Verbindung aufgehoben wäre, und ich zu Hamburg wohnte. Er bat noch einmal, ihm nur mit wenigen zu sagen, was ich wider ihn hätte, da er mich doch so sehr wegen meiner Aufrichtigkeit und Thätigkeit schätzte und liebte? Nun gut! antwortete ich lieber Freund! Sie wollen also kurz wissen, was ich Ihnen und Ihrer Frau und Schwiegermutter schon so ofte weitläuftig gesagt habe. Hier ist meine kurze Antwort auf ihre Frage. Lassen sie uns unsere Verbindung aufheben, oder ich sterbe; denn Sie sind mir unausstehlich; ich veräbscheue Sie; und lieber wollte ich das Gesichte eines sogenannten Teufels täglich sehen, und mit einem Wüterich umgehen, als länger mit Ihnen in Verbindung stehen. Diese lakonische Antwort that Würkung. Er stand wie eine Mauer stille, sahe in die Höhe, knaupelte nach seiner Gewohnheit an den Nägeln, und fiel mir darauf plötzlich um den Hals, und rief mit lauter Stimme: "Sie sind ein ehrlicher Mann, gehen sie hin in Gottes Namen; aber — eine schriftliche Versicherung bitte ich mir von ihnen aus, daß sie mir es nicht zuschreiben wollen, wenn sie in der grossen Welt unglücklich sind; denn ihr Graf

hat

hat sie mir anvertrauet — welches aber mit Erlaubniß nicht wahr war — denn da sie bey mir nicht fertig werden und aushalten können; so können sie es auch in der großen Welt noch weniger, die sie gar noch nicht kennen.„ Auch darin irrte sich der Mann sehr: denn während meines Aufenthaltes bey ihm hatte ich sie etwas kennen gelernt; wäre es auch nur in dem großen B** gewesen, den ich als Philosoph, Theolog, und Pädagogiker hatte kennen gelernt. Und diese erworbene Kenntnisse und gehabte Erfahrungen schätze ich bis itzt noch über alles: denn sie haben mich zu künftigen Auftritten vorbereitet, wovon ich nachher noch ein Wörtlein reden werde. B** weissagte mir nun sehr menschenfreundlich, denn er fing an zu fühlen, was ich gesagt hatte, und hatte sich von der ersten Betäubung erholet; "daß ich positiv auf den Gassen des großen Hamburgs wie Koth würde zertreten werden, daß er aber unschuldig an meinem Untergang seyn wollte.„ Jedoch um mir zu zeigen, wie sehr er mich noch liebte und schätzte; so that er mir noch einige Vorschläge, die ich in der Characteristik B—s anführen werde, darüber ich mich entweder todtgeärgert, oder todtgelacht haben würde, wenn ich ihn nicht als einen seltenen und vielleicht einzigen Projectirer in seiner Art gekannt hätte. Ein Fremder würde bey Anhörung dieser Vorschläge gewiß vor Erstaunen versteinert worden seyn. So ging ich denn also von

B** weg nach Hamburg; und als er bald darauf hörte, denn er besuchte mich ofte in meinem Logis, bey dem berühmten Buchhändler Herrn Bohn, daß es mir so wohl ginge, und ich mehr zu thun hätte, als ich bestreiten könnte, so sagte er voller Verwunderung: " nun dabey stehet mein Verstand stille: das ist mehr als Wunder: wenn sie in Hamburg fortkommen und glücklich sind. So wenig kannte der Mann mich und seine eigene Vaterstadt. Werden mirs die Leser verzeihen wollen, daß ich sie bisher so redselig und so umständlich über meine Verbindung und Trennung mit und von dem großen B** unterhalten habe? Vielleicht verzeihen sie mirs, weil der große B** bey diesen Kleinigkeiten mit im Spiel ist. Aber ich bin lange noch nicht fertig: denn ich habe versprochener Maaßen noch weit kleinere Kleinigkeiten meinen nachsichtigen Lesern mitzutheilen, die mein unbekanntes Einzelwesen ganz allein betreffen, welches ich deswegen voraus sage, damit man es überschlagen könne. Ich wollte nur noch ganz kurz zeigen, wer und was ich bin, und wie ich von Wernigerode nach Verden gekommen bin, und daß ich mich itzt von 68—91 so einige 20 und mehrere Jahre herumgewoget und getrieben habe, damit der Leser daraus sehen könne, wie ich zu Verden B—s Leben herausgeben konnte. Doch vieles hievon ist schon gesagt worden. Um also anzufangen, so muß der Leser zuvörderst wissen, daß ich

nicht

nicht nur glaube, sondern versichert bin, daß mich die Vorsehung zum Schulmann hat gebohren werden lassen, so wie der große B** wähnte, zum Reformator, Pädagogiker und Weltcensor berufen zu seyn. Ich ging deswegen zu diesem Manne, um erst recht ein Schulmann zu werden: sahe aber bald, daß ich diese Kenntnisse und Fertigkeit an einem unrechten Orte suchte, wo ich sie nimmermehr finden würde; und den brauchbaren Schulmann schon in und bey mir hätte, wenn ich ihn nur ausbilden und vervollkommen wollte. So glücklich aber B** auf seiner pädagogischen Laufbahn gewesen, so vielen Beyfall er fast von ganz Teutschland erhalten, und so großen Ruhm und Ehre und Reichthümer er sich in seinem grossen Würkungskreise erworben hat: mit eben so vielen Widerwärtigkeiten und ungünstigen Schicksalen und Hindernissen habe ich seit 35 Jahren und länger auf meiner sehr eingeschränkten Schulmanns-Reise kämpfen müssen. *) Diese Schulmanns-Reise nur will ich itzt kurz erzählen. Möchte doch diese Erzählung Jünglingen zur Warnung, und meinen geplagten Amtsbrüdern zum Trost dienen und gereichen!!! 1732 den

---

*) Und ist es denn bis itzt den meisten Schulmännern besser ergangen? Wie selten sind seit der Reformation bis itzt glückliche und geehrte und geschätzte und unterstützte Schulmänner, wenn sie nicht Wind machen und das Publicum täuschen können!

25sten Decemb. *) am Fuße des berühmten Blocksberges zwischen Bergen, Thälern und Wäldern und wilden Thieren, als Zwilling auf einer Papiermühle gebohren wuchs ich so in den Händen der Mutter Natur auf; daß ich im 10ten Jahre noch keinen Buchstaben kannte, und im 11ten und 12ten buchstabiren und lesen lernte. Durch grobe Handarbeit wurde mein Körper so Knochenfeste und stark, und so ausgedehnt, daß ich im 15ten Jahre allbereits nach damaliger preußischer Mode gemessen, und zum Wachsthum zu einen Rekruten aufgemuntert wurde. Um diese Zeit wurde ich confirmirt, und ein Geistlicher vom ersten Range überredete und bewog meine Eltern, mich noch den Studien zu widmen. **) Mit der Kenntniß der lateinischen Buchstaben muste ich anfangen, und zwar in den Jahren, wo andere mit der Erlernung der Sprachen und Künste auf Schulen ofte schon aufhören. Ich muste von untenauf dienen, und recht empfindlich war mirs, wenn ich als großer Goliath mit kleinen Daviden umgeben war. Mit unsäglicher und unbeschreiblicher

*) Möchte mir doch ein Herr, der Zeit und Rang hat, seinen Geburtstag zu feyren, nur einen Verlust ersetzen wollen für die Abtretung dieses schönen Geburtstages; ich wollte ihm gerne selbigen abtreten, und dafür den 29sten Februar nehmen!!!

**) Ich war schon dem väterlichen Handwerk bestimmet.

licher Mühe arbeitete ich mich durch; *) fing schon auf Schulen an Unterricht zu geben, und ging nach gehöriger Vorbereitung auf meiner vaterländischen Schule zu Wernigerode von da nach Halle, allwo ich fast 4 Jahr dem Studio theologico oblag. Hülfsbedürftige Umstände — da der obbenannte geistliche Rathgeber mir mehr versprochen hatte, als er halten konnte oder vielmehr wollte, indem ich auch nicht einen Heller an Stipendien erhielt, ob es mir gleich so heilig und so zuverlässig war zugesagt worden, und selbige auch begüterten und wohlhabenden Söhnen, aber NB. aus dem Geschlechte Aaron und dem Stamme Levi, durch die an vielen Orten gewöhnlichen Canäle der Geistlichen mit samt dem Freytische zufielen — dürftige Umstände, sage ich, nöthigten mich, für Speise und Trank, beynahe 3 Jahre in den obern Classen der lateinischen Schule des damals berühmten Hallischen Waisenhauses täglich 2 Stunden Unterricht zu ertheilen, und doch dabey 6 und oft 8 Collegia zu hören. So war der Anfang sauer und beschwerlich auf Schulen; aber der Fortgang auf der Akademie noch weit lästiger. Und doch war alles nur Vorbereitung auf die

 künf-

*) Denn ich besaß unermäßlichen Stolz und Ehrgeiz, ohne es zu wissen, und hatte — ein stupendes Gedächtniß. Wie viele psychologische Bemerkungen hätte ich hier mitzutheilen!!! Hr. Professor Moritz würde sie nützen können.

künftigen Auftritte meiner Schul- und Unterrichts-Pilgrimschaft. Sollte diese Vorrede einigen Lesern an dem Orte in die Hände fallen, ich meine zu Verden, wo ich schon seit 13 Jahren als Schullehrer stehe; so darf ich mich dreiste auf einen hiesigen wohlbekannten Geistlichen und Volkslehrer, den Herrn Pastor Horn, berufen, der mein Zeitgenosse zu Halle war, und mich in allen erzählten Umständen sehr wohl gekannt hat. Denn von allen meinen erlebten Auftritten habe ich noch lebende Zeugen. Und hier war es auf dem Hallischen Waysenhause, wo sich, soll ich sagen, die glückliche oder unglückliche Neigung bey mir entwickelte, oder vielmehr in ihrer völligen Stärke regte und zeigte, die ich zum Schulstande fast unwiderstehlich bey mir verspürte. *) Nie war ich vergnügter, und ich thue auch hinzu, stolzer, und mit mir selber zufriedener, als wenn ich auf dem hohen Lehrstuhl stand, und eine grosse Zahl sehr erwachsener Jünglinge zu meinen Füßen, wie Gamaliel, sitzen sahe, die alle begierig horchten, wenn ich sie in Sprachen und Wissenschaften unterrichtete. Außer, daß ich auf dem Waysenhause und in der Zuchthaus-Kirche oft predigte, hielt ich auch wöchentlich viermal — bloß einem meiner Freunde zu Gefallen, der zu furchtsam war

*) Möchte man doch erst anfangen auf *poeta nascitur* &c. auch bey Schulmännern mehr zu achten!! saure und schwere Arbeit war immer mein Hang und Neigung, aber — wer achtet darauf?

war — auf dem Hallischen Zuchthause 2 Jahre hinter einander Abends nach Tische die gewöhnliche Erbauungsrede an die Züchtlinge. Hier sahe, hier hörte ich viel; hier lernte ich Menschen und ihr Elend kennen; und hier erlangte ich nicht nur eine ungewöhnliche Dreistigkeit, sondern auch eine nicht gemeine Fertigkeit. So lernte ich und so lehrete ich; aber für meine Kräfte zu viel und überspannet. Beynahe wäre ich untergelegen: aber der damahlige berühmte Doktor Juncker lehrte mich das A. B. C., welches ich bey allem übertriebenen Fleisse nach seiner Meinung noch nicht gelernt hatte. Aderlaß, Bewegung, Cur. In dem Ersten hatte der berühmte Mann unrecht, wie ich nachher zu spät eingesehen habe: in dem Andern vollkommen und in dem Dritten nur halb Recht. Meine Leser wundern sich nicht, daß ich solche kleine Umstände noch so genau weiß. Auf Anrathen meines vortreflichen Lehrers auf Schulen des Magisters Jacobi, der als General-Superintendent noch nicht lange zu Halberstadt verstorben ist, fing ich frühzeitig an, mir ein Tagebuch (*diarium vitæ*) zu halten, welches ich alle Tage eine lange Reihe von Jahren bald in teutscher, bald in lateinischer Sprache, bald in den nachher erlernten neuern Sprachen durch Aufzeichnung merkwürdiger Ereignisse fortsetzte. Aus demselben und anstatt desselben fing ich nachher an bey mehrern Jahren mein eigenes Leben für meine Kinder zu schreiben, und habe solches bis diesen Augenblick

fort-

fortgesetzt. Doch zurück — als ich 2½ Jahr meine akademische Laufbahn fortgesetzt hatte, sollte ich mich zu einer vacanten Predigerstelle nur melden, und that es nach reiflicher Ueberlegung nicht, sondern kehrte höchst vergnügt nach meinem geliebten hallischen Waisenhause zurück, arbeitete von neuem mit noch größerm Eifer, und ich würde gewiß noch Jahre da geblieben seyn, wenn ich nicht in den damaligen Kriegeszeiten nach meiner Vaterstadt mit einiger gewaltthätiger Ueberredung des schon genannten geistlichen Rathgebers *) zurückgeholt und ins dasige Seminarium in dem hochgräflichen Waysenhause wäre aufgenommen worden. Hier gefiel ich mir recht wohl. Von zu großer Anstrengung war ich sehr entkräftet, und hier wollte ich mich erholen. Allein die Herrlichkeit währte nur einige Wochen. Die dritte Stelle an der dasigen lateinischen Ober-Schule war schon bey meiner Ankunft vakant. Durch etwas mehr, als gewaltthätige Ueberredung wurde ich durch den obbenannten geistlichen Rathgeber in dieses Amt hereingestoßen. **) Ich darf von allen nur die Ober-

*) Wie viel hätte ich von diesem geistlichen Rathgeber meinen Lesern zu erzählen!! ist eine Seelenwandrung, so wären in ihm — ten gefahren. Er war von der Sekte der Pharisäer — sten genannt.

**) Die Thatsache dieser Ueberredung und derselben Erzählung würde alle meine Leser in Erstaunen und Unwillen

Oberfläche berühren. Da ich im Predigen recht sehr geübt war, so hatte ich abermals nach einem Jahre Gelegenheit, nach einer an einem fremden Orte gehaltenen Gastpredigt zu einer einträglichen Predigerstelle zu gelangen, ohne nöthig zu haben, mich dazu zu melden. Allein ich schlug das dreimal wiederholte Anerbieten aus, und zog das Schulleben vor. Doch muß ich hier aufrichtig bekennen, daß durchs viele Lesen zu Halle und besonders itzt bey mehrerer Musse gewisse Zweifel in mir aufgestiegen waren, die ich mir nicht hatte heben und erklären können. Ich glaubte mit ruhigerm Gewissen ein Schulamt verwalten zu können. Doch bekenne ich eben so aufrichtig, daß ich hintennach ofte bedauret habe, dieses Anerbieten ausgeschlagen zu haben. Wie viele Unannehmlichkeiten und Widerwärtigkeiten würden mir unbekannt geblieben seyn! Aber auch wie unwissend und unerfahren würde ich in der Kenntniß der Welt und der Menschen geblieben seyn! Die Wege Gottes sind doch lauter Güte und Wahrheit! Mit ungewöhnlichen Eifer verwaltete ich dieses Schulamt 10 Jahr und wurde anfänglich

willen versetzen können. Da ich Entkräftung vorschützte, fiel der — ler mit mir auf die Knie — daß Gott mich stärken sollte, und da das nicht recht gehen wollte, log er mir und meinen Eltern vor, daß der preussische Werber sich bey ihm nach mir erkundigt hätte u. s. w. schändliche Lüge!!!

anfänglich als was neues bewundert und gelobet: *) bald aber der Berathung Gottes überlassen und vergessen, wie es noch bis itzt mit vielen Schulleuten an vielen Orten gehet, wenn sie nicht wie Ratichius und B** rumoren und spectaculiren können. Ich trage kein Bedenken, den zu Altona stehenden sehr berühmten Herrn D. Unzer den jüngern und den Hrn. Consistorialrath Streithorst zu Halberstadt, meine damaligen Eleven, zu Zeugen anzurufen. Was hätte aus mir werden können, wenn ich wäre aufgemuntert worden! Doch Nachläßigkeit, Verachtung und Vergessenheit und Hunger und Kummer, und unerträgliche Lasten sind noch bis itzt die Haupturſachen, daß wir an vielen Orten keine recht tüchtige und lustige und rüstige Schulmänner haben. Wenn ein lermender B** kommt, der weder Schulmeister noch Schulmann war, und doch Schulmeister und Schulmänner bilden wollte: da horcht das Publikum, wirft seine Louisd'ore und Ducaten hin, und läßt seine wackern Schulmänner verhungern und verkummern, verachtet, verfolget, verlästert und drücket sie noch dazu. **) Bey einem Gehalte, den ich nicht sagen mag,

*) Denn ich übte mehr *methodum inusitatam*, als daß ich davon hätte schreiben sollen. Am Hofe bewunderte man, wie geschwinde die Jünglinge französisch sprechen lernten.

**) Aus 10 und 12 und mehrjähriger Erfahrung habe ich gelernt, daß durch das vieljährige pädagogische Spektaculiren

mag, weil es unglaublich seyn würde, wohnte ich 10 Jahr in einer so elenden Schulwohnung — doch wurde sie nachher etwas repariret, daß jeder Fremde vor der Thür ein juramentum credulitatis abgelegt hätte, daß hier der Nachtwächter wohnte. Ich wollte heirathen; hatte aber weder Brod noch Wohnung, und es wurde mir noch dazu sehr übel ausgeleget, ob ich gleich Prediger kannte, die im 21sten Jahre geheirathet hatten; ich war aber schon 26 Jahr alt. Unglaublich ist es, welche große Beleidigungen, Verlästerungen und Verfolgungen und Mißhandlung ich in den 10 Jahren in meiner Vaterstadt erfahren habe. Für 30 xr. Zulage mußte ich alle Sonntage einmal auch wohl zweimal predigen, und zwar für einen theuren Mann, der gerade den $\frac{1}{100}$sten Theil — (nicht übertrieben, sondern dem Buchstaben nach wahr) täglich, wöchentlich, monatlich und jährlich von Geschäften hatte,

---

culiren und Rumoren es mit aller Erziehung und mit allem Unterricht in hohen und niedern Schulen weit schlimmer geworden ist, als es vorher war. In der lezten Abtheilung werde ich mich hierüber deutlicher erklären. Hier will ich nur eine Thatsache in der Oberfläche berühren. Viele unwissende und ganz unerfahrne und ungeschickte und ungeübte Prediger legen izt Lehrinstitute an, und kein Mensch bekümmert sich darum. Ja! was unglaublich ist; hier in der Nähe hat ein Schulmeister auf einem Dorfe ein Philantropin angelegt, und hat großen Zulauf.

hatte, und verrichten mußte; und bey dem allen verdiente ich doch kaum soviel, als ich für meine Person zur Nothdurft brauchte. *) Nach 7 Jahren legte ich auch das Predigen freiwillig nieder, ließ die 30 ℛ Zulage fahren, und hielt meine letzte Predigt über die Worte: Hier dienet man dem unbekannten Gotte. Der schon oft genannte geistliche Rath wähnte, daß dies der Teufel wäre, der mich von der Kanzel haben wollte, weil ich nach seiner Art zu reden, im Segen arbeitete. — Ich besitze diesen erbaulichen Einfall noch von seiner eigenen Hand geschrieben — und ich antwortete ihm, wenns auch seine Großmutter dazu wäre, so würde ich doch nie wieder im Vaterlande predigen. 3 Jahr vorher, ehe ich nach Altona ging, übergab ich einem geistlichen Rathe gewisse Bedenklichkeiten und Zweifel ein Alphabet stark in Manuscript. Sie sind nie beantwortet worden, ob sie gleich ofte sollten beantwortet werden. Hier breche ich ab, weil alles Folgende ohne umständliche Erzählung unglaublich scheinen würde. Kurz vor meinem

*) Die sogenannten preussischen Blechkappen waren damals gänge und gäbe. Der Handwerksmann, der Prediger, der Taglöhner erhöhete seinen Lohn nach dem innern Gehalt des Geldes. Der arme Schulmann allein erhielt statt 100 Rthlr. nur 25. Animus meminisse horret. In den ersten Jahren verdiente ich im Schweisse meines Angesichts kaum Salz und Brodt in eigentlicher Bedeutung.

meinem Weggehen übergab ich dem redlichen und edeldenkenden aber längst verstorbenen Herrn Consistorialrath Hildebrand eine umständliche Erzählung meiner erduldeten Leiden, dessen Schwiegersohn Herrn Consistorialrath Streithorst zu Halberstadt ich noch einmal kühnlich zum Zeugen anrufe. Dieser rechtschaffene Mann, mein wahrer Gönner, übergab, oder erzählte meine Beschwerden dem Erlauchten Landesvater G. C. E. zu St. W. der von Allen bisher wenig oder gar nichts erfahren hatte. Nun sollte alles gutgemacht und ersetzet werden; allein schon seit einem halben Jahre war ich mit B * * verbunden und die größten Versprechungen hätten mich nicht wankelmüthig machen können. Nach meiner Abreise sind die Salaire und die Wohnungen der Schullehrer so beträchtlich verbessert worden. — Alles durch großmüthige Freigebigkeit des Erlauchten Grafen Heinrich Ernst; — daß sie ihrem vorigen Zustande kaum mehr ähnlich waren. Hier verursachte ich Verbesserung, ohne Antheil daran zu haben. Ich kam also zu B * * nach Altona. Wie es mir hier ergangen ist, und was ich hier erfahren habe, davon handelt ein guter Theil des Basedowischen Lebens. Also von B * * weiter kein Wort. Von Altona ging ich nach Hamburg und privatisirte daselbst 4 Jahr. Und das war die angenehmste und froheste Zeit, so ich auf meiner Schul- und Unterrichts-Pilgrimschaft durchlebet habe. O glückseeliges Hamburg, du wirst mir unvergeßlich

 seyn!!

seyn!! Hier fand ich eine treue Gattin, hier fand ich Freunde und Gönner, fast ohne Zahl. Nie kann ich ohne die innigste Rührung an den redlichen und edeldenkenden Herrn Bohn, damaligen berühmten Buchhändler, denken, bey dem ich einige Jahre im Hause wohnte, und der ein solcher Freund und Gönner von mir war, desgleichen ich nie gehabt habe, auch nie wieder finden werde. Seliger Mann! unsterblichen Andenkens, welche Wohlthaten empfing ich von dir! und welche Weltkenntnisse flößtest du mir ein, und welche Lebensregeln gabest du mir!!! Auch bey meinen Kindern und Kindes-Kindern wird der Nahme dieses göttlichen Mannes in meinem Lebenslaufe unvergeßlich seyn. Sein Segen ruhe auf seiner zahlreichen Nachkommenschaft, besonders auf seinem Sohne, dem itzigen eben so berühmten Buchhändler Hrn. Carl Ernst Bohn, meinem wahren Freunde und Gönner. Wie gerne möchte ich so alle meine hamburgischen Freunde und Gönner beschreiben; aber was würde ich dann schreiben müssen! Ich will nur noch einiger Namen hersetzen. Hier lernte ich meinen Freund Hoffmann, einen andern itzigen Buchhändler und Verleger dieses Buchs, kennen. Und wie sollte ich dich edler, guter, biederer Röding mit Stillschweigen übergeben!! auch du gehörst zu den wahren Herzensfreunden, so ich je gehabt und gefunden habe, und auch der Tod wird uns nicht trennen. Wenn ich nur noch einige meiner gehabten Gönner und Freunde, den Herrn

Doctor

Doctor Mißler und dessen beide Söhne, meine damaligen Eleven und itzigen Doctores juris, den Hrn. Doctor von Kellinghusen, meinen damaligen Eleven, den Herrn Doctor Meier, meinen Eleven zu Hamburg und zu Otterndorf, und dessen noch lebende und betagte ehrwürdige Mutter Madame Meier, und dessen vortreflichen, sehr erfahrnen Bruder Herrn Valentin Meier, Weinhändler, den Herrn Doctor Kropp und dessen Söhne, die meist alle meine Eleven gewesen sind; den in Hamburg sehr bekannten und berühmten Chirurgus Herrn Schuch, und dessen Sohn, meinen ehemaligen Eleven und itzigen Garnison-Doctor, den Herrn Doctor Sutor und den würdigen Schullehrer Herrn Wesselhöft, und zu Altona den Herrn Doctor Unzer den ältern, Sr. Magnificenz den itzt regierenden Bürgermeister Wagner, den Herrn Licentiaten Haneker und den seligen Herrn Pastor Rüter und Pastor Alberti werde genannt haben; so glaube ich Gönner und Freunde genug angezeigt zu haben, deren Gewogenheit und Unterstützung mir Hamburgs Andenken unvergeßlich gemacht hat. Zu Hamburg hatte ich Gelegenheit, durch den beständigen Umgang mit Engländern und Franzosen, die ich im Deutschen unterrichtete, mich in beiden Sprachen noch zu vervollkommnen: von Anfang bis zu Ende hatte ich mehrentheils alle Tage 8 bis 10 Stunden. Eine saure und beschwerliche Arbeit; doch ich that es gerne und wurde dafür reichlich belohnt. Allein auf Anrathen und Zureden meines Landsmannes des sel. Herrn Rector Müllers am hamburgischen Johanneum, und des Herrn Professor Schützens am hamburgischen Gymnasium ging ich nach Otterndorf im Lande Hadeln, und stand als Rector an dasiger Schule über 4 Jahr. Daß ich mich nach angenommener Vocation abermals noch 2mal mußte examiniren lassen, welches ich vorher nicht wußte, und auch nicht geglaubt hätte, das rechne ich nicht unter die Mißhandlungen; wohl aber setze ich es auf die Rechnung der tyrannischen Mode, daß der Schulmann, welches schändlich und unverantwortlich ist, sich noch beständig als Candidate muß behandeln und hudeln lassen, und zwar ofte von Männern, die zu unwissend wären, seine Schüler zu seyn. *) Wer examinirt denn die Prediger,

*) Unsere Zeiten sollten aufgeklärt seyn, da wir bis itzt in vielen Ländern und Städten diese und dergleichen tyrannische Moden und Gewohnheiten noch leiden, dulden, und vertheidigen, die aus dem finstersten Pabstthum und aus den Eselsjahrhunderten ihren Ursprung haben? Also bleibt der Schulmann Candidat d. i. er hat eigentlich noch kein Amt eines Volks-Lehrers, das dem Amte eines Predigers gleiche? und so was duldet man noch? Doch ich komme nochmal wieder auf das Examen zu Otterndorf. Es sind hier 2 sogenannte Superintendenten. Der erste wohnte im sogenannten Sittlande, und der andre zu Otterndorf. Vom

Prediger, wenn sie versetzet werden? An den redlichen und edeldenkenden Herrn Superintendenten Hackmann, und an den Herrn Pastor Eichfeld

c 3 zu

Vom erstern ist hier die Rede. Zu diesem Manne wurde ich von ein Paar Deputirten hingeführt, um von ihm examinirt zu werden. Er hieß Br — diesen Mann fand ich so ganz unglaublich unwissend, daß er mein Schüler nicht hätte seyn können. Als ich ankam, gab er mir unter 4 Augen zu erkennen, daß nach seiner Meinung das Examen unterbleiben könnte. Allein ich gab ihm zu verstehen, daß es um der Deputirten willen nothwendig wäre. Er that 3 Fragen in geradbrechten Latein, und der Spaaß hatte ein Ende. Bey einem Spatziergange im Garten zeigte der Mann ungewöhnliche Kenntnisse in der Natur-Historie. Es waren in dem Jahre eben sehr viele Raupen und er fragte mich, ob ich wohl wüßte, woher die Raupen kämen. Die Frage war mir sehr befremdend. Starre sahe ich ihn an: und er glaubte ich wäre in Verlegenheit, und theilte mir einen Brocken seiner Naturkenntnisse mit; nemlich: daß die Raupen von den Spinnen, von den Spinnen sage ich, ihren Ursprung hätten, deren im vergangenen Jahre sehr viele gewesen wären. Ich sahe ihn starre an, erstaunte und schwieg stille. Derselbe Mann, als er nachher hörte, daß ich die LXX in pr. &c. lesen und übersetzen liesse, hatte behauptet, daß dieses Unternehmen zu kühn und unerhört

zu Otterndorf werde ich mich beständig mit Vergnügen erinnern. Sie sind immer meine wahren Freunde und Gönner gewesen. Wie gröblich und unerhört ich übrigens auch an diesem Orte für alle meine unglaubliche Mühe und Anstrengung, die Schule in Aufnahme zu bringen, bin die ganze Zeit gemißhandelt worden, das wissen alle meine dasigen Freunde. Ich verlangte eine bessere Wohnung, weil man sie mir schon versprochen hatte; und erhielt sie nicht. Als die Beleidigung aufs höchste stieg, und ich Gott im Stillen um Errettung und Gerechtigkeit bat, erhielt ich unvermuthet und unerwartet von hoher Königlicher Regierung zu Stade den Ruf zu den vacanten Rectorat zu Verden. Nach reiflicher Ueberlegung und Prüfung nahm ich selbigen an. Nun wollte man mir zu Otterndorf eine bessere Wohnung geben; es war aber zu spät. Mein Nachfolger, der itzige Hofrath und Rektor Voß zu Eutin, erhielt sie nebst andern Vortheilen, und ich ging abermals leer aus. Zur Dankbarkeit für meine viele Mühwaltung wurde mir vor meinem Weggehen von da noch ein Proceß an den Hals geworfen, der so ungerecht war,

hört wäre: Denn er verstünde die LXX nicht, und folglich könnte ich selbige noch weniger verstehen und lesen lassen. Doch ich glaube, meine Leser sind völlig gesättiget. Bey Gott! es ist alles nach dem Buchstaben wahr, und noch mehr.

war, daß vielleicht kein ungerechterer kann gedacht werden. Noch 7 Jahre zu Verden mußte ich selbigen mit unsäglichem Verdruß und vielen Kosten führen, und von 2 Advocaten führen lassen. Gewinnen muste ich ihn, und wenn die Hölle wider mich gewesen wäre. Meine Leser würden mit den Zähnen knirschen, wenn ich ihnen selbigen umständlich erzählen könnte und wollte. Er kostete mir an die 50 ℛ, und ich kriegte 20 wieder, die ich meinem Sachwalter ließ. So erfuhr ich, daß ich nur Schulmann war. Doch es stand in dem Buche meines Schicksals geschrieben, daß ich bey meiner 4ten oder 5ten öffentlichen Rolle in der Welt erst nun noch die Gesinnungen des größern und kleinern Haufens gegen Schulen und ihre Lehrer so kennen und erfahren lernen sollte, als ich es ohne eigene Erfahrung nie würde geglaubet haben. Gott! der du unerforschlich bist in deinen Wegen und Führungen! wie köstlich und unschätzbar sind deine Prüfungen und Schicksale, die du über uns kommen lässest!! Ich ging nach Verden. Auf mein unterthäniges Ansuchen hatte die hohe Königliche Regierung zu Stade recht große Kosten und Summen angewendet, um die dasige öffentliche verfallene Lehranstalt wieder emporzubringen, und diese Sorgfalt hat sie bis itzt fortgesetzet. 13 Jahr diene ich nun als Rector an dieser Schule. Alle Hindernisse, Verläumdungen, Verfolgungen, Verlästerungen, Vernachläßigungen, Verachtungen, Widerwärtigkeiten und grobe und offenbare Beleidigungen wider das Völkerrecht, so ich bey den bisherigen Auftritten erzählt habe, sind nur Kleinigkeiten gegen alles das, was ich in den 13 Jahren hier zu Verden erfahren, geschmecket, gekostet, gelitten, geduldet, und ohne müde zu werden, ausgestanden habe; und so ich nun noch erzählen könnte und müste. Verden wäre gerade der Ort, wo eine Schule recht gedeihen und blühen könnte und müste, wie ich mir anfänglich schmeichelte. Ich fand aber hintennach, und sehe es itzt noch immer mehr ein, daß es gerade der Ort ist, wo in ganz Teutschland eine Schule am allerwenigsten empor kommen kann; weil sie unmöglich an irgend einem Orte mehr mit samt ihren Lehrern kann vernachläßiget und verachtet werden. Ich hatte eine Menge Pensionairs, und würde nicht mehr leben, wenn ich damit fortgefahren wäre; so groß und unerträglich war die Verfolgung und Verlästerung. Wenn ich aufgefodert werde: so will ich es mit schriftlichen Zeugnissen beweisen, die ich in Händen habe, und die man bey mir nicht vermuthet. Voritzt hievon so weit und nicht weiter. Fast 13 Jahr habe ich bis auf diesen Augenblick über menschliche Kräfte gearbeitet, und es wird immer schlimmer und ärger. Auf den Allwissenden und dessen gerechtes Urtheil berufe ich mich kühnlich, der allein weiß, mit welcher unermüdeten Treue ich meine Pflichten erfüllet habe. Auch meine

Hasser,

hasser, Neider und Verfolger fodere ich auf, für oder wider meine Thätigkeit und Arbeitsamkeit zu zeugen, sie mögen hier an Ort und Stelle seyn, oder entfernt von hier wesen und leben. Meine Klasse habe ich ganz alleine. Täglich unterrichte ich 8, 9 bis 10 Stunden. Und was verdiene ich damit an einem so kleinen Orte, wo das, was ich leisten kann, so wenig erkannt und geschätzt wird? Und wie drückend ist die Zahl anderer Geschäfte! Tag und Nacht habe ich gearbeitet, und arbeite noch, um nur etwas Aufmerksamkeit zu erwecken, und etwas Gunst und Gewogenheit für unsere Schule und ihre Lehrer zu erwerben. Alles vergebens und umsonst. So lange hat Basedow an seinem Philanthropin nicht gearbeitet. Unsere unbekannte Schule hat in ihrer innern Einrichtung große Vorzüge. Der Augenschein und eine unpartheiische Prüfung und Untersuchung können es lehren. Für eine Kleinigkeit kann man es hier in alten und neuern Sprachen, in Künsten und Wissenschaften weit bringen. Fremde wissen es nicht; und Eingebohrene achten es nicht. In diesem Stücke ist unsere Schule in ihrer Lage, im heiligen römischen Reiche einzig, wie Basedow. Bey den jährlichen öffentlichen Prüfungen, wozu jedermann kommen darf, könnte es jedermann sehen und hören. Aber es kommt fast gar keiner. Die mir widerfahrenen und allen Glauben übersteigenden Beleidigungen übergehe ich. Es ist Stoff zu einen Folianten. *) Von 81 : 89 schrieb ich die frommen Wünsche, die eine beträchtliche Bogenzahl ausmachten, in 4 Stücken, und die noch wichtigere Wahrheiten enthalten, als Basedows Vorstellung an Menschenfreunde. In meiner Dunkelheit wurden sie eben so wenig bekannt und gelesen, als viele kleine Schul= und Einladungsschriften, dergleichen doch hier nie aufgesetzt waren. Durchgeblättert, geräuspert, gelächelt, gejähnet, vergessen: das war ein Huy. Im Jahre — 90 setzte ich eine Nachricht von der verdenschen Schule auf, und zeigte, was solche vorher gewesen, und seit 13 Jahren geworden sey, und bewies in unläugbarem Detail, daß sie Vorzüge hätte, die nicht viele Schulen vorzeigen könnten. Und sollte man es glauben? ein junges Männchen, *horrendum dictu* genannt, den ich nicht kannte, an den ich nicht dachte, den ich nie beleidigt, der selber ein Schulmann ist, setzt aus Grimm, Haß und Neid eine mehr als teufelische Pasquille auf, nennet es eine Recension, schickt es nach Salzburg, um es in die sogenannte O. A. L. Z. einrücken zu lassen, weil er wußte, daß kein gewissenhafter Redacteur solch

*) Doch soll für die Nachwelt nichts verlohren gehen, von Urhebern und Thatsachen. Nie habe ich einen Mann kennen gelernt, oder mit ihm in näherer und entfernterer Verbindung gestanden, dessen Namen u. s. w. ich nicht sorgfältig eingetragen hätte, und zwar umständlich mit Anekdoten.

solch einen Unrath würde einsetzen lassen, und daß dieselbe Schrift in der A. L. Z. sehr gut war recensirt worden. Es konnte ihm nicht unbekannt seyn, daß ich in Angelegenheiten unserer Schule nichts darf drucken lassen, als was zu Stade von unsern höchsten weltlichen und geistlichen Vorstehern war recensirt und mit dem *imprimatur* versehen worden. So vergrif er sich an seiner höchsten Obrigkeit, und frägt frech, ob denn keine Obrigkeit wäre, die den Druck solcher Schriften steuren könnte? und wirft also seiner Obrigkeit Nachläßigkeit vor, und redet verächtlich von berühmten Männern und ihren Schriften. Mich selber als Verfasser dieser Schrift behandelt und mißhandelt er nicht als ein ergrimmeter und erbitterter Recensent, sondern als ein Scham- und Ehr- und gewissenloser frecher Bube aus Jan Hagels Club, und thut dabey so fremde, und so weit wegwohnend, als kennte er mich gar nicht, und so weise und so klug und so gelehrt, ob er gleich nie den Titel zu einer Schrift gemacht hat, daß er bey seiner übermäßigen Weisheit versichert, meine Schrift mit Lachen und Weinen gelesen zu haben. So weit gehet die Frechheit unserer jungen und unerfahrenen Leute, daß sie mit erfahrenen Männern und Greisen ihren Spott treiben. Ja dieser junge Mann gehet in seiner Frechheit so weit, daß er mir diesen höllischen Auswurf, einen ganzen Bogen lang, im Manuscript auf der Post zuschicket, mit der

Unter-

Unterschrift ΣX. oder Sch – , weil viele Ehrentitel mit Sch. anfangen. *) Aber theuerste Leser! das

*) Billig wird mancher Leser fragen, wie denn ein junger Mensch sich dergleichen Frechheit durfte zu Schulden kommen lassen, ohne zu besorgen entdeckt, und für seine, unerhörten Beleidigungen öffentlich bestraft zu werden, weil er öffentlich so widers Völkerrecht sich vergangen hätte? Ja lieber Leser! wenn ich dir das so erzählen sollte und könnte, du würdest dann noch weit mehr thun, als erstaunen. Das stehet voritzt in meinem Lebenslaufe, wo es aber gewiß nicht ganz verborgen und verschwiegen bleiben wird. Was geschiehet nicht in der Welt, durch heimliche Cabalen und Unterstützung? Da ich diese Schand-Pasquille, die ihren Verfasser auf lange Zeit brandmarket, schon in dem jüngst herausgegebenen 3ten St. der Phantasien über Teutschlands Töchter u. s. w. in einer Nachschrift gerüget habe; so würde ich mir nicht die Mühe gegeben haben, weiter mich mit der Widerlegung solcher Eseleyen abzugeben, wenn nicht solche Schand- und Lästerschriften in ganz Deutschland herum kämen. Und was müssen die vor Gedanken und Vorstellungen von unsrer Schule und ihren Lehrern erregen; da ja wenige oder gar keine die Nachricht von unsrer Schule selber haben und lesen können, wo jeder so das Gegentheil sehen würde. Also bin ichs meiner Lehre und unsrer Schule schuldig, mich auch bey einer Gelegenheit vor ganz Deutschland zu verantworten, und das könnte ich

das sind alles unschädliche Kleinigkeiten. Vor vielen Jahren **verlohr ich hier den größten Theil meines geringen Vermögens** à 1500 ℛ𝔱 und habe seit vielen Jahren keine Interesse erhalten. Wer der Mann ist? Ein Riese gegen mich in Rang und Würde. **Könnte ich seine Briefe dem Publicum vorlegen,** um

---

ich 100mal nachdrücklicher thun, und weitläuftiger; wills aber nicht thun. Ist der Verfasser noch der Reue und Schaam fähig, so hat er Ursache seine Beleidigungen zu erkennen. Aber noch mehr verdiente der Redacteur zu Salzburg bestraft zu werden, daß er Pasquillen ohne Namens-Unterschrift annimmt und einrücket. Unedel gehandelt! d. h.: Ein junger Mann, der selber die schwere Bürde des Schuljochs träget, sollte noch etwas mehr als Schaam und Reue mit samt seinen Helfers-Helfern empfinden und fühlen, wenn er nicht schon verhärtet und verstocket ist, einen alten erfahrnen Schulmann, einen Greis, der sein und ihr Vater seyn könnte, so gaunermäßig anzugreifen. Wenn die Schulmänner einer den andern erst selbst angreifen und beschimpfen wollen; so wirds mit Schulen und Unterricht und Lehrern immer noch kläglicher und elender werden. Möchte doch der Verfasser die Menge und den innern Gehalt der Hamburger Schillinge und der Bremer Groten vor der Ausführung dieses häßlichen Vorsatzes recht reiflich überleget haben!!!

umzuzeigen, wie ich durch die heiligsten Versicherungen bin getäuscht worden! Es ist mehr als himmelschreiend. O wüßtest du es, großer, gerechter, weiser, und wohlthätiger Georg!! Die meisten meiner Zöglinge haben mich bis itzt mit dem schändlichsten Undank belohnet. Im Detail alles unerhört, und gar nicht glaublich. Sie mit sammt ihren Eltern verkennen meine unsägliche Mühe und Arbeit gänzlich. Da wo die Jünglinge zur Vervollkommung 3-4 Jahr bleiben sollten, gehen sie nach heutiger Mode, nach einem Jahre weg, und wollen es gar mit einem halben Jahre anfangen, und nehmen es übel, wenn man nur Gegenvorstellungen thut. Alle Eltern die mich kennen mit sammt ihren Söhnen, fordere ich auf, gegen mich zu zeugen.*) Wenn unsere

*) Alle diese und dergleichen grobe Beleidigungen, die unsere Zeit noch leiden und dulden muß oder will, verdienen mehr für die Nachwelt und ihre verbesserten Schulen aufbewahrt zu werden, als viele andere gleichgültige Dinge. An meiner Seite habe ich auch hier meine mir vorgeschriebene Pflicht nicht verabsäumet, und werde sie bis ans Ende nicht verabsäumen. Gott ist gerecht. Es verlohnet sich der Mühe, Kindern und Kindes-Kindern Aufmerksamkeit und Beobachtung zu empfehlen. Viele standen bey ihren Zeitgenossen in großen Ruhme, und die Nachwelt erfährt erst, daß sie die ärgsten Schurken und Bösewichter waren.

unsere Schulen hier nicht bald gnädig von Gott heimgesucht werden, so wird dieses auf alle Stände einen schädlichen Einfluß haben. Die Schullehrer müssen ihre Tage in Kummer und Dürftigkeit verleben, besonders an einem kleinen Orte, wie Verden. Wäre ich in einer größern und volkreichern Stadt, so brauchte ich nicht für mich und meine Kinder wegen der Zukunft besorget zu seyn, denn ich kann Gottlob arbeiten, wo was zu verdienen ist. Und würklich, bey allen diesen erfahrenen Leiden und Widerwärtigkeiten, muß ich besorgen, in meinen alten Tagen noch mit meiner Familie in Dürftigkeit zu gerathen. Hier haben meine Leser einen kurzen Abriß von meiner Schulpilgrimmschaft. Ist das nicht ein Nachtstück gegen Basedows glänzendes Portrait? Und werden es meine Leser glauben, daß durch alle diese erduldeten Widerwärtigkeiten doch der Schulgeist nicht gedämpfet worden, ob ich gleich alle meine Zöglinge abrathe, sich je dem Schulwesen zu widmen. Auf die Hülfe des Herrn harre ich; der wird mir einen erquickenden Nachmittag und Abend meines Lebens geben; da der Morgen und Mittag so heiß und so ermattend gewesen sind! Amen! Amen! Amen!

Die etwas lange Vorrede will ich gleich schliessen. Ob ich nach dieser Erzählung etwas berechtiget war, B—s Leben zu beschreiben? Das mögen meine Leser beurtheilen. Die Fehler meiner Schreibart wird man mir verzeihen, wenn man sich einen

Mann

Mann von meinen Geschäften denket. Und meine Geschäfte sind noch weitläuftiger und drückender, als mir es meine Leser zuglauben würden. Frühe und spät kaufe ich Viertelstunden und kürzere Zeiträume aus, sonst wäre es unmöglich, so viele Geschäfte abzuwarten. Schließlich versichere ich noch einmal, daß mir der bitterste Tadel soll willkommen seyn. Aber meine Ehre und meine Glaubwürdigkeit wollte ich gerne unangetastet wissen, um nicht genöthiget zu seyn, mich auf eine Weise zu vertheidigen, **wie ich mich ungerne in dieser Materie vertheidigen möchte!!!**

Erste Abtheilung

enthält:

Einige Anmerkungen zu den Fragmenten über Basedows Leben und Character in der deutschen Monathsschrift, vom December 1790. S. 281. f., als eine vorläufige und vorbereitende Einleitung zu den Nachrichten von B — s Leben, Character und Schriften.

Um die Leser auf dasjenige gehörig vorzubereiten, was in diesen Bruchstücken über eines sehr merkwürdigen Mannes Leben, Character und Schriften wird erzählet, vorgeleget und geurtheilet werden, war diese erste Abtheilung als eine Einleitung fast nothwendig und unentbehrlich. Wegen des Mangels an historischen Nachrichten über B—s Lebensumstände konnte dieses Mannes Lebensgeschichte beym ersten Versuche nicht anders als in Bruchstücken aufgesetzt werden. Diese Sammlung von Fragmenten in der deutschen Monathsschrift ist ein sehr köstlicher und brauchbarer Vorrath von

Nachrichten und Urtheilen über dieses Mannes Leben, Character und Schriften. Da ich aber glaube durch einen persönlichen, und ich kann hinzusetzen, vertrauten Umgang mit Basedow in den Stand gesetzet worden zu seyn, viele in diesen Fragmenten abgefassete Nachrichten ergänzen und berichtigen zu können: so entschloß ich mich nach vollendeter und nochmals wiederholter Durchlesung jener Fragmente diese ergänzende und berichtigende Anmerkungen, vor meinem vollständigern Aufsatze, als eine Einleitung voran zu schicken; um den Leser vorläufig etwas mit B—s Leben und Character bekannt zu machen.

Der mir unbekannte Verfasser dieses sehr wohlgerathenen Aufsatzes, ist gewiß ein redlicher und edeldenkender Mann; mit aller nöthigen Klugheit, Feinheit, Wohlgewogenheit und Herzensgüte in einem solchen Grade ausgerüstet, daß er die schwere und seltene Kunst recht gründlich erlernet, und schon lange geübet zu haben scheinet: das Häßliche und Abschreckende in ein feines, sanftes, einladendes und anlockendes Modegewand einzukleiden, so daß er selber der Wahrheit keinen sehr merklichen Abbruch thut, und doch in der Sache selber unkundige Leser nichts Beleidigendes und Anstößiges finden können. Für meine Person bekenne ich aufrichtig, daß ich beym Durchlesen dieser

Frag-

Fragmente oft in Versuchung gerieth zu glauben, daß der Verfasser diese Einkleidung gewählet, um seine ertheilten und oft etwas übertriebenen Lobsprüche mit dem Salze der Satyre bestreuen, und so vor der Fäulniß bewahren, und dadurch der Wahrheit und Redlichkeit, und dem Gewissen ein Sühnopfer bringen zu können. Denn wenn das alles wahr ist, was er dem Publikum in Fragmenten vorleget; oder wovon er einen Kenner und kundigen Leser nur Winke giebet; so müssen die ertheilten Lobsprüche dadurch nothwendig gemildert werden, und gleichsam im Werth und Gewichte sehr herabsinken. Recht sehr wünschte ich mit Bewußtseyn sagen zu können: daß die gemeldeten eben nicht vortheilhaften Thatsachen, entweder gänzlich meinen gehabten Erfahrungen widersprächen; oder doch der Wahrheit nicht so gemäß erzählet würden, als sie da stehen!! das kann ich aber nicht. Daher werde ich sowohl in diesen ergänzenden Anmerkungen, als auch nachher in den folgenden Abschnitten von dem Leben und Character und Schriften dieses an sich höchst merkwürdigen Mannes mit aller möglichen Schonung und Behutsamkeit, aber auch zugleich mit der allergewissenhaftesten Anhänglichkeit an Wahrheit und Thatsachen, in die Fußstapfen meines Vorgängers treten, und als glaubwürdiger Augenzeuge dasjenige ungekünstelt erzählen, was

 ich

ich in dem Umgange mit B** gesehen, oder aus seinem Munde gehöret, und aus den Zeugnissen anderer glaubwürdigen Männer, die ihn sehr wohl kannten, mir angemerket habe. So werde ich in allen folgenden kleinern und grössern Abschnitten fortreden, und dabey sowohl itzt, als nachher ganz unbekümmert bleiben, was etwa unkundige und durch Vorurtheile eingenommene Anhänger darüber sagen, urtheilen und einwenden mögen. Der Verfasser dieser Fragmente in der deutschen Monathsschrift, scheinet seine Nachrichten aus B—s eigenem Munde, und desselben oft wiederholten Erzählungen hergenommen zu haben. Auch ich werde sowohl hier, als besonders unten in der Characteristik vieles erzählen, was mir nur aus einer mündlichen Unterredung mit diesem Manne bekannt werden konnte. Vorläufig aber muß ich gleich noch bemerken, daß der gute B** die Charientismen außerordentlich liebte, sehr säuberlich verfuhr, und in den unbedeutendsten und oft schmutzigen Dingen Ruhm suchte: so ofte sein geliebtes Einzelwesen und dessen Schicksale der Gegenstand seiner Erzählung war. Die häßlichsten Knaben- Jünglings- und Studenten-Streiche wurden durch seine bezaubernde Erzählung ein sehr ergiebiger Stoff der Bewunderung seiner Zuhörer, die er dadurch zu erregen suchte, und meistens

glücklich

glücklich einerndtete. Es verstehet sich von selber, daß solche lustige, obgleich an sich schmutzige Streiche höchstens nur durch Winke werden berühret werden. Jugendliche Ebentheure, womit einige Neuere in ihren Lebensläufen so sehr freygebig sind, sind allemal verzeihlich, und verdienen nur alsdann einige Erwähnung, wenn sie noch in männlichen Jahren, mit Kützel und Wonnegefühl zur Erlustigung aufgetischet und vergrössert werden. Nur in diesem einzigen Falle können sie den Character eines Mannes mehr enthüllen. B** verstand die seltne Kunst, Ruhm zu suchen, und zu finden, da, wo ihn wenige suchten und auch gewiß nicht würden gefunden haben. Jedoch wenn man öfters und lange mit ihm umging, und eine und dieselbe Erzählung nur mit etwas veränderten Umständen bis zum Eckel wiederholen hörte; so verschwand Bewunderung, und verwandelte sich in eine Art von minderer Achtung. Das erste mal, wie ich im folgenden noch ofte thun werde, berufe ich mich auf das Bewußtsein aller der weit und breit zerstreueten Männer, die mit diesem sonderbaren und in seiner Art ausserordentlichen und einzigen Manne lange umzugehen, und seine Worte und Handlungen zu bemerken und zu beobachten Gelegenheit hatten. Zuverläßig weiß ich, daß die Zahl solcher Männer, die ihn persönlich kannten, öfters mit ihm sich unterredeten, oder gar geraume Zeit mit ihm in einer nähern Verbindung standen, und sich nachher wieder von ihm trenneten, nachdem sie anschauend erfahren hatten: minuit præsentia famam; weit grösser ist, als unkundige Leser glauben können. Dreiste darf ich mich auf dieser Männer Erfahrungen berufen, wenn sie gleich bis itzt durch wichtige Ursachen sind abgehalten worden, selbige in Zeugnissen und Bekenntnissen dem Publicum mitzutheilen. Möchte doch unser B —, eben wie *Rousseau* über sein Leben, *Confessions* geschrieben haben!! Selbige würden gewiß nicht minder lehrreich und erbaulich und seinem Ruhme gar nicht nachtheilig seyn. Oft baten ihn seine Freunde, doch noch wenigstens sein Leben in seinem Alter zu beschreiben. Keiner seiner Freunde und Verehrer hätte es besser aufsetzen können, als er selber. Er hatte seine Ursachen, es nicht zu thun. Am besten und sichersten könnte diese Lebensbeschreibung durch die zusammengesetzten und verglichenen Erfahrungen aller derjenigen Männer zu Stande gebracht werden, welche mit B — längere oder kürzere Zeit umgingen, und mit ihm eine geraume Zeit in Verbindung standen. Der Fragmentenschreiber über das Leben B — hat den Anfang gemacht, und ich begleite ihn zuvörderst mit einigen Anmerkungen, um nachher

meine

meine gesammelten Erfahrungen und Nachrichten desto glaubwürdiger mittheilen zu können. *)

1) Wird B — in diesem Aufsatze auf der einen Seite eben so sehr erhoben, als er auf der andern Seite durch gewinkten Verdacht und ausdrückliche Beschuldigung erniedriget wird. Ich wüßte dieses mit keinen andern Namen, als mit einer Art von Widerspruch zu belegen. Die ihm ertheilten Lobsprüche sind fast noch etwas mehr, als übertrieben. Gleich in der Einleitung heißt B — ein Mann, den die Nachwelt ohnstreitig unter die ersten und merkwürdigsten Männer des 18ten Jahrhunderts zählen wird. Es ist wahre und unbezweifelte Thatsache, daß B — nach nichts mehr, als nach Ruhm bey seinen Zeitgenossen jagte, und daß er sich in allem Ernste oft selber den großen B — nannte. Allein da B — als Philosoph die Nach-

 welt

*) Eine Verzeihung muß ich mir bey den Lesern noch zum voraus bestellen. Es wird oft scheinen, als wäre mancher Umstand durch eine Tavtologie wiederholt und noch einmal gesagt worden. Die Vergleichung wird aber zeigen, daß dieses der Fall nicht ist, und wo es so scheinet, ich entweder den Fragmentisten folgen, oder manches theilen mußte; um den Leser mit einer zu langen erläuternden Anmerkung nicht zu überhäufen und zu sehr zu sättigen. Doch ich komme nun zu den ergänzenden Anmerkungen selber, die in folgenden Nummern enthalten sind.

welt aus Beyspielen und Erfahrungen, und überhaupt als Menschenkenner hatte kennen gelernt; so zweifle ich aus gegründeten Ursachen, ob er selber solch eine übertriebene Lobeserhebung würde ohne Erröthen angehöret und gebilliget haben: sintemal ihm sein eigenes Bewustseyn und Gewissen Demuth und Bescheidenheit würden angerathen haben. Unter vielen tausend gründlich gelehrten und wahrhaftig großen Männern, die entweder noch leben, oder längst gestorben sind, hat dieser Mann das sonderbare Glück, und ist auch darin fast einzig, daß er sowohl bey seinen Lebzeiten, als auch noch nach seinem Tode eine berühmtere, und mit mehrern Beifall beehrte Rolle spielte, als er selber bey allen Anmassungen und angeblichen Ansprüchen würde vielleicht erwartet haben. Das Problem: wie dieser Mann zu dem Besitze eines so ungebührlichen Ruhms und Nachruhms gelanget ist, wird in der letzten Abtheilung dieser Bruchstücke aufgelöset werden. Kein unpartheyischer Kenner wird dem verstorbenen B — die Ehre eines berühmten und verdienstvollen Mannes in einer gewissen Einschränkung absprechen können: allein in dem Grade und superlativen Bedeutung war B — keinesweges so berühmt und merkwürdig, als er von vielen Nichtkennern, oder von durch Vorliebe eingenommenen Bewunderern dafür gehalten

halten wurde, und noch gehalten wird. Alles, was man mit Bestand der Wahrheit sagen kann, concentrirt sich darin, daß B — ein merkwürdiger, sonderbarer Mann, und in seiner Art einzig war, wenn man ihn nach seinem Leben, Handlungen und Character richtig beurtheilen will. Dieses und nichts weiter, wird in der weitern Ausführung dieser Bruchstücke gezeigt und bewiesen werden; dabey denn freylich die sehr große Menge von widersprechenden Thatsachen, Zeugnissen, Beispielen, Irregularitäten und Anomalien, die selber seine Lobredner nicht ableugnen können, mit in Betrachtung gezogen werden müssen. Man hat diesem Manne fast in seinem ganzen Leben ungewöhnlich schonende Nachsicht erwiesen, und erweiset sie ihm noch nach seinem Tode; indem man ihn zur Ungebühr erhebet und ihm viel zu große Verdienste beyleget. Es ist falsch: De mortuis & absentibus nil nisi bene; Es muß so lauten — nil nisi vere. Hochberühmten Männern vom ersten Range in der gelehrten und politischen Welt war dieses seltene Glück wenig oder gar nicht beschieden. Meistens zu hart und ohne die geringste Bemäntelung sind die allerberühmtesten Männer der uralten, alten, mittlern, neuern und allerneuesten Zeiten beurtheilet worden. B — war bey seinen Lebzeiten und noch nach seinem Tode auch darin einzig und recht sehr glücklich;

 theils,

theils, daß sein Jahrhundert sein Gesuch kräftig unterstützte und mächtig begünstigte; theils, daß er vielleicht über seine Erwartung, wenigstens über bewußtes Verdienst, Anbeter, Bewunderer und enthusiastische Freunde hatte, und die Kunst verstand, durch ein modisches und sehr beliebtes Schauspiel für Augen und Ohren derselben immer mehr zu erlangen, und sie sogar in ihren angenehmen Täuschungen auch alsdann zu erhalten, wenn seine unausführbaren Projecte fehl schlugen, und seine großen Versprechungen durch den Erfolg nicht im mindesten bewähret wurden; theils endlich, daß er vor vielen tausend andern verdienstvollen und gemeinnützigen, und doch verachteten, verfolgten und unglücklich gewordenen Männern von sich sagen konnte: est istuc datum profecto mihi, ut sint grata, quæ facio, omnia: und abermals: istuc est sapere, aliorum in se transferre partam gloriam. Bevor man also so zuversichtlich wird behaupten können, daß die Nachwelt ihn ohnstreitig zu den ersten und merkwürdigsten und verdienstvollesten deutschen Männern zählen werde, müssen ja zuvörderst seine merkwürdigen Thaten und seine Verdienste aufgezählt und geprüft werden. Ich sage noch einmal, daß kein unpartheyischer und vernünftiger Mann, der Basedow persönlich gekannt, seine Schriften gelesen, und

Urtheile über seine Unternehmungen gehöret hat, ihm gewisse Verdienste wird absprechen können. Wer aber Gelegenheit gehabt hat, diesen Mann so ziemlich ganz kennen zu lernen, ihn zu durchschauen und ihm in den Magen zu sehen: der wird und muß nothwendig die übertriebenen Lobsprüche als schädliche und partheyische Verschwendungen verabscheuen. Gesetzt aber auch, daß B * * sich so sehr um die itzt lebende Welt verdient gemacht hätte, daß er auch bey der Nachwelt Jahrhunderte in rühmlichen Andenken zu seyn dadurch verdient hätte: so ist es doch mit dem Ruhme bey der Nachwelt so ein eigenes, kützliches und nicht wohl zu beschreibendes Ding. Nachwelt: ein sehr zweydeutiges, unbestimmtes, vieler Misdeutung unterworfenes Wort, das von den Millionen in Europa und in Deutschland nur so wenige in diesem Falle begreifet; daß es schwer halten würde, nur ein wahrscheinliches Verhältniß davon anzugeben. Mit dem ewigen Ruhme bey der Nachwelt sind wir bey unsern jüngst Verstorbenen eben so freygebig, als die alten Griechen und Römer mit ihren Vergötterungen, Ehrensäulen und Denkmählern; und alles läuft auf einen Schatten, auf ein Hirngespinste, auf ein Unding hinaus. Die jüngere und nähere, die entfernte und ältere und die späteste Nachwelt nach 50, 100 und mehrern

Jahren

Jahren vergisset meistens solche Männer gar bald, denen man einen ewigen Ruhm in übertriebenen Lobsprüchen geweissaget hatte: denn sie weiß nichts mehr, und höret nichts mehr, und lieset nichts mehr, und lernet nichts mehr von A, B, C und andern Männern, die zu ihren Zeiten funkelnde Sterne der ersten Größe sollen gewesen seyn. Die Nachwelt wird ebenfalls, wie wir, Männer und Gegenstände haben, an welchen sie ihr Lob und Bewunderung verschwendet. Die Erfahrung von Jahrtausenden, Jahrhunderten und Jahrzehenden kann für die Richtigkeit dieser Behauptung bürgen. Aus den neuern Zeiten nenne ich nur einen Buddeus und Baumgarten: Männer, die man bey ihren Lebezeiten mit den Beynamen der großen vergötterte. Diese und hundert andere berühmte Männer, die ein ähnliches Schicksal hatten, unterschieden sich doch in ihren großen, tiefen und ausgebreiteten Kenntnissen sehr merklich. Die nächste, geschweige die entfernte Nachwelt, verkennet, verlernet und vergisset meistens die allergrössesten und reellesten Verdienste solcher Männer, die bey ihren Lebzeiten wohlthätige Götter der Erden genannt zu werden verdienten. Und endlich behaupte ich in festen Vertrauen auf meine gehabten Erfahrungen dreiste: daß, wenn die Nachwelt eine so aufgeklärte und unpartheyische Richterin

wahrer

wahrer Verdienste seyn wird, als die itzige Morgenröthe zu versprechen scheinet, so erhält B** die ihm zugedachte und zugetheilte Stelle, im Range höchstverdienstvoller Männer bey der Nachwelt eben so wenig, als der heilige Franziscus; wird sie aber das bleiben, was die itzige Welt ist, oder gar wieder in Düsterheit und Finsterniß herabsinken; so möchte ich für B—s ewigen Ruhm bey der Nachwelt nicht bis zum Anfange des 19ten Jahrhunderts bürgen. Der ewige Friede und der ewige Ruhm bey der Nachwelt haben beyde eine große Aehnlichkeit mit dem kurzwährenden Sinnekützel und krampfichten Zuckungen; sie erschöpfen sich plötzlich sogar bey wahren, und von Millionen anerkannten Verdiensten, geschweige bey tumultuarischem Geräusche, und verworrenem und widersprechendem Geschrey. Wenn es wahr ist, daß ofte und meist die Nachwelt erst wahre Verdienste um die Beglückseeligung des menschlichen Geschlechts untersuchet, ordnet, berichtiget, abwäget, und ihnen einen festen und langwährenden Werth ertheilet; so wäre es nach meiner Einsicht das sicherste und beste Mittel, B—s Ruhm zu sichern: daß man seine Verdienste und Großthaten, seinen Character und seine Schriften, ohne übertriebene und unzeitige Lobeserhebungen diesen künftigen Richtern übergäbe, um nicht das Ansehen zu haben, als wollte man die Nachwelt bestechen, daß sie ja unsern B** zu den ersten und merkwürdigsten deutschen Männern des 18ten Jahrhunderts, in der Mitte und am Ende der 19ten Centurie zählen möchte.

2) Der Fragmenten-Sammler der Basedowischen Lebensumstände muß es wohl im ganzen Ernst mit seinen etwas übertriebenen Lobeserhebungen gemeinet haben; denn in dem Folgenden wiederholet er das Gesagte nicht nur noch einmal, und nennet B* einen der merkwürdigsten Männer seiner Zeit; sondern er setzt auch nachdrücklich hinzu: daß sein Andenken in der litterarischen Welt unvergeßlich seyn werde. Durch eine fast unerklärbare Art von Täuschung dachte man von B—s Gelehrsamkeit und ausgebreiteten Kenntnissen in seinem ganzen Leben sogar von der Schule an, zu groß und zu vortheilhaft; und B** selber wußte diesen Wahn durch ein verbiage specieux, als ein wahrer songe-creux zu erhalten und zu vermehren. B** hatte große und sich recht merklich auszeichnende Anlagen und Naturgaben überkommen. Dies ist ohnstreitig wahr, denn dadurch hat er sich in seinem ganzen Leben ausgezeichnet. Es ist aber eben so wahr, daß er mit seinen erhaltenen Pfunden bey weitem nicht so gewuchert, als er hätte thun sollen und können. Als Gelehrter,

man

man mag dabey auf ausgebreitete Kenntnisse in Sprachen oder Wissenschaften sehen, war er wirklich ein sehr kleines und alltägliches Licht; die einzige practische Philosophie ausgenommen, und auch da hat er das Meiste entlehnet. Er selber gestand und bekannte offenherzig diese Mängel; jedoch immer auf eine Weise, daß er auch in diesem Geständnisse Nahrung für seine Eitelkeit suchte. Bald war er Myops, bald Autodidactus; und mit diesem doppelten Vorwande wollte er alle Mängel entschuldigen. Sonderbar kam es freilich einem aufmerksamen Beobachter vor, wenn er sich und seinen Geständnissen zu einer andern Zeit gar zu merklich widersprach, indem er als ein Polyhistor und Polypragmaticus auf Vielwisserey und fast Allwisserey in allem Ernste Anspruch machte; und sich dann damit rettete, wenn ihm der Widerspruch zu Gemüthe geführet wurde, daß er behauptete: er könne in sehr kurzer Zeit alle Sprachen und Wissenschaften noch lernen, wovon er itzt nicht das Geringste verstünde. Als litterarischer Projectmacher war B** wirklich ausserordentlich groß; nur fiel er dabey gar zu ofte ins Unthunliche, Lächerliche und Unsinnige. Als litterarischer Reisender — — denn nichts hatte mehr Reiz für B**, als das Reisen auf Kosten des Publicums, dieser viel Milch gebenden, und nie

ver-

versiegenden Kuh: — — war er überraschend und einnehmend, besonders für diejenigen, die ihn nur aus dem Gerüchte und aus seinen Schriften kannten, und nun das erstemal ihn sahen und hörten. B** blieb selten oder niemals auf seinen Reisen so lange an einem Orte, daß ihn scharfsinnig und gründlich gelehrte Männer recht zu durchschauen Zeit und Gelegenheit gehabt hätten. Daher erwarb er sich auf seinen litterarischen Reisen noch viele Anhänger und Bewunderer. Doch gab es immer einige Männer, die witterten, daß es mit B—s Gelehrsamkeit nicht so ganz seine Richtigkeit haben müsse. Uebrigens ist das wahr, daß seine Schriften und Reisen die Ursachen waren, daß ihn Philosophen, Theologen, Orthodoxen und Nichtorthodoxen, Pädagogen, und Juden und Christen kennen lernten. Von allen diesen Männern, mit welchen B** kürzere oder längere Zeit Umgang gehabt, müßte man erst ein einstimmiges Zeugniß haben, bevor man ihm einen so hohen Platz in der litterarischen Welt anweisen könnte. Man frage einige dieser noch lebenden Männer, die B** persönlich gekannt haben, um zu erfahren, ob nicht eine Verschiedenheit ihrer Urtheile und Zeugnisse und Aussagen aus den gesammleten Stimmen erhellen werde; obgleich in solchen Fällen nicht allemal die reinste Wahrheitsliebe und Unpartheilichkeit den

größten

größten Antheil an unsern Zeugnissen haben mögen. Sonst gebührt B * * auch nach seinem Tode der Ruhm, daß er ein selbstdenkender, thätiger und ungewöhnlicher Mann war. Doch darf ich hiebey nicht unbemerkt lassen, daß er nur gar zu ofte da recht thätig und geschäftig war, wo er doch gewiß mehr Nutzen hätte stiften können, wenn er minder thätig zu Werke gegangen wäre, und umgekehrt: da sehr gleichgültig und unthätig und nachläßig war, wo ihn seine Lage und Verhältnisse zur Geschäftigkeit hätten anspornen sollen. War er auch hier nicht einzig, so zeichnete er sich doch auch hierin sehr merklich aus. Erläuternde Beyspiele werden in den folgenden Abschnitten bequemer angebracht werden können. Und von seiner Thätigkeit weiter unten noch ein Wörtlein insonderheit.

3) Noch in der Einleitung dieser Fragmente werden die Leser mit recht erbaulich klingenden und herzlich gut gemeinten Worten aufgemuntert: "mit "Verwunderung und Liebe bey dem hier aufge"stellten Bilde zu verweilen, die Aufschlüsse mit "Vergnügen zu verfolgen, die ihnen die meister"hafte psychologische Entwickelung des Basedo"wischen Characters gewähret; und die Vorsehung "anzubeten, die uns auf so sonderbaren Wegen "ausserordentliche Männer bildet, und selbst durch "alle Hindernisse und Schwierigkeiten, die vom

"Ziele abzuführen scheinen, — darunter die so in
"dem eigenen Character solcher Männer liegen,
"ohnstreitig die größten sind, — dennoch ihr
"Ziel, die immer fortgehende Vervollkommung
"des menschlichen Geschlechts zu erreichen weiß."
Wirklich recht schöne Worte und Gedanken! worüber
sich ein weitläuftiger Commentar schreiben liesse,
um zu zeigen, daß man mit B** eine subtile Art
von Abgötterei treiben würde, wenn man sie in
allen Stücken auf sein Leben anwenden wollte.
Jedoch da ich vieles anticipiren und nachher eben
dasselbe nochmal wiederholen müßte; so mögen
folgende vorbereitende kleine Betrachtungen die
Stelle eines Commentars vertreten.

Auf viele große, verdienstvolle, tugendhafte und
exemplarische und gemeinnützige Männer passen
diese Worte vortreflich in allen Stücken. Die
Geschichte eines jeden Jahrhunderts stellet solche
Männer zur Bewunderung und Nachahmung auf.
Viele solcher Männer bleiben gar unbekannt, oder
werden verkannt. Um aus hundert Beispielen nur
eines anzuziehen, so kann das merkwürdige Leben
eines Düvals hier nicht am unrechten Orte stehen.
So ist der Gang und Weg der Vorsehung zu allen
Zeiten gewesen und ist es noch. Ob nun aber obige
Gedanken, so ganz in ihrem völligen Umfange, auf
unseren B** ohne alle partheyische Schmeicheley

können

können angewendet werden; das mag jeder Leser nach der Beschreibung seines Lebens und seines Characters in den folgenden Abschnitten beurtheilen. Nach meiner Einsicht versehen es die besten und gütigsten Männer, in unsern frey und aufgeklärt seyn sollenden Zeiten, nur gar zu oft darin, daß sie in Beurtheilung anderer nicht gerade herausgehen, nach ihrem Bewußtseyn und Gewissen, und scapham scapham nennen; wo sie doch nicht einmal etwas zu besorgen oder zu befürchten haben; sondern mit Anomalien und Irregularitäten Frömmeley treiben, und vieles auf die Rechnung der Vorsehung setzen, und in den Plan derselben mit einweben wollen, was doch unmöglich nach aller Vernunft und derselben Eingebungen dahin kann gerechnet werden. Fast sollte man glauben, daß solche Männer aus übertriebener Herzensgüte die Absicht hätten, durch solche frömmelnde Betrachtungen die Leser zu bestechen, damit sie den vorhabenden Gegenstand nicht genau und auf allen Seiten untersuchen und betrachten möchten; weil man befürchtet, daß sie auf manches stoßen könnten, welches die Probe nicht halten, abschrecken oder wenigstens Zweifel, Widerspruch und Verdacht erwecken würde. Das Zusammenreihen solcher Sätze kann nur gar zu leichte das Ansehen der Tiraden gewinnen. Im Grunde sagt es doch nichts mehr und nichts weni-

 ger,

ger, als Yoriks Peruckenlocke in Ocean getaucht; oder als da ein gewisser andächtiger Kanzelredner, der alle seine Predigten herlas und fleißig umblätterte, doch immer seine Zuhörer im Anfange seiner Predigt ersuchte: "Gott für ihn zu bitten, daß er das "Wort mit Freymüthigkeit reden möchte!" Gottes Geist hatte hier nichts weiter zu thun, als nur den Einfluß der Sehenerven nicht zu hindern. Bey kundigen und unkundigen Lesern muß man nie das als Erwiesen annehmen und voraussetzen, was doch erst noch müßte erwiesen werden. Zur Bewährung dieser Stelle wissen wir von Basedows Leben und Character auf der einen Seite zu wenig, und auf der andern zu viel; und der Verfasser dieser Fragmente zeiget deutlich genug, daß ihm dieses zu viele nicht unbekannt war. B** war mein Freund, und ich schätze ihn noch; dieses darf mich aber nicht vermögen, wider mein Gewissen mich der Vertuschungen zu bedienen, als welches nur unkundige Leser täuschet, die kundigen aber aufsätzig macht, die doch durch alle vertuschende Charientismen die Wahrheit entdecken. Der Gegenstand muß schon sehr reitzend seyn, bey welchem der Mensch mit Bewunderung und Liebe weilen soll. Es verdient also eine sehr große Einschränkung, wenn ein Mann ein Gegenstand der Liebe und Bewunderung soll genannt werden, von dem man doch unwider-

sprech-

sprechlich darthun kann, daß er nur gar zu ofte, während seines ganzen Lebens, in dem Gebiete der Phantasien, der Thorheiten, der Undinge und der unausführbaren Projecte, Ruhm und Ehrensäulen gesucht hat, und der nur gar zu ofte unbestehende Ebendtheure verfolgte, und dadurch in Donquixoterien verfiel, und von denen, die ihn kannten, recht herzlich ausgelacht wurde. Es ist B** freylich gelungen, das ehrsame und gutmüthige Publicum zu erweichen und in seiner Erwartung etwas zu täuschen: es ist ihm gelungen, eine solche grosse Summe von Pränumerations-Geldern auf sein ziemlich mageres Elementarwerk zusammen zu bringen, desgleichen sich vielleicht nie ein hochberühmter und grundgelehrter Mann jemals erfreuet hat, oder je wieder wird erfreuen können; allein dadurch, und durch viele andere Handlungen ähnlicher Art, ist er wahrhaftig noch lange kein Gegenstand der Bewunderung und der Liebe geworden. Traun! auch hierin war B—s günstiges Geschick einzig. Daß ein Institut stehet, blühet und fortdauret, zu dessen Errichtung er Veranlassung gab; auch das macht ihn lange noch nicht zum Gegenstand der Bewunderung und Liebe. Er hatte abermals das einzige Glück, gründlich gelehrte und scharfsinnige Männer an sich zu ziehn, ihnen das Ganze zu übertragen, oder vielmehr genöthiget zu seyn, es ihnen zu überlassen; und diese Männer machten die schon begangenen, und auf den Untergang abzielenden Fehler wieder gut, und liessen B** die Ehre, Anlaß dazu gegeben zu haben. Hätte es nach B—s Projecten und weit aussehenden und unausführbaren Planen und Entwürfen fortgehen sollen; so würde es längst in ein Chaos zurückgefallen seyn. Ob B** dadurch ein Gegenstand der Liebe und Bewunderung geworden ist, daß er die Welt aus ihrem Schlummer erwecket, das soll weiter unten an einem bequemern Orte untersuchet werden. Nach meinem Gefühl hat B** im Kleinen mit dem berüchtigten Zinzendorf, dem Stifter der Mährischen Brüder-Gemeinen, eine große Aehnlichkeit, und ich überlasse es jedem Kenner, die Parallel zwischen beiden Männern zu ziehen, um zu finden, wer von beiden in der Welt mehr Aufsehn, mehr Lerm gemacht, mehr versprochen und weniger gehalten, und grösseres Glück in seinen Unternehmungen und nicht selten recht tollkühnen Beginnen hatte.*) Jedoch der Fragmentenschreiber hat alsdann Recht, wenn seine Worte

*) Gott gebe, daß B—s kühne gewagte, und oft thörichte Unternehmungen eben so gesegnet, fruchtbar und ausgebreitet in Folgen und Wirkungen bey der Nachwelt seyn mögen, als Zinzendorfs seine unleugbar bis itzt fast auf der ganzen Erde gewesen sind!!!

Worte so viel heissen sollen: daß Gott in dem Plane seiner Vorsehung und Regierung, so wie überhaupt alles Böse, also auch die thörigten Unternehmungen einiger Männer, zur Beglückseligung und Vervollkommung der Menschen zu lenken weiß, und wirklich ofte lenket. Thorheit an sich selber aber verdient nie Lobreden, wenn gleich durch sie Gutes befördert und Vervollkommung erzeuget wird. Unter vielen Erzeugnissen der neuesten Zeiten in der gelehrten Bücherwelt haben wir auch eine Geschichte der menschlichen Narrheit oder Lebensbeschreibungen philosophischer Unholden in 6 Theilen. Nach meiner Einsicht stehen hier einige brave Männer am unrechten Orte; z. B. der hochverdiente Amos Commenius, Jacob Böhme, Dippel und einige andere. Wie war es möglich, daß diese und andere verdienstvolle Männer, die nur ein Jahrhundert oder mehr zu früh lebten und leben mußten, noch in unsern Zeiten konnten unter die Unholden und Narren gezählt werden? Hätten diese Männer zu unsern Zeiten gelebet, würde man ihnen schwerlich einen Platz unter den Narren angewiesen haben. Aber hätten einige hochberühmte Männer unserer Zeiten in jenen Tagen gelebet; so würden sie itzt zuverläßig ihr Ruheplätzchen in der Geschichte der menschlichen Narrheit gefunden haben. Geduld! die Nachwelt wird gerecht seyn; unwahre Verdienste nicht nach den auf sie gekommenen Lobeserhebungen, sondern nach den fortgepflanzten Früchten, Folgen und Wirkungen abwägen. Alle bisherige Anmerkungen, Berichtigungen und Einschränkungen lasse man so lange in ihrem Werth und Unwerthe, bis man erst das Ganze dieser Bruchstücke wird gelesen haben, und erlaube sich alsdann Urtheile für oder wider mich. Das Eine wird mich nicht kützeln, und das Andere nicht befremden, da ich in meiner Gleichgültigkeit meiner Sache gewiß bin. Doch bin ich bereit gegen jedermann Rechenschaft über Alles und von Allem, mündlich und schriftlich, weitläuftiger abzulegen, als hier in diesen Bruchstücken geschehen kann, was ich von B** glaube, und warum ich so und nicht anders glaube.

Wollte ich fortfahren noch ferner über des Verfassers Ermunterung an seine Leser zu commentiren, so würde es mir freylich an Stoff nicht fehlen; allein ich würde zu viel anticipiren, und manches schon gesagte noch einmal wiederholen müssen. Doch sage ich noch einmal, daß die Worte und Gedanken sehr schön, aber im Zuschnitt und im Sinn der Bedeutung viel zu groß und umfassend sind, als daß sie auf ihren Gegenstand ohne übertriebene Lobrednerey könnten in allen Stücken und in uneingeschränkter Bedeutung angewendet

werden.

werden. Wer als unpartheyischer Wahrheits-Liebhaber, wer als kundiger Beobachter dieses Mannes Leben betrachtet, der wird zwar viel Merkwürdiges und Lehrreiches darin antreffen; aber doch auch keine andere, als sehr gewöhnliche Aufschlüsse und sehr natürliche Entwickelungen entdecken können, und den großen und ausserordentlichen Mann in einen sehr alltäglichen umgeschaffen erblicken, der aber die seltene Kunst verstand, die unter vielen 1000 und 100,000 und Millionen Menschen ofte nicht einer verstehet, sich als einen ausserordentlichen und ungewöhnlichen Mann dem Publicum zu zeigen, oder vielmehr mit einer ans Unverschämte grenzenden Dreistigkeit aufzudringen. Und braucht denn die Vorsehung immer grosse und ausserordentliche Männer zur Vervollkommnung und Aufklärung der Welt? Die Ausbreitung der christlichen Religion giebet hier die befriedigendste Antwort. Aus den kleinsten, geringfügigsten und unbemerkbarsten Ursachen bringet Gott, ohne Aufsehen und Geräusch zu machen, die größten und dauerhaftesten Wirkungen hervor. Bey Menschen ists gerade umgekehrt. Und endlich sind die Männer, die in den Augen und nach dem Urtheile der Menschen, groß und ausserordentlich scheinen, von denen sehr weit unterschieden, die auf der Wage des Höchsten gewogen es wirklich sind, und nach

 ihrer

ihres Bestimmung seyn sollen. Lobsprüche und Ehrentitel und die Ertheilung eines Schimmers von Wissen haben die Menschen in ihrer Gewalt, und sind damit ofte sehr freygebig: aber wahre und bleibende Verdienste können sie nicht ertheilen. Bey der so sehr schwankenden Bedeutung der Worte heißt auch vieles: Vervollkommnung; wird als Beföderung der Glückseligkeit und als wirkliche Beglückseligung der Menschen gepriesen, was doch in der That ofte in den nahen und entfernten Wirkungen und Folgen sich gerade als das Gegentheil bewiesen hat und noch beweiset.

4) Was aus einer mündlichen Erzählung B — s, über das rauhe und harte Wesen seines Vaters, als ausgemachte Thatsache gesagt wird, das stimmet nicht so ganz mit der Wahrheit überein. Diesen alten und biedern Mann habe ich nicht nur persönlich gekannt, sondern bin auch geraume Zeit mit ihm umgegangen, ein Gast an seinem Tische gewesen, und habe vieles aus seinen vertraulichen Unterredungen und Erzählungen erfahren. Weiter unten, in dem 2ten Abschnitte dieser Bruchstücke, werde ich dieses redlichen und wohldenkenden Väters weitläuftiger Erwähnung thun, und die Zeugnisse nicht vergessen, die ich mehr als einmal aus seinem Munde über seinen Sohn gehöret habe. Der Vater sprach übrigens

von

von seinem Bernhard weit zärtlicher und behutsamer als der Sohn von ihm. Anstößig und ärgerlich war es nicht wenig, wenn B * * so ofte in unehrerbietigen Ausdrücken, die wenige Herzens-Dankbarkeit verriethen, die Schuld auf seinen Vater schieben wollte, daß er nicht mehr gelernet hätte und besser ausgebildet worden wäre. Böse Laune verursachte, daß der gute B * * sich ofte vergaß, und nicht wußte, daß er zu einer andern Zeit gerade das Gegentheil gesagt hatte. Als ein gemeiner, aber sehr arbeitsamer und betriebsamer Mann konnte der alte Vater nicht mehr ausgebildet und feiner seyn, als er wirklich war; zumal in einer großen Stadt und in damaligen Zeiten. Dazu kam noch ein großes Hauskreutz, wobey dem geduldigsten und aufgeklärtesten Manne wohl zuweilen böse Launen hätten anwandeln können.

Gleiche Bewandniß hat es mit B — s Schul- und academischen Jahren, deren Erzählung aus seinem eigenen Munde gar zu unzuverläßig und veränderlich war. Wenn noch einige seiner gehabten Mitschüler am Leben wären, die mit ihm auf einen vertrauten Fuße gelebet haben; so würde man aus deren Munde glaubwürdige Zeugnisse erhalten können. Es kann übrigens wohl seyn, daß B * * für eine Belohnung andern ihre Uebersetzungen und Ausarbeitungen gemacht; doch wird

keiner

keiner abermals hierin eine kleine Ruhmsucht verkennen können, die der gute Mann ofte in gar zu geringfügigen und unbedeutenden Dingen äusserte, so daß man darüber an seiner Beurtheilungskraft fast hätte etwas irre werden können. Bey dem allen nahm er, nach seinem eigenen Geständnisse, wenige gründliche Kenntnisse mit von der Schule nach der Academie; ob er gleich nach seinen Naturgaben ein ganz anderer Mann hätte werden können, wenn er Klugheit und Standhaftigkeit genug gehabt hätte, sich den Unterricht der berühmten Männer seiner Zeit zu Nutze zu machen.

5) Ob B *.* eine gute oder erträgliche, oder alltägliche oder gar eine schlechte Rolle als Dichter gespielet, das wage ich nicht zu entscheiden. Unser Fragmentensammler behauptet zuversichtlich, daß B * * auch von dieser Seite sehr empfehlungswürdig sey. Basedow rühmt in mehr als einer Stelle seiner Schriften seine Dichter-Talente, und frägt mit behaglicher Süffisansse: "ob er nicht "einen guten Vers machen könne?" denn dieser sonderbare und ausserordentliche Mann hätte vor vielen tausend Gelehrten auch die kecke Dreistigkeit: theils, daß er sich selber bewunderte; theils, daß er von seinen Naturgaben und Fertigkeiten selber ein glaubwürdiges Zeugniß ablegen wollte. Jedoch schwerlich mögte ihm wohl ein Dichter unserer

Zeiten

Zeiten diese Frage mit einem ruhigen Ja beantworten, wenn er ihm auch gleich den Furorem poeticum nicht absprechen würde.

6) Recht sehr lobe ich es, daß von B — s Jugendstreichen und seinem tollen Wesen wenig oder nichts gemeldet wird. Diesem Beyspiel werde auch ich, soviel als möglich, folgen. Die ausgelassene Laune und das bekannte: in vino veritas, konnte ihn zuweilen dahin bringen, diesen oder jenen schlechten und schmutzigen Streich zu erzählen. Knaben- und Jünglingsstreiche verdienen keine Aufnahme in einen Lebenslauf. Jugendliche Hitze und Unerfahrenheit verleiten manchen gut gearteten Jüngling zur Ausübung solcher verunehrenden Streiche, deren er sich bey mehrern Jahren und mehrer Erfahrung recht herzlich schämet. Freilich muß man als Mann in Amt und Würde, als berühmt und groß seyn wollender Philosoph ja nicht solche hassenswürdige Jugendstreiche mit Lachen und Zeichen der innern und äussern Freude erzählen, und Ruhm darin suchen. Alles was den Jüngling verunehret, das verunehret noch mehr den Mann, empfiehlet eben nicht seinen Character, sein moralisches Gefühl und seine ganze Gesinnung und Denkungsart. Kurz, dies alles ist und bleibt hassenswürdig, es mag es einer gethan oder erzählet haben, unter welchen Umständen und in welcher Lage

es immer wolle. Der Mann, der seine häßlichen Jugendstreiche noch mit unverkennbaren Zeichen des innern Vergnügens erzählen, und Ruhm und Ehre darinn suchen kann, wird, wie die Erfahrung lehret, immer noch geneigt seyn, dieses schwarze Register mit männlichen Thorheiten, in ein männliches Modegewand eingekleidet, noch zu vermehren. Wer als Jüngling den Anfang machte, sich der Trunkenheit und Unmäßigkeit zu ergeben, und andern Ausschweifungen zu fröhnen; darf ja als ernsthafter und angesehener Mann dieses Unwesen nicht forttreiben, und sich etwa damit entschuldigen wollen, daß man seiner Lage und Umständen, seiner Arbeitsamkeit und Thätigkeit dieses zu gute halten müsse; oder gar, daß er für seine Person schon zu alt sey, sich zu bessern und dafür alle Kräfte anstrengte, die Welt zu vervollkommen und mündlich und schriftlich Tugend zu predigen. Wahre, bessernde und beglückseligende Tugend wird nur durch Beyspiel gelehret; durch Thätigkeit und Ausübung; nicht aber durch Worte. Ein gewisser Volkslehrer – thut nichts zur Sache, ob es eine neuere oder alte, obs eine wahre oder erdichtete Geschichte sey; denn Copien finden sich von diesem Originale unter den Volks- und Tugendlehrern noch in ungeheurer Menge — ein gewisser Volkslehrer, sage ich, hielt oft an seine Zuhörer, die sich an seinen Leben und

Wan-

Wandel stiessen, folgende Anrede: "Ihr gebet mir, "600 ℛ℘ dafür, daß ich euch den Weg der Tugend "lehre und predige; allein, wenn ihr mir auch "6000 ℛ℘ geben wolltet, so möchte und könnte ich "diese Tugenden nicht selber ausüben. Eben derselbe Pharisäer, der seinen Zuhörern Lasten auflegte, die er selber mit keinem Finger anrührte, ging bey einem Leichenbegängniß einstmahls durch den tiefsten Koth. Die ihm nachfolgenden Glieder seiner Gemeine waren so klug auszuweichen, und auf einem trockenern Wege zu wandeln. Sobald Ehrn Dickhut die Kanzel betrat, hub er seinen Spruch so an: "Ihr "waret klug genug, nicht in meine Fußstapfen zu "treten, als ich durch alle vorkommende Pfützen "wadete; warum könnt ihr denn nicht eben so gut "auf dem Wege der Tugend zur zeitlichen und "ewigen Glückseligkeit wandeln, den ich euch lehre, "ob ihr mich gleich auf einem andern Wege einher "treten sehet."

7) Von B—s Naturgaben und natürlichen Anlagen ist schon oben etwas gedacht worden, und sie werden auch hier in der weitern Ausführung der Fragmente ziemlich nach der Wahrheit geschildert, obgleich in Ausdrücken etwas zu vortheilhaft. Zur vorläufigen Vollständigkeit wird es aber doch nöthig seyn, mich hierüber etwas verständlicher zu erklären. B** besaß eine ganz ungewöhnliche, ausserordent-

ordentliche und recht hartnäckige Kühnheit, die ofte in Verwegenheit und Unverschämtheit, von einer unnachahmlichen Kunst und Geschicklichkeit begleitet, ausartete; alle seine närrischen Einfälle, woran er unerschöpflich war, alle seine unausführbaren Projecte mündlich und schriftlich mit einer ehrwürdigen und heiligen Glorie zu umgeben; sie dadurch ansehnlich beliebt und annehmungswürdig zu machen; dadurch Aufsehen in der Nähe und Ferne zu erwecken, und hohe Personen und gelehrte Männer von allerley Range und Stande einzunehmen. Jedoch wird keiner diesem Manne, wenn er ihn gleich nur auf einer Seite hat kennen lernen, folgende Stücke absprechen können, die in gehöriger Verbindung, und unter gewisser Bedingung einen ergiebigen Stoff in der Lobrede eines Mannes abgeben könnten. a) B** ging seinen eigenen Weg und war darin so sehr einzig, daß er Pfade, auch wohl Landstraßen suchen, finden, und ebenen und bahnen wollte, wo sie seit Menschen Gedenken noch kein Sterblicher gesucht hatte. b) In der Theologie und Pädagogik war er oft in einem ziemlich hohen Grade wagender Neuerer, und nicht selten unternahm er Streifereyen in das Gebiet der Politik; denn er wollte durchaus Vielwisser und Pansophus seyn. In der Theologie hat er sich nach aller Kenner Geständnisse so wenige Vorbe-

reitungsweitungs-Kenntnisse auf Schulen und auf der Akademie in der Philologie, Alterthümern, Geschichte u. s. w. erworben; und in dem Studio selber so wenige Fortschritte gethan, daß ihm von allem, nach seinem eigenen Geständnisse, nur etwas von der Oberfläche bekannt war. Das sonderbarste hiebey war noch, daß er von den wenigen bey ihm sich findenden Kenntnissen seinen Schul- und akademischen Lehrern wenig wollte zu verdanken haben; (weil in seinen Augen der sich selbst bildende Autodidactus einen grossen Werth hatte,) und darin seinen größten Ruhm suchte, sich selber gebildet und unterrichtet zu haben. Sehr richtig wird er daher in den Fragmenten ein wagender Neurer genannt. Sonst wußte er nach seiner Meinung alles, und wollte auch alles wissen, ob er es gleich nie gelernt hatte. Er verfertigte zu meiner Zeit einen Auszug aus dem alten Testamente: die Religion Israelis genannt: wobey er Luthers Uebersetzung in der Hand hielt, und seinem Schreiber dictirte. Als ich ihm bey dieser Arbeit meine Verwunderung zu erkennen gab, daß er ohne die geringste Kenntniß der hebräischen und der andern orientalischen Sprachen, ja so gar ohne Hülfe aller andern Uebersetzungen ein solches Geschäfte hätte unternehmen können, versichert er mit einem recht ernsthaften Gesichte und in einem recht heiligen oder fast orthodoxen Eifer, daß er ohne Kenntniß der hebräischen und griechischen Sprache den Zusammenhang und den wahren Verstand blos aus der Uebersetzung Luthers fühlen und schmecken könnte; ohne sich dabey zu irren. Welch ein wagender Neuerer dieser Mann in der Pädagogik war; und nach erlangter reichlicher Unterstützung des Publicums erst recht wurde; davon finden sich in seinem übelgerathenen Elementarwerke und anderen kleinern und grössern Schriften die allerdeutlichsten Beweise. Er würde noch mehr und unglaubliche und unerhörte Dinge gewagt haben, wenn er immer freie Hände gehabt, und die begehrte außerordentliche und enorme Geldunterstützung erlanget hätte. Jedoch von allen diesem voritzt weiter kein Wort. Die angebliche Theorie dieses Mannes, besonders in der Pädagogik artete in die lächerlichsten und ungereimtesten Projecte und Schimären aus, blos weil es ihm an Uebung und Erfahrung fehlte, als wozu er viel zu unbeständig, veränderlich, flüchtig und auch unthätig war. Durch solche Einbildungen, die bey diesem Manne lauter Grundsätze waren, mußte er nothwendig auf Abwege gerathen, und in eine beyspiellose Schwärmerey in allen seinen Lieblings-Geschäften verfallen. Das allerschlimmste an B** bey seinen gewagten Neuerungen war: daß er

durchaus

durchaus keinen Widerspruch leiden und keine Zurechtweisung vertragen konnte. Er hatte immer Recht, und mußte es nach seiner Meinung immer haben. Wäre er mit einem Raynal in einen Disput gerathen, so würde dieser Franzose mit seiner alles überschreyenden Stimme doch haben unterliegen müssen; denn seiner Swade, seiner schmetternden, halb Baß- und halb Tenorstimme, und dem reißenden Strome seiner Worte konnte nichts widerstehen. Das sicherste war, nachzugeben, zu schweigen, und sich zurückzuziehen, weil B** auch den triftigsten Gründen und Vorstellungen nicht ferner Gehör geben konnte und wollte; wenn er einmal seinen Plan nach seiner verworrenen Einbildung gemacht hatte, den er allein in seinen Ursachen und Folgen zu durchschauen, und zu überdenken sich im Stande zu seyn glaubte. Viele Verrechnungen, mißlungene Anlagen und Unternehmungen hätten ihn witzigen können. Aber B** erwartete noch immer, wie die Juden, den Meßias, und wollte lieber noch ferner irren und Neuerungen wagen, als einmal bekennen, sich geirret zu haben. c) So neuerungssüchtig B** war, solch ein sonderbarer Mann war er auch. Einen so merkwürdigen Sonderling in seiner Art hat die Welt noch nicht öfte gehabt; denn er wollte ein Sonderling seyn, und suchte Ruhm und

Ehre darin. Von Kindheit an bis an sein Ende hat er sonderbar gelebet, sonderbar gehandelt, gefühlt, geschrieben, gearbeitet, gegessen, getrunken, geschlafen. Da, wie schon oben gesagt worden, seine Talente nicht gemein waren; so war es würklich sehr zu bewundern, daß der Verstand dieses Mannes in vielen Fällen nicht durchdringender war, als er sich in vielen Dingen zeigte. Nichts war leichter, als ihn zu hintergehen und zu täuschen, ihn auszustudieren und in die Falten seines Herzens hinein zu schauen: welche Kunst sogar seine Bedienten vorzüglich verstanden. d) Was man auch immer zur Entschuldigung dieses an sich merkwürdigen Mannes vorbringen mag, so war es doch wenigstens in den reifern Jünglings- und ersten Mannes-Jahren meistens seine eigene Schuld, daß er keine überdachte und geordnete Ausbildung erhielt. Als Jüngling lebte er an einem solchen Orte, und war mit solchen ausgezeichneten Naturgaben versehen, und hatte solche berühmte Lehrer, daß er leichte und mit weniger Mühe die angeblich mißliche und mangelhafte Lage seiner Knaben-Jahre hätte verbessern, und eine recht überdachte und geordnete Ausbildung erhalten können. Allein B** verachtete alles Systematische der damaligen Zeiten, sowohl auf der Schule als auf der Universität. Die geschicktesten Lehrer, die gelehrtesten

Männer

Männer konnten ihm keine Gnüge thun, weil er an ihren Lehrgebäuden und Vorträgen Mängel und Fehler entdeckte, oder zu entdecken glaubte, und er sich einmal in den Kopf gesetzt hatte, alles aus sich und durch sich selber zu werden. Daher fing er schon auf Schulen an tumultuarisch zu studieren; scheuete anhaltende Mühe und Jahre lang fortgesetzte Anstrengung, und wollte gleich in kurzer Zeit alles fassen und sich auf eine überspannte und gewaltthätige Weise durcharbeiten und sich selber durchhelfen. Es war unmöglich, daß B** bey einer solchen Lebensart eine überdachte und geordnete Ausbildung hätte erhalten können; denn schon in seiner Jugend gewöhnte er sich an diese höchstunordentliche und verwirrende Art zu studieren so sehr, daß er sie nachher auf der Academie fortsetzte, und nun in seinem ganzen Leben nicht mehr davon ablassen konnte und wollte. Sehr treffend wird daher in den Fragmenten bemerket, daß B** überall lieber nach seinen Neigungen und nach seiner Ungebundenheit handeln und stracks zu verfahren wollte, als sich nach bewährten Grundsätzen zu richten und zu regieren. Nichts hatte B** in seinem ganzen Leben weniger gelernt, als sich selber zu beherrschen. Als Knabe war er wild und unbändig; als Jüngling ausgelassen und ungebunden; und als Mann gab er andern

 über-

über die Selbstbeherrschung mündlich und schriftlich, in sehr wohlgesetzten Worten die treflichsten Lehren, und wollte doch vor Grimm und Wuth aus der Haut fahren, wenn ihm seine Freunde, bey seinen gar zu grossen und auffallenden und zu ofte wiederholten Irregularitäten dreiste zu verstehen gaben: turpe est doctori, quum culpa redarguit ipsum: oder wenn er bey guter und ruhiger Laune war, sich sehr wortreich damit entschuldigte: " daß er zu alt sey, sich zu bessern " und die eingewurzelten bösen Gewohnheiten ab- " zulegen; „ da er doch lange noch nicht in den Jahren war, wo solch eine sonderbare Entschuldigung nur den geringsten Schein der Gültigkeit hätte erhalten können. Alle und jede Art von Einschränkung war für dieses Mannes Begierde, ungebunden zu seyn, unausstehlicher und unleidlicher Zwang. Was vor eine Unordnung und Verwüstung würde in den grössern und kleinern bürgerlichen Gesellschaften entstehen, wenn viele Jünglinge und Männer, die eben so viel Feuer und Naturgaben haben, in ihren Aemtern, Lagen und Verhältnissen so handeln wollten, und wirklich immer mit eben so viel schonender Nachsicht behandelt würden, als B * * behandelt wurde?

(8) Schon Nro. 4, der ergänzenden und berichtigenden Anmerkungen, ist der Familie unsers B — s

mit

mit wenigen Erwähnung geschehen. Der Fragmenten-Schreiber behauptet ferner, das B** bis an seine Jünglings-Jahre beständig im Stande der Unterdrückung und Zurücksetzung sollte gelebet haben. Der Verfasser hat dieses abermahls zuverläßig aus B—s eigener Erzählung hergenommen, und diese Worte haben abermals auf die Härte und Strenge seines Vaters Beziehung. So viel ich mich erinnern kann, wüste ich nicht in allen Schriften B—s mehr als eine einzige Erwähnung seines Vaters und seiner Familie gelesen zu haben; da er doch sonst mit dem Publikum sehr vertraut thut, wenn er selbiges mit seiner 2ten Gattin und mit seinem aus der ersten Ehe erzeugten Sohne unterhält, indem er die erstere eine kleine Naturalistin nennet, die er bekehrt hätte; und des andern Daseyn dadurch der Welt ankündiget, daß er eine Sittenlehre für ihn schrieb und drucken ließ. Eben so gut hätte er auch ofte Gelegenheit gehabt, seinen Vater zu nennen, seiner Familie Erwähnung zu thun, und mit Ehrerbietung und Schonung seine Klagen und Entschuldigungen vorzubringen, wie in der practischen Philosophie gelehrt wird. Inzwischen zugegeben, daß der Vater etwas zu hart und zu strenge gegen seinen Sohn verfahren ist; wie dieser Fall bey Vätern sich ofte zu ereignen scheinet, um das Gegengewicht gegen die übertrie-

 bene

dem Gelindigkeit vieler Mütter zu halten; so ist doch für einen Philosophen in den männlichen Jahren dieser Lebensumstand viel zu geringe, als daß er eine so häufige Erwähnung verdiente. In grossen Städten ist es besonders Wohlthat, wenn wilde und unbändige, tolle, und hitzige, schalck- und boshafte Knaben harte und strenge Väter haben. B** betrachtete das in seinen spätern Jahren als eine von seinem Vater ihm zugefügte Beleidigung, was er doch vielmehr als erfüllte Vaterspflicht hätte erkennen und rühmen sollen.*) Von einem Bürger von der mitlern Klasse, wie B—s Vater war, der selber keine vorzügliche Erziehung gehabt hatte, konnte man damals keine bessere Grundsätze der Bildung seiner Kinder erwarten. Wie viele Söhne des grossen Haufens sind nicht itzt noch in derselben, und oft in einer noch weit schlimmern Lage? wer dieses in unsern aufgeklärt und verfeinert seynsollenden Zeiten ableugnen wollte; der müßte die kleinern häuslichen Gesellschaften wenig kennen. Alle unsere pädagogische Verbesserung hat bis itzt auf die mittlern

*) Leser, denen die Geschichte des großen Friedrichs, und sein Verhältniß und Lage, worin er gegen seinen Vater als Kronprinz war, bekannt ist, bitte ich, sich zu erinnern, wie sehr dieser große König seines Vaters Härte und Strenge entschuldiget und rechtfertiget.

mittlern und niedern Stände noch weniger merklichen Einfluß gehabt; und viele erfahrne Kenner wollen sogar behaupten, daß die Erziehung bey den Alten vor der itzigen eben wegen der Strenge und Härte einen merklichen Vorzug gehabt habe. Horaz rühmt sie auch sehr bey den alten Römern. Würde B** wohl der berühmte Mann geworden seyn, wenn er minder strenge oder gar mit Weichlichkeit und schädlicher Nachsicht wäre erzogen worden? Jedoch welchem Jünglinge und Manne in dem mittlern und niedrigen Stande würde man es so sehr verzeihen, als man es B** würklich zu sehr und zu ofte, noch mit Bedauren zu gute hielt, wenn er alle seine negativen und positiven Fehler und Mängel damit entschuldigen wollte, daß die Härte und Strenge seines Vaters an allem Schuld wäre. Zuverläßig würde man das jedem andern als einen Mangel der kindlichen Liebe und Ehrerbietung und Dankbarkeit anrechnen; besonders wann die Beschuldigungen nicht gegründeter, als bey dem alten B** waren, wie weiter unten in der Ehrenrettung dieses Mannes soll gezeiget werden. Und in welcher vortheilhaften Lage befand sich nicht B** auf der Schule und der Akademie? welche günstige Gelegenheit hatte er nicht, die Fehler und Mängel seiner Jugend durch männliche Tugenden zu ersetzen und sich ganz um-

 zu-

zubilden? Daß dieses wahr sey, zeigen seine Schriften unwidersprechlich; als worin er ganz vortreflich zeiget, wie ein Mensch sich selber bilden und bessern, und das Versäumte nachholen könne. Daß doch so viele Menschen immer mehr Theorie im Verstande als Praxis im Herzen hegen!!! Das ist aber die einzige und wahre und Hauptursache immer gewesen, und ist es noch besonders in unsern Zeiten, daß alles Lehren, Predigen, Pädagogisiren und Aufklären u. s. w. so wenigen Nutzen schaffet und wahre Glückseligkeit befördert; weil zu viele lehren und wenige oder gar keine auszuüben thätig sind, und mit ihren Beispielen die Wahrheit ihrer Lehren beweisen.

9) Abermahls sehr richtig bemerket der Fragmentenschreiber, daß die hohe Meinung, die B** von sich geheget, in eine ungemessene Prätension übergegangen wäre. Dieser Fehler alleine kann auch den größten und berühmtesten Mann unausstehlich, ja gar verabscheuungswürdig machen. Viele Hörzeugen haben mir versichert, aus dem Munde eines noch lebenden Gelehrten öfte gehört zu haben: daß nur 2 kluge Leute in der Welt wären: der eine Friedrich der grosse, und den andern wollte er aus Bescheidenheit nicht nennen. Die Prätension ging weit; aber bey B** ging sie noch weiter: denn der wollte gar alles alleine einsehen, durchschauen, einrich-

ten,

ten und bessern. Der berühmte Ritter von Zimmermann, der doch wahrhaftig bey allen Anschuldigungen, Hetzen, und grimmigen Verfolgungen ein grosser Mann ist, und trotz allen verschuldeten und unverschuldeten Leiden und Widerwärtigkeiten bleiben wird, hatte in Vergleichung mit B— s unermäßlichen Prätensionen kaum den Anschein von rechtmäßigen Ansprüchen blicken lassen — wozu er auch berechtigt war — und hilf ewiger Gott! wie wüthend und grimmig fiel man nicht von allen Seiten über diesen verdienstvollen Mann her, und sprach so hart und grob deutsch mit ihm, nannte ihn Zimmermann den ersten und den Ueberritter u. s. w. daß ein Zehntel dieser derben und plumpen Invectiven hinreichend gewesen wäre, damit alle angeschuldigte Hochmuths- Stoltzes- und Anspruchs-Sünden des ganzen Lebens abzuwaschen und zu büssen. Auch darin ist B** abermals recht sehr glücklich und einzig sein ganzes Leben gewesen; daß ihm seine übertriebenen und oft ungegründeten Prätensionen nicht nur verziehen worden sind, sondern er auch durch unzeitige Nachgiebigkeit und zu grossen Beyfall Gelegenheit hatte, und sie nicht ungenutzet ließ, seine Ansprüche noch höher zu spannen. Was dem eben genannten H. R. v. Z. wiederfahren ist; dasselbe ist auch über viele und grosse Männer ergangen, sobald nur ihre recht-

mäßigen

mäßigen Ansprüche den Schein von Anmaassung und Zudringlichkeit mit sich führten. Nur sehr wenige machen hier eine Ausnahme; und zu diesen wenigen gehört auch B**. Sonst waren diese Ansprüche bey einem so feurigen Manne verzeihlich, sie hörten aber auf es zu seyn dadurch, daß er in der Kraft und Würkung derselben seine Freunde und Bekannte oft ganz deutlich und höchst beleidigend in ihrer Gegenwart sowohl, als hinter ihrem Rücken wie Ignoranten und Grütz=Köpfe behandelte, zu deren Umgange er sich aus guten Ursachen herabliesse. So schrieb dieser Mann sich allein Gehirn im Kopfe und Mark im Rückgrade zu. Die Schwachheit wurde zur andern Zeit alsdann sehr auffallend, wenn er theils seine Unwissenheit offenherzig bekannte, und theils Fehltritte beging, die schwerlich ein Grützkopf würde begangen haben. Zu verwundern war, daß ihn solche Fehltritte so wenig demüthigten und niederschlugen, daß sie vielmehr seine hypochondrischen mit Stolz vergesellschafteten Launen etwas aufregten. Mit diesen Prätensionen war eine unersättliche Begierde nach Ruhm verbunden. Sehr ofte nannte er sich selber den grossen B**.

10) Unser Verfasser sagt ferner, daß B** sehr erfindungsreich an Planen und Entwürfen gewesen wäre; und ich kann mich rühmen, durch den Umgang

mit

mit diesem Manne hievon durch viele Proben sehr überzeuget worden zu seyn, da ich besonders mir alle Mühe gab, ihn von dieser Seite recht zu studieren. Soll ich aber die Wahrheit schreiben, so muß ich aufrichtig bekennen, daß ich in meinem Leben solche lächerliche, schimärische, unerhörte und unnatürliche Plane, Entwürfe und Projecte noch nie gehört, oder nur mal im Spaß und erdichtet vernommen hatte, auch nachher seit 20 Jahren und länger nie wieder gelesen, oder gehört habe, als mir durch den Umgang mit diesem Manne ofte vorkamen. Sein Gehirn schien mir von Projecten zu wimmeln, wie ein geschäftiger Ameisenhaufen; und deren viele noch als Embryonen in Fischroggen-Aehnlichkeit unter seinem Schädel verborgen lagen. Sie mochten noch so abschreckend und unausführbar seyn, so wollte er sie doch im ganzen Ernste ausbreiten, oder, wie der Guckuck, die Projecte legen und von andern ausbrüten, und die junge Brut im Wachsthum befördern lassen. In diesem Project-Paroxismus däuchte es mir, als wenn ich in einem Sonnenstrahle unzählige Staubtheilchen weben, und sich durch einander kreuzen gesehen hätte: so ungefähr dachte ich mir sein Gehirne, wo unzählige Plane und Projecte sich drängeten. Es hält schwer, recht passende Bilder und Gleichnisse zu finden, um B—s fruchtbare und unerschöpfliche

Pro-

Projectmacherey gebührend zu schildern. In seiner Art war er immer electrisch, und das geringste Reiben und Berühren erregte Funken, die man gleichsam mit den Augen aus seinem Gehirne herausspringen sehen, und in seinen Worten und Erklärungen, und Beschreibungen und Vertheidigungen knistern hören konnte. Recht merkwürdig war hiebey, daß diese Projectmacher-Electricität in ihren ausgebreiteten Würkungen eben so mittheilend oder ansteckend war, als die natürliche. Viele seiner Freunde und Bekannte, die blindlings und ungeprüft allen seinen Hirngespinnsten Beyfall gaben, wurden durch diese electrische Mittheilung selber Projectmacher und Plan-Fabrikanten und Entwurf-Manufacturisten. Denn es ging alles ins Große, und besonders hatten die pädagogischen Projecte, auf Christen, Juden, Türken und Heiden Beziehung. Meine Leser würden es mir nicht zuglauben wollen, wenn ich nur ein Zehntel von solchen Hirngespinst-Raritäten ausheben und hersetzen wollte, welche ich da in berathschlagenden Zusammenkünften zu hören das Glück und das Vergnügen gehabt habe. Ein Paar noch sehr erträgliche Pröbchen darf ich um der Erläuterung willen nicht mit Stillschweigen übergehen. Einige electrisirte und angesteckte pädagogische Projectmacher thaten den Vorschlag: ob es nicht rathsamer,

vor-

vortheilhafter und natürlicher wäre; daß bey der verbesserten Lehrart hinfort nicht mehr die Lehrer lehreten, sondern, daß die Eleven den Lehrstuhl einnähmen, und die Lehrer an ihrer Stelle sitzen, zuhören und lernen müßten. Der Einfall wurde bewundert, gebilliget und genehmiget, und paßirte mit allen Stimmen die Bill. Ein anderer nicht minder electrisch gewordener, warf à la Linguet die Frage auf: ob nicht Knaben und Jünglinge dadurch wieder in ihre Kindheit und zum Stande der Natur zurückgeführet werden müßten, daß man sie lehrte und nöthigte, auf Händen und Füssen, wie die Thiere zu gehen, und nach und nach zu trottiren und zu galloppiren? Ein dritter, der der erträglichste war, wollte die Oefen und Camine aus den Augen verbannen, und in die Wände und Fußböden versteckt wissen. Sollte man nicht in Versuchung gerathen, ein Kyrie Eleison zu singen, um abzuwenden, daß solche Projectirerey doch ja nicht epidemisch werden möchte, wie die Kriebelkrankheit und der Sankt Veits-Tanz!!!

11) B—s hinterlassene Schriften, deren Anzahl nicht geringe ist, werden in den Fragmenten sehr richtig beurtheilt, dagegen nichts erhebliches einzuwenden ist. Da nun in der weitern Ausführung dieser Bruchstücke den Basedowischen Schriften, wie billig, ein besonderer Abschnitt bestimmt ist,

so

so werde ich diese Nummer mit wenigen Anmerkungen abfertigen können. Das weyland so berüchtigte, itzt aber fast schon wieder vergessene Elementarwerk, ob es gleich B** selber für ein ganz vortresliches Buch hielt, ist ohnstreitig die wichtigste unter allen Basedowischen Schriften, nicht wegen des Nutzens und Inhalts, sondern der Umstände wegen, unter welchen sie zu Stande gekommen ist. Es kann hier genug seyn, die Leser nur vorläufig auf den beyspiellosen Beystand aufmerksam zu machen, den das gutherzige Publicum zur Ausfertigung dieses Werkes in vollwichtigen Louisd'oren hergab, und welches auch nicht ohne Nutzen und Seegen geblieben ist; denn B** hat ein gutes rundes Sümmchen daran verdienet, und den vielen Mitarbeitern auch ein Stück Geld zukommen lassen. Einer solchen Unterstützung in seinen Unternehmungen kann sich in neuern Zeiten kein Gelehrter rühmen, deren doch viele solche Werke unternahmen und ausführten, und noch ohne Posaunen-Hall ausführen, dagegen dieses Elementar-Werk nicht in Vergleichung kommen kann. Vielleicht haben wir in der ganzen Alterthums-Geschichte nur ein einziges ähnliches Beyspiel an Alexander und Aristoteles, da Letzterer vom Erstern eine ausserordentlich grosse Summe zur Bestreitung der Kosten erhielt, die zur Sammlung seiner Natur-

Geschichte

Geschichte erfordert wurde. Auch der vortrefliche Fürst von Dessau gab zur Errichtung eines Philanthropins und zur Beförderung des Elementarwerks noch 13000 Rthlr. her zu der Summe, welche schon das Publikum vorgeschossen hatte. Welch eine Summe! und was ist dafür in dem Elementarwerke geleistet worden? Auch hier hatte B** beyspielloses Glück und war einzig. Andere Elementarbücher, zum Beyspiel die Schützischen, zeichnen sich sehr vortheilhaft vor dem Basedowischen aus, und sind mit weniger Geräusche, und ohne das Publikum zu brandschatzen, nach und nach herausgegeben worden. Einige Basedowische Schriften haben allerdings ihren grossen Werth, und sind für Kenner recht schätzbar. Jedoch muß ich dabey zweierley vorläufig noch bemerken. Erstlich verstand B** die nicht zu tadelnde Kunst in sehr hohem Grade — ob er gleich Myops seyn und nicht viel gelesen haben wollte, — anderer seltene Gedanken und Einfälle und Speculationen und Aufsätze und Arbeiten sich durch seine vortrefliche und ausgezeichnete Schreibart und durch sein fruchtbares Genie, mit Hülfe einer veränderten Lage und Stellung der Worte und Einkleidung der Gedanken so sehr eigen zu machen, daß es dadurch das Ansehen erhielt, als wäre es ganz neu und bloß von ihm erfunden und durchgedacht worden; zumal

zumal wenn es seine ihm eigenthümliche und originelle Art zu denken damit vermischte. Zweitens, da ich B — s Schriften schon seit 20 und mehrern Jahren, ja noch eher als ich ihn persönlich kennen lerne, mit Nutzen und Vergnügen gelesen, und bis itzt diese Lectüre fortgesetzet habe, so glaube ich nichts ungegründetes und ungeprüftes zu behaupten, wenn ich sage, daß der gute Mann sich in seinen Schriften gar zu ofte nur mit andern Worten ausschreibet, und das schon oft Gesagte nochmal wieder saget; gerade so, wie es ihm mit seinen mündlichen Erzählungen erging.

12) B — s Unstätigkeit, Unbeständigkeit, Veränderlichkeit und Wankelmüthigkeit werden als auffallende Gebrechen und Schwachheiten richtig und schön geschildert; aber es ging damit noch viel weiter, und es gab hier Erscheinungen, die alles übertrafen, was man sich denken und vorstellen kann. Beyspiele folgen unten in der Charakteristik. Auch hierin war B * * einzig und Original. Dem strengsten und aufmerksamsten Beobachter war es doch fast unmöglich, den Gang, die Krümmungen und Wendungen, und plötzliche Erscheinungen und eben so plötzliche Verschwindungen und Verwischungen recht zu bemerken und verständlich zu beschreiben. So sehr ich mich auch übte und bestrebte, ihn auf dieser Seite recht zu studiren und

kennen

kennen zu lernen; so entwischte er mir doch allemal, wie eine gewisse, noch nicht lange entdeckte Thier-Pflanze; so oft ich zugreifen und ihn festhalten wollte. Kein Antheus in Ovids Verwandelungen hat sich jemals in so verschiedenen und veränderten Gestalten zeigen können, als B * * in seinen Geschäften, in seiner Denkungsart und Gesinnung, in seinem Umgange mit andern und in allen Lagen und Umständen seines Lebens. Bald kam er mir vor, wie ein nächtliches Irrlicht, das glänzet, sich nähert, plötzlich verschwindet, oder in einem Huy sich von einem Orte nach einen andern in großer Entfernung zu versetzen scheinet; bald glaubte ich Ursache zu haben, ihn dem unbeständigen Dunstkreise in gewissen Jahrszeiten zu vergleichen, der itzt durch Sonnenblicke erfreuet und hoffen läßt, dann aber durch Winde, trübe Wolken und Regen und Schnee und Hagel in dem Wandersmanne Besorgniß und unangenehme Gefühle erwecket; bald hatte er nach meiner Wahrnehmung etwas ähnliches mit einem Chamaleon. Wenn ich auch alle mir bekannte Vergleichungen erschöpfen und hersetzen würde, so würde ich doch das nicht eigentlich sagen können, was ich doch so gerne sagen und beschreiben wollte. Ofte dachte ich bey mir selber — und Kenner mögen urtheilen, ob ich zu viel behaupte — "nur hundert solcher Charaktere; solcher

 "unbe-

"unbeständigen und veränderlichen Wettermänchen
"in der gelehrten und politischen Welt eines Lan-
"des; nur 100, die so vielen Einfluß, so viele
"Anhänger, Freunde und mächtige Gönner und
"Vertheidiger hätten, als B** gehabt hat: sie
"würden entsetzliche Verwirrung, Verwüstung und
"Zerstörung anrichten; ja, bey Gott! sie würden
"die Welt umkehren." Gott wolle uns in Gnaden
bewahren, daß ja nicht einmal ein oder mehrere
von B—s unruhigen und unbeständigen Geiste
getriebene Regenten über kleinere oder zahlreichere
Völker herrschen und derselben Schicksale in ihrer
Gewalt haben!!! Wehe! und dreimal wehe dem
Lande, dessen König oder Fürst ein unbeständiger
B** wäre. Daß dieses nicht zu viel gesagt oder
übertrieben sey, erhellet unwidersprechlich aus den
Fragmenten, wo der Verfasser mit ausdrücklichen
Worten saget: daß diese Wankelmüthigkeit in eine
hasses- und verabscheuungswürdige Regellosigkeit
und Unzuverlässigkeit ausgeartet wäre; indem
er feyerlich und mit Bedacht etwas versprochen
und doch nachher sein Wort wieder zurückgenom-
men hätte; indem er eine schriftliche und bündige
Zusage von sich ausgestellet, und selbige, wenn es
ihm gefiel, für nicht verbindlich erklärete, und
sich nicht für verpflichtet gehalten hätte, seine
mündlichen und schriftlichen Zusagen zu erfüllen.

Was

Was soll man von einem so gesinnten Manne denken, urtheilen und erwarten? Inzwischen rühmte er seine Redlichkeit und Gewissenhaftigkeit in Erfüllung seiner Zusagen, daß sie ihm heilig und unverbrüchlich wären, so sehr, daß nicht Kenner anfänglich glaubten mit einem Fabricius neuerer Zeiten in Verbindung zu stehen, der noch weit schwerer von seinen Zusagen abwiche, als die Sonne von ihrer Laufbahn. Jedoch Basedow rettete und half sich immer mit zwey Lieblings-Sätzen: Erstlich, ich bestimme mich in meinen Entschlüssen nach den Umständen. Zweitens, ich darf in den Principien des Handelns eine Ausnahme machen. Welche verwüstende Verwirrungen würden in den bürgerlichen Gesellschaften entstehen, wenn solche Sätze nicht für rechtmässig, sondern nur für modisch gehalten würden. Ein Ueberguß, die Schmackhaftigkeit dieser Sätze zu befördern, würde überflüssig seyn. Diese und dergleichen Sätze waren die würkende Ursache des so sehr berüchtigten und entehrenden Faustkampfs zwischen B** und M. Reiche in einem öffentlichen Hause. So wahr nun dieses alles ist, und so häuffige Klagen ich selber über diese Basedowische Gesinnung gehört habe, so bin ich ihm doch zur Steuer der Wahrheit für meine Person das gewissenhafte und rühmliche Zeugniß schuldig, daß er mir mehr gehalten hat, als er in

 einem

einem schriftlichen Contracte versprochen hatte, und gewiß noch mehr würde gethan haben, wenn ich ferner mit ihm in Verbindung hätte bleiben wollen. Es können freylich Begebenheiten in solchen Fällen vorhergehen, und Ursachen zum Grunde liegen, von welchen man selten eine recht befriedigende Nachricht einziehen kann.

13) Eben so richtig und eben so wahr urtheilet der Basedowische Fragmentensamler von diesem Mann; "daß alles, was er gesprochen, gerathen, projectiret, "entworfen und ausgeführet und gethan hätte, dieses "alles hätte in seinem Munde und in seinem Gesichte "und unter seinen Händen den Schein des Aeus"serstwichtigen und Unerwartlichgrossen haben "müssen." Der Herr Verfasser wird es mir verzeihen, wenn ich seine Worte etwas paraphrasire um selbige den Lesern zu versinnlichen. — Auch diese Kunst, sich in den unbedeutendsten Kleinigkeiten und Geringfügigkeiten ein vollwichtiges, schwerfälliges und oft drückendes Ansehen zu geben, und seine Wichtigkeit recht wortreich zu behaupten, verstand B** meisterlich, oder vielmehr schien sie bey ihm so natürlich und zur andern Natur oder doch zu einer solchen unvertilgbaren Gewohnheit geworden zu seyn, daß er diese oft höchst lächerliche und schwache und unverzeihliche Seite selber im geringsten nicht mehr fühlte noch fühlen konnte;

so

so oft ihn auch seine wahren Freunde immer warnen mochten, sich zu hüten, durch diese Schwachheit seinen Widersachern und Auflaurern keine Blössen zu geben. Keinen einzigen seiner Freunde habe ich gekannt, der ihn nicht wenigstens auf dieser Seite getadelt hätte, wenn man ihn gleich sonst viele andre Thorheiten verziehe, oder wohl gar mit Lob und Beyfall beehrte. Einen Brief zum Beyspiel, den er an einen hohen und begüterten Menschenfreund geschrieben, um selbigen zu einem reichlichen Beytrage zu seinen grossen und wichtigen Unternehmungen zu bewegen, war nach seiner Meinung solch ein wichtiges Erzeugniß seines erfinderischen Kopfes, daß er selbigen allen, die nur zu ihm kamen, mit Eifer und recht durchdringender Stimme vorlas, und dabey noch viele wortreiche Anmerkungen einfliessen ließ. In diesen und dergleichen Fällen waren seine Mienen und Gebehrden so schlau und so wichtig, und seine Gesichtsverzerrungen so ausserordentlich, daß sein Mund ordentlich schäumete, und einen dichten Sprewregen um sich verbreitete. Hier ging es dem Manne gerade wie einem Dichter, der krank wird, wenn er seine Gedichte nicht andern vorlesen kann. Von solch einem Briefe versprach er sich ausserordentliche Wirkungen und Erfolge, und die Augen funkelten ihm in dem Kopfe vor Freuden, über seine eigenen

Gedanken und Einfälle; so, daß er ofte seinem ihn fast erstickenden Erstaunen über sich selber mit einem kürzern oder längern Ausrufe Luft machen mußte. Hatte er auch einmal angefangen zu lesen, und seine Zuhörer gefangen und gefesselt; so hielt er sie feste: denn alles war viel zu wichtig und bedeutend in seinen Augen, als daß er ihnen nur eine Sylbe hätte schenken können, und hätten sie auch stundenlang, wie im Parlamente zu London zuhören müssen, und er ihnen wohl ansehen konnte, daß sie auf Kohlen standen und gar nichts mehr einstreueten. Meistens steckte er solche wichtige Briefe zu sich und las sie wieder vor, wo er nur hinkam, auch ofte solchen begüterten Menschenkindern, die an seinen Wichtigkeiten wenigen Antheil nahmen. Ich würde vielleicht aus den vielen Beyspielen ein anderes angeführt haben, wenn ich mich nicht besonders erinnerte, daß er bey Vorzeigung dieser und anderer ähnlicher Wichtigkeiten von manchem seiner vertrauten Freunde verlangte, ihn mit Lobeserhebungen und lautklingender Verkündigung seines Ruhmes und seines Preises zu unterstützen, und das Auditorium einzunehmen und zu begeistern, so wie ehemals die herumziehenden Marktschreyer mit ihrem bey sich habenden Kittan-Brustfleck diesen Vertrag gemacht hatten. Ueber den geringsten Schein von Gleichgültigkeit und Fühllosigkeit konnte der Mann sich recht sehr ärgern und solches recht deutlich zu erkennen geben. Dies geschahe aus guten und redlichen Herzen; denn B** konnte gar nicht begreifen, daß andere Menschen nicht eben dasselbe Gefühl und dieselbe Empfindung über seine unwichtigen Wichtigkeiten bey sich verspüren sollten. Daher hielt er solche fühllose Geschöpfe entweder für neidische Widersacher, oder für Dummköpfe, die das Gewichte seiner Vorschläge in seinem ganzen Umfange nicht recht einsehen könnten. Welcher vernünftige Beobachter konnte sich dabey des Einfalles erwehren: parturiunt montes! Als ein solcher Wichtigkeiten-Händler, en gros, war er bald begeistert und entzücket bis in die verborgensten Oerter, wo die Louisd'or und Ducaten der begüterten Menschenfreunde lagen, und unglaublich zuversichtlich oder in seiner Sprache positiv gewiß, und ofte Weissager, gut Glücksager und Prophete; bald aber wieder kreißender Zweifler, der mit unglaublichen Hindernissen zu kämpfen hätte, und nicht wissen könnte, ob er nicht unter der vielen Arbeit erliegen, oder von seinen Widersachern, deren er sich immer ganze Heere dachte, besieget werden würde.

14) So wichtig, als B** thun konnte, eben so unausstehlich großprahlerisch war er auch in seinen Drohungen, Verheissungen und Zusagen.

 Er

Er drohete hohe Berge und Pyramiden dem Erdboden gleich zu machen, und versprach zuversichtlich, feste und unzerstörbare Schlösser in die Luft zu bauen. So pflegte er zu drohen, zu schrecken und Muth einzusprechen, und daraus läßt sich nun der hier angeführte Bedrohungs- und Warnungs-Ausruf erklären: seyd auf eurer Hut ihr Schulen! Seine Absicht war, die meisten öffentlichen Schulen durch seine Vorschläge aufzuheben, und dagegen Lehr-Institute, Philantropine genannt, nach seinen Entwürfen einzuführen, über selbige als Schulpapst die Ueberaufsicht zu führen, und diesen weitläuftigen Schulensprengel in dieser Qualität zu bereisen. Sehr richtig wird hier bemerket, daß, nachdem diese und andere unausführbare Projecte nicht einmal in einem kleinen Versuche konnten realisiret werden, sondern bald scheiterten oder in der Geburt erstickten, B * * durchaus nicht Schuld daran haben wollte, sondern bloß das karge und hartleibige Publicum mußte dadurch alle diese fehlgeschlagene Versuche verursacht haben, weil es nicht Geld genug hergeben wollte, ob er gleich Nothschüsse von Sebastian Brands Narrenschiffe that, und mit thrasonischen sowohl, als nach Verzagtheit schmeckenden Worten rief: Ihr Kosmopoliten, ist das euer Schiff, dem Sturm und brausende Wogen den Untergang drohen? so rettet! d. i. bringt her, bringt her was ihr nur entbehren könnt! So trotzig auch B** immer war, so lange sich ein Anschein zeigte, daß seine Chimären würden realisirt werden können, und so sehr er alsdann glorürte und jauchzte, sich in die Brust warf, und von jugendlicher Selbstzufriedenheit, Suffisance und Präsumtion noch strotzte, und von guter Laune überfloß; eben so kleinmüthig, so niedergeschlagen, so mürrisch, oder kurz, so hypochondrisch und ungenießbar wurde er auch alsdann im Umgange, wenn sich merkliche Hindernisse und Widerwärtigkeiten ereigneten, und Mangel des Beyfalls und fehlgeschlagene Hofnung und Erwartungen, und Rechnungen ohne den Wirth gemacht, zum Vorschein kamen. Dann spielte B** eine sehr feige, verächtliche und oft verabscheuungswürdige Rolle.

15) B—s Spielsucht übersteigt allen Glauben und wird mit Recht in den Fragmenten gerüget. Am gehörigen Orte werde ich meine Erfahrungen und Betrachtungen darüber mittheilen, und hier weiter nichts bemerken, als daß B** zuweilen so — witzig war, daß er es wagte, auch die Vorsehung mit in seine Spielsucht und in seine übrigen Thorheiten zu ziehen, und gleichsam Parthey nehmen zu lassen, um über ihn als ihren Liebling zu wachen, und wie einen andern Socrates durch einen Genius anzutreiben oder abzuhalten. Blos dieser Umstand characterisirt diesen Mann recht sehr. Ofte

verwünschte er das Spiel, und wollte es gleichsam durch ein Gelübde gänzlich fahren lassen; aber bald darauf spielte er wieder mit mehrerer Begierde fort als jemals, und verlohr immer beträchtlich, ja ich darf sagen, große Summen. Es ist daher nicht glaublich, daß er diesem modischen, sehr übertriebenen, und daher eben verderblichen Zeitvertreibe sollte jemals gänzlich entsagt haben. Als Philosoph im Sitzen und beym Spiele Zerstreuung, Stärkung und Erholung zu suchen, lautet zwar nach der Mode unseres Jahrhunderts eben nicht paradox; ist aber in der That, ohnerachtet aller Einwendungen der größte Widerspruch, der sich denken läßt. B** hielt diesen Zeitvertreib für sich eben so nöthig und unentbehrlich, als Essen und Trinken; und man wird gar nichts übertriebenes behaupten, wenn man sagt, daß ihm das Spiel in seinem Leben weit mehr gekostet, als alles was Luther zum täglichen Brod rechnet. Und hier ist nur itzt die Rede vom Kartenspiele.

16) Mit B—s Hitze und Heftigkeit, und aufbrausenden und auffahrenden Wesen hat es eine gleiche Bewandniß, als mit seiner Spielsucht. Auch in diesem Stücke kannte der Mann gar keine Gränzen, und konnte sich weniger mäßigen und beherrschen, als der allerroheste und unausgebildeste und grimmigste Naturmensch. Der Verfasser

der

der Fragmente würde hievon gewiß weit nachdrücklicher geredet haben, wenn er Augenzeuge von einigen Auftritten dieser Art in B—s nähern Umgange gewesen wäre. Vielleicht hat er nur als Hörzeuge diesen Umstand mit angeführt, oder auch ein verzeihliches Probestückchen davon gesehen, oder aus B—s eigenen Munde das Geständniß gehört: daß er sehr jachzornig und auffahrend sey. Rasend und toll wie ein Besessener, und wüthend wie ein Tieger, war er alsdann; wenn sein Grimm und Zorn gereizet wurden, und Feuer fingen. Frau, Kinder, Gesinde und überhaupt jeder Mann, der zu dieser Zeit um ihn war, durften nicht die geringste Rechnung auf Schonung oder Achtung machen; es sey denn, daß man muthig genug war, ihm trotzig die Spitze zu bieten, und sein Lermen, Toben und Schelten nicht zu achten. Ihn mit vernünftigen und gelinden Vorstellungen besänftigen zu wollen, daß hieß Oehl ins Feuer giessen. O nein! man mußte sich ihm mit Verachtung, Trotz und Stoltz entgegen stellen, um ihn zu entwafnen und zum Schweigen zu bringen, und wenigstens in den Zustand zu versetzen, den man hypochondrisch nannte, um seine Raserey und seinen tollen Eigensinn zu beschönigen und zu entschuldigen. Bey aller scheinbaren Wuth war der Mann doch so sehr feige und poltron, als ich je einen gekannt habe.

Unerklärbar ist es mir immer geblieben, daß er, ohnerachtet dieser gar zu gehäßigen und zu häufigen Irregularitäten dennoch von seiner ganzen Familie, auch sein Gesinde nicht ausgenommen, recht sehr geliebet und geschätzet wurde. Jedoch darf ich nicht vergessen, zur Ergänzung hinzu zu thun, daß wenn sich bey ihm lucida intervalla oder post nubila phœbus in solchen Umständen wieder eingefunden hatten, und er wieder besänftiget und ruhig geworden zu seyn schien, und das unanständige und gehässige Betragen selber fühlte; so klagte er sich doch nie selber merklich an, noch weniger bat er die Beleidigten und Gemißhandelten um Verzeihung. Nein! zu dieser Herablassung war er zu stolz und unbiegsam. Alle diese anstößigen und ärgerlichen Auftritte pflegte er alsdann mit der Menge seiner Leiden und Widerwärtigkeiten zu rechtfertigen und zu entschuldigen, und gewöhnlich seine ungeheuren Geschäfte mit ins Spiel zu bringen; indem er, nach seiner Versicherung, mehr als sieben Männer arbeiten und leiden müßte. Ob er bey dieser heiligen sowohl als bösen Zahl: Sieben, etwa ein kleines schwärmerisches Geheimniß in Petto haben mochte, das habe ich nie erfahren können. Das aber kann ich gewissenhaft und glaubwürdigst versichern, daß der liebe Mann gar keine Leiden hatte und gehabt haben würde, wenn

er

er sich nicht selber welche gemacht und gesucht und eingebildet hätte. Doch auch hierin suchte er Ruhm und Ansehen, und wollte theils dadurch seinen Muth und Standhaftigkeit zur Bewunderung aufstellen; theils sich anderer Mitleiden, Bedauern, Theilnehmung, Gewogenheit und Unterstützung erwerben. Hätten seine Feinde und Widersacher, zum Beweise ein Götze und Consorten, geschwiegen, und auf B — s Anfälle und Angriffe in Schriften nicht geachtet, oder gar seine Schriften nicht mit Verhaft belegen lassen, und überhaupt sich gestellet, als wüßten sie nichts von dem Daseyn derselben; so würde B * * vor Mißmuth recht sehr hypochondrisch geworden seyn. Solche Leiden und solche Widerwärtigkeiten suchte B * * recht absichtlich und geflissentlich, und wußte wohl aus der Geschichte und Erfahrung, daß man eben dadurch in einer gewissen Lage am ersten und leichtesten bekannt, berüchtiget, berühmt und mit Theilnehmern und Parthey gängern verstärket werden könne, wenn man nur erst bey einem volkreichen Publicum in der Nähe und in der Ferne Aufsehen und Aufmerksamkeit erweckt hätte. Auf der einen Seite gelang B * * diese Kriegeslist über seine Erwartung; aber bey so bewandten Umständen konnte er doch nicht von aller tadelnswürdigen Heucheley und Verstellung freygesprochen werden, wenn er nemlich

seine

seine Heftigkeit und Hitze, seinen Grimm und Toben, mit Aufzählung seiner eingebildeten Leiden, für höchst verzeihlich erklären wollte. Sehr kahl war auch die Ausflucht, wenn er von seiner vielen Arbeit Entschuldigung hernehmen wollte. Alsdann kann wahrhaftig die Arbeit eines Mannes eben nicht verdienstlich mehr seyn, wenn er in seiner Geschäftigkeit und Thätigkeit Stoff zu Ausbrüchen des Grimmes und Zornes einhauchet und verkochet, und Unschuldige diese Ausbrüche seiner Leidenschaften fühlen lässet. Ich kann mich nicht enthalten, hiebey an die innere Thätigkeit und Geschäftigkeit eines Vulkans zu denken. B** machte sich abermals viele unnütze, überflüssige und nichts fruchtende Geschäfte. Seine meisten Arbeiten fing er verkehrt an, wodurch er sich und andere verwirrete. Daß er für Sieben sollte gearbeitet haben, ist sehr übertrieben. Eine beträchtliche Reihe von Jahren zu Altona war er frey von allen öffentlichen Amts-Geschäften, und hätte bey dieser gelehrten Musse weit mehr leisten können, als er wirklich geleistet hat, wenn er anders Ordnung und Eintheilung der Zeit gekannt hätte. Aber sein tumultuarisches Wesen, seine plötzlichen Einfälle und Anfälle übersteigen allen Glauben. Dadurch wurde er irre, wußte sich nicht zu helfen, und hieraus entstand Ungeduldt; er schob alsdann

die

wiäner, jedoch, wie es mir schien, machten sie es wie jener kluge Affe, daß sie mit B— s Katerpfoten die gebratenen Kastanien aus dem Feuer holen und sich daran letzen wollten. Diese suchten B** aufzureitzen, ihn vor den Riß oder auf die verlohrne Schildwache zu stellen, unterdessen sie im Hinterhalte sicher waren. Diese Männer pflogen öffentlichen Umgang mit B**, und nahmen öffentlich oder insgeheim an seinen Streitigkeiten Antheil. Sonst war die Zahl der Feinde B — s keinesweges so groß, als er sich selber einbildete. Diese Einbildung aber rührte bey ihm nicht aus Furchtsamkeit her; sondern er setzte eine Ehre darin, mit so vielen ergrimmten Widersachern alleine kämpfen und sie besiegen zu können. Es ist daher nicht im geringsten übertrieben oder beleidigend geredet, wenn ich behaupte: daß der gute Mann von seiner Einbildung, Hitze, Ruhmsucht, Praesumtion, Praetension und Süffisance gereitzet und getäuschet in gar vielen Stücken einen theologischen, paedogogischen und politischen Donquixot spielte, und oft auf nicht existirende Ebentheuer ausging, und die ganze Welt bestreiten, säubern, reinigen, bessern und beglückseligen wollte, ohne dabey einen Augenblick vor der in sich habenden Hölle selber zu erschrecken. Aufklärende Anekdoten will ich hier nicht berühren, sondern nur soviel sagen: daß

B** oft recht darauf ausging, seine Widersacher noch mehr zu reitzen. Da gab es Neckereyen von allerley Art. Kleine Gedichtchen, zum Beweise, worin dieser oder jener Widersacher recht deutlich geschildert wurde. So schuf sich Hamburg einen Götzen, ein güldnes Kalb und betet es an. Viele kluge scharfsichtige und gründlich gelehrte Männer nahmen an allen diesen Zänkereyen nicht den geringsten Antheil; oder sahen es wenigstens nur als eine Hetze zur Lust an; hasseten aber B** eben so wenig, als sie ihn liebten; blieben neutral und nannten ihn nur im Schertz den tollen B**. Allein alle diese neutralen Männer dachte sich B** als seine Feinde, und wendete ganz verkehrt auf die Lage und Umstände seiner Person an: wer nicht mit mir ist, der ist wider mich. Sonst gab es noch eine Art von wackern und einsichtsvollen Männern, die B** und sein ganzes Beginnen, wo nicht verabscheueten, doch ihn sehr merklich verachteten, und ungerne sahen, wenn er sie besuchte, und durch eine gewisse Art von Zudringlichkeit ihren Beyfall und Beystand zu erobern suchte. Aber diese Männer liessen sich es nie einfallen, ihn weder schriftlich noch mündlich zu verfolgen. Sie bemitleideten diesen Mann in allen seinen tumultuarischen und schimärischen Unternehmungen, und warneten zuweilen diejenigen,

welche

welche im Begriff standen, mit B** in eine Verbindung zu treten. Einige dieser Männer kannte B** in der Nähe und in der Ferne, und er wußte selber, daß sie untheilnehmende Zuschauer seyn wollten. Noch bis jetzt leben einige derselben. Auch solche Männer hielt B** in allem Ernst für seine Feinde, Neider und Verfolger, und irrete sich sehr; denn keiner derselben hat sich jemals eben so wenig einfallen lassen, B—s Unternehmungen zu hindern, als er Lust hatte, selbige zu befördern.

23) Der Fragmentensammler thut auch der Einkünfte unseres B—s mit etwas wenigen Erwähnung; darüber ich nur folgende erläuternde Bemerkungen hersetzen will. Es ist wahr, daß B** eine Pension von 800 Rthl. aus der Schatulle des Königs von Dännemark erhielt, nachdem er von der Ritteracademie zu Sorve an das Gymnasium zu Altona war versetzet worden. Der in der dänischen Geschichte unsterbliche Staatsminister von Bernsstorf hatte ihm aus sonderbarer Gewogenheit diesen Jahrgehalt ausgewürket. Wie viele Gelehrte würden bey einem solchen Gehalte sehr glücklich und zufrieden leben; zumal wenn sie bey solchen beträchtlichen Einkünften von allen Geschäften eines öffentlichen Amtes frey wären, und noch nebenher als Schriftsteller ansehnliche Honoraria heben könnten! In dieser Lage war B** recht

 sehr

sehr glücklich und beneidenswürdig. Er lebte darin ohngefähr 10 Jahr zu Altona, ohne sein Glück zu fühlen und zu schmecken, woran ihn tumultuarische Schwärmerey hinderte. Während dieser gelehrten Musse hat er viele Schriften herausgegeben, und damit ein Ansehnliches verdient. Dem allen ohnerachtet war B** bey allen diesen beträchtlichen Einnahmen immer arm, dürftig und unzufrieden, und hatte bey weiten nicht soviel, als zur Bestreitung seiner Ausgaben erfordert wurde; obgleich zu meiner Zeit seine Familie noch sehr klein, und seine Haushaltung fast mehr als bürgerlich eingeschränkt war. Jedoch darf ich in diesen erläuternden Anmerkungen nicht unbemerkt lassen, daß B** bey der Ausgabe einiger seiner Schriften oft sehr beträchtliche Kosten hatte, die ihm weder von dem Verleger noch von den Käufern konnten ersetzet werden. Unausgemacht will ich dabey lassen, ob er sich nicht durch seine Unbeständigkeit viele Kosten verursachet habe. Von der berüchtigten, itzt aber fast vergessenen Philalethie, war schon eine beträchtliche Bogenzahl abgedruckt worden, als B** es plötzlich für gut befand, große Veränderungen in dem schon Abgedruckten vorzunehmen; daher alle diese Bogen für Maculatur mußten erkläret werden. Natürlicherweise mußte B** den größten Theil dieses Verlustes

tragen.

tragen. Dergleichen Kosten fanden sich mehr bey der Ausgabe seiner Schriften, — denn einige kleinere ließ er auf seine Kosten drucken, — die noch dazu nicht den Debit hatten, als man wegen ihres sonderbaren Inhaltes hätte vermuthen sollen, und B** selber zuverläßig erwartete, und seinen Verlegern großen Gewinnst durch den Verkauf derselben versprach. Einer derselben war der Buchhändler Iversen zu Altona, der mir ofte mit Thränen den großen Verlust klagte, den er allein an Basedows Philalethie erlitten hätte, die ihm als Ballast liegen geblieben wäre, und er doch noch dafür das festgesetzte Honorarium bezahlen müßte. Der Mann sagte die Wahrheit: denn noch zu meiner Zeit zahlte er noch immer Rückstände dieses Honorariums, ob er gleich fast gar keine Exemplare absetzte. Ob aber das Insolventwerden dieses Mannes, und seine sehr verfallene Umstände auch in dem mißlungenen Drucke dieser Schriften ihren ersten Ursprung hatten, wie er versicherte; das kann ich nicht für zuverläßige Thatsache angeben. Doch zurück, zu B—s Pension. Als er von Altona nach Dessau ging, behielt er nicht nur den jährlichen Gnadengehalt von 800 ℛ; sondern der unvergleichliche Fürst von Dessau, gewiß ein sichtbares Bild der Gottheit auf dieser Erde, setzte ihm noch eine Einkunft von 1100 ℛ fest. Dazu kam noch der

der Beytrag des Publicums zur Beförderung der Ausgabe seines Elementarwerkes und anderer dazu gehörigen Schriften. Von diesen sehr beträchtlichen Beyträgen rechnete B * * für seine Mühe und Reisen eine erkleckliche Summe ab; daher er auch auf Kosten des Publicums so viele Reisen und Excursionen unternehmen konnte. Welcher Gelehrte vom ersten und zweyten Range, in den ansehnlichsten und wichtigsten Aemtern, hat sich je solcher Einkünfte erfreuen können, und für welche er nur so wenige Amtsgeschäfte zu verrichten hatte! Bey B * * war es aber noch nicht genug, und wenn er auch einen festen Gehalt von 11000 rℓ gehabt hätte. Man würde diesem Manne Unrecht thun, wenn man ihn des Geizes beschuldigen wollte. Er war so wenig geitzig, daß man ihn nicht einmal sparsam nennen konnte, und doch war die Habsucht dieses Mannes unersättlich; bloß um seine ungeheuren und unausführbaren Projecte, trotz aller unübersteiglichen Hindernisse, wenigstens durch verschwendete Summen, vor den Augen des aufmerksamen Publicums in der Grundlage vorzeigen zu können. Daher hatte er es in allem Ernste darauf angeleget, von allen Nationen Europens, Christen und Juden, und Türken vielleicht nicht ausgenommen, Beyträge zu erhalten. Daß er sich schmeichelte, hierin ein goldreiches Peru entdeckt

zu

zu haben, ist zu bekannt, als daß es nöthig wäre, davon weitläuftiger zu reden. Kurz, die diesem Manne in seiner Lebensart nöthigen und erforderlichen Kosten und Ausgaben gingen fast ins Unendliche. Von allen häuslichen Tugenden hatte er keine weniger, als die Sparsamkeit gelernet und geübet, ob er gleich selbige, so wie alle andere Tugenden, seinen Lesern aufs dringendste anpreiset. Das waren die Ursachen, warum er seine Baarschaften und Einkünfte so sehr zu vermehren suchte. Wenn B **, wie einige behaupten, auch ein ansehnliches Capital, für die Bedürfnisse des Alters und den Wechsel des Glücks, beyzulegen bemühet war, so ist er, nach meiner Meinung, hierin im geringsten nicht zu tadeln. Aus allen bisherigen erläuternden Anmerkungen mögen kundige und unkundige Leser urtheilen, ob B ** nicht auch in diesem Stücke verdiene einzig genennet zu werden. Die Erbauung des hallischen Waisenhauses ausgenommen, werden sich in der neuern Geschichte wenige Beyspiele finden, wo ein Gelehrter und Projectirer vom Publicum sey freygebiger und bereitwilliger unterstützt worden. Freylich gebührt ihm auch der Ruhm und die Ehre, daß er dreiste, und fast möchte ich sagen unverschämt und abgehärtet war, welches in gewissen Fällen bey dem hartleibigen und harthörigen Publicum sehr nöthig

ist.

ist. Ferne sey es also, diesen Mann darüber zu tadeln; denn ohne diese Zudringlichkeit und Dreistigkeit würde er nie seinen Zweck erreicht haben. Die meisten Bekannten und Unbekannten, die meisten seiner wahren oder angeblichen Freunde lieferten ihren verlangten Beytrag um seines unverschämten Geilens willen.

24.) In allen den Bruchstücken über B—s Leben aufgesetzt, hat mich nichts mehr befremdet, als das Urtheil des zu gütigen und etwas ins Partheyische gerathenen Verfassers: "daß es wider die schuldige Discretion seyn würde, von den Familien-Angelegenheiten (das heißt, wie ich es mir erkläre, von dem häußlichen- oder Privatleben eines Mannes) zu reden.„ Gewiß ein sonderbares Urtheil, das auf der einem Seite, wenn es unpartheyisch wäre, dem Herzen eben so viele Ehre machen könnte, als es auf der andern Seite der Wahrheit Eintrag thun würde. Wie? von Basedows Familien- oder Privatleben sollte man nicht reden und schreiben? Eine solche schonende Discretion erweiset man ja nicht den Königen und Fürsten nach ihrem Tode. Man lese doch nur dasjenige, was über Friedrichs des grossen Privatleben nach seinem Tode ist geschrieben worden. Wie viele merkwürdige Schriften sind nach der bekannten Revolution in Frankreich über das Familien- und

Privat-

Privat-Leben längst gestorbener und noch lebender hoher Personen herausgegeben und von jedermann gelesen worden. Das Privatleben der Königin von Frankreich, es sey Wahrheit oder Erdichtung, und andre ähnliche Schriften, die in unsern Zeiten unter dem Titul: *Histoire secrete* und Anekdoten, sehr modisch sind, können nur sehr wenigen unbekannt seyn. Und ist das nicht das Schicksal der grossen und berühmten Männer von Anbeginn bis itzt, daß sie meistens erst nach ihrem Tode, bald oder späte, nach der Wahrheit geschildert werden; in welcher Schilderung ihr Privat-Leben die besten Schattirungen hergiebt? Wie viele wichtige und lehrreiche Nachrichten würden in der Geschichte fehlen, wenn die Verfasser der Lebensläufe berühmter Männer diese Discretion als eine unverletzliche Regel beobachten wollten? und schadet denn eine solche wahrhaft Schilderung, aus dem Privatleben hergenommen, dem Ruhme eines grossen Mannes nach seinem Tode? Nichts weniger. Sie zeiget nur, daß er bey allen seinen grossen Eigenschaften auch seine grossen und ausgezeichneten Schwachheiten hatte, und ein Mensch war und blieb. Hätte unser B * * Confessions, wie Rousseau, oder sein eigenes Leben, wie Semler und Bahrdt geschrieben; so würde er gewiß, so groß auch seine Eigenliebe, und so theuer und werth ihm sein

 gelieb-

geliebtes Ich wär, diese Discretion gegen sich selber eben so wenig beobachtet haben, als die eben genannten beyden Männer. Es würde auch einigermaßen unmöglich seyn, einen Mann nach der Wahrheit schildern und charakterisiren zu können, wenn man diese Saite durchaus nicht anschlagen dürfte; bloß weil sie zuweilen etwas disharmonisch tönet. Hier in diesen Bruchstücken würde die oben in der Vorrede angezeigte dritte Abtheilung über B — s Character ganz wegfallen müssen, wenn das die schuldige Discretion verletzen hieße, den großen Mann nach seinen Familien-Umständen oder Privat-Leben kennen zu lernen. Jedoch man siehet wohl, daß der Verfasser eine gewisse Art von Schonung mit diesen Worten hat zur Pflicht machen wollen, und zugleich kann man merken, daß der Mann, der so redet, mit B — s Privat-Leben muß ziemlich bekannt gewesen seyn, wo nicht als Augen- doch als Ohrenzeuge, und aus dieser Bekanntschaft sehr richtig schloß, daß diese Thatsachen nicht allzu gut in Harmonien mit den Lobeserhebungen könnte gebracht werden. Da er aber gleichfalls wuste, daß diese Irregularitäten des Basedowischen Privatlebens vielen in der Nähe und Ferne nicht unbekannt wären, und man ihn also einer Partheylichkeit beschuldigen könnte: so streuet er zu seiner eigenen Sicherheit und Verwahrung diese

Cautel

Cautel ein. Von der Güte des Verfassers aber darf ich sicher erwarten, daß er es nicht übel deuten werde, wenn ich gerade das Gegentheil behaupte, nämlich: daß das Privatleben eines berühmten Mannes, dessen Lebensumstände man dem Publicum vorlegen will, am genauesten und umständlichsten müsse beschrieben werden. Die Schilderung dieses Familien-Lebens ist nicht bloß das winkende und deutende Züngelein in der Waage, sondern auch die Waage selber, auf welcher man die Verdienste verstorbener Männer, die berühmt gewesen seyn sollen, abwäget, und nach deren Ausspruche es heisset: man hat dich gewogen und du bist entweder zu leichte oder vollwichtig erfunden worden. Wenn die alte und die uralte Geschichte würkliche Thatsachen auf uns gebracht hat, so war dieses schon in Egypten Sitte, daß die Könige sowohl als andere berühmte und angesehene Männer nach ihrem Tode frey beurtheilet und ihre Handlungen und Verdienste aufs genaueste untersucht und abgewogen wurden; welche Untersuchung so weit ging, daß sie nicht eher durften und konnten mit Ruhm und Ehrenbezeugungen begraben werden, als bis diese prüfende und forschende Untersuchung war angestellt worden. Was noch heut zu Tage bey den Chinesern in dieser Sache Sitte und eingeführte Gewohnheit ist, ist zu bekannt, als daß es einer weitläuftigen Erzählung bedürfte.*) Zuverlässig hat unser B** viele Freunde und Anhänger, aber auch

*) Ist dieses alles zu meiner Rechtfertigung noch nicht hinreichend, so frage ich, ob man nicht auch bey uns in unsern Zeiten sogar noch lebende und sehr berühmte Männer und ihr Privatleben eben so frey beurtheilet, als es ehemals das freye Griechenland und Rom mit seinen berühmtesten und angesehensten Staatsbürgern so machte und machen durfte? Aus hundert bewährenden Beyspielen dieser Art, will ich nur ein einziges und zwar ganz neues und sehr merkwürdiges ausheben und hersetzen. Der Abt Resewitz lebt noch und hat durch seine pädagogischen Schriften mit Basedow so ziemlich um die Wette geeifert, und um Ruhm bey dem Publicum gebuhlt, und dieser Lohn ist ihm wirklich, laut der A. D. B. und anderer Recensions-Schriften, in einem gerüttelten und vollgedrückten Maaße ertheilet worden. Aber sichert dieser Ruhm diesen berühmten Mann vor den Urtheilen über sein Privatleben? Man höre und lese doch aus Cranzens Fragmenten über verschiedene Gegenstände der neuesten Zeitgeschichte, Heft 3. S. 18. ff. 1790. folgendes fast zu freye Urtheil über Resewitzens Privatleben: Jetzt ist Resewitz Abt von Kloster Bergen — ein aufgeklärter, galanter, feiner Weltmann, und unter seiner Direction ist Kloster Bergen — so helle geworden, daß man der Zöglinge, die für ihr Geld da sind, wenige, und solche, die Freystellen haben, gar nicht, in allem nicht mehr den dritten Theil siehet. Aber ihn, den Herrn Abt Resewitz sahe man — wie er bey gestiegenen Holzpreisen und im strengsten Winter für seine hochwürdige Person sechs Zimmer

auch eben so viele Feinde und Neider nach seinem Tode hinterlassen, wie man aus den Nachrichten [illegible] sattsam

Zimmer heizte, als kaum die Zöglinge bewohnten — ihn siehet man an einer vollen Tafel — jetzt nicht mehr da, wohin er als Aufseher gehört, nicht in Kloster Bergen, sondern wohnhaft mit seiner Familie in Magdeburg —, nicht wie vormals den unermüdeten Steinmetz bey den Lehrstunden — desto fleißiger am l'Hombertisch, welches, wenn es nun einmal sein Geschmack so ist, eben sowohl als seine im letzten Sommer gemachten Lustreisen mit Frau und Fräulein Töchtern man ihm gönnen könnte, wenn das sonst so vortrefliche Kloster Bergen nicht von ihm unverantwortlicher Weise vernachläßiget, zum Theil verschmauset und verreiset würde. Er hat das einzige Verdienst, daß er keine Muckers bildet, und sein Ehrengedächtniß für die Nachwelt wird seyn: daß unter seiner Abtschaft Kloster Bergen, die berühmte vormalige Pflanzschule brauchbarer Staatsbürger bis auf die Hefen heruntergesunken ist. Der Abt Steinmetz und vor ihm Breithaupt, waren Leute voll Würde und Ansehn (obgleich keine berühmte Pädagogiker). Ihr Eifer, ihre Arbeitsamkeit, ihre rastlose Sorgfalt wachte für Ordnung, für Unterricht und Fleiß — ihre fromme Rechtschaffenheit verwaltete mit ökonomischer Treue, die Revenües des Klosters zu ihrem eigentlichen Zweck — eine blühende Jugend zu nützlichen Gliedern des Staats zu bilden. Diese Aebte brauchten für sich wenig — auch die Mäßigkeit rechneten sie zu ihren Pflichten. Die klüger werdende Welt warf der Anstalt blos vor, daß zuviel darinn gebetet und Muckers gebildet würden. Indessen —

wer

sattsam ersehen kann, die seinen Tod meldeten und weiter unten sollen angeführet werden. Wird nun das Leben und besonders das Privatleben und der Charakter dieses berühmten Mannes so beschrieben und geschildert, wie es nach der Wahrheit, nach den Thatsachen und nach den eigenen Geständnissen seiner Anhänger gewesen ist; so werden die erstern aufhören mit ihm Abgötterey zu treiben, und übertriebene Lobeserhebungen nach seinem Tode ins Publicum zu verbreiten, da er mit zu vielen und zu auffallenden Schwachheiten behaftet war, und wissentlich an sich duldete, als daß er auf eine solche ausgezeichnete Ehrenbezeugung hätte An-

wer kennet nicht große Staatsmänner, die diesem Institut die Grundlage ihrer Bildung zu danken haben, und — die keine Muckers sind. Was sagen meine Leser zu diesem freyen Urtheile über einen noch lebenden hochberühmten Mann und dessen Privatleben? Ist es nicht ein schöner und passender Pendant? Sollte man nicht mit Gnatho beym Terenz ausrufen: exemplum placet. Jedoch so hart, so frey werde ich gewiß nicht über B — s Character und Privatleben, ohncrachtet des zu ergiebigen Stoffes, urtheilen. Ob ich nun gleich dieses harte Urtheil hier nur als erläuterndes Beyspiel anführe, ohne über die Thatsache selber urtheilen zu wollen; so darf ich doch, da es einen noch lebenden berühmten Mann betrift, nicht vergessen anzuführen: daß Resewitz in M. Rapps Erholung für Freunde der Schulen. S. 87. No. 7. entschuldiget wird.

Anspruch machen können: und die letztern werden sehen, daß B** doch ohnerachtet alles Tadels ein berühmter und merkwürdiger Mann ist und bleibet. Die eifrigsten Lobredner dieses Mannes werden sich des herzlichen Wunsches nicht erwähren können: daß er in seinem Familien- und Privatleben seinem eigenen Hause möchte sorgfältiger und gewissenhafter vorgestanden haben!! Der Verfasser der Fragmente bemerket, daß B** diese Versäumniß seiner Pflicht gegen sein Haus und Familie damit entschuldiget hätte, daß er — vermuthlich denen, die ihm freundschaftliche Vorwürfe über dieses etwas ans Unnatürliche gränzende Betragen gemacht — geantwortet: er hätte das Publicum geheirathet. Sonderbare und nur einem B** verzeihliche Ausflucht! — Was B** unter dem Publicum verstand, und in wie ferne er nachdrüklich sagen konnte, selbiges geheirathet zu haben, das soll weiter unten in recht verständlichen Anekdoten erkläret werden. Es ist wahr, das Beste des Publicums hatte er beständig vor Augen und sahe mit unverwandten Blicken auf selbiges hin, so wie der Spital-Verwalter beym Gil-Blas das Beste der Armen suchte. Doch müste ich wider mein Bewußtseyn und Erfahrung reden, wenn ich diese Worte so erklären wollte, wie er sie doch verstanden haben will, und auch andere so ver-

verstanden zu haben scheinen: daß ihm nemlich die wahre Beglückseligung des menschlichen Geschlechts, eine vervollkommende Aufklärung und eine Vorbereitung zum Genusse dieser Güter so sehr am Herzen gelegen hätte. Die hartnäckige Betreibung seiner unausführbaren Projecte; die eigensinnige Verfolgung seiner eingebildeten Ebentheure, und die Einnahme von beträchtlichen Summen für seine tumultuarische Mühwaltung, und endlich darüber gerühmet und gepriesen zu werden; das war es eigentlich, was B** suchte.*) In dieser Bedeutung konnte B** behaupten: das Publicum geheyrathet zu haben, wobey dasselbe aber doch, so wie es bey wirklichen Heyrathen oft der Fall ist, nur als eine Zugabe in Betrachtung kam. Das eigentliche Basedowische Publicum in der Nähe und in der Ferne, bestand nur in einer sehr eingeschränkten Gesellschaft von begüterten Menschenfreunden, die bereitwillig waren, ihn mit dem Nervo rerum gerendarum in der Ausführung seiner Projecte zu unterstützen. Dieses Publicums Güter und Capitalien betrachtete B** als eine Mit-

*) Und ist das nicht immer vieler hochberühmten geistlichen und weltlichen Projectmacher einziger Zweck und Hauptabsicht gewesen, wie sichs am Ende gezeiget hat? Gilt dieses nicht noch von vielen hochberühmten P. und Th. unsrer Zeiten? m. v. d. e. d.

die Schuld auf Andere, weil er nie Unrecht haben konnte; wurde böse, beleidigend, und daher glaubte er, daß die viele Arbeit die Hauptursache wäre, daß er so oft aufbrausete, und daß mans ihm zu gute halten müßte, weil er es so böse nicht meinte. Gegen Furchtsame und Schüchterne, sie mochten schuldig oder unschuldig seyn, äusserten sich seines Unmuths Ausbrüche in einem solchen Grade, daß bloß dieserwegen jeder vernünftige Kenner zu der Zeit ihn flohe, verabscheuete und seinem Zorne fluchte.

17) So richtig und den Erfahrungen aller Kenner B — s gemäß bisher in den meisten Fragmenten unser Verfasser diesen Mann beurtheilt hat; so ganz unrichtig und wider die Erfahrung einer so langen Reihe von Jahren ist die Behauptung: daß der Vorwurf unbillig wäre, wenn man B** wegen seiner Trunkenheit und Liebe zum Wein und anderen starken Getränken tadelte. Fast sollte ich hieraus schliessen, daß der Verfasser dieser Bruchstücke entweder nicht Gelegenheit gehabt, mit ihm in der Nähe lange und ofte umzugehen, und ihn in Gesellschaften und bey Tische zu beobachten; oder daß er selber aus gehabten Erfahrungen das Treffende und Drückende dieses Vorwurfs zwar wohl gefühlet, doch aber aus Herzens-Güte ihn damit entschuldigen wollen, daß er zu manchen Zeiten und unter gewissen Um-

 ständen

ständen Zeichen der Betrunkenheit an sich gehabt hätte, wenn er gleich nur einige wenige Gläser solcher Getränke zu sich genommen. Allein bey einer solchen Lebensbeschreibung, als die Basedowische, kommt es einzig auf Wahrheit und Thatsachen an, wo das Entschuldigen gar nicht darf in Anschlag gebracht werden. Diejenigen, welche B * * wegen dieser anstößigen Ausschweifung beschuldigten, müssen doch wenigstens einigen Anlaß dazu gehabt haben. Wenn die Unmäßigkeit im Genuß berauschender Getränke eine verzeihliche Schwachheit großer und berühmter Männer ist; so wird jeder Kenner dieses Mannes, der mit ihm eine geraume Zeit Umgang gepflogen, gerne mit einstimmen wollen: daß B * * nur gar zu ofte seinen Freunden Gelegenheit gegeben, ihm, als einem großen und berühmten Manne, auch diese Schwachheit zu verzeihen, ob er gleich von einigen, minder partheyisch urtheilenden, sich einige Verachtung und Geringschätzung dadurch zugezogen hatte.

18) Zum Ruhm und Lobe wird besonders bemerket, daß B * * sehr thätig gewesen wäre, und viel und geschwinde gearbeitet hätte. Der Basedowischen Thätigkeit und Geschäftigkeit ist schon im vorhergehenden einige Erwähnung geschehen. Dieser Lobspruch leidet eine große Ausnahme und Einschränkung, und man muß diesen Mann lange

in

in seiner Geschäftigkeit beobachtet haben, um diese Einschränkung richtig zu bestimmen. Auch darin war B** einzig, und unterschied sich von allen andern Gelehrten, die arbeitsamer sind als man von ihnen erfähret, oder in ihrem äussern Betragen wahrnehmen kann, und deren wahre und gemeinnützige und beglückseligende Thätigkeit in gesegneten Folgen und Würkungen sich zeiget. Es ist wahr, B** war geschäftig und thätig; aber er predigte sich selber als einen Mühseligen und Beladenen gar zu öfte und in zu starken Ausdrücken, wodurch er diesen Ruhm etwas schwächte. Sodann wußte er nichts von Eintheilung der Zeit und Auswahl der Geschäfte. Bey gehöriger Ruhe und Erholung und bey einer zweckmäßigeren Einrichtung seiner Lectüre und aller seiner gelehrten Beschäftigung hätte B** zehnmal mehr ausrichten können, als er würklich zu Stande gebracht hat. Gewaltthätig, meist tumultuarisch und ohne alle Ordnung war seine Thätigkeit. Sie war ferner nicht stätig, nicht fortgesetzt, nicht anhaltend. Plötzlich wandelte ihn die Thätigkeit an; und plötzlich verließ sie ihn wieder; und dann war er in seinen Vergnügungen und Erholungen wieder so gewaltthätig, als er es vorher in der Geschäftigkeit gewesen war. Solch ein Paroxismus hielt oft einige Tage auch länger an, wo an ordentliches Essen und Trinken und

 Schlafen

Schlafen u.s.w. zu der Zeit gar nicht zu denken war. Meistens endigte sich eine solche Thätig- und Geschäftigkeitswuth dadurch, daß ihm ein neues Project, wie ein Blitz, durch den Kopf fuhr; zu dessen Anzettelung und Ausführung er nothwendig ausgehen mußte. Zuletzt muß ich noch bemerken, daß B — s Thätigkeit immer von der oben gemeldeten Wichtigkeits-Miene begleitet war; ob er sich gleich ofte mit sehr geringfügigen Dingen beschäftigte. Wenn man genau untersuchte, was denn das eigentlich wäre, womit er sich soviel zu schaffen machte, so entdeckte man gar zu ofte, daß die Gegenstände der Wichtigkeit seiner Mienen nicht entsprachen. Einstens hatte er schon eine geraume Zeit an seinem Pulpet mit blinzenden Augen geschrieben und excerpiret. Wenigstens vermuthete ich, daß er Lockens oder Rollins Erziehungs-Schriften durchblätterte und zweckmäßige Stellen aushübe; allein ich fand am Ende, daß seine Thätigkeit sich bloß auf Comenii orbis pictus erstreckte, woraus er einen Auszug machte, um selbigen als eine Grundlage bey der Ausarbeitung seines Elementarwerks zu gebrauchen. Als er meine Verwunderung bemerkte, lobte er dieses an sich sehr gute und bey Kindern sehr brauchbare Buch auf eine solche übertriebene Weise, daß, wenn nur die Hälfte dieser Lobeserhebungen in der Güte dieses

Buchs

Buchs gegründet gewesen wäre, der Orbis pictus schon selber ein Elementarwerk seyn müßte, und es überflüßig gewesen seyn würde, ein anderes zu schreiben. Also auch in der Geschäftigkeit und Thätigkeit war B * * einzig. So wie bisher in allen gemeldeten Stücken, also auch in diesem betheure ich mit der allerstrengesten Gewissenhaftigkeit, daß ich in meinem ganzen Leben noch keinen Menschen gesehen hatte, der ihm hierin nur etwas ähnlich gewesen wäre. Die ganz sonderbare und heterogene Thätigkeit dieses Mannes, den man sich als einen großen Gelehrten und Philosophen denket, kann man sich unmöglich vorstellen, oder seine davon gegebene Beschreibung glauben, ohne es mit eigenen Augen gesehen und erfahren zu haben.

19) Ob B** Wahrheits-Liebe im Herzen gehabt und fremdes Verdienst anerkannt habe; darüber finde ich nichts besonderes in meinen Collectaneen aufgezeichnet. Jedoch beide Fragen lassen sich aus allen bisherigen Erzählungen sehr leichte beantworten. Mit seinem Ich und seines Ichs Verdiensten war er zu sehr beschäftiget, als daß er fremde Verdienste hätte untersuchen, anerkennen und gebührend verehren sollen. Nach seinem eigenen Geständnisse hat er die Schriften der Alten, Neuern und Allerneuesten theils nur durchgeblättert, theils gar nicht gelesen; folglich konnte er

 auch

auch über ihre Verdienste kein richtiges Urtheil fällen. Soviel erinnere ich mich, daß er von einigen damals noch lebenden Gelehrten, die er entweder für seine Feinde hielt, oder die sein Gesuch nicht unterstützten, mit Widerwillen und Verachtung sprach. Der berühmte hamburgische Götze war von der erstern, und Gellert von der andern Art. Was die Wahrheitsliebe dieses Mannes betrift, so werden ihm seine Feinde auch das Zeugniß geben müssen, daß er selbige in seinem ganzen Leben bis an sein Ende gesuchet hat, obgleich auf eine solche sonderbare Art und Weise, daß es unmöglich war, sie zu finden. Seine Speculationen, seine Projecte, seine affectirte Zweifelsucht, seine Befassung mit theologischen Streitigkeiten, denen er nicht gewachsen war; seine Grübeleien — die Schriften dieses Mannes wimmeln von allen diesen Stücken, besonders seine Philalethie — und seine Weise, anderer Meinung über Zweifel und Schwierigkeiten nicht gehörig zu lesen und zu erwegen: dieses alles und noch vieles andere versetzte ihn oft in eine solche Lage seines Geistes, daß er mir oft mehr als Pyrhoniste, ja gar Fataliste in der allergröbesten Bedeutung zu seyn schien. Nun erinnere man sich noch einmal an die Veränderlichkeit und Unbeständigkeit dieses Mannes, und denke hinzu, daß er bey der Aufsuchung und

Erforschung der Wahrheit oft mehr fehlschlagende Nebenabsichten, als gemeinnützige Hauptabsichten hatte, und daher schwerlich zu einer beruhigenden und befriedigenden Ueberzeugung gelangen konnte.*) Sonst hielt B * * vieles für wichtige und gemeinnützige Wahrheiten, wodurch die Welt allein könnte beglückseliget und vervollkommnet werden; was doch im Grunde nur eine Sammlung von müssigen Speculationen, Schimären und unausführbaren Projecten war.

20) Es wird in den Fragmenten über B—s Leben ferner behauptet, daß er ein interessanter Gesellschafter, lebhaft, witzig und reich an Kenntnissen von allerley Art gewesen wäre. Wenn man ergötzende und belustigende Einfälle und

*) Weil nun das Herz dieses unbeständigen Mannes besonders in Religionsgefühlen, Gesinnungen und Meinungen nie zu einem Grade der Festigkeit gelangen konnte; so darf man sich nicht wundern, wenn er so ofte in seinem Leben und besonders noch bey seinem herannahenden Alter seine Meinungen veränderte, und da noch erst fast wieder ein ⅓ Orthodoxe wurde. Wer kann sich des Lächelns über die Thorheit und Unbeständigkeit dieses Mannes enthalten, wenn er in diesen Jahren, wie ein alter Betbruder, noch eine theologische Heldenthat und Inspiration und Wunder in seinen Schriften retten und vertheidigen will, die er so lange verworfen und bestritten. O Eitelkeit! O Eitelkeit!

Schwänke von allerley Art und Erzählungen, von allerley Histörchen und Anecdoten u. s. w. darunter verstehet, so ist diese Bemerkung noch mehr wahr, als diese Worte anzuzeigen scheinen. Den hypochondrisch seyn wollenden B**, wenn er besonders über Tische bey guter Laune war, reden und erzählen zu hören, übertraf alles, was man sich denken mag. Unerschöpflich war er in Einfällen und Wendungen. Wenn man nun dabey auch auf seine sonderbare und ihm eigenthümliche Gebährden- und Mienensprache Achtung gab, und also Augen und Ohren zugleich beschäftigte; so mußte der mehr als Misantrope und Hypochondriacus gewesen seyn, der nicht dabey von heftigen Lachen eine heilsame Erschütterung des Zwerchfelles erlitten hätte. Seine Gesellschaft wußte er dadurch so überraschend, so heftig und so anhaltend zu kützeln, daß einige würklich sich entfernen mußten, weil sie die zu heftige Erschütterung nicht aushalten konnten. B** selber lachte dabey nicht im mindesten; schien auch nicht die geringste Neigung dazu bey sich zu verspüren, und eben dieser ernsthafte und gravitätische Anstand machte mit den allerlaunigsten Erzählungen einen Contrast, der bey Zuschauern und Zuhörern über Erwartung würken mußte. Aus dem Stegereif hielt er Reden, bey deren Anhörung gewiß keiner über lange Weile zu klagen Ursache hatte. Nach meiner gehabten Erfahrung zeichnete sich dieser Mann auch hierin so sehr aus, daß wenn er hierin abermals nicht einzig war, es doch gewiß nur wenige Menschen giebet, die mit ihm in diesem Stücke verglichen werden könnten: denn ich erinnere mich nicht, weder vorher noch nachher je eine Copie, geschweige ein Original gehört und gesehen zu haben.*) Allein so wie B** in den meisten Dingen die Maaße überschritte, und die richtige Mittelstraße fast gar nicht kannte; so übertrieb er auch hier seinen Spaß oft so sehr, daß er sich dadurch nicht selten etwas verächtlich machte; indem er die Gränzen der Ehrbarkeit und des Wohlstandes sehr merklich überschritte. Jedoch auch hierin war B** glücklicher, als tausend und zehn tausend

*) Meinen Lesern wird es vielleicht nicht unangenehm seyn, nur ein kleines Pröbchen hiervon anzuführen. In einer zahlreichen Gesellschaft hielt er auf einen noch lebenden und rühmlichst bekannten Gelehrten aus dem Stegereife, eine Leichenpredigt. Der angeblich Verstorbene, wie Carl V. saß vor ihm auf einem Stuhle. Er theilte seine Leichenpredigt ein: was der Verstorbene nicht hätte thun sollen und doch gethan hätte, und umgekehrt. Zu dem ersten Theile versicherte er: daß der Verstorbene schon als Kind *des oeuvres melés* herausgegeben hätte, dabey man weissagend ausgerufen: *docti male pingunt* u. s. w. Sapienti sat.

unter ähnlichen Umständen würden gewesen seyn; denn ob er gleich in seinem Scherze oft in etwas Frechheit und Unverschämtheit gerieth, auch die Geduld und Achtung seiner Zuhörer zu stark auf die Probe setzte, und besonders sich nicht den geringsten Zwang anthat, oder vorsichtiger und behutsamer in seinen Worten und Redensarten war, wenn gleich die vornehmsten und angesehensten Männer mit in der Gesellschaft waren, so glückte es doch, daß bey B** das recht gut aufgenommen, mit Beyfall beehret und belachet wurde, was bey vielen andern unverzeihlich würde gewesen seyn. Einige seiner Bekannten versicherten mir, daß er durch diese ausgelassenen Launen sich auf seinen Reisen den meisten Ruhm und Beyfall erworben hätte. Jedoch nach der übertriebenen Fröhlichkeit und Ausgelassenheit ging es mit B** fast wie mit Kindern, die gewöhnlich desto grämlicher und verdrüßlicher werden, je übertrieben lustig und ausgelassen sie vorher gewesen sind. Auch dieser Mann wurde nach einer solchen Ueberspannung oft so hypochondrisch, daß er dann eben so abschreckend und zurückstoßend wurde, als er vorher einnehmend und anlockend gewesen war. Wer öfters mit ihm umging und in Geschäftsverbindungen stand; der konnte nach vielen erlebten Erfahrungen von einer und derselben Art, über die Extremen dieses

Mannes,

Mannes, worinn er plötzlich verfiel, sich unmöglich eines grossen Unwillens und einer starken Anwandlung von Verachtung und Geringschätzung erwehren. Denn daß ein erfahrner und geübter Mann, wie B * *; ein Philosoph, wie B * *; ein Gelehrter, wie B * *, ein Volks- und Welt-Censor und Besserer nur gar zu ofte von Damen-Vapeurs und von unbeständiger Frauenzimmer bösen Launen ergriffen und gequält wurde, und andere wieder damit henkermäßig quälte, nachdem er kurz vorher der vergnügteste, gesellschaftlichste und aufgeräumteste Mann gewesen war: dies alles war eine zu auffallende Irregularität, als daß man es immer als eine verzeihliche Schwachheit hätte ansehen können. Nach diesen Erläuterungen müssen auch die Worte unsers Fragmenten-Sammlers verstanden werden, wenn er B * * einen Reichthum von Kenntnissen von allerley Art beyleget. Man kann dies in einer gewissen Bedeutung zugeben; jedoch daß man sich dabey an ein schon oben über B — s Gelehrsamkeit gefälltes Urtheil erinnere. Seine Kenntnisse waren so wenig ausgebreitet, daß er kaum einem mittelmäßigen, geschweige einem Gelehrten vom ersten Range, konnte an die Seite gesetzet werden. Der Ruhm aber gebühret ihm ohnstreitig: daß er die Kunst verstand, unterstützet von seinem Genie, mit dem Wenigen, was er erlernet hatte, zu prunken, und es mündlich und schriftlich als einen ansehnlichen Reichthum vorzuzeigen. Viele Gelehrte besitzen große ausgebreitete und gründliche Kenntnisse; aber es fehlt ihnen entweder an Muth und Methode, oder an Gelegenheit, damit vor einem zahlreichen und minder zahlreichen Publikum zu paradiren. Bey B** war der Fall nicht. Er war dreiste; besaß mehr Swade als die sieben Weisen Griechenlandes. Die günstigen Vorurtheile seiner zahlreichen Freunde und Bekannten unterstützten ihn, und sogar der Haß seiner Feinde diente zur Vermehrung seines Ansehens. Sonst hatte der Mann so was in seinem mündlichen Vortrage, wie man aus seiner schönen Schreibart in seinen Schriften noch sehen kann, das ich nicht anders beschreiben kann, als: je ne sai quoi. Ein Bindewörtlein, und: oder andere kleine Redetheilchen klangen in seinem Munde und in seiner Schreibart weit wichtiger und nachdrücklicher, als wenn ein anderer, der ihm an Kenntnissen weit überlegen war, alle Edelgesteine und die edeln Metalle dazu nannte. Das Alltägliche, Gemeine und Bekannte verwandelte und veredelte sich gleichsam in B — s Munde und Schreibart. Wenn B** auch in diesem Stücke nicht einzig war; so gehört er doch wenigstens zu der eben nicht sehr zahlreichen Menge solcher Gelehrten,

die

die mit ihren mittelmäßigen, eingeschränkten und mangelhaften Kenntnissen mehr Spectaculum und Aufsehen machen und erregen, mehr Bewunderung erwecken und mehrere Zuschauer an sich locken, als viele Gelehrte mit einem Ocean von Gelehrsamkeit nicht haben bewirken können. Aus allen diesen und noch vielen andern itzt nicht anzuführenden Ursachen wird B** mit dem Prädicat eines interressanten, lebhaften und witzigen und gelehrten Gesellschafters beleget.

21) Abermals ist die Bemerkung sehr richtig: daß in bürgerlichen Verhältnissen des Lebens u.s.w. nicht wohl eine gewisse Gemeinschaft und Theilnehmung mit B** hätte statt finden können. Ausserdem, was hiervon schon gemeldet worden, will ich hier nur noch bemerken: daß seine Unbeständigkeit und der Schein eines festen Charakters; sein Trotzen und sein Zagen; sein scheinbarer Muth und wirkliche Feigheit, und der üppige Wuchs seiner Vorschläge und Projecte; seine Hartnäckigkeit und Rechthaberey; seine Herrschsucht und alle Schranken überschreitende Ehrbegierde; seine Alleinhandelssucht und seine Begierde nach Alleinherrschaft, eine Gemeinschaft und Theilnehmung mit diesem Manne ganz unmöglich machten. Von ihm konnte man nicht sagen: Basedow & Compagnie; denn er war alles, und wollte auch alles alleine seyn. Hatte

es

es ja zuweilen den Anschein, als würde er in Gesellschaft anderer mit vereinigten Kräften würksam seyn; so war es doch nicht möglich, mit ihm zum Ziele zu gelangen: denn er wollte gallopiren, wo ein fester Schritt nöthig war, und umgekehret. Das Lehrinstitut zu Dessau würde nie den Ruhm erlanget haben, und zu der Festigkeit gediehen seyn, wenn B** sich nicht gleichsam selber jubiliret und es andern Männern übertragen hätte. Sehr viele geschickte und brauchbare Lehrer verliessen B** mit sammt seinem Philanthropine bald wieder. Wer auch nur eine oberflächliche Kenntniß von den damaligen Zeiten und Umständen hat, wird die Ursachen dieser Erscheinungen leichte einsehen; denn es sind lauter unleugbare Thatsachen, deren die meisten freylich in ihrer eigentlichen und wahren Beschaffenheit im Verborgenen begraben geblieben sind.

22) Aus dem Inhalte der vorhergehenden Nummer kann man verstehen und begreifen, wie und warum in den Basedowischen Lebenslaufs-Fragmenten könne behauptet werden: daß ihm alle gesellschaftlichen Tugenden gefehlt, um selber glücklich zu leben und andere glücklich zu machen. Das Wort: Gesellschaft: oder gesellschaftlich, muß hierin einer engern und bestimmtern Bedeutung verstanden werden, daß man nemlich dabey an eine gewisse häusliche und bürgerliche fortwährende

Verbindung denket; denn in einer weitern Bedeutung, wie schon bemercket worden, in gewissen kleinern Zeitperioden und unter gewissen Umständen war B** ein unterhaltender Gesellschafter. In häußlicher Gesellschaft und Verbindung und in gemeinschaftlicher Verhandlung ernsthafter und wichtiger Geschäfte war er entweder lästiger und oft unausstehlicher Gefährte, oder unerträglicher Tyrann und Gebieter; oder gleichgültiger und unbekümmerter Zuschauer, da wo er doch thätigen Antheil hätte nehmen sollen. Aus eben diesen Ursachen hatte B** freylich recht viele Freunde, Verehrer und fast Anbeter, wenigstens Nachbeter; aber einen rechten Hertzens- und Busenfreund konnte er nach meiner Erfahrung und Einsicht gar nicht haben, weil er wegen Mangel der gesellschaftlichen Tugenden dieses gegen keinen seyn konnte. Mir wenigstens ist es beständig ausgemachte Wahrheit gewesen, so lange ich diesen Mann durch persönlichen Umgang gekannt habe, daß von Natur sein Herz für wahre Vertraulichkeit und ächte Herzensfreundschaft gar nicht gestimmt war. Die Ursachen von dieser Erscheinung herzusetzen würde zu weitläuftig seyn. Daß B** immer in Streitigkeiten lebte, Feinde und Verfolger hatte, Streitigkeiten oft flissentlich suchte, und seine Widersacher zuweilen absichtlich reitzte, daß

er

er an keinem Orte zufrieden war, weil er ungebunden seyn wollte, und nicht Geld genug für sich und seine Projecte erhalten konnte, und endlich, daß er bey mehrern Jahren und der Herannahung des Alters in dem Gordischen Wirwar seiner zahllosen Geschäfte, Projecte und Speculationen zum öffentlichen Lehramte fast untüchtig und unbrauchbar war: das sind lauter Thatsachen, die mit den unläugbarsten Belegen können erhärtet werden. Darin aber scheint mir wenigstens, nach meiner gehabten Erfahrung, der Fragmenten-Schreiber sich zu irren, wenn er behauptet: daß B** an dem Orte wo er sich häuslich aufhielt, fast immer lauter Feinde, Widersacher und Verfolger gehabt hätte. In richtiger Bedeutung hatte er daselbst allemal mehr Freunde, Anhänger und Vertheidiger, als man hätte erwarten sollen. Meine hierüber gehabte Erfahrungen sind folgende: Viele Gelehrte und nicht unbekannte Männer waren seine Anhänger nicht öffentlich, sondern gleich heimlich, wie Nikodemus. Amt, Lage, und Verbindungen und andere Verhältnisse wollten eine öffentliche Erklärung nicht erlauben, wenigstens noch in, und einige Jahre nach der Mitte dieses Jahrhunderts. Diese Männer hatten ihre Herzens-Lust an B—s Streitigkeiten und gossen heimlich Oehl ins Feuer. Andere waren zwar offenbare und erklärte Basedowianer,

Mitgabe, wovon er als Mann wenigstens die Zinsen zu seinem freyen Gebrauch haben müßte. Das größe oder totale Publicum, wovon das eben genannte der allerkleinste Theil ist, war B** eine sehr gleichgültige, auch größtentheils sehr unbekannte Sache. Weil nun seine Verbesserungs-Vorschläge nicht aufs Ganze gingen, und noch dazu in unausführbare Projecte ausarteten, und zur versprochenen und nie geleisteten Ausführung derselben, eben wie zum Goldmachen, grosse Summen erfordert wurden, die das geheyrathete kleinere Publicum zusammen zu bringen bald müde wurde: so kann hieraus der Unsinn der Redensart mit Händen begriffen werden, wenn B** behauptet: das Publicum geheyrathet zu haben. Eine ungültigere und kahlere Entschuldigung hätte er nicht leichte vorbringen können. Viele tausend grundgelehrte und hochberühmte, gemeinnützige und rechtschaffene Männer, die ihre Lehren und Vorschriften mit ihrem Leben und Wandel zierten, haben sich um das Publicum, in engerer und weitläuftiger Bedeutung genommen, recht sehr verdient gemacht, ohne jemals ihre Familien zu tyrannisiren oder doch wenigstens gleichgültig gegen sie zu seyn, und dann zur Entschuldigung vorzuwenden: daß sie das Publicum geheyrathet hätten. Nur in eines B—s Gehirne konnte solche Entschuldigung erzeuget

zeuget werden; und nur bey einem B** war sie verzeihlich, und auch hierin war er einzig. Ich kann leichte vermuthen, daß Lesern, die von Vorurtheilen eingenommen sind, die freyen Urtheile dieser Nummer etwas hart, und vielleicht zu hart klingen werden. Allein, soll das Leben und der Character dieses Mannes freymüthig und ohne alle Schminke beschrieben und geschildert werden: so muß man es mir nicht verargen, wenn ich nach meiner gehabten Erfahrung freymüthig urtheile. Unpartheyische Kenner werden mich verstehen und rechtfertigen, und die übrigen mögen meine Urtheile widerlegen, so werde ich antworten.

25) Der Verfasser der Fragmente behauptet ferner: daß B** sich unter den Gelehrten eine der ersten Stellen erworben hätte. Ueber dieses Mannes Gelehrsamkeit, und derselben Umfang und Gründlichkeit sind schon oben verschiedene Urtheile angeführet worden. Er selber hielt sich für einen Gelehrten vom ersten Range, und war auch darin so ziemlich einzig; daß er sich eine der ersten Stellen unter den Gelehrten dreiste zueignete. Es ist wahr; viele seiner Freunde und Anhänger hielten ihn für einen großen Gelehrten. So viel kann ich aufs gewissenhafteste versichern, daß ich über B—s Gelehrsamkeit und derselben Werth, Urtheile aus dem Munde der berühmtesten Männer gehört habe,

die ihm nichts weiter als einige tumultuarische, gestückelte und gebröckelte gelehrte Kenntnisse, nebst einer starken Dosis von Eigendünkel, und *savoir faire* beylegten. Auch seine philosophischen Kenntnisse, darin er sich, doch ohne allen Widerspruch vorzüglich auszeichnete, hatten nicht ganz ihren Beyfall, und sie wollten ihm mehr den Speculations- als den Gemeinnützigkeitsgeist und Ruhm einräumen, und versicherten dabey: daß seine schöne Schreibart oft mehr Lob und Beyfall als die Sachen selber verdieneten. Doch gaben sie ihm das einstimmige Zeugniß: "daß wenn B** nicht so sehr speculirender Autodidactus geworden wäre, und er so unter Anleitung hätte studieren wollen und können, wie er es hätte thun sollen und müssen, er gewiß ein Gelehrter vom ersten Range hätte werden können, dem es leichte und gleichsam zur andern Natur würde geworden seyn, in die tiefsten und verborgensten Dinge einzudringen, wohin nur sehr wenige Gelehrte gelangen könnten." Aber waren diese Gelehrten judices competentes? Da einige derselben noch leben, so darf ich sie nicht nennen; ich bin aber versichert, daß keiner bey der bloßen Nennung ihres Namens jenes Urtheil als Arroganz so gänzlich verwerfen würde. Wie aber? mir sollten diese berühmten Männer dieses Urtheil mitgetheilet haben?

her? .. Ob sie es mir gesagt haben, oder ob ich es in einer zahlreichen Gesellschaft, horchend und lauschend, aus ihrem Munde gehört habe, indem sie es andern ohne große Zurückhaltung sagten, das wird der Wahrheit der Erzählung keinen Eintrag thun, noch eine andere Wendung geben können. Indem ich gesammlete Nachrichten von dem großen und berühmten B** in einigen Zusammenhang bringe, um sie dem Publicum mitzutheilen, so denke ich dabey immer: Basedow, Er und über Ihn, und bin mir meiner Wenigkeit dabey beständig bewußt. Kein Urtheil und keine Thatsache ist bisher angeführet worden, die ich nicht entweder selber gesehen, gehöret, oder aus dem Munde glaubwürdiger Zeugen vernommen habe. Sonst hat der Fragmentensammler darin Recht: daß B** recht sehr viel geschrieben. Seine Schriften redend eingeführt können sagen: Unser ist Legion. Das bloße Verzeichniß derselben macht in Meusels gelehrten Teutschlande einige Seiten aus. Leibnitz, Newton und andere Gelehrte vom ersten Range haben bey weiten nicht so viele Schriften hinterlassen. Fast könnte man ihn einen Polygraphum nennen. B** selber pflegte oft im Spaß zu sagen: daß er seine vielen Schriften selber nicht mehr nach ihren Tituln kennete, ja sogar nicht mal mehr alle hätte; daß es ihm gerade ginge, wie jenem

Vater

Vater von 24 Kindern, deren Namen er auf Verlangen nicht hätte hersagen können. Jedoch, keiner der Freunde und Bewunderer B — s wird ihm deswegen eine der ersten Stellen unter den verstorbenen Gelehrten ertheilen wollen, weil er vieles geschrieben. Alle voluminensen Schriften dieses Mannes könnten in ein tragbares Paquetchen zusammengezogen werden, wenn die vielen Wiederholungen, und derselben neue Um- und Einkleidungen ausgelassen würden. Es war eine Lieblings-Speculation dieses Mannes, so ich ofte aus seinem Munde gehöret, wiewohl er nicht Erfinder davon, sondern nur philosophischer Nachbeter war, daß alles Materielle, woraus unser Erdboden bestünde, vielleicht so dichte könnte zusammen geschränket werden, daß es in einer Nußschale Raum hätte. Warlich eine Speculation, die auf die vielen Schriften mancher hochberühmten Männer practisch angewendet werden könnte; wo vielleicht nur ein Bändchen in Sedez übrig bleiben würde. Den Ruhm eines Gelehrten, auch allenfalls eines grossen und berühmten Gelehrten in seiner Art und bey seinen Zeitgenossen, wird kein Kenner B * * streitig machen wollen. Sollte ihm aber eine der ersten Stellen zuerkannt werden, so müßten doch wohl erst folgende Fragen zur Gnüge beantwortet werden, theils was man unter einem Gelehrten vom ersten Range verstehe, und wie er und seine Gelehrsamkeit und Kenntnisse beschaffen seyn müßten? Ferner theils, welche Verdienste er habe, wie gemeinnützig er gewesen, und wie viel Glückseligkeit er verbreitet habe, oder wie viel Gutes er gestiftet, und wie viel Böses er zerstöret haben müßte? Nur dann würde man einen Maaßstab erhalten, nach welchen die Frage bejahet oder verneinet werden könnte; ob dieser oder jener Gelehrte wegen wahrer Verdienste, oder durch Schicksals Begünstigung sich eine der ersten Stellen unter den Gelehrten erworben habe, und selbige mit Recht bekleide? Es gehet übrigens mit Vertheilung und Zuerkennung der Oberstellen unter den Gelehrten ofte etwas partheyisch zu; denn die casus pro amicis finden hier eben so ofte Statt, als bey den Heiligen im Calender, die in vergangenen Zeiten durch die Heilig- und Seligsprechung sind ausgehoben und aufgestellet worden. Die Gelehrten haben fast dieselben Schwachheiten, wie die Pharisäer, daß sie entweder für sich oder für andere die Oberstellen lieben und gerne darum buhlen. Sollte das ganze gelehrte Teutschland mit einem Munde bekennen: unser Freund und verstorbene Mitbruder B** verdienet, daß er heraufrücke und ganz oben an sitze, weil er sich würklich unter den Gelehrten eine der ersten Stellen erwor-

erworben hat; so ist meine dunkele und unbedeutende Wenigkeit viel zu ohnmächtig, um hier Einsprache thun zu können, mit einem: si omnes consentiunt, ego non dissentio. Recht sehr bin ich daher begierig zu erfahren, ob ein algemeines Bekenntniß wird für B** seyn, oder ob das: plurima vota valent wird entscheiden müssen. Ein mit abgetragener Hülle erscheinender Landbothe wird da mit seinem: Veto, nichts ausrichten. Zuletzt bekenne ich bey dieser Betrachtung aufrichtig, daß, seitdem ich das Glück gehabt habe, mit B** als einem Gelehrten und Philosophen vom ersten Range eine geraume Zeit umzugehen, mich die Zweifelsucht in sehr vielen Dingen und ofte überfallen, und fast möchte ich sagen, gequälet hat; und daß ich aus eigener Erfahrung gelernt habe, wie wahr Campe in irgend einer Stelle seiner lehrreichen Schriften sagt: die großen Männer sind nur gar zu ofte den hohen Kirchthürmen gleich; bey welchen sich gemeiniglich viel Wind befindet, wenn es in freyer Luft ganz stille ist. Die großen Männer vom zweiten und dritten Range u. s. w. sind vielleicht eben wie die Firsterne dieser Ordnungen, größer, als die vom ersten.

26) Der Verfasser der Fragmente gründet das vorhergegangene Urtheil vermuthlich darauf, indem er

er noch ferner behauptet: daß B** eine grosse Stärke und Fertigkeit im Denken gehabt hätte, und noch dazu seiner Ueberschauungskraft und der Schnelligkeit und der Penetrazion seines Verstandes große Lobsprüche beyleget. Aufrichtig bekenne ich, daß ich nie einen Gelehrten gekannt habe, der nach meinem Gefühle Nichtkenner anfänglich mehr für sich und für seine großen Einsichten einnehmen, und gleichsam mit Gewalt, Hochachtung und Bewunderung von ihnen erpressen, und mit seinen Geistesgaben mehr funkeln und strahlen konnte, als B**; aber eben so aufrichtig muß ich auch meiner Erfahrung gemäß auf der andern Seite gestehen, daß nach Verfluß einiger Zeit, je mehr ich ihn kennen lernte, studierte und belauschte, es mir nicht so vorkam, sondern bald ausgemachte Wahrheit bey mir wurde; daß ich mich in Beurtheilung der Menschen und ihrer Geisteskräfte nie mehr geirret hätte. Der Anschein war sehr für diesen Mann; allein in der That besaß er bey weitem dieses nicht in dem Grade, als es oft Kenner und Nichtkenner eine geraume Zeit ihm beylegten, und er selber es von andern wollte geglaubt haben. Die größte Stärke und Fertigkeit hatte und setzte B** selber darin, daß er ergiebig in Projecten, und unerschöpflich in sonderbaren und seltenen Einfällen war. Sonst in vielen leich-

ten

ten Fällen und täglichen Ereignissen zeigte B** oft eine ausserordentliche Kurzsichtigkeit und einen Mangel der Ueberschauungskraft und Menschenkenntniß, die man kaum bey Leuten von der niedern und im Denken sehr ungeübten Classe findet. Alles wollte er nach dem höchsten, höhern oder mindern und mindesten Grade der Wahrscheinlichkeit berechnen, voraus sagen und genau bestimmen, welch einen Ausgang dieses oder jenes Unternehmen haben würde, und fand sich doch gar zu oft getäuscht und betrogen, und zwar ofte von Menschen, die in der That nicht verdienten, mit B** und seinen gewiß nicht gemeinen Talenten verglichen zu werden. Beym Spiel und in vielen andern Gelegenheiten wuste ich oft nicht, ob ich mich über dieses Mannes Kurzsichtigkeit mehr ärgern, oder mehr wundern sollte; besonders wenn ich sahe, daß er heimlich und offenbar ausgelacht und verspottet wurde. An Ausflüchten fehlte es ihm in diesen Vorfällen niemals: wenn aber die Verrechnungen zu groß und zu handgreiflich waren, so wurde er höchstens etwas mißmüthig über den Undank und die Blindheit der Welt. Sonst bekenne ich noch einmal zur Steuer der Wahrheit, daß ich durch häufige Erfahrung und Thatsachen aufs gewisseste bin überzeuget worden; daß B** vor vielen tausend andern Gelehrten die herrlichsten und fruchtbarsten Anlagen zu allen Geistes-Vorzügen und Eigenschaften hatte, nemlich: zur außerordentlichen Fertigkeit im Denken und Penetrazion, und zu einem großen Ueberschauungs-Vermögen; nichts fehlte ihm als die Ausbildung. Ob dieser Mangel abermals mehr verschuldet, oder unverschuldet war, kann ich in Ermangelung einer völligen Ueberzeugung nicht gerade zu bejahen oder verneinen. Vieleicht fehlte es mir selber am Vermögen und Erfahrung ihn recht auf dieser Seite zu studiren; vielleicht war es auch nicht möglich, wegen seiner Unbeständigkeit und Veränderlichkeit in die Tiefen und Untiefen seines Geistes einzudringen, sonst kann ich mit Zuverläßigkeit sagen, daß er in seinem schwachen Gedächtniße eben so sehr Ruhm suchte, als er sich mit der Schwäche seiner Augen entschuldigen wollte, daß er weder die Alten noch Neuern hätte lesen können: und darin suchte er den Ruhm, daß er nemlich sich selber durch eigenes Nachdenken gebildet hätte; und also Original wäre. Inzwischen hatte er doch einige ältere und neuere Schriften so weit gelesen und studiret, daß er den Stoff und die Anlagen eines großen Theils seiner Bücher daraus hergenommen hatte. Uebrigens kann der Ruhm des eigenen Nachdenkens, der eigenen Bildung, oder Autodidactus zu seyn, diesem Manne nicht im geringsten abgesprochen werden. Da er sich

aber

aber so ofte mit seinem schwachen oder blinzenden Augen entschuldigte, so glaube ich entdeckt zu haben, daß diese Entschuldigung sehr unstatthaft war, indem er diesen Fehler nicht durch die Geburt, sondern durch eine lächerliche Nachahmung sich zugezogen hatte, weil in seinen Jugendjahren die Jünglinge Ruhm und Ehre darin suchten, mit den Augen zu blinzen. Denn so wahr es ist, daß einige Gelehrte kurzsichtig gebohren wurden; eben so wahr ist es auch, daß die meisten es erst durch Affectation und lächerliche Nachahmung geworden sind. Die Entschuldigung mit dem Mangel des Gedächtnisses war eben so ungültig, als welcher bey ihm gewiß nicht von der Mutter Natur, sondern von vernachläßigter Ausbildung desselben herrührte. Der Herr Professor Meiners sagt irgendwo in einer seiner Schriften, daß das Gedächtniß als die herlichste und schäzbarste Gabe bey einem wahren Gelehrten ganz unentbehrlich sey und deswegen mit Mühe und Anstrengung müsse ausgebildet werden. Beydes aber scheuete B** in seinen Jünglingsjahren sehr; weil er sich vielleicht durch eigene Einfälle eingebildet hatte, ein sehr schwaches Gedächtniß zu haben, um auf eine desto stärkere Beurtheilungskraft Anspruch machen zu können. So habe ich mir immer die Basedowischen übertriebenen Invectiven in seinen pädagogischen Schriften, gegen

gen das Gedächtnißwerk erkläret, und zugleich vieler neuern Educatoren, die hierin zu sehr in B—s Fußstapfen getreten sind. Die Aerzte sollen nur das besonders ihren Patienten erlauben, oder verbieten, was sie selber gerne, oder nicht gerne essen. Nach meiner Einsicht kann ohne Stärke des Gedächtnisses keine grosse Fertigkeit im Denken und Penetrazion des Verstandes statt finden. Mir ist es wenigstens sehr wahrscheinlich, daß viele pädagogische Vorschläge, die die Uebung des Gedächtnisses mehr oder weniger widerrathen, oder das Auswendiglernen, zu sehr erleichtern, und gleichsam in Tändeley und Kinderspiel umschaffen wollen, aus dieser unrühmlichen Thatsache ihren Ursprung haben. Sich mit der Schwäche des Gedächtnisses zu entschuldigen und doch auf den Ruhm eines grundgelehrten Mannes Anspruch zu machen, scheint mir ein handgreiflicher Widerspruch zu seyn: tantum scimus quantum memoria tenemus.

27) Wahr ist aber doch auch, daß B** bey allen diesen Schwächen nicht blos vieles sondern alles wissen und alles verstehen wollte, wie schon oben gesagt worden, hier aber in einer andern Verbindung und von einer andern Seite betrachtet, nochmal muß vorstellig gemacht werden. Von dieser Seite scheint der Fragmentenschreiber seinen Mann nicht recht gekannt und lange genug studirt zu haben.

An-

Anfänglich als ich diesen Mann erst kennen lernte, glaubte ich ihn in Spaß reden zu hören, wenn er behauptete in allen todten und lebendigen Sprachen und in allen Künsten und Wissenschaften doch Unterricht ertheilen zu können, ob er sie gleich nie gelernt hätte, und die Sprachen nicht einmal lesen konnte. Ohne Lehrmeister und ohne allen mündlichen Unterricht wollte er diese Wunderdinge thun; ja sogar vermaß er sich, alle Handwerker, alle Gewerbe und alle Nahrungs-Geschäfte bis zum Karrenschieber und Litzenbruder herunter, in kurzer Zeit zu erlernen, und in Fall der Noth, sein Brodt damit zu verdienen. Jeder etwas kundige und erfahrene Leser wird hier ohne einen fernern Wink den Projectmacher wittern. Weil er in demjenigen was er wuste und verstand, meist Autodidactus war, oder doch solches zu seyn sich rühmte; so schloß er daraus, daß es ihm auch in allen andern Bemühungen gelingen würde. Einstens hatte er gehöret, daß das Buchhalten bey den Kaufleuten eine Sache von Wichtigkeit wäre, und etwas schwer zu erlernen sey. Sogleich fing er an, sich einige Tage damit zu beschäftigen, um zu zeigen, daß man es in kurzer Zeit gründlich lernen könne. Schade! daß ich vergessen habe anzumerken, wie weit ihm dieses Unternehmen gelang. Es kann übrigens gerne zugegeben werden, daß B** sich vorzüglich

vorzüglich mit der Theologie, Sprachkunde und Beredtsamkeit und Poesie beschäftiget habe. Da er aber weder auf Schulen noch auf der Academie, weder in den Jünglings- noch in den Männlichen Jahren Geduld und Stetigkeit genung hatte, sich mit Ernst und Anstrengung eine geraume Zeit auf die Erlernung dieser Studien und der dazu erforderlichen Vorkenntnisse zu legen; da er frühzeitig anfing, eher zu lehren als lernen; eher zu schreiben als zu lesen; und besonders da er glaubte, alles selber alleine weit besser und sicherer als von dem geschicktesten Lehrer lernen zu können; dabey aber seine Art zu studiren sehr tumultuarisch war, und raptim et impetu zur Ueberschrift hatte, und sonst nicht selten etwas ans Unsinnige and Unvernünftige gränzete: so läst sich hieraus schliessen, wie weit es dieser Mann in Erlernung der Sprachen, der Künste und Wissenschaften könne gebracht haben. Es kann wohl seyn, daß er sich anfänglich der Theologie mochte gewidmet haben; denn ich weiß gewiß, daß er schon auf Schulen Uebungspredigten auf dem Lande gehalten hat; aber es fehlten ihm doch durchaus die nöthigen Vorbereitungs-Kenntnisse. Nur bloß seine ungemeinen Talente machten, daß man diese grossen Mängel nicht so sehr bey ihm entdeckte, als sie doch in der That waren. Es ist unläugbar, und seine ärgsten

Feinde

Feinde haben es nie läugnen können, daß er in seinen Uebersetzungen und Paraphrasen des N. T und in den beygefügten Anmerkungen sehr viel Richtiges, Treffendes, und Nützliches vorbringet. Als er von Sorde nach Altona war versetzet worden, so fing er an sich besonders ins Fach der Heterodoxie zu werfen; und da dieses nicht Aufsehn genug machen wollte und konnte, so wagte er sich an die Pädagogik. Läufer bekannte Umstände in dem Leben dieses Mannes, davon weiter unten. Ob B** aus Liebe zur Wahrheit, oder aus Ruhmsucht, oder als Projectmacher, oder von Orthodoxen gereizet und beleidiget den verhasseten Ketzernahmen gesucht, und dem rechtgläubigen Zeuge Hohn gesprochen habe; das wage ich abermals weder zu bejahen noch zu verneinen. Zu wünschen wäre sehr, daß ihm zu einem ächten heterodoxen Kämpfer nicht zu viele Kenntnisse, z. B. die Kirchenhistorie möchten gefehlet haben. Doch wer Wahrheit liebet und suchet, wird die B — schen Streitschriften gewiß nicht ohne Nutzen lesen, und finden, daß dadurch viel gutes gestiftet worden. Wie weit er es in der Sprachkunde, Rhetorick, Oratorie, und Poesie gebracht, ist schon oben zur Bedürfniß berichtiget worden. So wie in Allem, so war auch der Mann hierin zu sehr Natur-Kind. Die Rhetores und Oratores der Alten; die Dichter der Griechen und Lateiner hat er weder gelesen noch studiret. Wie der Mann also zu dem Ruhme eines Redners und Dichters mag gelanget seyn, zumal er besondere Anlage zu philosophischen Speculationen hatte, das ist mir etwas räthselhaft und unerklärbar. So wohlfeile möchte wohl leichte keiner den Ruhm eines Redners und Dichters erlangen. Mit seinen mathematischen Kenntnissen hatte es fast eine ähnliche Bewandniß. Der gute Mann hatte auch hier so gewisse Lieblings-Theoremen, Problemen und Materien, die er bey jeder Gelegenheit anbrachte, wie die Kosmogenie in Landpriester. Sehr ofte unterhielt er mich zum Beyspiel mit dem Beweise über die Erscheinung, daß ein Körper, welcher nach zwey verschiedenen Richtungen fortgestoßen wird, sich nach der Diagonal-Linie bewege. Der Fragmentenschreiber bemerket, daß B** über dem Beweise dieses Theorems tödtlich krank geworden sey, worüber ich mich sehr wunderte, daß er nach so vielen Jahren über der Erforschung einer Erscheinung noch erkranken konnte, die er doch schon zu meinen Zeiten, ohngefähr im Jahr 68 oder 69 so vollkommen einsehen und lehren wollte. B** setzte eine Ehre darin, alle Spiele zu verstehen, sie nach Gründen zu spielen, und von allen Beweis angeben zu können. Bey dem Billiardspiele hat er zuverläßig diesen mathematischen Brocken zu seinen übrigen Speculationen hinzugethan. Ob es übrigens bey dem Manne Verstellung war, wenn er zuweilen die Rolle eines Tiefdenkenden so sehr spielete, daß er für die ganze sichtbare Welt fühllos und sinnlos, wie ein Nachtwandeler zu seyn schien; das wage ich nicht zuverlässig zu behaupten; ob es mir gleich zuweilen sehr wahrscheinlich schien. Gewöhnlicherweise pflegte er diese Rolle des Tiefdenkers auf dem Bette liegend zu spielen, und alsdann eine starrsichtige Miene zu haben. So viel weiß ich aus der Erfahrung, daß er sowohl diesen Paroxismus, als auch seine angebliche Hypochondrie so ziemlich in seiner Gewalt hatte.

28) Als Jugendlehrer soll sich B** besonders ausgezeichnet und merkwürdig gemacht haben. In der Erzählung seiner Lebensumstände werden die Oerter bemerket werden, wo dieses geschehen ist. Freylich besaß er nicht die ausgebreiteten Kenntnisse, die zu einem geschickten Jugendlehrer erfordert werden, allein die ausserordentlichen Naturgaben dieses Mannes ersetzten alle Mängel. Gleich bey seiner ersten Hofmeisterstelle erwarb er sich den Ruhm und das Ansehen eines großen Gelehrten, und wurde deswegen von dieser Hauslehrerstelle nach Sorve zum öffentlichen Lehrer berufen. Aber auch hier muß ich aufrichtig bekennen, daß mir

dieses unerklärbar geblieben ist; denn nach meiner gehabten Erfahrung besaß der Mann nichts weniger, als die Gabe sich zur Faßlichkeit der Jugend herab zu lassen, und am allerwenigsten hatte er die dazu erforderliche Geduld. Viel zu veränderlich und unbeständig war B * *, als daß er lange und anhaltend einen Jugendlehrer hätte abgeben können. Es fehlte ihm das donum docendi und Methode, ob er gleich selber von der Lehrart viele Vorschriften ertheilet hat. Allen allerley zu werden, war gar seine Sache nicht. Hätte er lauter Köpfe zu bilden gehabt, die dem seinigen gleich, oder doch ähnlich gewesen wären; so würde man ihm diesen Ruhm vielleicht mit mehrern Rechte beylegen können. Unter allen erforderlichen Eigenschaften eines Jugendlehrers fand sich diejenige am allerwenigsten bey B * *, die darin bestehet, daß man mit Herzenslust, unermüdetem Eifer, und anhaltender Betriebsamkeit einen Haufen Jünglinge oder auch Kinder eine Reihe von Jahren ohne Ueberdruß und Ermüdung erziehet, bildet, unterrichtet, sich zu ihrer Faßlichkeit herabläßet, und sich ins Detail der Sprachen, Künste und Wissenschaften einzulassen, und den Vorrath seiner kleinern und größern Kenntnisse durch das docendo discimus: durch Lectüre, durch gelehrten Umgang und durch andere Mittel zu vermehren verstehet. Ich weiß wohl, daß B * *

erstlich

erstlich als Hofmeister oder Hauslehrer und darauf als öffentlicher Lehrer zu Soroe den Ruhm eines geschickten Jugendlehrers sich soll erworben haben. Er wurde aber ans Gymnasium nach Altona versetzet, wo dieser Ruhm bald gänzlich verschwand und sich zeugte, daß B * * zu nichts weniger tüchtig und geschickt wäre, als zur Erfüllung der schweren Pflichten eines Jugendlehrers. Jedoch weiter unten in B — s Leben werde ich diesen Umstand deutlicher aus einander setzen, und zeigen, wie er ungefähr als Hofmeister und nachher als Professor zu Soroe zu diesem Ruhme mag gelanget seyn. Der Ruhm in Büchern zu unterrichten kann B * * unter gewissen Einschränkungen nicht streitig gemacht werden. Also auch hier hat der Verfasser der Fragmente sich geirret, wenn er ohne die geringste Einschränkung B * * diesen Ruhm beyleget. Vermuthlich hat er ihn von dieser Seite nicht genug gekannt, und nur nach Hörensagen geurtheilet! Denn nichts ist leichter, als aus Vorliebe, Vorurtheil und aus allen andern nicht minder ungültigen Ursachen und Quellen eine rühmliche Eigenschaft zu entdecken oder entdecket zu haben glauben, und selbige als ein Prädicat einem Subjecte beizulegen, die sich doch am wenigsten bey genauer und strenger und unpartheyischer Untersuchung bey selbigem befinden. Wenn B * *

 durch

durch weiter nichts von und über sich Aufmerksamkeit erreget, und durch keine glänzendere Talente und rühmlichere Thatsachen sich merkwürdig gemacht, und Ruhm und Ansehen erstrebet hätte, als durch seine Geschicklichkeit, die Jugend zu unterrichten: so würde sein Ruhm und Ansehen gewiß sehr klein geblieben seyn. Die noch vorhandenen Nachrichten von seinem geführten Lehramte zu Soroe und Altona stimmen mit diesem Urtheile völlig überein; und es sind, wo nicht an beyden, doch an einem Orte noch Männer und Kenner am Leben, die ihn recht gut gekannt und seine Handthierungen bewundert haben. *). Sonst ist es laut aller Schriften dieses Mannes ausgemachte Thatsache, daß er nicht nur eine sehr gute sondern vortrefliche Schreibart hatte, und die Worte und Ausdrücke und Redensarten sehr gut zu wählen und zu verbinden verstand: deswegen kann ihm auch einige durch Uebung erlangte Fertigkeit in der Beredsamkeit nicht abgesprochen werden. Doch, wie schon bemerkt worden, war bey diesem Manne zu viel Natur und zu wenig Kunst. Daher auch hier

*) Ich vermuthe, doch kann ich mich irren, daß dieser Ruhm daher seinen Ursprung hat, weil B** in seinen letzten Jahren zu Magdeburg den Schulmeister gemacht; laut der Nachricht in dem Ketzer- und Kirchen-Almanach.

hier der Fragmentenschreiber zu freygebig urtheilet, wenn er saget: daß B * * als Redner in seiner Größe erscheinet. Es sind noch einige von ihm aufgesetzte gehaltene und gedruckte Reden vorhanden, die weiter unten unter seinen Schriften vorkommen werden. Sein Anstand und seine Stimme hat selbigen wohl das meiste Gewicht ertheilet. Jedoch auch hier hat B * * vorzügliches Glück, und fast möchte ich abermals sagen, ist er abermal einzig, oder doch unter der Zahl der wenigen auserwählten Schriftsteller, deren Freunde und Anhänger fast alle ihre gelehrte Bemühungen und Erzeugnisse bey ihrem Leben schon und nach ihrem Tode noch durch ein Vergrößerungsglaß betrachtet haben und noch betrachten. Als Schauspieler würde B * * vielleicht den Ruhm eines unsterblichen Garricks erhalten haben, und vielleicht selber fürs Theater vortrefliche Stücke aufsetzen können, wenn er eben so reich an Intriguen als Speculationen und Projecten gewesen wäre.

28) Mit einem allgemeinen und preisenden und lobverkündigenden Urtheile beschließet der Verfasser diese Fragmente; da er saget: daß B — s Verdienste sich zwar nicht über den Kreiß seiner Familie und seiner Freunde, wohl aber über die allgemeine Menschen-Familie erstreckten. Sonderbares Urtheil! worüber sich in berichtigenden Anmer-

merkungen noch weit mehr sagen liesse, als alles dasjenige, was bisher in der Form eines Commentars über diese Fragmente zur Erklärung und Berichtigung ist vorgetragen worden. Offenbar hat sich der Verfasser durch übertriebene Herzensgüte zum Nachtheil einer wahrhaften und unpartheyischen Vorstellung abermals täuschen und verleiten lassen. Schon oben hieß es: wer nennt nicht B — s Namen mit mehr als gewöhnlichen Interesse? Er war ein ungewöhnlicher Mann dessen Einfluß auf seine Zeitgenossen am Tage lieget: und doch setzet er bedächtlich hinzu: Ihre Urtheile über ihn sind verschieden und ofte im Widerspruch. Es würde noch mehr als ein Wunder seyn, wenn diese Verschiedenheit und der Widerspruch über B** und seinen Character, sowohl bey seinem Leben, als auch nach seinem Tode nicht würklich in unläugbaren Thatsachen, und in den allerzuverläßigsten Zeugnissen existiret hätte und noch exißirte, und aus dem Munde vieler noch lebenden Kenner und Zeugen könnte bewähret werden. Auch einige noch vorhandene und hieher gehörende schriftliche Zeugnisse verstärken diesen Widerspruch. Ich lasse es hier nur bey einigen Fragen bewendet seyn, nemlich (a): warum erstreckten sich denn B — s Verdienste nicht über den Kreis seiner Familie und seiner Freunde? (b) war es nicht unverbrüchliche

Pflicht

Pflicht für B**, oder war es eigene Schuld seiner Familie und seiner Freunde, daß sich seine Verdienste nicht über sie, zu ihrer Beglückseligung und Vervollkommnung erstrecken konnte? c) ist es nicht ausserordentlich übertrieben geredet, wenn behauptet wird: daß sich die Verdienste dieses Mannes über die allgemeine Menschen-Familie erstreckten? wie zahlreich und unzählbar ist diese allgemeine Menschen-Familie, und wie klein das Publicum, auf welches dieser Mann Einfluß gehabt hat? Das läßt sich kaum von allen Weltumseglern bis auf den merkwürdigsten derselben behaupten; das läßt sich kaum von allen Mißionarien, in *Lettres edifiantes &c.* bis auf die Bemühungen der mährischen Brüder bey den Grönländern und Esquinaux und andern sogenannten Wilden, laut Kranzens und Loskiels Nachrichten sagen; ob man gleich von diesen und anderen ähnlichen verdienstvollen Unternehmungen in eigentlicher Bedeutung sagen kann: daß sie sich in ihren heilsamen Zwecken und wohlthätigen Absichten auf und über die allgemeine Menschen-Familie erstrecken. d) Ist es nicht abermals außerordentlich übertrieben gesprochen, wenn gefragt wird: wer nennt nicht B—s Namen mit mehr als gewöhnlichen Interesse? Dieselbe Frage wird, wo ich nicht sehr irre, in Cooks Lebensbeschreibung über diesen hochberühmten

rühmten Mann, und zwar mit Recht aufgeworfen. Auch von diesem Manne, oder von einem Columbus und andern ähnlichen kann man sagen, daß sie ungewöhnliche Männer waren. Ob aber B** bey seinen Verdiensten, in seinem Wirkungskreise und Kraft dessen, was schon über ihn gesagt ist, und noch soll gesagt werden, ein ungewöhnlicher Mann könne genannt werden, in der Bedeutung nemlich, wie man es hier verstehen muß: darüber appellire ich an das ganze unpartheyische Publicum und an die einzelnen Mitglieder desselben, die B** persönlich gekannt haben. Gleich im Anfange schrieb der Herr Professor Schlözer gegen B—s pädagogische Unternehmungen, und enthüllete beyläufig den Character und die Absichten dieses Mannes; hielt es aber nachher nicht für rathsam, sich mit einem Manne ferner abzugeben, der über die gesagten Wahrheiten so sehr aufgebracht wurde, daß er seinen Widersacher herausforderte, und sich mit selbigem auf dem Mantel schießen wollte. Hier zeigt sich B** als einen ungewöhnlichen Mann; denn dieser Einfall ist ungewöhnlich stark, daher auch seine eifrigsten Anhänger ihm darüber recht derbe und bittere Verweise gaben. Noch wird zum Lobe und Ruhme B—s am Ende dieser Bruchstücke bemerket, daß er (a) das freye Denken und Schreiben befördert; b) sich um die Theologie

sehr

sehr verdient gemacht, und c) sich um die Pädagogik große Verdienste erworben hätte. Sind diese drey Stücke in der Bedeutung und in dem Umfange, wie es hier muß genommen und verstanden werden, der Wahrheit gemäß und in den Thatsachen, Handlungen, Wirkungen und Folgen gegründet; so werden B — s Verdienste unsterblich seyn, und er verdient, daß ihm so wie manchem angeblichen Helden des Alterthums, an mehr als einem Orte in Teutschland ein langwährendes und auf die späteste Nachkommenschaft gebrachtes Denkmal errichtet werde. Es verlohnet sich der Mühe, B — s Verdienste mit einiger Aufmerksamkeit zu beleuchten. Dieses soll in der 5ten Abtheilung geschehen, nachdem ihn die Leser aus der Erzählung seines Lebens, und Schilderung seines Characters erst etwas genauer werden kennen gelernt haben. Zuletzt versichere ich nochmals zum Beschluß dieses erläuternden und berichtigenden Commentars, daß ich B — s Verdienste mit gehöriger Einschränkung und Bedingung keinesweges verkenne: daß ich ihn noch itzt nach Gebühr achte und schätze, und wenn es nicht zu stolz für meine unbekannte Wenigkeit klinget, daß ich die Absicht habe, durch diese Bruchstücke diesem Manne ein Denkmal zu errichten — es sey nun so gering und kurzwährend als es wolle — worin ich meine gehabten Erfahrungen nach der strengsten Wahrheit dem Publikum vorlegen werde, so wie es allbereits im Vorschmacke geschehen ist. Diese gehabte Erfahrung und die dadurch mit B — s Character erlangte Bekanntschaft hat mir bis jezt den ernstlichen und angelegentlichen Wunsch im frischen Andenken erhalten, den sie mir schon vor einer langen Reihe von Jahren eingab, und den ich schon im vorhergehenden geäußert habe, nemlich: daß doch die wachende Vorsehung entweder nicht ofte und nicht viele B — s erwecken und unter kleinern und größern Gesellschaften auftreten lassen wolle: oder wenn es die untadelhafte Weisheit der göttlichen Plane, die für Menschen unerforschlich sind, mit sich bringet; daß solche Männer wie B * * auftreten müssen, oder wohl gar B — s Geist vielfach auf ihnen ruhen müsse; daß alsdann das allsehende Auge der Vorsehung ferner über die noch bevorstehenden Unternehmungen dieser Männer offen und wachsam seyn wolle, wie sie über alles Beginnen des verstorbenen B — s bis an sein Ende gewachet hat!!! Ohne Gottes sonderbaren und merklichen Einfluß würde ein Dutzend solcher Genies große Verwirrungen und Unheil anrichten können, wenn die Welt nicht noch aufgeklärter und hartgläubiger werden sollte, als sie bisher als Zuschauerin oder als Theilnehmerin gewesen ist.

Anhang zu dieser ersten Abtheilung.

Um sowohl dem Ganzen dieser Bruchstücke als auch dieser ersten Abtheilung die möglichste Vollständigkeit zu geben, will ich vor der eigentlichen Lebensbeschreibung dieses Mannes noch einige gedruckte Zeugnisse vorhergehen lassen; welche theils nach seinem Tode, theils aber schon bey seinem Leben sind aufgesetzet und dem Publicum durch den Druck mitgetheilet worden. Von der erstern Art will ich nur zweye aus öffentlichen Nachrichten ausheben, die in fliegenden Blättern zu des Verstorbenen Lobe ins Publicum gebracht wurden, und die ofte nicht jedem Leser in die Hände fallen; oder doch eben so bald wieder vergessen werden, als sie gelesen worden sind. Alle diese gedruckten Zeugnisse sind so beschaffen, daß sie mit den übertriebenen Lobeserhebungen des Fragmentenschreibers vollkommen übereinstimmen, und demnach trage ich kein Bedenken, selbige aus guten Ursachen meinen Lesern aufzutischen.

1) In der, mit ganz ungewöhnlicher Freymüthigkeit und Wahrheitsliebe redenden, französischen Zeitung: Gazette pour la jeunesse betitelt, die zu Dessau schon seit einigen Jahren herauskömmt, und in ihrer Art für unsere Zeiten sehr merkwürdig und in der freyen Schreibart fast Beyspiellos ist, lieset man *No.* XXXI. le 31 Juillet 1790, folgenden

Artikel als eine Nachricht von B—s Absterben.

Dessau. Aujourdhui, ce 28 Juillet 1790 tous les coeurs sincerement amis du bien (dans les diverses confessions ecclesiastiques & *juives* de cette ville) ont été frappés d'une affliction unanime. Le fondateur de notre institut philantropique, *Basedow* est mort. Depuis hier huit jours il fit une tournée à Magdebourg, & pensoit de la pousser sa route jusqu'à Berlin; non *pour le plaisir de voyager à son age, ni pressé par une activité vague & inquiete, comme ses detracteurs se plaisoient à interpreter ses frequentes excursions*; mais pour se mettre en état de juger par lui-même des *interrêts* de l'humanité, qu'il *avoit le plus à coeur*. Il expira à Magdebourg, dimanche le 25 Juillet, par une perte de sang à l'age de 66 ans 10 mois & 15 jours; se portant très bien la veille, conservant toute la vigueur de son esprit & la serenité de l'ame, dictant à son *secretaire* le jour même de sa mort jusqu'à la derniere demi-heure de sa carrière terrestre. "Il n'esperoit pas, disoit-il "quelque fois, en interrompant sa dictée, qu'il "lui seroit si facile de mourir." Le sens de ses dernières paroles addressées à son fils cadet, est mémorable: "Vois, mon fils, lui dit-il, en lui "tendant la main, l'avantage d'une philosophie "religi-

"religieuse, qui soutient l'epreuve du lit de "mort." Ces deux ans il s'étoit voué tout entier à l'éducation de ce fils cadet; il vouloit en former un homme pour l'humanité, independant des realités passagères, attaché par préference aux realités permanentes. Nous ne doutons point, que ce fils, notre ancien elève, doué des talens les plus precieux, ne poursuive avec courage & perseverance le sentier, qui lui a été tracé par son respectable père. Ce *genie reformateur*, cette ame d'une *trempe si forte*, avec un caractère si peu effacé, avec des traits si marqués & saillans, ne *pouvoit guere avoir un grand nombre d'amis vrais dans le siècle present*; cependant il en avoit, & il étoit lui-même *ami sur, généreux, zelé*. Mais *personne ne pouvoit être son ennemi, sans être en même temps l'ennemi de la justice. La calomnie l'a fait meconnoitre.* Mais on le connoitra & on lui rendra justice à mesure, qu'on apprendra à concevoir & à sentir sa grande maxime "que la verité "réünit les hommes, & que l'erreur les disjoint."

Nur einige wenige Anmerkungen werde ich über diese sehr vortheilhafte Nachricht hersetzen; als welche mit eben so großen und nicht wenig übertriebenen Lobeserhebungen geschmücket ist, als die Fragmente in der teutschen Monatsschrift. Zuvörderst

vörderst bekenne ich aus dem innersten Gefühle meines Herzens, daß ich nie eine Zeitung mit mehrerer Interesse und grösserer Aufmerksamkeit gelesen habe und noch lese, als diese *Gazette pour la jeunesse*, und sie daher seit der ganzen Zeit ihrer Existenz als ein merkwürdiges Denkmal für die Nachwelt gesammelt und aufbewahret habe. Gekrönte Häupter und andere Personen vom hohen Range werden mit sammt ihren Handlungen mit fast beyspielloser Freymüthigkeit beurtheilet. Aber auch hier hat B** das Glück noch nach seinem Tode ganz ausserordentlich gerühmet, gelobet und fast bis zu einem Wundermann und Heiligen erhoben zu werden. Ich habe in dem Vorhergehenden gezeiget, daß mir B—s Character und Leben ziemlich bekannt sind. Seit 20 Jahren und darüber, da ich in ziemlicher Entfernung von diesem Manne gelebet habe, habe ich doch nie aufgehöret, auf ihn und auf seine Handlungen, so weit es möglich war, aufmerksam zu bleiben. Daher bekenne ich abermals aufrichtig, daß ich beym Anblicke und Durchlesen dieses Artikuls etwas stutzte. Denn, dachte ich, derselbige muthige, edeldenkende und Wahrheitliebende Mann, der über Personen vom höchsten Range und über ihre Handlungen so frey urtheilet; der wird auch der Verfasser dieses Artikels seyn. Sollten die

Irregu-

Irregularitäten, Anomalien und auffallende Schwachheiten, die in B—s Leben so häufig aufstossen, diesem Verfasser so sehr unbekannt seyn, da er doch von detracteurs u. s. w. redet? oder sollten ihn Vorliebe und Vorurtheil und ein Casus pro amico haben verleiten können, daß er diesen Mann fast abermals vergöttert, wenigstens zu sehr rühmet, preiset und erhebet? Jedoch der Artikel stehet da. Und ich bekenne, daß er mit eine bewegende Ursache war, meine gehabten Erfahrungen und die daraus fliessende Urtheile dem Publicum eben so freymüthig mitzutheilen, so wie dieses bisher schon geschehen ist, und ich in den folgenden kleinern und grössern Abschnitten und Abtheilungen nach meinem besten Wissen und Gewissen damit fortfahren werde, ohne mich im geringsten durch Person, Ansehen und entgegenstehende Zeugnisse davon abhalten zu lassen. Uebrigens erhellet aus dieser für den verstorbenen B** so schmeichelhaften Nachricht, theils, daß bis an seinen Tod aufmerksame Zuschauer und Beobachter gewesen sind, — die man hier seine Feinde nennet — denen es so geschienen, als wenn B** einen unruhigen Geist hätte, und eine unstäte und herumschwärmende Lebensart führte; theils, daß er nicht viele Freunde, Verehrer, Anbeter, Anhänger und Vertheidiger

gehabt.

gehabt. Doch dieser letztere Umstand möchte, nach meiner Einsicht, mehr für als wider B** seyn, verstehet sich: caeteris paribus. Denn wahre Weise haben zu keiner Zeit auf den Beyfall eines grossen Haufens Rechnung machen dürfen. Der Fall ist hier aber etwas anders, und die Umstände verändern die Sache, wie in dem Vorhergehenden allbereits gezeiget worden, und in dem Folgenden noch klarer wird vorgestellet werden. *) Also auch hier erscheinet B** abermals einzig, daß er auch nach seinem Tode von demselben Schicksal begünstiget wird, was Cornelius Nepos als eine Merkwürdigkeit von einen berühmten Feldherrn Griechenlandes anführet; daß nemlich alle diejenigen, die bisher über B** etwas geschrieben, und selbiges als interessante Nachrichten über das Leben und den Character dieses sonderbaren Mannes dem Publi-

*) In seinem ganzen Leben hat B** eine solche Menge von Anhängern, An- und Nachbetern und Vertheidigern gehabt; in seinem ganzen Leben hat er so viele durch seine Projecte und Vorschläge bethöret und dämisch gemacht; daß sich so leichte kein ähnliches Beyspiel in der Geschichte finden wird. In seinem Alter, da es ihm wie den alten Jungfern ging, können wohl einige seiner Anhänger klüger geworden seyn, und seine Parthey verlassen haben; aber deswegen hat er noch immer eine grosse Menge Freunde und Anhänger gehabt.

Publicum mitgetheilet haben, gleichsam scheinen, sich mündlich und schriftlich mit einander verab- redet zu haben, diesen Mann vorzüglich durch Lobeserhebungen auszuzeichnen und die unläug- baren Irregularitäten als Verläumdungen vor- zustellen. Recht sehr wäre zu wünschen, daß mehrere unpartheyische und Wahrheit liebende Kenner und Beobachter B—s ihre Bemerkungen und Erfahrungen und die daraus fliessenden Ur- theile dem Publicum vorlegen möchten! Es würde sich zeigen, ob das daraus entstehende Resultat B—s Lobredner begünstigen und ihre Lobeser- hebungen befestigen; oder ihn als einen sehr ge- wöhnlichen, nicht sonderlich durch Großthaten und gemeinnützige Handlungen, wohl aber durch ganz ungewöhnliche Thorheiten und Schwärmereyen und Projectmachereyen ausgezeichneten Mann darstellen würde. Vielleicht werden es viele der Mühe nicht werth halten; vielleicht aber stehet die Erfüllung dieses Vorschlages noch zu erwarten. Der Freyheit unserer Zeiten zu denken und seine Gedanken mitzutheilen würde es nicht nur viel Ehre machen, sondern auch den Wachsthum der- selben ausserordentlich befördern, wenn man an- finge, sowohl über diesen verstorbenen Mann als auch über andere berühmte Gelehrte nach ihrem Tode unpartheyische Urtheile ohne die geringste Schminke.

dem itzigen Publicum vorzulegen und auf die noch unpartheyischere Nachwelt zu bringen.

2. In dem Hamburgischen Correspondenten, 1791. den 5ten März, stand folgende Nachricht, die für den verstorbenen B** noch rühmlicher ist, und ihn noch mehr erhebet, als die vorhergehende, oder fast canonisirt. "Selten liess wohl ein Mann "geltendere Ansprüche auf unvergeßliches Andenken "bey Zeitgenossen und Nachwelt zurück, als B**; "über dessen durch Kraft und That errungenen und "bedeutenden Rang unter den grossen Männern "des Jahrhunderts das denkende Publicum "längst entschied. — Nicht also, um seinem Namen "Unsterblichkeit zu sichern, nur um seiner Grab- "stelle, welche ihn die Vorsehung in unserer Stadt "finden liess, die Gerechtigkeit nicht zu versagen, "welche jedes Zeitalter den Gräbern seiner Wohl- "thäter so gern erwieß, haben sich einige seiner "Verehrer aus hiesiger Gegend entschlossen, den "Ort, wo seine Gebeine ruhen, durch ein einfacheres "Denkmahl auszuzeichnen. Eine Gesellschaft "litterarischer Freunde, deren Mitglied der Vol- "lendete war, und die nach Herz und Geist ihn "innig kannten und schätzten, hält es für Pflicht, "dieses Vorhaben zur Kenntniß des grössern "Publicums zu bringen. Irret sie nicht in der "Voraussetzung, daß die Zahl der entfernten

"Ver-

"Verehrer B — s und die fortdaurende
"Achtung für ihn dem Umfange und der Grösse
"seiner Verdienste entsprechen; so wünschen gewiß
"viele mit ihr, daß jenes Denkmahl der
"Nachwelt die allgemeinere danckbare Anerken-
"nung seines Werthes bezeuge." Sie eröfnet
"zu diesem Zwecke hiemit eine Subscription und
"hat in den Hauptstädten der Provinzen, aus
"welchen sie Beyträge erwarten durfte, thätige
"und zuverlässige Männer um Aufnahme der-
"selben gebeten; so wie sie auch selbst unmittelbar
"an die Unterzeichneten Gesandte dazu bestimmte
"Gelder bis zum ersten Junius 1791 anzunehmen
"bereit ist. — Ob dann Marmor oder Sandstein
"die Asche des unvergeßlichen Mannes decken; ob
"der Künstler in grössern oder kleinern Stil
"arbeiten soll, — das hänget alles von dem Erfolge
"dieser Bekanntmachung ab. Nachricht von der
"Ausführung und Rechnung über sämmtliche ein-
"gehobene Gelder und deren Verwendung wird
"demnächst mit dem Namen-Verzeichnisse der
"Subscribenten öffentlich vorgelegt werden."

Magdeburg, den 20sten November, 1790.

Im Namen vorgedachter Gesellschaft:

Rötger, Probst zur lieben Frauen.	Funck, Consistorialrath.
Lüdecke, Domprediger.	Ribbeck, Pastor an der h. Geist Kirche.

Noch in demselben Stücke des Hamburgischen Correspondenten, unmittelbar nach dieser Bekanntmachung, wurde folgende Nachricht angekündiget:

"In Magdeburg wird itzt eine Schrift über B** von 7—8 Bogen unter dem Titul: Beyträge zur Lebensgeschichte Johann Bernhard Basedows, aus seinen Schriften und aus andern ächten Quellen gesammelt, bey der Witwe Pansa gedrucket, welche nach einigen Wochen schon in den Buchladen zu haben seyn wird. Diese Schrift enthält einen kurtzen Begrif der vornehmsten Schicksale und Unternehmungen dieses merkwürdigen Mannes. Der Verfasser derselben kannte und beobachtete und schätzte B** schon seit beynahe 30 Jahren; war seit der Zeit ein fleißiger Leser seiner Schriften, erfuhr manches von seinen Schicksalen aus seinem eigenen Munde, und hat auch durch einige der ältesten und vertrautesten Freunde B—s verschiedene wichtige Nachrichten von seinem Leben erhalten. Das Publicum wird also in dieser Schrift sehr glaubwürdige und interessante Nachrichten über einen Mann finden, der seit mehr als 30 Jahren unter den berühmtesten Gelehrten und Schriftstellern unserer Nation einen sehr bedeutenden Rang behauptet hat."

Das sind nun wieder zwey Nachrichten, Ankündigungen mit Lobreden und Lobeserhebungen so

sehr

sehr ausgeschmücket, daß man sagen kann, daß sie sich recht gewaschen haben, d. i. mit recht ausgesuchten Ausdrücken, Redensarten und Wendungen recht sehr sind ausgeputzet und fast geschniegelt worden. Diese Nachrichten hat man so abgefaßt und eingekleidet, daß sie den Fragmentisten in der deutschen Monatsschrift noch weit übertreffen und überbieten. Denn in jenen Fragmenten über B — s Leben und Character, wird doch noch etwas von den auffallenden und gar zu berüchtigten Mängeln, Gebrechen und Schwachheiten dieses Mannes gesagt: hier aber strotzet alles von Lobreden und Lobeserhebungen. Mit solch einer Zuversicht und scheinbaren Zuverläßigkeit wird dieses alles vorgetragen, und dem Publicum als ausgemacht und unbezweifelt mitgetheilet, daß es leichte jeden Kenner B — s der nicht in allen Stücken mit diesen Urtheilen übereinstimmet, und Lust hätte, seine entgegen stehenden Meinungen und Erfahrungen ins Publicum zu bringen, und nur etwas schüchtern und furchtsam wäre, leichte abschrecken und soweit bringen könnte, seinen Vorsatz gänzlich fahren zu lassen. *) Allein

 zu

*) Das denkende Publicum soll über B — s Rang u. s. w. längst entschieden haben: eine seit ein Paar Jahren recht Mode gewordene Sentenz und Floskul, wodurch man solch einen hohen und allgemein anerkannten Werth

zu meinem Glück oder Unglück bin ich gerade so hartgläubig und ungläubig, und kenne meinen Mann so gut und so zuverläßig: daß wenn noch zehen solcher Ankündigungen und Lobeserhebungen wären gedruckt worden, die sogar mit der Unterschrift und Infallibilität eines Pabstes bestätiget und bekräftiget wären, ich doch für mein Theil nicht ein Haarbreit von demjenigen abweichen würde, was allbereits in dem Vorhergehenden gesagt worden, und in dem Folgenden noch wird in Thatsachen vorgelegt werden. Eben deswegen, weil auch diese Nachrichten nicht wenig übertrieben sind,

---

Werth einer Person oder Sache anzeiget; daß sich dagegen fast gar nichts mehr einwenden lässet. Also die gehören nur zum denkenden Publicum, die dieser längst festgesetzten Entscheidung beytreten! ey, ey! das ist sehr entscheidend und abschreckend gesprochen. Um aber nicht ohne Beyspiel so schlechthin zu sagen, daß es itzt eine recht modische Floskul ist: daß das Publicum längst soll entschieden haben: so urtheilte der Verleger eines gewissen noch nicht ganz vollendeten Bibelwerks eben so: Daß das Publikum den Werth dieses Werks längst entschieden hätte; obs gleich abermals geprellt und in seiner Erwartung mächtig getäuscht worden. So gehets mit den angeblichen und höchst unzuverläßigen Entscheidungen des Publikums. Wie blind ist doch das Publicum, wie läßt es sich betrügen, — — nur hui für Wind und Lügen! ist es nicht ein gerundium in dum, in dum, in dum!

sind, bin ich dadurch noch mehr bewogen worden, meine erlangten Kenntnisse und Erfahrungen aufs gewissenhafteste und unpartheyischste bekannt zu machen, und dann dabey zu denken und zu sagen: Man gebe und lasse B** was ihm gehöret und gebühret; aber man höre auf mit diesem Manne Abgötterey zu treiben. Ich würde in eine grosse und ermüdende Weitläuftigkeit gerathen, wenn ich diese beyden Nachrichten auch mit erläuternden Anmerkungen begleiten wollte. Auf alles was allbereits oben gesagt worden, und weiter unten noch wird gesagt werden, kann ich mich berufen. Also voritzt will ich es nur bey ganz wenigen Zusätzen bewendet seyn lassen. Wenn es wahr ist, wie man versichert, daß die päbstliche Seligsprechung mit der größten Behutsamkeit und Vorsicht geschiehet, und nur erst ofte nach einer vieljährigen und strengen Untersuchung und Zeugenverhör zu Stande gebracht wird; so verlohnet es sich wohl der Mühe, auch bey der Basedowischen Canonisation, wenigstens etwas auf seiner Hut zu seyn. Das bin ich bisher gewesen, und werde es noch ferner seyn. Diese Ankündigungen kommen beyde von Magdeburg, wo B** eine geraume Zeit seine Niederlage und viele Freunde und Anhänger bis an seinen Tod gehabt, und sogar an diesem Orte gestorben ist; welcher Umstand eben so wichtig

 als

als merkwürdig ist. Man würde mich ganz unrecht verstehen, wenn man hieraus schließen wollte, als tadelte ich die Freunde und Verehrer B — s darüber, daß sie solche Ankündigungen ins Publikum schicken. Wahrhaftig nicht! vielmehr glaube ich und bin versichert, daß sie alle insgesammt vortrefliche, rechtschaffene und edeldenkende Männer sind, die sich in ihrem Gewissen für berechtigt hielten, solche ankündigende Nachrichten ans Publicum gelangen zu lassen. Da man aber itzt, so wie in Religions-Angelegenheiten, eben auch in andern Meinungen und Denkungsarten sehr duldsam ist, und Dißidenten gerne träget; so darf ich und mir Gleichgesinnete und Gleichdenkende auch zuversichtlich erwarten, daß diese rechtschaffene Männer, als B — s enthusiastische Freunde, es nicht für Lästerungs- und Verläumdungssucht erklären werden, — wie oben in der französischen Nachricht so ein Wörtlein davon verlauten wollte, — wenn wir freymüthig unsere Meinungen und Gedanken, Kenntnisse und Erfahrungen dem Publicum vorlegen. Noch finde ich für nöthig zu bemerken, daß die schon im vorigen Jahre angekündigte Lebens-Geschichte B — s würklich in diesem Jahre im Anfange des Mayes ans Licht zu Magdeburg gekommen ist, und zwar in grösserer Bogenzahl, als sie war angekündiget worden. Abermals erläu-

ternde

ternde Anmerkungen und Zusätze darüber aufzusetzen, würde nicht rathsam seyn. In den folgenden Abtheilungen werde ich in stillschweigenden Bejahungen oder in möglichst schonenden Verneinungen und Widerlegungen Gebrauch davon machen. Zuletzt darf ich dreiste versichern, daß ich wider den gefaßten Entschluß, dem verstorbenen B** ein Denkmahl von Marmor oder Sandsteine zu errichten, nichts einzuwenden habe. Zwischen Leibnitz, Newton und ähnlichen Männern wird doch immer ein merklicher Unterscheid und Abstand bleiben. Seitdem dem ersteren zu Hannover ein Denkmahl errichtet worden, kommt es mir so vor, als wenn die Sucht, Denkmähler auf Subscription zu errichten, etwas ansteckend geworden ist, und epidemisch zu werden drohet: denn die neuern Ankündigungen und Auffoderungen zur Subscription ähneln den ältern fast zu sehr. *) Es ist eine sehr alte Beschuldigung, daß die Nachahmungssucht der Teutschen sehr oft in Nachäffung

*) Freylich sind einige angekündigte Unternehmungen dieser Art wieder ins Stecken gerathen; denn die erste Hitze verflieget, oder man besinnt sich noch zu rechter Zeit. Da lobe ich mir doch noch Rosenstöcke oder Jesmin auf dem Grabe, wie zu W** auf dem Grabe des P. H. geschahe; aber diese Mode will nicht recht fahen.

ausartete. Seitdem dem mit Recht unsterblich genannten Gellert ein Denkmahl gesetzet worden, hat man ofte Aufforderungen gelesen, wodurch Theilnehmer eingeladen wurden, für ihr zusammen gebrachtes Geld ein Ehren-Gedächtniß von Marmor, Sandsteine oder doch nur bemoosten Steinen errichten zu lassen. Es ist aber sehr zu besorgen, daß wenn man allen verstorbenen Gelehrten und Männern aus andern Menschen-Classen ein Denkmahl auf Subscription errichten lassen will, die B * * an Verdiensten vollkommen gleich waren, oder in einigen Stücken noch übertrafen, diese bey den Griechen und Römern so lobenswürdige Gewohnheit gar bald ins Alltägliche, wie bey jenen Völkern, ausarten und ins Absolute übergehen werde.

3) Es folget nun das rühmliche Zeugniß, in Form einer Nachricht eingekleidet, welches der berühmte und höchstverdiente Saltzmann in seinem thüringer Boten von dem verstorbenen B * * für die jetzt lebende und für die Nachwelt niedergeschrieben hat. Dieser Mann konnte ein solches Zeugniß mit Recht ablegen, weil er B * * persönlich gekannt und mit selbigem einige Zeit in Verbindung gestanden hat. Dieses Saltzmannische Zeugniß ist in Form eines Gesprächs zwischen den Wirth und den Bothen eingekleidet, welche Einkleidung um der Kürze willen ich weglassen und die Nachricht in

einem

einem zusammenhangenden Auszuge hersetzen werde. Im thüringer Boten von 1790. 34stes Stück, lautet diese Nachricht über B — s Leben, Schicksale, Unternehmungen und Verdienste wie folget:

"Basedow wurde 1724 zu Hamburg geboren, und 1753 als öffentlicher Lehrer auf der Akademie zu Sorve in Dänemark angesetzet, und 1761 kam er als Lehrer an das Gymnasium zu Altona, und 1771 wurde er von dem Fürsten nach Dessau berufen. Dieser Mann war kein Alltags-Kopf, der dreyzehn läßt gerade seyn, d. i., zu allen Fehlern schweiget, sondern er war ein Mann, der allenthalben Fehler bemerkte, und darüber in Schriften einen schrecklichen Lerm anfing. Vorzüglich klagte er über die Fehler der Erziehung, des Unterrichts und des Religions-Vortrages, und forderte Kayser, Könige, Fürsten, reiche Leute, Hausväter und Hausmütter, kurz die ganze Christenheit auf, daß sie doch die Sache zu Herzen nehmen und ihm verbessern helfen mögten. Darüber entstand ein erschrecklicher Spectakel. Alle die es gerne bey dem Alten wollten gelassen haben, und deren waren viele, verfolgten und verlästerten ihn. Erst klagte er über die ganze erbärmliche Erziehung der Kinder, um welche die Eltern sich oft gar nicht bekümmerten, sondern sie dem Gesinde überließen; sodann daß sie selbige weichlich machten, sie in warme Stuben einsperreten, ihnen warme Getränke geben,

geben, sie frisiren liessen, in Pelze steckten, und sie alle Laster durch ihr Exempel lehrten. Ferner klagte er über den elenden Unterricht, den die Kinder bekämen; daß sie von ihren ersten Lebensjahren an gleich mit dem Latein geplagt würden, und sonst fast gar nichts lerneten. Er sagte ferner, daß die Kinder den Catechismus lernen müßten, der doch für sie viel zu schwer wäre. Sodann behauptete er, daß zwischen Christenthum und Kirchenthum sich ein grosser Unterscheid befände. Christenthum wäre, was unser Erlöser gelehret hätte, Kirchenthum aber, was die Kirche lehrete. B** hätte aber geglaubt, daß alle Kirchen, die evangelisch-lutherische nicht ausgenommen, zu demjenigen, was Jesus gelehret habe, etwas hinzugesetzt hätten; z. B. unser Heiland habe gesagt, da er das Abendmahl austheilete: das ist mein Leib, das ist mein Blut; die Kirche aber habe hinzugesetzt: das ist der wahre Leib, das ist das wahre Blut. Jesus habe taufen lassen im Namen des Vaters, Sohnes und heiligen Geistes; die Kirche aber habe die Teufelsbeschwörungen oder den Exorcismus hinzugesetzt. B** hat geschrieben, bis ihm der Odem ausging. Seine besten Schriften sind das Elementarbuch, wo alles, was Kinder seiner Meinung nach zu lernen haben, in Kupferstichen abgebildet ist. Er glaubte nemlich, die Kinder hätten von den Sachen, die sie lernen sollten, keine

rechte

rechte Vorstellung, wenn sie nicht die Abbildung davon sähen. Ferner hat er ein Buch geschrieben, das heißt practische Philosophie für alle Stände; das soll auch ein sehr schönes Buch seyn. Er hat gar große Dinge im Kopfe gehabt; er wollte ein Philantropinum stiften, d.i. eine menschenfreundliche Anstalt. Das Philantropinum sollte nun eine gewaltig große Sache werden; es sollte die hohe Schule für ganz Europa seyn, wohin alle Länder ihre Schullehrer schickten, um da zu lernen, wie sie eigentlich die Kinder unterrichten und erziehen müßten; es sollte da die Sammlung von allen guten und nützlichen Büchern, die Sammlung von allen nützlichen Maschinen und Instrumenten, die Niederlage von allen bewährten Arzeneymitteln seyn u. s. w. Das Geld dazu sollten wohlthätige Menschenfreunde geben. Wirklich bekam er auch 10,000 rℓ zusammen, und 12,000 rℓ gab der Fürst von Dessau dazu her. Das Philantropinum kam aber nicht so ganz zu Stande. Der gute B** hatte sich gewaltig verrechnet. Erstlich dachte er, es wäre itzo die Zeit noch, wie da Herrmann Francke das Hallische Waysenhaus erbaute, da aus aller Welt Enden das Geld zusammen floß. Zweytens wäre wenigstens eine Million nöthig gewesen, wenn das Philantropin hätte zu Stande kommen sollen. Drittens hatte

Herr

Herr Basedow die Geduld nicht, die zu einem so mühsamen Geschäfte so nöthig ist. Er war ein feuriger Mann, bey dem alles gleich biegen oder brechen muste, und war also sehr gut, alte Misbräuche niederzureissen; aber etwas Neues aufzubauen, das war seine Sache nicht. Er gab also das ganze Vorhaben, ein Philantropinum zu errichten, bald auf. Dem ohnerachtet hat der Mann doch erstaunlich viel gutes gestiftet. Brachte er gleich kein Philantropinum zu Stande, so stiftete er doch eine sehr nützliche Erziehungsanstalt, die noch itzt in Dessau fortdauert. Hat er im Eifer gleich manches geschrieben, das ein bischen übertrieben ist; so hat er doch Deutschland aus seinem Schlummer aufgewecket, und ist die erste Ursache, daß man nach und nach vom alten Schlendrian abgehet, und daß man allenthalben die Schulen und die Erziehung der Kinder zu verbessern suchte. u. s. w.

In demselben thüringer Bothen 1791 St. 2. Seite 24. lieset man über B** noch folgende Ankündigung. Dem Herrn Basedow, dem es Deutschland verdanket, daß seine Kinder itzt besser, als sonst erzogen werden, wie dies im vorigen Jahre ist gezeiget worden, will man zu Magdeburg, wo seine Gebeine ruhen, ein Denkmal errichten. Diejenigen meiner Leser, die seine Verdienste zu schätzen

wissen

wissen und dazu einen Beytrag geben wollen, können ihn einschicken, entweder nach Magdeburg an den Herrn Domprediger Lüdecke, oder an die Erziehungs-Anstalt zu Schnepfenthal. — Besagte Erziehungs-Anstalt verwilliget dazu 1 Louisd'or.

Das sind nun abermahls 2 Zeugnisse, welche Herr Salzmann von dem verstorbenen B** ableget, und die in Vergleichung mit den vorhergehenden ziemlich herabstimmen. Nach meinem Gefühle wird darin zwischen Lob und Tadel die Mittelstraße so ziemlich beobachtet. Freylich werden auch hier B—s Verdienste noch zu sehr erhoben; auch hier wird ihnen noch vieles beygelegt und zugeschrieben, was doch einer großen Einschränkung bedarf. Doch auch hier enthalte ich mich aller fernern erläuternden Anmerkungen, da schon in den vorhergehenden soviel davon ist beygebracht worden, daß ein jeder unbefangener und unpartheyischer Leser dadurch in den Stand gesetzet worden, selber zu prüfen und zu untersuchen; besonders, wenn er den Inhalt der folgenden Abtheilungen damit verbinden und vergleichen wird.

4) Diesen allerneuesten Zeugnissen will ich zuletzt noch ein Paar ältere beyfügen, um den Lesern eine Probe vorzulegen, wie man B** schon bey seinen Lebzeiten beurtheilet, und sein Beginnen geschätzet und geachtet hat. Das erstere in Urtheilen abgefassete

fassete Zeugniß habe ich aus Gedickens Aristoteles und Basedow oder aus dessen Fragmenten über Erziehung und Schulwesen bey den Alten und Neuern ausgehoben vom Jahr 1779. Dieser rühmlichst bekannte Jugend- und Volks-Lehrer, der noch in großem Ansehen lebet, fället in der Vorrede über B—s Beginnen, folgendes Urtheil:

Vielleicht, (hebt er an) erwartet mancher dem Titul zufolge, ein weitläuftiges Raisonnement über B** und sein Philantropin. Dies war in der That anfänglich meine Absicht. Allein ich vernichtete meinen Aufsatz — aus der natürlichsten Ursache von der Welt — um nicht nach bloßen Hören und Lesen über eine Sache zu urtheilen, die, um richtig beurtheilet zu werden, gesehen seyn will. Doch eine Anmerkung wenigstens kann ich nicht zurückhalten. Ich begreife noch immer nicht recht, was die Famulanten bey dem Philantropin sollen. B** sagt: um einmal in großen Häusern mit zur Erziehung gebraucht zu werden. Allein, ich muß frey gestehen, ein Bedienter der Erzieher ist, scheint mir ein eben so widersprechender Begriff, als — ein Erzieher, der Bedienter ist. Besser dünkt mich wäre es, wenn das Philantropin seine Famulanten zu künftigen Schullehrern auf dem Lande und in kleinen Städten bildete. Aber alsdann frage ich wieder: wozu müssen sie Latein

lernen,

lernen und gar Latein sprechen? Wer das kann, dünkt sich immer ein Stück von Gelehrten, und so einer ist zum Schulmeister schlechterdings verdorben. Immer bleibt indessen B** ein Mann, dem unsere Zeiten eine Ehrensäule schuldig sind. Die überall rege Aufmerksamkeit auf Erziehungs- und Schul-Verbesserung ist sein Werk. Er wekte die schlummernden Arbeiter auf. Er machte Bahn; aber sicherlich verdenkt er es auch keinem, der zu einerley Ziel mit ihm hinstrebend sich hier und da einen andern Nebenweg wählet.

Das ist nun der Inhalt eines Urtheils des damaligen Prorectors und itzigen Consistorialraths Herrn Gedikens, über den damals webenden, schwebenden, und hanthierenden B**. Viel, recht sehr viel hätte ich auch bey diesem Urtheil zu erinnern und einzuwenden, z. B. würde ich fragen: ob der Herr C. G. jemals B** persönlich gesprochen, und aus einigem Umgange kennen gelernt? u. s. w. Allein auch hier sage ich weiter nichts, als daß ich abermals auf das schon Gesagte und noch weiter unten zu Erzählende verweise. Die Leser werden nicht verkennen können, daß ich lauter günstige Urtheile und Zeugnisse bisher angeführet habe. Ganz am Ende dieser Gedikschen Fragmente lieset man eine Ode, Basedow betitelt; die hier nicht am unrechten Orte stehen und dieser Sammlung von

Zeugnissen und Urtheilen einverleibet seyn wird. Sie ist folgende:

Du Nord Albiens Sohn! flammtest die Fackeln an,
Schwangst die sprühende mit mächtigen Herculsarm,
Daß sich hiehin und dorthin
Weit ihr Schimmer verbreitete.

Zwar es saußte der Sturm, vor ihm erbebten des
Waldes Fürsten und tiefbeugten sie zitternd sich,
Doch sein schlagender Fittig
Trug noch weiter den Fackelglanz.

Aus dem finstern Gewölke riß sich ein Hagelguß
Mit entfesselter Wuth, prasselte fürchterlich
Aber dennoch verlosch dir
Deine wehende Fackel nicht.

Viele rannten herbey, zündeten an deinem Licht
Ihre Fackel nun an. Heller und heller wards
Daß der Schnarcher selbst auffuhr
Und die blinzenden Augen rieb.

Bey dem leuchtenden Glanz bautest ein Jason Du
Dir voll Heldenmuths ein anderes Argoschiff,
Daß es holte des Wissens
Gold bewolletes Wahrheitsvließ.

Muthig fuhrest du hin, hin durch die brausenden
Wogen, achtetest nicht jenes ergrimmeten
Sturms, der fürchterlich heulend
In die flatternden Segel bließ.

Zwar den Klippen schon nah drohete zu scheitern, dein
Wellen furchendes Schiff — ha! wie sie standen am
Strand, die lauernden Gaffer
Und des Augenblicks harreten.

Doch

Doch du lenktest vorbey, Steuererfahrener,
Du, des Busen mit Muth Pallas bepanzerte.
Schnell flog über die Fluthen,
Schnell und spottend dein Kiel dahin.

Eile weiter mit Glück — siehe die Palme winkt!
Bis du ankerst am Ziel, wo du erkämpfest den
Preis, und siegend zurückkehrst
Ueber trotzende Kolchier.

Ueber diese pindarische Ode, — von der ich freylich aufrichtig bekenne, daß ich sie nicht recht verstehe, d. i., nicht einsehe, wie selbige auf B** und dessen mißlungene und oft höchst lächerliche pädagogische Projecte und Unternehmungen können angewendet werden, — liessen sich ebenfalls viele treffende Anmerkungen anbringen, um den gepriesenen Gegenstand mit seinem Schiffe von dem tobenden Meere aufs feste Land, und von dem unbekannten Kolchis nach Soroe, Altona, Dessau, Magdeburg zu bringen, und ihn als einen würklichen Argonauten vorzustellen, der in allem Ernste das goldne Vließ beym wohlthätigen und leichtgläubigen Publikum und bey begüterten Menschenfreunden suchte, und zwar nicht ganz, aber doch in ziemlich großen und schätzbaren Zipfeln fand: Allein da der Verfasser derselben vielleicht itzt nach vielen Erfahrungen und eingezogenen Nachrichten in Prosa richtiger von B** denket, als er vorher mit pindarischem Feuer von ihm gedichtet hat; so bleiben alle diese Anmerkungen für die folgenden Abtheilungen verspart.

Das 2te ältere historische Zeugniß und Urtheil über B**, seinen Character, Gesinnung und Unternehmungen will ich aus dem sehr berüchtigten und verrufenen Kirchen- und Ketzeralmanach von 1781 und 87 ausheben. Daß der sehr bekannte Verfasser derselben mit B** in Verbindung stand — als welcher an den Streitigkeiten zwischen B** und S** Theil nahm — und selbigen sehr wohl kannte, muß hier als bekannt vorausgesetzt werden. Es ist dieses Urtheil freylich in einer sonderbaren Schreibart, und in einem ziemlich komischen Tone abgefaßt worden; allein unpartheyische und nur etwas kundige Leser werden sogleich sehen und fühlen können, wie richtig und wahr B** darin beurtheilet und geschildert wird. Es ist aber dieses Zeugniß von zweyerlei Art.

1) Ein ganz kurzes, welches darin bestehet, daß B—s ganzer Name: Johann Bernhard Basedow in die Wetter-Anzeige des Monaths Aprill gesetzet worden, und auf der Seite die Basedowische Witterung mit folgenden Worten angezeiget wird: Gut Mallaga trinken und gut Gold zählen.

2) Ein ziemlich langes, welches seinem ganzen Inhalte nach so lautet:

Johann

Johann Bernhard Basedow,

ehemals Königlicher Dänischer Professor zu Sorve; dann zu Altona; dann Stifter und Vorsteher des Philanthropins zu Dessau — jetzt Privatmann, der bald in Dessau, bald in Helmstädt, bald in Leipzig sich aufhält. Wir möchten ihn fast den Pendant von Bahrdten nennen! Auch ein Genie vom ersten Range, arbeitsam, glühend aufbrausend und projectvoll. Aber sein Herz scheinet minder sanft und wohlwollend, finanzisch, herrschsüchtig, starrköpfig, rechthaberisch, polternd, infalible in der Einbildung, unaussprechlich ehrgeizig und eitel. Das sind die Prädicate, die ihm alle diejenigen beylegen, welche ihm, wie ein gewisser ehemaliger Lehrer des dessauischen Instituts zu sagen pflegte, in den Magen gesehen haben. Indes — sein wahres grosses Verdienst, das ihn bey allen seinen Thorheiten, die ihm der Hause dummer Verläumder aufmutzet, unsterblich macht, bleibt dies: daß er allein in Teutschland den Geist der Erziehungs-Reform aufgeregt und für dieses große Anliegen der Menschheit die Bahn gebrochen hat. Und in dieser Rücksicht kann man von ihm mit Paulo sagen: η δικαιοσυνη αυτου μενει εις τον αιωνα. Was er dafür mit so viel Kraft, Betriebsamkeit, Wärme, Einsicht und eiserner Geduld gethan und gelitten hat, wird der spätesten Nachwelt unvergeßlich

 bleiben —

bleiben — wenn gleich sein Elementarwerk, und seine gesamte Theologie, wie ich vermuthe, vergessen werden sollte. Denn für die letztere scheint ihn in der That der Himmel nicht berufen zu haben, so sehr er auch seit einiger Zeit seine Stimme in diesem Felde zu erheben beginnet. Er hat, soviel man aus seinen neuesten Schriften sehen kann (die eine hat den Titel: Friede zwischen der wohlgesinnten Vernunft und dem wohlverstandenen Urchristenthum; die andere ist überschrieben: für forschende Selbstdenker: Lehren der christlichen Weißheit und Zufriedenheit, eine Folge des Friedens zwischen der wohlgesinnten Vernunft u. s. w. Christianopel in Alethinien 1780) sich in den Kopf gesetzet, die natürliche Religion als ungewiß vorzustellen, und daraus, daß die Vernunft, Daseyn, Einheit, Natur Gottes und vergeltende Unsterblichkeit nicht hinlänglich und beruhigend beweisen kann, die Glaubenspflicht zur Annahme einer unmittelbaren Offenbarung durch Inspiration und Wunder herzuleiten. Zu dem Ende macht er sehr sorgfältig alle Vernunft-Beweise verdächtig, suchet zu zeigen, daß man ohne Offenbarung nicht zum ruhigen Glauben an Gott und vergeltende Ewigkeit gelangen könne; — liefert Auszüge aus dem alten und neuen Testamente — thut Vorschläge zur Reform der Religion und des Gottesdienstes —

ermahnet

ermahnet alle Philosophen, gläubige Christen zu werden — und weissaget schreckliche Zeiten, wenn man ihn nicht lesen und befolgen wird. Mich dünckt B** hat seine Sache diesmal nicht gut gemacht. Erstlich ist unklug, und ich möchte sagen unmenschenfreundlich, Beweise für Wahrheiten verdächtig zu machen; für Wahrheiten, die alle Welt für unentbehrlich zur Erhaltung der Moralität und Menschenruhe hält — und für diese Wahrheiten Beweise verdächtig zu machen, welche tausend für die einzige halten, die jene Wahrheiten ihnen glaubhaft und werth machen. Zweytens ist es unüberlegt, die zwey einzigen großen Partheyen seines Zeitalters so geradezu ins Gesicht zu schlagen, und — den Philosophen zu sagen: ihr seid blinde Leiter; und den Dogmatikern: Ich will euch für Philosophen erkennen, und euch Inspiration und Wunder retten; wenn ihr Dreyeinigkeit und Genugthuung, und — was weiß ichs? — preis geben wollt? Wird ihm nicht jede Parthey ins Gesicht — lachen, oder —? Und drittens ist es unphilosophisch, schlechterdings unphilosophisch, sich und die Welt überreden zu wollen, es sey leichter, Inspiration und Wunder aus den 1780 Jahr alten Büchern des neuen Testaments zu glauben, als — Gott und Unsterblichkeit aus Grundsätzen zu glauben, welche Erfahrung, Beobachtung

 und

und allgemeine Notionen hergeben, und welche Uebereinstimmnng der Weisen, allen nicht selbst denkenden so annehmungswerth macht. Daß bey dem allen auch in diesen Schriften, wie in allen Basedowischen, viel, sehr viel gutes stehet, wollen wir gar nicht ableugnen. Besonders empfehlen wir gewissen politisirenden Theologen, alle die Stellen zur Beherzigung, in welchen er ihnen mit seiner ihm eigenen Stärke mehr Einigkeit, Muth und Entschlossenheit anwünscht, und ihnen ihren theologischen Schleichhandel, den Herr Semler so stark treibt, so treuherzig abrathet. Ueberhaupt behält B** auch in der Theologie das Verdienst, daß er viel Wärme in die Untersuchung gebracht, und durch seinen Muth und Dreistigkeit manchen Siebenschläfer aufgeregt und für die Wahrheit thätig gemacht hat. — Dennoch rathen wir ihm zum Beschluß, nun stille zu sitzen, und den Rest seines sehr thätigen Lebens in Ruhe zuzubringen; theils um sich nicht ohne Noth Verdrießlichkeiten auszusetzen; theils seinen Schriftstellerruhm nicht noch durch Schwachheiten des Alters zu verdunkeln, und seinen Feinden Gelegenheit zum Lachen zu geben. — Er kann zufrieden seyn mit dem letztern Siege über Herrn Semlern, den er in seiner Urkunde so ganz zu Boden gestrecket hat, daß dieser in seiner Antwort nur zu den allermitleidwerthesten Berufungen

auf

auf seine Heiligkeit seine Zuflucht nehmen, und — in einem Schwall deutscher Buchstaben gehüllt, sich, wie in einer Nebelkappe, dem Auge der Lacher entziehen mußte. — Und mich deucht, ein so kluger Calculator wie B**, sollte allenfals ausrechnen können, wenn die Zeit kömmt, wo es den Schriftstellern gehet, wie den alten Jungfern. Er hat ausgedient. Und er wird nun ferner in der Theologie, so wenig ein Publicum finden, das ihm behagt, als er es in der Pädagogik fand — so sehr er sich auch beeiferte, es mit den Seifenpillen der Declamation zu einer heilsamen Ausleerung von 10,000 Ducaten zu erweichen.

So weit gehet dieses Zeugniß und Urtheil von und über B** in dem Kirchen- und Ketzer-Almanach vom Jahr 1781. In demselben Almanach vom Jahr 1787 ist erstlich in der Wetteranzeige sein Name weggelassen worden; sodann aber obiges Urtheil durch einen neuen Zusatz vermehret worden, der so lautet:

Jetzt macht er in Magdeburg den Schulmeister, und genießt im Stillen die Freude, das dessauische Philantropin, (welches er haßte, seitdem man ihn nicht mehr unumschränkt regieren ließ), durch seinen mit Wolken angezettelten und absichtlich ins Publicum geschleppten Zank zerstöret zu haben. — Er genießt übrigens seine ansehnlichen Pensionen

 fort,

fort, und hat kein Mißvergnügen, als wenn ihm der Gedanke erscheinet; daß sein Offenbarungsdeismus keine Proselyten, und seine neuern Schriften in der theologischen Welt gar kein Aufsehen mehr machen, ja kaum den Titeln nach bekannt sind. — Das aber ist geschehen, auf daß erfüllet würde: "parcius pulsant vetulæ fenestras.„

Das sind denn abermals ein Paar Zeugnisse und Urtheile des noch lebenden Verfassers der Ketzer-Almanache, welcher Verfasser sowohl als auch dieses Erzeugniß so leicht keinem etwas kundigen Leser unbekannt seyn können. Auch hier enthalte ich mich mit Bedacht aller treffenden weitläuftigen Anmerkungen und Erläuterungen, und verweise nochmal auf das Vorhergehende und Nachfolgende. Mit wenigen will ich nur so viel über dieses sehr wortreiche Zeugniß sagen: daß es eben so viele Wahrheiten, die mit den Erfahrungen der Beobachter B** vollkommen übereinstimmen, als versteckte und übertriebene Lobeserhebungen enthält; die doch insgesammt aus guter Meinung herzukommen scheinen. Es hat das Ansehen, als wenn der Verfasser des Ketzer-Almanachs B** persönlich gekannt, und mit ihm einigen Umgang gepflogen habe, weil sonst seine Urtheile nicht so zuversichtlich lauten, und der Wahrheit in so vielen Stücken so sehr gemäß seyn würden. Allein man

man mußte lange Zeit mit B** umgehen, ihn auf allen Seiten, in allerley Lagen, Umständen und Verhältnissen betrachten, wenn man nur etwas vollständige Kenntniß von ihm erlangen wollte. Blos auf Reisen oder sonst nur auf eine kurze Zeit mit B** sich unterhalten zu haben und zu glauben, daß man ihn ziemlich kennen gelernt habe, das ist ein Wahn, der recht sehr viele Anhänger und Verehrer B — s getäuschet hat. Man erinnere sich hier nochmals an die kleine Vorschmacksschilderung, welche oben von der Unbeständigkeit des Basedowischen Characters ist gemacht worden. Und hiemit beschließe ich diese vorläufig einleitende Abtheilung, die nöthig war, voran geschickt zu werden, damit der Leser allmählig mit B — s Character, Personalitäten und Privatleben bekannt werde, und sich so nach und nach gewöhne, theils durch keine Vorstellung und Thatsache, als durch etwas Ungewöhnliches und Unglaubliches überrascht zu werden: theils aber seinen Gegenstand nicht ferner durch das Vergrösserungsglaß der zu sehr lobpreisenden Nachrichten, sondern mit gesunden, bloßen und unverwandten Augen zu betrachten und zu prüfen, und nach dieser angestelleten Betrachtung und Untersuchung die nachfolgenden Beschreibungen, Schilderungen und erzählten Thatsachen zu beurtheilen.

Unan-

Unangezeiget darf ich aber zuletzt doch nicht lassen, daß mir nun nichts leichter wäre, als auf diesen ersten Anhang noch einen zweyten und zwar weit stärkern und materienreichern Anhang folgen zu lassen; aus Mangelsdorf, Rapps und andern Erziehungs-Schriften, und besonders aus den neuesten Erziehungs-Begebenheiten ausgehoben, und aus lauter entgegenstehenden Zeugnissen und Urtheilen zusammengesetzt. Das will ich aber aus guten Ursachen nicht thun, um nicht Verdacht zu erregen, ob ich gleich in den folgenden Abtheilungen von diesen angezeigten pädagogischen Schriften zur Erläuterung und Bestätigung, nothdürftigen Gebrauch machen werde.

Zweyte Abtheilung,
welche Basedows Leben in einer kurzen und zusammenhangenden Erzählung enthält.

In der Ausarbeitung der Bruchstücke über das eigentliche Leben B — s, oder über die Schicksale der Lebensgeschichte dieses Mannes, habe ich die vor kurzen zu Magdeburg herausgekommenen Beyträge abermals zum Grunde geleget, und selbige durch Zusätze vermehret, und durch Anmerkungen erläutert und berichtiget.*) In den allermeisten Stücken, was Geschichte und Thatsachen betrift, stimmen diese Beyträge mit meinen frühern Erfahrungen, und schon vor langen Jahren angestellten Beobachtungen und eingezogenen Nachrichten so ziemlich überein. Der Verfasser dieser Beyträge muß nothwendig ein vieljähriger Freund, Kenner und Verehrer von B** gewesen seyn. Nach meinem Bewußtseyn und gehabten Erfahrungen urtheilt er freylich nicht allemal so über Basedows Character und Handlungen, und Zwecke und Absichten, Aussprüche und Schriften, wie es geschehen seyn müßte, wenn die Wahrheit ohne täuschende Schminke sollte in un-

vers

*) Der Titel lautet so: Beyträge zur Lebensgeschichte Joh. Bernh. B—s, aus seinen Schriften und andern ächten Quellen gesammlet. Magdeburg 1791.

vermischter Reinigkeit vorgestellet werden; allein er giebt doch auch, eben wie der Verfasser der Fragmente in der deutschen Monatsschrift, solche Winke, und erzählet solche Thatsachen, daß man das Gesetz der Billigkeit übertreten würde, wenn man ihn einer auffallenden und wissentlichen Partheylichkeit beschuldigen wollte.*) Jedoch, auch ich will in dieser Abtheilung B—s Leben, so nach meinem besten Wissen und Gewissen erzählen, daß Kenner und Nichtkenner mir wenigstens nicht absprechen werden können; theils, daß ich mir einige Kenntnisse von den Lebensumständen dieses merkwürdigen Mannes gesammelt habe: theils, daß ich auch bey diesem Aufsatze den besten Willen und die redlichste Absicht gehabt habe, immer die Wahrheit zwar nicht in puris naturalibus, aber auch noch weniger geschminkt und vertuschet schreiben zu wollen. Zweyerley finde ich noch voraus zu bemerken nöthig: Erstlich, werde ich vielleicht bey sehr vielen Lesern, sowohl in dieser als auch

bey

*) Sonst sind die meisten Nachrichten, entweder aus B—s mündlichen Erzählungen, oder aus dessen spätern Schriften, wo sie in Bruchstücken zerstreuet stehen, und andern Quellen hergenommen worden. Wer die erste Abtheilung mit einiger Aufmerksamkeit gelesen, wird wissen, mit welcher Einschränkung B—s Erzählung und Schriften können ächte Quellen genannt werden.

besonders in der folgenden dritten Abtheilung, schwerlich der Beschuldigung und dem Vorwurfe der geringfügigen Micrologie und des langweiligen Details ausweichen können, wenn ich nicht die Beyträge abschreiben, oder nur in andere Worte umschaffen will. Allein da ich erläuternde, und ergänzende Anmerkungen und Zusätze versprochen habe, und bey einem Manne wie B** oft geringscheinende Umstände, um des Ganzen willen, von Gewichte sind, und den Ausschlag geben; sodann auch solche micrologische Erzählungen den grössern Theil der Leser am meisten in der Aufmerksamkeit erhalten, und endlich vielleicht auch der kleineren Zahl derselben, solche geringfügige Kleinigkeiten nicht immer ganz unwillkommen sind, und hier seyn werden; so darf ich hoffen, daß meine Bemühungen von dieser Seite nicht mit dem Namen der Anekdoten = Jägerey werden beleget werden. Zweytens muß ich noch zum Voraus erinnern, daß, da der folgende Abschnitt für die Aufzählung der Schriften B — s bestimmet ist, ich dieselben in dieser Ausführung nur zuweilen um des nöthigen Zusammenhanges willen nennen werde; ob sie gleich in den Beyträgen, nach chronologischer Zeitfolge, richtig sind mit aufgeführet worden. *)

Johann

*) Ob ich ziemlich vollständige und befriedigende Nachrichten über B— s Leben gesammlet, oder ob ich nur aus

Johann Bernhard Basedow, wurde in der Mitte der ersten Hälfte des itzt zu Ende eilenden Jahrhunderts, 1723 den 11ten September, in Deutschlands vornehmsten Handelsstadt, zu Hamburg geboren. Wären seine Aeltern eben so berühmt, glänzend und ansehnlich gewesen, als sein Geburtsort seit Jahrhunderten gewesen ist, und noch ist: so würde er zwar für seine Person als Knabe, Jüngling und Mann, eine ganz andere Rolle gespielt haben, doch aber vielleicht oder vielmehr gewiß nicht ein, durch böse und gute Gerüchte aufgestellter, emporgehobener, sehr merkwürdiger und berühmter Mann geworden seyn. Möchte ich doch von B — s Geist und Feuer nur etwas belebet und erwärmet werden können, um sein Leben seiner würdig, und seinen Verdiensten gemäß beschreiben zu können! Eitler Wunsch! Je nun!

aus 2 Sammlungen von Fragmenten die dritte zusammengestoppelt habe: das wird der unpartheyische Leser, dem die Fragmente und Beyträge bekannt sind, aus folgender Erzählung beurtheilen können. Billige und unpartheyische Leser werden mir durch ihr Geständniß die Gerechtigkeit wiederfahren lassen, daß sowohl in der ersten Abtheilung, als auch in dieser sich schwerlich was Vollständigeres über eines Mannes Leben sagen lässet, wo sich oft viel Mängel und Dunkel befindet. Dieselbe Vollständigkeit soll auch in den Abtheilungen des zweyten Theils dieser Lebensbeschreibung geliefert werden.

nun! ist dieses nicht: so soll doch auch die Beschreibung in dieser Abtheilung ein Opfer werden, das der reinen Wahrheitsliebe nicht mißfallen kann. Bey B—s Vater, den ich sehr wohl gekannt habe, und sogar einigermaassen vertraut mit ihm umgegangen bin, mache ich billig den Anfang. Von B—s längst verstorbenen Mutter gleich nachher. Der Vater, ein ehrwürdiger Greis, ein guter biederer Bürger, der nach meinem Gefühle und Geschmacke zwar etwas Finsteres und Rauhes und Ernsthaftes in seinen Augen, Augenbraunen und Wangen zu haben schien; doch aber bey näherer und mehrerer Bekanntschaft den rechtschaffenen und betriebsamen Mann, und den guten Welt- und Staatsbürger, sowol in Worten und Urtheilen, als besonders auch in Werken vorzeigte, und daher von allen Kennern geehret und geliebet wurde. Nach seinem Gewerbe war er ein Perückenmacher. Dieser Vater hatte nur 2 Kinder, nemlich unsern Johann Bernhard und eine Tochter, die gleichfals an einen Perückenmacher verheyrathet war, und mit ihrem Manne in einer sehr vergnügten und zufriedenen Ehe lebte. Lauter geringfügige Umstände, die anzuführen ich wohl überhoben seyn könnte, wenn nicht meine Absicht wäre, ein Paar nicht verwerfliche Quellen anzuzeigen, woraus ich einen guten Theil meiner Nachrichten geschöpfet

 habe.

habe.*) Den Vater und die einzige Schwester und den Schwager B—s habe ich nicht bloß von Ansehen gekannt, sondern habe auch Gelegenheit gehabt, sowohl während meines Aufenthalts bey B** als auch nachher, da ich noch vier Jahr und länger in Hamburg lebte, fleißig und absichtlich mit ihnen umzugehen, mich mit ihnen zu unterreden, und manchen Umstand zu erfahren, und durch Vergleichung zu berichtigen. Ausser denen, schon in den ergänzenden Anmerkungen genannten Männern und Kennern B—s, aus deren Munde ich auch so viele und wichtige Nachrichten gehört habe, kannte ich noch einige Verwandten B** sehr speciell, z. B. einen Weinhändler D** und dessen Schwester, deren Schwester B—s erste Gattin gewesen war. Also B—s eigene Erzählungen und alle itzt genannte Personen sind meine Quellen, aus

*) Meine Vorgänger und Vorarbeiter berufen sich auf ächte Quellen. Da ich nun nicht verlangen kann, daß man mir jede Erzählung und Anekdote auf mein blosses Wort zuglauben solle, zumal ich in eine Wolke von Schulstaube eingehüllet bin, so muß ich doch auch Quellen anzeigen, aus welchen ich so viele Nachrichten geschöpfet habe, die weder in Büchern stehen, noch aus B—s mündlicher Erzählung herrühren können. Nach und nach werden in dem Verfolge dieser Abtheilung mehrere Quellen oder glaubwürdige Zeugen angeführet werden.

aus welchen ich geschöpfet habe. Laut der Vorrede fällt die Zeit dieser gesammelten Nachrichten, so viel ich mich aufs genaueste besinnen kann, ohngefähr ins Jahr 1768 bis 71 als um welche Zeit B** nach Dessau ging, und von da noch bis 74, als bis so lange ich noch zu Hamburg lebte. Daß ich aber auch in ziemlich weiter Entfernung nie aufhörte, auf B—s Schicksale aufmerksam zu seyn, ist oben schon bemerket worden. Diese kleine Digression, die vorher noch nicht füglich konnte angebracht werden, wird mir der Leser verzeihen, weil sie nicht wohl wegbleiben konnte. Und nun zurück. Um in der Folge nicht genöthiget zu seyn, abgebrochen und in ermüdenden Wiederholungen zu reden, will ich zuvörderst ganz kurz dasjenige von B—s Aeltern und Anverwandten erzählen, was um des festern Zusammenhanges und mehrerer Deutlichkeit willen in dieser und der folgenden Abtheilung nothwendig muß vorangeschickt worden seyn, und worauf ich mich nachher durch einen Wink, oder nur stillschweigend zu beziehen brauche. Ein glaubwürdiger und erfahrener Mann und Kenner hat mir versichert, — dabey ich aber sage: fides sit penes auctorem! — daß B—s Vater und Großvater u. s. w. von einer uralten und angesehenen Familie unter den alten Wenden an der Ostsee abstammeten. Der Familien-Name scheinet es etwas zu bestätigen. Ob mir Vater und Sohn diesen Umstand auch bekräftiget haben, darauf kann ich mich nicht gewiß besinnen. Kennern der Geschichte, der Menschheit und der Charaktere könnte dieser historische Umstand, wenn es damit seine Richtigkeit hätte, in Rücksicht auf B—s Gesinnung, Feuer und wallendes Blut von einiger Erheblichkeit seyn. B—s Vater war zu meiner Zeit, als bejahrter Greis, zum zweitenmale verheirathet, und lebte, so wie ich mit eigenen Augen gesehen und mit eigenen Ohren gehört habe, in einer sehr vergnügten Ehe. B—s eigentliche Mutter, wie alle Anverwandten und viele andere glaubwürdige Zeugen versicherten, hat öftere und sehr starke Anwandlungen von Wahnwitz erlitten, und ist auch in einem heftigen Paroxismus von Raserei gestorben. Dies war das tägliche Hauskreuz, dessen oben Erwehnung geschehen, und welches der gute und biedere und betriebsame B** so lange tragen mußte. Daß ein ernsthafter, etwas rauher und nicht ausgebildeter Bürger der mittlern Classe dabey zuweilen wohl etwas ungeduldig geworden, ist ihm gerne zu verzeihen, da viele Klügere und Einsichtsvollere an seiner Stelle nicht so standhaft und geduldig würden gewesen seyn. Der Keim des Wahnwitzes lag gewiß schon in des alten B—s ersten Gattin verborgen. Uebrigens kann

es

es wohl seyn, daß sein etwas rauhes Betragen, weil er Ziebeleyen (s. v. v.) nicht leiden konnte, kann zur Entwickelung dieses Keimes etwas beygetragen haben. Einige vieljährige geübte und tiefe Kenner der Seelenlehre, des Menschen und auch des einzelen B — s wollten hieraus die Launen B — s, die oft an Raserey gränzten, seine angebliche Hypochondrie, seine Unbeständigkeit und Veränderlichkeit und überhaupt das sonderbare und nur sehr selten vorkommende Gepräge und Gemische der Seele dieses Mannes herleiten. Relata refero. Dieses überlasse ich tiefdenkenden und scharfsehenden Psychologen. So viel bin ich versichert, daß verständige und nachdenkende Leser diesen Umstand und diese Bemerkung nicht trivial finden werden; besonders wenn das wahr, und durch eine ziemlich allgemeine Erfahrung bestätiget wäre, was so viele grosse und berühmte Aerzte, Physiologen und Psychologen fast einmüthig versichern, daß: "so wie der Vater bey der Zeugung mit seinem Geiste und Gaben einen gewissen obgleich unerforschlichen und unerklärbaren Einfluß auf die Embryonen und die daraus zu bildende Töchter hätte; so würkten im Gegentheil die verborgenen oder zum Ausbruch gekommenen und zur Reife gediehenen Launen, Laster und Mängel und Gebrechen der Mütter sehr stark auf die Söhne, so

 sie

sie unter ihren Herzen trugen.„ Für B— s Lebensgeschichte könnte nach dieser Erklärung dieser Umstand von ausserordentlichem Gewichte seyn. Meine gehabte Erfahrungen und angestellte Beobachtungen haben mich selten ganz getäuschet, und ich darf mich rühmen, diese Beobachtung früh angefangen und durch eine lange Reihe von Jahren fortgesetzt zu haben. Noch kann ich zur Bestätigung hinzusetzen: daß die oben schon genannte einzige Schwester, weder in der äussern Bildung, noch ihrem Charakter und Geistesgaben, noch auch in ihrer ganzen Gesinnung, Denkungsart und Betragen ihrem Bruder im geringsten gleich oder mal ähnlich war. Er war, nach Beschaffenheit seiner Lage und seiner Umstände und rege gewordenen Laune, bald muthiger Löwe, bald grimmiger Tyger, bald stolzes und sich bäumendes und sträubendes Roß; sie war und blieb sich beständig gleich, Schaafmutter und Lamm. Der alte ehrwürdige B** trieb sein Gewerbe als Paruquenmacher eine beträchtliche Reihe von Jahren, und bestimmte auch seinen schon zum Knaben herangewachsenen Sohn zur Erlernung dieses Metiers. (Davon gleich nachher mehr.) Allein da nachher seine beiden Kinder mannbar geworden, die Tochter sich verheirathet, und der von der Vorsehung zu ganz was anders, und zur Erreichung höherer Zwecke und Absich-

Absichten bestimmte Sohn schon längst des Vaters Haus verlassen hatte; so legte der alte B * * sein bisher getriebenes Gewerbe nieder, überließ seine Kunden seinem Schwiegersohne, und bezog mit seiner zweiten Gattinn eine auf dem damals noch stehenden Küterwalle gelegene Wohnung, mit der er zugleich die dabey an den Seiten des Walles liegende Stadtbleiche miethete, worauf, nach Hamburgs Sitte, die gereinigte Wäsche gebleicht wurde. Abermals ein micrologischer Umstand, damit ich meine Leser gern verschonet hätte, wenn ich nicht etwa für Hamburgs Leser und Kenner etwas locale Versicherung anführen wollte. Hier war es, wo ich B — s Vater kennen lernte, und mich so ofte an diesem etwas hochliegenden Orte ergötzete, weil er mitten in einer großen Stadt mit einem Garten etwas Aehnlichkeit hatte. Der alte B * * wohnte an diesem Orte eine lange Reihe von Jahren und trieb daselbst sein Bleichgeschäfte so embsig, daß er sich ein ansehnliches Capitälchen ersparte, für welches Geld er sich mit seiner zweiten Frau ins Hiobshospital kaufte, und daselbst noch einige Jahre lebte. Ehe ich zu unsers B — s Erziehungs- und Knaben- und Jünglings-Jahren wieder zurückkehre, will ich zuvörderst noch etwas anticipiren, um zu zeigen, warum auch diese geringfügigen, und wie es scheinen möchte, ganz

 hetero-

heterogene geschehene Thatsachen hier sind eingewebet worden. Während dieser Zeit war B** schon fast zehn Jahr Professor zu Soroe gewesen, und von da nach Altona versetzet worden. Seine in Niedrigkeit lebende Anverwandten, Vater, Stiefmutter, Schwester und Schwager besuchte er sehr ofte, da Hamburg und Altona so nahe bey einander liegen, und er seine Zeit fast zwischen Altona und Hamburg theilte. *) Dadurch erhielt ich Gelegenheit, nicht nur diese guten Leute kennen zu lernen, sondern auch mit andern Verwandten Bekanntschaft zu machen, welche mir in der Folge sehr vortheilhaft war. So sehr mir nun diese öfteren Besuche B — s gefielen, und so viel Löbliches ich nach meiner damaligen Erkenntniß darin zu entdecken glaubte; so sehr auffallend war es mir doch, daß der Umgang mit seiner Schwestermann, dessen Kundleute mit unsern Peruquen wir waren, nicht so nach der Verwandschaft schmeckte, wie ich anfänglich erwartete. Bruder oder Schwager fiel nicht vor, sondern Herr Professor u. s. w. Ob Landes-Sitte, oder ein gewisser Stolz diese mich befremdende Handlungen erzeugte; das kann ich nicht mit Gewißheit sagen. Zuweilen gab B** ein

*) In seiner ersten Gattin Bruders Wohnung des obengenannten Weinhändlers D** hatte er sein eignes Zimmer mit Bette und Geräthe gemiethet, um desto bequemer in Hamburg bleiben zu können.

ein so genanntes Tractement, zu welchem viele Angesehene, meistens aus Hamburg, eingeladen wurden. Ich erinnere mich nicht, je einen von seinen Anverwandten dabey gesehen zu haben. Es kann wohl seyn, daß sie sind genöthiget worden, es aber ausgeschlagen haben, weil sie in ihrer bekannten Niedrigkeit eine unglänzende Rolle dabey würden gespielt haben. Eben so wenig kann ich mich erinnern, jemals B — s einzige Schwester mit der Frau Professorin und deren Mutter in vertrauter Unterredung gesehen zu haben. Anfänglich befremdete mich dieses sehr; doch lernte ich bald mich darin zu finden, nachdem ich Gelegenheit hatte, mit allen Verhältnissen und Lagen bekannter zu werden. Bey dem allen bin ich zum Voraus allen diesen Anverwandten das Zeugniß schuldig; daß sie von B** und seiner Familie jederzeit mit der größten Ehrerbietung sprachen; ob sie gleich alle wohl einsahen und bekennen mußten, daß niedrige Anverwandten ofte sich sehr irren und thöricht handeln, darauf stolz zu seyn, wenn einer aus ihrer niedrigen Mitte sich gleich einem Luftball emporschwinget, und sie ihm in der Tiefe nachzusehen, die Freude und Ehre haben.*)

 Nur

*) Welche Thorheit und Kinder-Stolz nur gar zu gemein in großen und kleinen Städten ist. Hat ein Schuster oder

Nur gar zu ofte erleiden die Anverwandten vielmehr dadurch empfindliche Vorwürfe ihrer Niedrigkeit, die ihnen durch eine gewisse, nicht leicht zu vermeidende Vernachläßigung, oder durch unbillige Vergleichungen wiederfahren. Obgleich B** im Verhältniß gegen seine Blutsfreunde, etwas in diesem Falle war: so beobachtete er dabey doch immer, eine ihm viel Ehre machende Mittelstraße; welches viele andere an seiner Stelle nicht würden gethan haben. Stolz und Verachtung war es also nicht im geringsten bey diesem Manne; vielmehr fühlte und sahe er wohl ein, daß ihm sein auffallender Schwung und Sprung zur grossen Ehre gereichte. Sonst ist es aber auch wahr, daß unter der linken Brust dieses Mannes so ein eignes und sonderbares Herz schlug, welches zu sehr emporstrebte, als daß es für Familien-Freundschaft hätte gestimmt seyn können. Vater-, Frauen-, Kinder- und Anverwandten-Liebe rührten ihn nie merklich; am unmerklichsten aber seit der Zeit, da er anfing um das Publikum zu buhlen, und sich

im

oder Schneider einen Herrn Pastor oder gar Herrn Professor, Herr Doctor, Herr Rath in seiner Familie; er spricht so ofte davon, daß er die Titel mit sammt seinen Lippen ordentlich dabey abputzet und abschabet. Und der H. P. H. P. H. R. würden sich gerne diese öftere, in allen Ehren geschehene Erwähnung verbitten. So gehets!

in allem Ernste zu bewerben und es würklich zu heyrathen, wie schon in der Einleitung gemeldet worden. Denn nun verließ er Vater und Mutter, Frau und Kinder, um dieser ehrwürdigen Matrone anzuhangen, und sich ihr gefällig zu machen. Seine Anverwandten, und besonders sein alter kluger erfahrner und recht schlauer Vater, bezahlten ihn mit gleicher Münze. Diese kleine Digreßion will ich sogleich beschließen, wenn ich zuvörderst noch eine Thatsache werde anticipirt haben, die den alten Vater und seinen Sohn betraf, weil sie über das Folgende für nachdenkende Leser etwas Licht verbreiten kann. Wie schon gemeldet, hatte der alte B** in seinen Bleichgeschäften sich ein kleines Capital erworben. Als Sohn, und da eine Stiefmutter vorhanden war, konnte B** auf seines Vaters Verlassenschaft, wo nicht Anspruch machen, doch Hofnung setzen. Er hatte itzt schon weitgehende Aussichten, wozu große Summen erfordert wurden. Sonst hatte B** nirgends eine reinere Witterung, als da wo Geld vorhanden war, und in diesem Falle gehörten auch die nächsten Anverwandten zum Publicum. Er rechnete also darauf, von seinem Vater noch ein Erkleckliches zu erben. Zwischen Vater und Sohn entstand hierüber ein kleiner jedoch freundschaftlicher Dispüt. Der Sohn verlangte, daß seiner Stiefmutter nur

sollte

sollte Pflichttheil vermacht, und er und seine Schwester als Universalerben sollten eingesetzt werden; und daß ihm schon itzt ein Theil könnte ausgezahlet werden, um es zum Besten des Publicums zu verwenden. Der Vater replicirte ganz kurz und natürlich: "daß, da seine zweyte "Frau mit ihm dieses Geld erworben, und er mit "der ersten nichts erheyrathet hätte: so wäre er "gewillet, sich mit ihr für dieses Geld in einen "sogenannten Gasthof zu kaufen, um ihre Ver-"dienste zu belohnen, und sie vor Dürftigkeit nach "seinem Tode zu sichern; daher seine Kinder nicht "den geringsten Anspruch auf irgend eine Erbschaft "machen möchten." Der Sohn in einem Wortschwalle, wendete viel dagegen ein, und redete besonders von Enterbung, die er nicht verschuldet hätte. Der alte Vater — war es aus alter ehrlicher Bürgereinfalt oder aus Schlauigkeit, das weiß ich nicht — antwortete sehr naiv: "mein "Sohn! das wollen wir gegen einander aufgehen "lassen; du erbest von mir nicht, und ich will dir "eine schriftliche Versicherung geben, daß ich auch "von dir nicht einen Faden oder Schuhriemen erben "will." Der Sohn mußte herzlich über diesen Einfall lachen, und so hatte der Streit ein Ende. Der alte Vater versicherte mir nachher: daß "so "lieb er seinen Sohn hätte, und so sehr er ihn "schätzte,

"schätzte, daß er doch nimmermehr sein kleines
"Vermögen ihm anvertrauen würde, nicht als
"wenn sein Sohn muthwillig, wissentlich und ab-
"sichtlich ihn darum bringen wollte; als wozu er
"zu edel dächte; sondern weil er fast tollkühn zu
"viel wagte, und große Summen wagen und
"verschwenden würde, wie er schon gethan, ohne
"seines Vortheils dabey gewiß zu seyn. Der Alte
"versicherte mir noch, wie sehr er seinen Sohn
"von Kindesbeinen an kennete, und wie wenig
"zuverlässig alle seine große Versprechungen und
"Verheissungen wären, und der sich nachher we-
"nig daraus machen würde, ob sein Vater mit
"seiner Mutter zu leben hätte oder darben müßte."
Die Erfahrung und Klugheit und sehr lobenswürdige Vorsichtigkeit des alten B—s wird kein Leser
in diesen Worten verkennen können. Ueberhaupt
war dieser alte Mann in seinen Worten, Reden,
Urtheilen, Handlungen, und in seinem ganzen
Umfange feiner, höflicher, geschmackvoller, be-
scheidener und auch weißlich zurückhaltender, und
bewies in Allem durch lange Erfahrung mehr erworbene Klugheit, als man von einem Manne seines
Standes hätte erwarten sollen.

Mehr will ich von B—s Anverwandten und
dem Verhältnisse, worin er mit ihnen als erwachsener, mannbarer, betagter und berühmter Sohn,

Bruder

Bruder und Schwager stand, itzt nicht anführen; sondern nunmehr stracks zurückkehren, den Faden der Erzählung wieder anknüpfen, um in einer ununterbrochenen Reihe dasjenige von B — s Leben zu erzählen, und als Ergänzung und Berichtigung ferner einzuweben, was ich mir davon gesammelt habe. Sollte es etwa der Zusammenhang und die Deutlichkeit erfordern, hier und da, dieses oder jenes Anverwandten B — s noch ferner Erwähnung zu thun, so wird es doch allemal nur ganz kurz geschehen.

B** war, wie er und sein Vater mir ofte versichert haben, bestimmet, seines Vaters Gewerbe zu erlernen; und schon mußte er, als angehender Lehrling, nach Hamburgischer Weise mit einem langen und schmalen hölzernen Kasten auf den Straßen herumlaufen, um Peruquen einzuholen und wegzutragen. Einem Knaben von 12 und mehrern Jahren, der so viele auffallende Lebhaftigkeit, Munterkeit und Schalkheit besaß, und für seine Jahre zu viel Jugendfeuer hatte, und der sich vor allen seinen zahlreichen Cameraden durch lustige Streiche so sehr auszeichnete, und dadurch das niedere Publikum nicht selten aufmerksam machte, war ein solches mühseliges und niedriges Geschäfte gewiß nicht angemessen. Aus seinem rauhen, rohen, wilden und unbändigen Wesen, welches alles durch dieses

Geschäfte

Geschäfte noch mehr genähret und vermehret wurde, leuchtete unverkentlich hervor, daß er zu etwas höheren bestimmt wäre. B—s Geständnisse von diesen Jahren waren eben so aufrichtig als Rousseaus confessions. Denn er bekannte recht ehrlich und treuherzig, daß er ein wahrer und ächter *Polisson* gewesen, der allen ersinnlichen Muthwillen und seltene lose Streiche ausgeübt und darüber ofte, bey entstandener Klage, von seinem Vater sey hart bestraft worden, welches er bey seinem hartnäckigen Wesen für Beleidigung und Ungerechtigkeit gehalten hätte. Es ist gar wohl möglich, daß der Vater von alten Schroot und Korn nach altdeutscher oder altwendischer Weise sich etwas zu hart und zu barsch bey dieser Züchtigung benommen, und dadurch unauslöschliche Eindrücke in der zarten Seele seines unerwachsenen Sohnes gemacht hat. Lehrreiche und wichtige Bemerkung für Väter! die von der beglückseligenden Mittelstraße abweichen. Vielleicht aber, und das ist sehr wahrscheinlich, weil es beider Aussagen bestätigten, trieb der junge unbändige B** den Spaas so weit, richtete soviel Unruhe an, und spielte so viele Streiche, daß der Vater, um allen verdrießlichen Folgen vorzubeugen, sich nothgedrungen sah, zu einer solchen strengen Zucht und Erziehung seine Zuflucht zu nehmen, weil er keine

bessere

bessere und kräftigere Mittel kannte, oder es damals noch so Mode wär. Das ist mein Resultat, was ich aus beyder Anklagen, Beschuldigungen und Rechtfertigungen gezogen habe. Der Vater war für seinen Stand, seine Kenntnisse und seine Zeit, worin er lebte, sehr zu entschuldigen; der Sohn aber noch mehr, denn bey einer solchen strengen Behandlung hätte nach seinem Temperamente leichte ein anderer Lieutenannt der Räuber, wie des Fleischers Sohn im Gil Blas, aus ihm werden können; wenn die Vorsehung über diesen Knaben nicht besonders gewacht hätte. Auch er entlief, wie jener, der Zucht seines strengen Vaters. Dadurch aber hat B** als Sohn gegen seinen Vater bey allen Kennern seinen Proceß verlohren, daß er noch als Mann, als berühmter Mann, und zwar sein ganzes Leben hindurch, sich immer über die Härte seines Vaters beklaget, und auf selbige viele Schuld schieben wollte. Jedoch hievon schon in der Einleitung. Daß der junge B** sich schon als Knabe bey seinem Herumlaufen auf der Straße fühlte, und sich zum Nachdenken und Tiefdenken hinneigte, davon hat er mir selber manche Anekdoten-Beweise aus seinen Knaben-Jahren erzählet, wovon ich nur ein Paar ausheben will. Indem er an die Worte der Bibel gedachte: wer fasset den Wind mit der Hand? so wäre er, ohnerachtet seines schweren Kastens, mit aufgehobner

Hand

Hand und ausgespannten Fingern ofte der Luft-bewegung schnell entgegen gegangen und hätte sie plötzlich zugethan, um zu sehen, ob man den Wind nicht mit der Hand faßen könnte. Die Zuschauer und Beobachter, deren in großen Städten immer bey den geringsten Kleinigkeiten sehr viele sind, hätten ihn gefragt: ob er nicht recht klug wäre? und er hätte geantwortet: ich will den Wind mit der Hand faßen; sehe aber wohl, daß die Bibel Recht hat. Daraus hätten denn einige geschlossen, daß in ihm mehr als ein Peruquenmacher stecken müsse. Ein andres mal hätte er, um zu versuchen, ob das Geld unter der Erde weiter rückte; oder ob es Leute gäbe, die es wittern und riechen könnten, einige gesammelte Schillinge an einem heimlichen Aborte auf der Straße in die Erde vergraben, und sich dann des anderen Tages herzlich gefreuet, wenn er seinen für verlohren gehaltenen Groschen wiedergefunden hätte. Diese und andere kund gewordene geringfügige Thatsachen hätten Aufmerksamkeit auf ihn erwecket. Auch diese Mikrologien wird mir der kundige und scharfsehende Leser in dem Leben eines so berühmten Mannes verzeihen, wenn er bedenket, wie manches große sub palliolo verborgene ingenium, durch solche geringfügige und unbedeutende Ereignisse aus seinem Dunkel oder seiner Verbor-

 genheit

genheit durch die Vorsehung ist herausgewinket und herausgezogen worden.*) So wie B** sich beständig und bitter über die harte Erziehung in seines Vaters Hause beklagte; so führte er auch dieselbigen Klagen über den damaligen Unterricht in den niedern Schulen und sogenannten lateinischen Classen. Aber auch hievon schon oben. Nur noch einmal frage ich hierbey: ist denn dieser Unterricht itzt auf dem platten Lande und in vielen Flecken und kleinern und grössern Städten ganzer Länder und Provinzen merklich besser, und haben die besten Vorschläge Gehör gefunden, nachdem wir länger als ein Decennium von pädagogischen Geräusche betäubet, und von einer ungeheuren Menge Erziehungsschriften fast sind erstickes und erdrücket worden? In B—s Jugend-Jahren waren die teutschen und lateinischen Schulen das, was sie für damalige Zeiten seyn konnten und mußten, und seine Klagen waren in diesem Stücke ungerecht und übertrieben, wie ich ihm ofte nachdrücklich zu Gemüthe führte. Für unsere Zeiten aber sind dieselbigen Lehranstalten bey weitem das nicht, was sie seyn könnten und müßten; weil der alte Eifer und Unterstützung, und der

neue

*) Voll ist die Gelehrten-Geschichte von solchen Beyspielen. Pabst Sixtus V. ist vielleicht als Schweinehüter das merkwürdigste.

neue ansteckende, durchdringende und durchsäuernde Enthusiasmus in Tändeleyen, Spielwerk, und wortreiche und thatleere Theilnehmung ausgeartet sind. B** muß doch auch in den niedern Klassen bey aller Versäumniß und Hinderniß einen guten Grund geleget, und Kenntnisse gesammelt haben, die nachher erst Früchte brachten; sollten es auch z. B. in der Religion nur solche Lehren gewesen seyn, deren Ungrund und menschliches Ansehen er schon damals will gefühlet und überdacht haben. Ballast ist in einem großen und geräumigen Schiffe auf den tobenden Wogen des Meeres zur Erhaltung desselben doch immer besser, als gar keine Ladung; ob er gleich mit Mühe muß wieder ausgeworfen werden.*) Also, väterliche Zucht und der elende Schul-Unterricht und scharfe Schulzucht, erzeugten in unserm raschen B** den kühnen Entschluß, welchen er auch bald ausführte, sich heimlich aus seines Vaters Hause zu entfernen. Auch diesen merkwürdigen Umstand seines Lebens hat er mir ofte erzählet. Er hatte einen wohldenkenden, gelehrten und geschickten Landphisikus ohnweit Hamburg im Holsteinischen [illegible] M a [illegible] kennen

---

*) War es denn nicht sehr gut, daß B** als Knabe Kirchenthumslehren auswendig gelernt hatte, um sie nachher widerlegen und darüber streiten zu können? Schwarz lehret das Weisse schätzen.

kennen gelernt, oder von ihm ein vortheilhaftes Gerüchte vernommen. Bey diesem Mann trat er als Lakaye in Dienst, und fand seine Rechnung nach seiner Meinung so gut bey ihm, und war mit seinem erwählten Stande so wohl zufrieden, worin er sonst noch viele Kenntnisse für seinen lernbegierigen Geist sammeln konnte; daß er glaubte, durch eine besondere Regierung Gottes dahin gebracht zu seyn. Und hierin hatte er auch nicht so ganz Unrecht; denn eben dieser gewagte Schritt war Ursache, daß, nachdem er eine geraume Zeit bey diesem gütigen Herrn gewesen war, er sich gänzlich den Studien widmete. Seine Reden, seine Handlungen, sein feuriges und munteres Wesen, seine Gelehrigkeit und seine Aufmerksamkeit auf alles, machten ihn seinem Herrn sehr lieb und wehrt, der ihn mehr für seinen Sohn, als für seinen Bedienten ansah. Dieser kluge Mann sahe aber wohl ein, daß der junge B** zum Bedientenstande nicht geschaffen wäre; sondern daß weit höhere Talente in ihm verborgen lägen, womit er dereinst in der Welt sehr gemeinnützig seyn könnte. *)

Daß

*) Ich kann mir das Vergnügen nicht versagen, solche Leser, die Rousseau's confessions verdauet, auf die große Aehnlichkeit aufmerksam zu machen, die sich in diesem Stücke zwischen R** und B** befindet. Sie ist sehr auffallend; auch R** entlief der strengen

daß der alte Vater Basedow seinen Sohn nach seiner besten Erkenntniß liebte, und seine Fähigkeiten nicht verkannte, und desselben Wohlergehen wünschte und suchte, kann daraus unwidersprechlich erhellen, daß er sich gleichsam mit ihm aussöhnte, und durch dringende väterliche Vorstellungen ihn überredete, nach Hamburg zurück zu gehen, und die dasigen Lehranstalten wieder zu besuchen. B — s unruhiger und unersättlicher Geist fand freilich anfänglich in den untern Classen wenig oder gar keine Nahrung. Das rührte aber besonders von seinem originellen und ganz sonderbaren Geschmacke her, wovon auch allbereits in der Einleitung geredet worden. Er wurde noch dazu ofte für seine losen Streiche sehr hart gezüchtiget, weil seine Lehrer nicht Menschenkenntnisse genug besaßen, diesen Knaben, als angehenden feurigen Jüngling, der durchaus wollte beschäftiget seyn, und keinen Zwang leiden konnte, gehörig zu beobachten, und ihn darnach zu behandeln. Mir hat es immer geschienen, daß der ungelahrte alte B** in diesem Stücke mehr Erfahrung und Menschen-Kenntniß besaß, als seines Sohnes Lehrer. Auch B** selber bedauerte ofte diese verlohrene Zeit

M 3 seiner

---

gen Zucht seines Lehrherrn und wurde Lackay, und zeigte dabey mehr Kenntnisse und Fähigkeit vor, als Lackayen gewöhnlich haben, u. s. w.

seiner Jugend, und verfiel daher auf die übertriebene Behauptung: daß die meiste Zeit auf öffentlichen Schulen für verlohren müßte angesehen werden. *) Es ist hier der Ort nicht, diese Behauptung zu beleuchten. Auf der einen Seite hatte B** so viel Recht, als er auf der andern Unrecht hatte. Der Mann übertrieb alles, und schüttete das Kind mit dem Bade aus; dadurch er in seinem ganzen Leben das Gute verdarb, was er hätte stiften können. Seine Freunde, die ihn lange Jahre kannten, behaupten, daß er in diesen Jahren eine noch schiefere Richtung erhalten, und fast ganz wäre verschroben worden. Er selber rühmte sich, (und ists wohl glaublich?) daß er einige seiner Lehrer übersehen und ihre Blößen entdecket hätte, die ihn daher als einen naseweisen und boshaften Schul-Knaben behandelt hätten. In der Einleitung ist auch schon gezeiget worden, daß B — s Abscheu vor allen Auswendiglernen vermuthlich aus dieser Periode seines Lebens sich herschreibet.

Daß

*) Wenn mich mein sonst sehr treues Gedächtniß nicht sehr täuschet, so hat in neuern Zeiten ein Franzose einen weitläuftigen Tractat herausgegeben, unter dem Titel: Le tems perdu dans les écoles publiques. B** mag wohl manches viele Jahre nachher erst als reifer Mann gedacht und gelesen haben, was er schon für Gedanken und Einfälle seiner ersten Jugendjahre ausgiebet.

daß er aber sollte ein so schwaches Gedächtniß gehabt haben, davon habe ich mich nie, auch nur wahrscheinlich, überzeugen können. Jedoch er arbeitete sich durch bis zu den höhern Classen, und fand da Lehrer, mit denen er Ursache hatte besser zufrieden zu seyn, besonders den damaligen Rector Müller, den Aeltern, aus dessen Munde ich noch vieles an einem gewissen Orte gehört habe, wohin er öfters in seinen rothen scharlachenen Mantel eingehüllet zu kommen pflegte. Man verzeihe mir auch diese Anmerkung; denn Hamburgs Johanneum hat 2 Rectoren hinter einander gehabt, die Müller hießen, wovon der letztere oder Jüngere mein Landsmann und Präantecessor zu Otterndorf, noch nicht lange verstorben ist.*) B** selber sprach von diesem seinem Schullehrer mit vieler Ehrerbietung. Darüber wunderte ich mich aber

 öfte,

*) Der ältere oder Uebersetzer des Tacitus ist hier gemeinet; der jüngere aber, wie hier beyläufig kann bemerkt werden, schrieb wider Basedow die bescheidene Prüfung des Basedowischen Lehrbegriffs von der Taufe und dem Glauben der Kinder; worauf B** in selbigem Jahre in seinem biblischen Katechismus antwortete. Aber ohne undankbar zu seyn, darf ich diese Gelegenheit nicht ungenützet lassen, auch des jüngern Martin Müllers, als meines Freundes und als eines Zeugen über B—s Leben Erwähnung zu thun.

ofte, daß er mit diesem alten verdienstvollen Manne nicht mehrern Umgang hatte. Viele hieher gehörige Anekdoten und Nachrichten übergehe ich mit Stillschweigen. Es ist sehr gewöhnlich, daß die Jünger ihre Meister, und die Schüler ihre Lehrer bald verkennen. B** war Philosoph, Heterodoxe, und seine Jugendjahre waren noch nicht ganz von einigen vergessen. Er ging bald darauf aufs Gymnasium, und fand hier noch mehr, als jemals Nahrung für seinen Geist. Zwey Lehrer des Gymnasiums Richey und Reimarus, gewannen B** recht sehr lieb, und was noch mehr, unterstützten ihn auf eine sehr thätige Weise.*) Jedoch, obgleich B** allemal dieser Männer mit großem Lobe Erwähnung that, so setzte er doch letztern weit

*) Eben da ich in Begriff bin, diese Nachrichten dem Drucke zu übergeben, lese ich in dem Hamb. unp. Correspondenten noch eine Anekdote von diesen beyden berühmten Lehrern B—s, die hier noch eine Stelle verdienet. Sie sollen beyde von B** als ihrem Zuhörer auf dem Gymnasium geweissaget haben: "daß " dieser Jüngling einer der gemeinnützigsten und " denkendsten Männer werden würde." Hamb. Corresp. 91. No. 93. den 11ten Junius, in der Rezension der Beyträge zur Lebensgeschichte B—s. Ich habe Ursache an der Richtigkeit zu zweifeln. Sie werden gesagt haben: "B** könnte ein sehr gemein" nütziger und denkender Mann werden." So klingts richtiger.

weit über den ersten. Wer beyder Männer Schriften gelesen, z. B. des erstern seine Gedichte und des letztern natürliche Religion, und von den Trieben der Thiere; wird dieses Basedowische Urtheil über einen seiner Lehrer gar nicht partheyisch finden. Möchte doch auch der ruhige und stille Geist eines Reimarus auf ihm geruhet haben! Man kann hier billig fragen, wovon B** bey den nicht wohlhabenden Umständen seines Vaters gelebet, und woher er während seines Auffenthaltes zu Hamburg, die erforderlichen Kosten genommen? Wer in Hamburg nie gewesen, noch weniger sich eine geraume Zeit daselbst aufgehalten: der kann sich keinen Begriff von der Wohlthätigkeit, und Bereitwilligkeit der mildthätigen und edeldenkenden Bürger dieser Stadt machen, und wie leichte es deswegen dürftigen und armen Studierenden wird, sowohl auf Schulen als auf der Universität durchzukommen. Während meines vierjährigen Aufenthalts zu Hamburg, sahe und lernte ich mehrere solcher Musensöhne kennen, die auf der Schule und auf der Universität solch einen Beystand gehabt hatten. Es braucht einer nur eine beträchtliche Zahl von begüterten und freygebigen Gönnern zu haben, die sich alle Jahr oder alle Quartal zu einem gewissen Beytrage an Gelde anheischig gemacht haben, worauf er alsdann gewisse

Rechnung machen kann. In dieser Lage war auch B**, und sowohl seine Mitschüler, als auch seine ihm wohlwollende Lehrer und andere Personen, bey denen er sich durch seine Talente beliebt gemacht, übten entweder selber diese Freygebigkeit gegen ihn aus, oder waren doch die Mittelspersonen, wodurch ihm Unterstützung zufloß. Der eine seiner Lehrer Richey war, wie den meisten Lesern nicht unbekannt seyn kann, für seine Zeit (erst zu Stade und darauf auch zu Hamburg) Dichter und sogar berühmter Dichter, dessen Schriften in dieser Art noch nicht ganz in Vergessenheit gerathen sind. Dieser entdeckte bey dem jungen B** auch das Dichtergenie, und munterte ihn auf, diese Gabe in sich zu erwecken. Kurz, B** wurde hiedurch eine Art von einem bekannten und berühmten Gelegenheitsdichter, und auch hiedurch flossen ihm ansehnliche Geschenke und Belohnungen zu. *) Ueber das fing B** früh-

---

*) In dieser grossen Stadt, die ihr eigenthümliches Nazionale hat, und die man ja nicht nach andern Städten beurtheilen muß, ereignen sich sehr ofte Feyerlichkeiten, worauf nach Hamburgs Sitte und Brauch Gedichte gemacht werden, die ihren Verfassern ein beträchtliches einbringen. Noch bis itzt ist dieses sehr Mode. Mein Herzensfreund, der Schulhalter Herr Röding, ein durch seine Schriften sattsam bekannter Mann, hat mir versichert, daß er mit solchen Gelegenheits-Gedichten ansehnliche Präsente in seinen Beutel und in seine Haushaltung leitete.

frühzeitig an, andere zu unterrichten, und zwar, wie er selber offenherzig bekannte, bey einem so geringen Vorrathe von erworbenen Kenntnissen, daß er Ursache gehabt hätte, erst selber noch zu lernen, und sich zu dem wichtigen Geschäfte des Unterrichts vorzubereiten. Jedoch seine glücklichen Anlagen und seine nicht gemeinen Naturgaben halfen ihm alle Schwierigkeiten übersteigen, und er würde sogar noch von den meisten seiner Mitschüler als ein Universalliste und Wunder der Gelehrsamkeit und Geschicklichkeit betrachtet. Nach seinem Urtheile war er als Einäugiger im Lande der Blinden König. So ungefähr erzählete B** seinen Lebenswandel auf Schulen. Ich darf aber nicht vergessen noch hinzuzusetzen: daß er besonders auf Verlangen und nach dem Willen seines gestrenge rechtgläubigen Vaters der Theologie gewidmet war, als welcher durchaus einen Volkslehrer und Kanzelredner aus ihm wollte gebildet haben. Diesem Vorhaben zu Folge, wie ich ofte aus seinem Munde gehört, wenn er lustige Anekdoten darüber in Gesellschaft erzählte, predigte er schon einigemal auf Schulen, auf den nahgelegenen Dörfern um Hamburg.*) Aus allen diesen mündlichen

*) Es braucht wohl kaum bemerkt zu werden, daß zu Hamburg und andern Orten, dieses, so die alte Schlen-

mündlichen und oft wiederholten Erzählungen dieses Mannes über seine Jugendjahre, besonders auf dem Gymnasium zu Hamburg; aus seinen aufrichtigen Geständnissen; und endlich aus den gesammleten Zeugnissen anderer, die ihn entweder selber gekannt, oder doch von glaubwürdigen Kennern es gehöret hatten, bin ich im Stande, nachfolgende zuverläßige ergänzende Bemerkungen hinzuzuthun: 1) Mit großer Selbstzufriedenheit pflegte B** solche und dergleichen Anekdoten und Histörchen seiner Jugendjahre zu erzählen, und dann mit einem nachdrücklichen Tone hinzuzusetzen: "ja! sie können hieraus sehen, wer und was "ich schon damals war, und wie und warum "ich das geworden bin, was ich bin." 2) Es ist zuverläßig, daß B** nicht viel gründliche, und systematische Kenntnisse von der Schule mit nach der Universität genommen, sowohl in Sprachen als Künsten und Wissenschaften; ja wahrhaftig! weit wenigere, als man von einem Jüngling vermuthen sollte, der doch nachher ein so berühmter Mann

Schlendrians Schulmode — sogar noch bis itzt — mit sich bringet, daß junge Theologen vor ihrer Abreise nach der Universität erst ein- oder mehrmal predigen, um von sich fragen zu lassen: was will aus dem Kindlein werden? Der Name des Herrn wird freylich dadurch ofte recht sehr gelästert, und die Religion herabgewürdiget, allein es ist Mode.

Mann geworden ist. Eine Bemerkung die mehr, als viele andere verdienet beherziget zu werden, um B** gehörig zu beurtheilen. Seine Talente ersetzten allen Mangel.*) 3) Unzeitiges Lob und unverdiente Bewunderung, sind B** gewiß auf Schulen und nachher für sein ganzes Leben sehr schädlich und nachtheilig gewesen, da er sich einbildete das zu seyn und zu wissen, was er nicht war und nicht wuste; und das verachtete und nicht lernte, was er hätte schätzen und lernen sollen. Er selber erkannte dieses in spätern Jahren sehr wohl, und muste daher oft übermenschlich seine Kräfte anstrengen, diese Mängel zu ersetzen; und die er doch nie so ersetzen konnte, daß die Defecte nicht gar zu auffallend gewesen wären. 4) Von seinen Schuljahren pflegte er selber zu sagen: daß er ein lustiger Bruder, ein fröhlicher und aufheiternder Ge-

*) Wie wahr ists doch, daß ein Quentchen Mutterwitz besser und fruchtbarer ist, und oft gemeinnütziger wird, als ein Centner Schulwitz. Ob ich gleich selber Schulmann bin, so muß ich doch dieses aufrichtige Geständniß ablegen, da mich seit länger als 30 Jahren die Erfahrung davon überzeuget hat. Der Herr von S. mein Schulcamerade zu W. nahm wahrhaftig noch wenigere Schulkenntnisse, als B** mit nach der Universität, weil nicht mehr gelehret und vorgetragen wurde; und er wurde einer der größten R— ten Teutschlandes, und ists noch. Dutzende solcher Beyspiele könnte ich anführen.

Gesellschafter und bon vivant gewesen wäre: vixi, dum vixi, bene. Daher war er auch bey allen und in allen Gesellschaften sehr beliebt. Denn besonders in grossen Städten kann man sich dadurch oft mehr Freunde, Gönner und sogar Bewunderer erwerben, als durch die gründlichste Gelehrsamkeit. 5) So wie B** in diesen Jahren bey seiner freyen, ungebundenen und etwas ausgelassenen Lebensart sich damals gewöhnte, und bildete, so blieb er es in seinem ganzen Leben. Er studirte sehr unordentlich und tumultarisch; Er verachtete und versäumte die Lectionen seiner Lehrer; er gewöhnte sich an unmäßige Ergötzlichkeiten, die ihm zu unentbehrlichen Bedürfnissen wurden; er hegte eine zu große Meinung von sich, und endlich wolte er durchaus nicht auf gebahnten Pfaden und Wegen, Kenntnisse und Wahrheit suchen. Sein ganzes Leben kann zeigen, daß er beständig mit veränderten Umständen die Rolle gespielt, die er hier spielete. Auf Schulen z. B. entschuldigte er sich schon mit der Schwäche seiner Augen und seines Gedächtnisses, und wollte daher die alten Claßiker nicht lesen und studiren, und die Sprachen bis zu einem Grade der Fertigkeit und Vollkommenheit nicht erlernen können, und suchte daher, so wie in frühern, also auch in mittlern und spätern Jahren, den Nürnbergi-

schen

schen Trichter. So lebte, so dachte und so studirte B** so lange er das Johanneum und das Gymnasium besuchte.

Wir wollen Ihn nun nach der Universität begleiten. Er erwählte die damals, wie noch itzt wegen ihrer vortreflichen Lehrer berühmte hohe Schule zu Leipzig. Ob er mit dem noch gehegten Vorsatze sich nach diesen Musensitz begeben habe, der Theologie ferner obzuliegen und sich vorzüglich diesem Studio zu widmen, dessen kann ich mich nicht gewiß mehr erinnern, von ihm gehört zu haben. Desto gewisser aber weiß ich aus seinem eigenen offenherzigen Geständnisse, theils daß er wenige und sehr seichte Vorbereitungs-Kenntnisse zur Fortsetzung des Studii theologici von der Schule mit nach der Universität genommen*); theils daß er noch bis itzt mehr mit vorzüglichen Talenten begabtes Naturkind, als wohlerzogener, gebildeter und unterrichteter angehender Studente war; theils endlich, daß er schon auf Schulen seinen

*) Das Hebräische konnte er nicht lesen; in der griechischen Sprache waren seine Kenntnisse so seichte und überflächlich, daß er nur den geringsten und leichtesten Theil des N. T. lesen und etwas verstehen konnte; ob er gleich in der Ausgabe seiner Schriften so viele griechische Wörter gebraucht, z. B. Philalethie, Philantropin u. s. w. daß man ihn für einen grossen Kenner dieser Sprache halten sollte.

seinen Kopf voll hatte von Projecten und Entwürfen für sein künftiges Leben, und mit diesen wimmelnden, noch embryonhaften Erzeugnissen seines Gehirnes seine Vaterstadt verließ. Ein großer und berühmter Mann zu werden, und in der Welt Aufsehn zu machen; das war es, was er als einen Hauptzweck beständig vor Augen und im Herzen hatte.*) Da B** von seinem Vater wenig oder gar keine Unterstützung erhielt und erhalten konnte, er doch aber von seinen Gönnern und Freunden nur mit den nöthigsten Bedürfnissen versehen wurde, und dabey eben kein sonderlicher und sparsamer Haushälter war: so habe ich es ihm gerne zugeglaubt, daß er sich zu Leipzig oft kümmerlich und knappe durchhelfen müssen. Doch liessen mich einige Reden, die er fallen ließ, vermuthen, daß er mannichmal etwas verschwenderisch

*) So sagte und rühmte B** wenigstens von sich selber. Es kann seyn, daß er das oben ihm angeführte Urtheil seiner beyden Lehrer, wenn es sich wirklich so damit verhält, erfahren hatte; und nun stolz und in Vertrauen auf solche Weissagungen den grossen Mann aufs Korn faßte, und immer darnach zielte. Nach meiner gehabten Erfahrung hätte ich freylich sehr vieles dagegen einzuwenden; allein da B** doch nun einmal ein grosser und berühmter Mann geworden ist, so mag ich solchen angeblichen Weissagungen — vielleicht après coup — nicht gerne wiedersprechen. Es wird viel après coup gesagt.

derisch gewesen, und dafür nachher darben müssen. Einem jungen Menschen ist dieser Fehltritt leichte zu verzeihen, der in einer grossen Stadt und in ziemlichen Ueberflusse gelebet hatte. Fehlte es nun unserm B** gleich manchmal an Baarschaften; so war er dagegen auch zu Leipzig desto reicher an Projecten und Entwürfen, als welcher Wuchs nun in seinem Gehirne immer üppiger wurde und sich mehr und mehr ausbreitete und tiefe und unausrottbare Wurzel schlug. Die Welt zu durchreisen und fremde Länder zu besehen, war schon zu Hamburg eine seiner Lieblings-Ideen, auf deren Realisirung viele seiner Entwürfe Beziehung hatten. Die Reisen der alten Philosophen und der neuern theologischen so genannten Missionarien hatten für ihn vielen anziehenden Reiz. Durch seine Reisen nach Leipzig, und durch die kleinen Streifereien, so er während seines Auffenthalts an diesem Orte in die umliegenden Gegenden machte, war seine Lust und Begierde zu reisen noch mehr angefeuert worden. Sonderbar und merkwürdig, daß auch dieser Trieb, der gleichsam Naturtrieb zu seyn schien, dem guten Manne sein ganzes Leben hindurch anklebte, und ihn auch kurz vor seinem Tode nicht verließ. Einige seiner scharfsichtigen Beobachter leiteten diese fast unwiderstehliche Lust zu reisen aus seinem unruhigen und nie recht zufriedenen Geiste her, der bald anfänglich an einem Orte viele Vollkommenheiten, Annehmlichkeiten, Reize und bisher noch nicht gehabte Gelegenheiten entdeckte, kurz darauf aber gleichgültig, kalt, nachlässig und vergeßlich gegen alle entdeckte Schönheiten und Vorzüge so sehr wurde, als wenn er sie nie gekannt und genossen hätte. Auch diese Denkungsart behielt B** in seinem ganzen Leben. Was er als was neues dachte, hörte, sahe und besaß: das machte ihm anfänglich, wie einem Kinde, eine herzliche Jahrmarkts- und Nürnberger Spielwerk- und Tand-Freude: Allein er wurde es gar bald müde und überdrüßig, und vergaß bey dem geringern Neuen das Schätzbarere Alte oft so sehr, daß er lange Zeit gar nicht wieder daran dachte. Die hypochondrischen Launen, die frühzeitig in dem Unterleibe dieses Mannes wütheten, können auch vieles zu der Begierde, den Ort ofte zu verändern, beygetragen haben. Andere drangen mit ihren Muthmassungen noch tiefer und wollten gar B—s unersättlichen Appetit zum Reisen als einen angestammten Trieb von derjenigen Nation herleiten, von welcher er nach ihrer Meinung abstammen sollte. Aber auch dieß kann ich nicht beurtheilen. Genug B** blieb ohnerachtet aller angestammt seyn sollenden Lust, den Auffenthalt oft zu verändern, doch zwey Jahre zu Leipzig. Ob er

während

während dieser Zeit in den Ferien auch eine Reise in sein Vaterland gemacht, kann ich mich nicht besinnen von ihm gehört zu haben. Vermuthlich war es in den damaligen Zeiten noch nicht so sehr Mode, als heut zu Tage, daß viele Studirende nach Verfluß eines Jahres, mit Verschwendung unnützer Kosten sich ihrem Vaterlande zeigen, um ihren Wuchs am Leibe und Geiste bewundern zu lassen. So wie B** auf Schulen des Unterrichts seiner Lehrer bald müde wurde, und so wie ihm da keine Gnüge geschehen konnte, und so wie er da schon glaubte, daß er das pour quoi du pour quoi besser durch eigenen Fleiß, Nachdenken und Anstrengen erlernen und erforschen könnte: als den langweiligen Vortrag seiner Lehrer anzuhören, wogegen er immer so vieles einzuwenden hatte: so gerade ging es ihm auch mit seinen academischen Lehrern. Auch hierin blieb er sich gleich. Leipzig hatte damals wie oben schon gemeldet, berühmte Männer in allen Fakultäten. Als Theologen und Philosophen zeichneten sich Crusius und Ernesti besonders aus. Die Namen dieser Männer sind noch nicht vergessen. Die Vorlesung des einen besuchte B** anfänglich sehr eifrig und anhältend. Allein, wie er mir ofte versicherte, wurde er des Laufens und Rennens nach den Collegiis bald müde, da er so viele Schwächen und Blößen bey den Lehrern

 entdeckte,

entdeckte, und glaubte sich selber weit besser unterrichten zu können, wenn er solche in Teutschland berühmte academische Lehrer im Stande wäre, zu übersehen. Welcher Halbkenner siehet hier nicht den leibhaften B** in seiner wahren Gestalt? So verleitete ihn seine zu große Meinung von sich und seinem Penetrazions-Vermögen, die Art zu studiren auf der Universität fortzusetzen, die er auf Schulen angefangen hatte. Ich bekenne aufrichtig, daß mir der Mann allemal etwas großprahlerisch und ruhmredig vorkam, so ofte er dieses Umstandes seiner academischen Laufbahn Erwähnung that. Jedoch hierin war er nicht so sehr einzig, wie in vielen andern oben schon erwähnten Stücken: denn ich habe mehr als einen mit ungemeinen Talenten geschmückten Jüngling gekannt, der bloß dadurch das nicht wurde, das nicht leistete, was er hätte werden und leisten können; weil nach seinem Wahne, weder die Lehrer der öffentlichen Schulen, noch auch besonders hochberühmte Männer der Academien ihm eine Gnüge thun, seine Wißbegierde befriedigen und seine Zweifel heben konnten. B—s Eifer, womit er anfänglich die Vorlesungen des damahls sehr berühmten Crusius im Theologischen und Philosophischen besuchte, währte, wie man leicht denken kann, nur kurze Zeit, und wurde bald so laulicht, und erkaltete zuletzt so sehr; daß er in

einen

einen förmlichen Ekel und Ueberdruß, in eine offenbare Verachtung und Vernachläßigung überging. Dies Geständniß that er mündlich, und wer mit seinen frühern und mittlern und spätern Schriften bekannt ist, der wird ohne mein Erinnern wissen, welche Urtheile er über seine akademischen Lehrer fällte. Vorsichtigkeit und Behutsamkeit und auch einige Bescheidenheit kann ihm nun freylich in diesem Stücke wenigstens nicht gänzlich abgesprochen werden, ob er gleich zuweilen über die akademischen Lehrer, wenigstens nach meiner Erfahrung und Erinnerung, ein härteres Urtheil fällete, als über die Lehrer der Schule und des Gymnasiums; inzwischen ist das ganz gewiß und ausgemacht, daß er sowohl in seinen frühern, als nachfolgenden Jahren darin was setzte, darin Ehre und Ruhm suchte, und darauf recht stolz war, und solches oft mit Worten zu sehr zu verstehen gab; daß er es gewagt hätte, einem Reimarus, einem Crusius und andern zu widersprechen. Es würde hier zu weitläuftig seyn, alles das Gute, aber auch das Schlechte im Detail aufzuzählen, welches er von seinen Lehrern rühmte oder an ihnen tadelte, oder in ihren Vorlesungen entdeckt zu haben glaubte. Nunmehr zeigte sich B — s ungeduldiges, unruhiges, unzufriedenes und veränderliches Wesen, dessen schon öfte Erwähnung geschehen ist, in seiner völligen Stärke und Würkung. So viel Rühmens er auch von Crusius und seinen Vorlesungen machte, und so viel er ihm auch wenigstens mit Worten zu verdanken haben wollte; so war doch der ordentliche und systematische Gang der akademischen Vorlesungen, für seine galloppirende Art zu studiren, viel zu langsam. Kurz also, er hörte fast gänzlich auf, ferner den Vorlesungen beyzuwohnen; bekümmerte sich nicht um die übrigen Lehrer, und gab sich ferner keine Mühe, ihren Vortrag zu hören und zu prüfen. Mit B** zu reden, dachte er: ab uno disce omnes; oder, philosophischer: a maximis disce minores & minimos. Er fing nun an, wieder recht gewaltsam unter seiner eigenen Anführung vor sich alleine zu studiren, und mehr als gewöhnlich, und vielleicht mehr als er in seinem ganzen Leben noch nicht gethan hatte, zu lesen, zu meditiren, zu excerpiren und seine Gedanken und Zweifel und Einwürfe zu Papiere zu bringen. In der That muß er auch in dieser Zeit wider alle seine Gewohnheit ausserordentlich viel gelesen haben; und wo ich nicht sehr irre, so glaube ich aus seinen Worten recht deutlich vernommen zu haben, daß er schon in diesen Tagen seiner Prüfung, Erforschung und Untersuchung nicht nur den Entwurf zu einem seiner besten Bücher, der practischen Philosophie, sondern auch zu vielen andern nachher herausgegebenen

Schrif-

Schriften, wenigstens die Titel gemacht, aufgesetzt und zerstreuete Gedanken und Materialien gesammelt hat. Möchte er doch diese Lectüre nachher, aber in besserer Ordnung fortgesetzt haben! Jedoch das ist nun wohl ohne Zweifel, während seiner bald nachher zu erwähnenden Hofmeisterschaft, und während seines öffentlichen Lehramtes zu Soroe geschehen; allein bey den grossen Verstandesgaben und bey den unläugbaren großen Fähigkeiten dieses Mannes war es doch sehr zu bedauren, daß er die Schriften der alten Philosophen wegen Mangel der Sprachkenntnisse nicht lesen konnte; durch welche Lectüre doch so viele große Männer der alten, mittlern, neuern und allerneuesten Zeiten sind erst recht ausgebildet, wenigstens auf die wahre Spur gebracht worden. Unser Meiners bekennet, wo ich nicht sehr irre, in der Vorrede zu seiner Revision der Philosophie: daß er beym Lesen der alten Griechen vor diesen Weisen sein Haupt entblössete und beugte. Wahrhaftig! B** hätte der deutsche Anacharsis aus den Wenden, so wie jener aus den Scythen abgestammet, werden können, wenn er wie ein Meiners, auf der Academie gelesen und sogar noch Sprachen studirt hätte. Oft machte ich ihm darüber freundschaftliche Vorwürfe; er entschuldigte sich aber immer mit der Schwäche seines Gesichts; und wenn ich ihm entgegnete, daß

 man

man doch aus seinen Schriften klärlich sehen könnte, daß er sehr viel müsse gelesen haben; so antwortete er kurz: "daß er sich eben durch das unmäßige "Lesen, während seiner academischen und der fol- "genden Jahre so sehr geschwächet und verdorben "hätte, daß er nunmehro fast gar nichts mehr "lesen könnte.„ Bey diesem häußlichen Studieren befing er sich auch mit den damaligen herrschenden, philosophischen und theologischen Streitigkeiten, und laß auch darüber, nach seiner Sprache zu reden, was das Zeug halten wollte. Gerne hätte er schon um diese Zeit Parthey genommen, und sich als ein feuriger und plan- und einbildungsvoller junger Mann für einen Dissidenten in vielen Stücken angegeben *); allein, sey es, daß er sich entweder noch nicht stark genug fühlte, oder noch nicht feste entschlossen war, ob er dem Predigerstande gänzlich entsagen wollte: oder daß er auf beyden Seiten von gleichwichtigen und gleichquälenden Zweifel bestürmet wurde, so ist soviel gewiß, daß er auf der Akademie sich noch durch keinen öffentlichen Wiederspruch, Aufmerksamkeit und Gehör zu verschaffen suchte. Ich wüßte mich daher nicht

*) Für die völlige Richtigkeit dieser Aussage kann ich nicht Bürge seyn. Der gute Mann versetzte schon vieles in seine academischen Jahre, was kaum erst zu Sorøe und Altona Statt haben kann.

nicht zu besinnen, daß er auf der Academie, weder im Philosophischen noch Theologischen das Geringste herausgegeben hätte. Folgende Resultatbemerkungen mögen das curriculum academicum unsers B — s beschliessen. 1) Durch eine Vergleichung der Umstände und der darüber gehörten Erzählungen und Zeugnisse, ging B** nicht sowohl aus Mangel der Subsistenzmittel von Leipzig weg, als vielmehr aus Unruhe, Mißmüthigkeit und Unzufriedenheit, ob er gleich kaum erst zwey Jahre da gewesen war. Nach seiner Meinung und Einsicht, und nach seinem Gefühle und Geschmacke, fand er als ein junger, feuriger und selbstdenkender Mann dasjenige auf hohen Schulen gar nicht, was er sich vorgestellt und zu finden gehoffet hatte. Ueber den Zustand der hohen Schulen, hatte er sich nachher in einigen seiner Schriften deutlicher und weitläuftiger und nach meiner Einsicht in einigen Stücken ziemlich gründlich, in andern aber sehr übertrieben erkläret. Sehr ofte hatte ich mit ihm, während meines Aufenthalts und nähern Verbindung, Unterredungen über dieses Sujet, worin er meine Gedanken über die hohen Schulen und derselben mangelhafte Einrichtung, die ich seit dem vierjährigen Aufenthalte zu H** bis itzt davon geheget hatte, so sehr berichtigte, vermehrte und vergewisserte, daß ich in diesem Stücke den großen Einsichten B — s völlige

N 5 Gerech-

Gerechtigkeit wiederfahren lasse, und ihm in allen, fast möchte ich sagen, noch mehr als gerechte Klagen und eine gerechte Sache, eingestehen mußte. Mein Stand und Lage erlauben mir nicht, mich hierüber deutlicher zu erklären. B** redete besonders von der Einrichtung der Zeiten, da er die hohe Schule besuchte; doch gab er gern zu, daß es mit dieser wichtigen menschlichen Angelegenheit bis damals, als wir davon redeten, noch nicht viel und merklich besser geworden wäre. Und ist es denn seit einer so langen Reihe von Jahren bis itzt viel besser geworden? Kurtz breche ich ab, und werde nur dann mich mit fast unglaublichen Thatsachen verthei- digen, wenn mir diese vielbedeutende und bedenk- liche Frage sollte übel ausgelegt werden. Kurtz, B** hatte Recht in allen vier Facultäten, und würde es itzt noch in vielen Stücken haben. 2) B** verließ die hohe Schule abermals, mehr durch sich und von sich, und durch übertriebenen und überspannten Privatfleiß, als von seinen Lehrern gebildet. Ob er auch andere Vorlesungen, zum Beyspiele in der Philologie, genutzet, oder in an- dern gelehrten Kenntnissen während dieses Auffent- halts unter Anführung der damaligen Lehrer grös- sere Fortschritte gemacht habe, davon kann ich nicht das geringste sagen. Aus guten Ursachen aber glaube ich, daß die Zahl seiner gehörten

Vor-

Vorlesungen muß sehr klein gewesen seyn. Er war ein Feind der sogenannten Brodtcollegien. Wegen der angeblichen Schwäche seiner Augen konnte er wenig nachschreiben. Das bin ich versichert, daß B** unter vielen tausend academischen Zöglingen die absolvirt haben sollen und wollen, am wenigsten nachgeschriebene Hefte in seinem Coffer wird mit zurückgebracht haben; desto mehr aber von seinen eigenen Plänen, Entwürfen und Excerpten. 3) Ob er je zu Leipzig gepredigt, davon weiß ich eben so wenig; das aber weiß ich gewiß, daß er als Candidat während seines abermaligen Auffenthalts in seinem Vaterlande geprediget hat. Hieraus läßt sich also schliessen, daß er noch bis itzt das Studium theologicum nicht gänzlich aufgegeben hatte, und vielleicht noch einige Neigung bey sich verspührte, sich dem Stande der Kirchen-Lehrer zu widmen. Doch bin ich meiner Sache hier nicht ganz gewiß. 4) Seine Universitäts-Jahre dienten ihm ausser der Musse, sich selber nach seinem Geschmacke und Einsicht zu bilden, auch dazu, daß er die Welt besser kennen lernte. 5) Seine ihm eigenthümliche Art zu studiren wurde ihm während dieser Zeit fast zur andern Natur. 6) Aus einer kleinen Ruhmsucht setzet B** viele seiner Einsichten schon in die Universitäts-Jahre, die er doch nachher erst in andern Lagen erlan-

gete.

gete.*) Man kann immer zugeben, daß er gewendet und gepflüget. Kurz, B** war damals bey weiten noch nicht, was er lange Jahre nachher erst wurde. Sogar aus seinen zu Soroe gehaltenen Reden ersehe ich, daß wenigstens anfänglich seine damalige Heterodoxie noch nicht von Bedeutung war, und heut zu Tage für Orthodoxie passiren könnte. So sehr zweifelte er noch nicht, wie er vorgab, und es ein wenig übertreibet. 7) Wahr ist es, daß er voll unruhiger Erwartung nach Leipzig kam, und mit freudiger Unruhe, aus Liebe zu Veränderungen, den Ort wieder verließ; doch auch nun schon von Sorgen für sein künftiges Wohl bestürmet wurde, da er von seiner Familie keine Unterstützung zu erwarten hatte. 8) In allen Stücken waltete die leitende führende Hand Gottes über diesen Mann recht sonderbar, die er bald erkannte, ergriff und küßte; bald aber aus Eigensinn und Mißmuth verkannte, und gar zurückstieß. 9) B** blieb, wie er gewesen, auch nach dieser Veränderung, Naturkind ohne gehörige Ausbildung, und alle Jugendgewohnheiten waren auch während dieser Zeit

*) Das Antidatiren und Anticipiren liebte B** gar zu sehr. Als Knabe, als Jüngling auf Schulen, und auf der Universität wollte er schon gezweifelt und gar Anfälle von Atheisterey gehabt haben. Naturgaben ausgenommen, war er ein sehr gewöhnlicher Schüler und Studente.

Zeit noch tiefer bey ihm eingewurzelt. So kam B** in sein Vaterland zurück. Als Candidat lebte er hier eine geraume Zeit. Aber auch während dieses Auffenthaltes machte er bis itzt eben kein Aufsehn. Gewiß kann ich es nicht behaupten, aber ich glaube mich nicht zu irren, wenn ich sage, von ihm gehört zu haben, daß er während dieser Zeit theils mit Informiren, theils mit Fortsetzung seiner zu Leipzig angefangenen Studien sich beschäftiget habe. Wer nur einige Kenntniß von Hamburg hat, der wird wissen, wie leichte ein Fremder, geschweige denn ein geborner Hamburger, beyden Beschäftigungen eine geraume Zeit obliegen, und mit der erstern sein Auskommen erwerben kann, ohne eben von vielen bemerket und sehr bekannt zu werden. So gewiß ich bin, daß er schon als Gymnasiast geprediget, eben so ungewiß bin ich, ob er auch diese Uebung während seines Candidaten-Standes in oder ausser seiner Vaterstadt fortgesetzt habe. Wahrscheinlich ist es sehr: denn B** war ein Freund und recht grosser Liebhaber von der practischen Oratorie, glaubte darin was gethan zu haben, ob es gleich mehr Natur als Kunst bey ihm war, und mochte sich selber gerne hören, und sich in kleinern Gesellschaften als Redner aufdringen. Er erneuerte während dieser Zeit seine alten Bekanntschaften, und besonders wendete er alle

seine

seine Musse und leeren Stunden zur Fortsetzung seiner angefangenen Lieblings-Studien an. Wo ich mich nicht sehr irre, so glaube ich von ihm gehört zu haben, daß er diese Zwischenzeit eben zu dem Zweck anwendete, wozu Paulus seinen vierjährigen Auffenthalt in Arabien gebrauchte. Sonst ist dieser nicht kurze Zeitraum gerade derjenige, über welchen ich am wenigsten von B** gehöret, oder vielleicht aufgemerkt und behalten habe; weil es mir vielleicht zu unwichtig schien, es anzumerken. *) Gewundert habe ich mich immer recht sehr, daß, da er doch schon als Gymnasiaste sich durch fliegende Blätter in Gedichten bekannt machte, er doch während dieser ganzen Zeit, meines Wissens, sich durch keine gedruckte Zeile seiner Vaterstadt ankündigte. So wenig ist meine Absicht, diesen berühm-

*) B** pflegte auch am liebsten und redseligsten sich mit seinen Freunden über die Perioden seines Lebens zu unterhalten, worin er auf irgend eine Weise Gelegenheit gehabt zu brilliren, oder der Welt sonst bekannt zu werden, sollte es auch nur durch böse Gerüchte und Verläumdungen und Verfolgungen geschehen seyn. Während dieses Auffenthalts zu Hamburg, habe ich mir B** als einen ordentlichen und gewöhnlichen Candidaten des Predigtamts gedacht. Nicht einen einzigen habe ich antreffen können, der sich dieses Auffenthalts erinnern, oder nur gehörige Nachricht darüber ertheilen können. B** lebte im Stillen.

berühmten Mann durch Anführung dieser Unterlassung zu tadeln; daß ich vielmehr grosse Klugheit und Vorbereitungs-Vorsichtigkeit und Bescheidenheit darin entdecke. Jünglinge, die sich als Gelehrte gar zu früh und noch nicht genug vorbereitet, ohne genugsame Erfahrung und Uebung, und ohne einem lange noch nicht zureichenden Vorrath von gesammelten Kenntnissen dem Publikum und der Welt in ihren Schriften ankündigen, spielen gewöhnlich nur eine sehr kurzwährende Rolle. Abermals eine wichtige Bemerkuug für unsere in der Geschichte ganz beyspiellose Zeiten! Nach meinem Gefühl ist B** hier in dieser Lage sehr nachahmungs und lobenswürdig; denn indem er harrete, bis er erst sich mehr getrieben und gedrungen und vervollkommet und gereift fühlte; so legte er dadurch wahrhaftig den Grund zu seiner künftigen Grösse und seinem ausgebreiteten Ruhme; und schrieb daher gleichsam wie ein Plato bis an seinen Todt, und starb mit der Feder in der Hand. Jedoch unser B** nahete sich der Zeitperiode seines Lebens, wo er in gemeinnütziger Thätigkeit auf den Schauplatz der Welt treten, bekannter werden und eine Rolle spielen sollte, die das praeludium von allen seinen nachher erfolgten sehr merkwürdigen und größtentheils für ihn sehr rühmlichen erfolgten Auftritten in den großen Schauspielen dieser Welt war.

war. Nachdem er ohngefähr eine Zeit von 3 Jahren als Candidat in seiner Vaterstadt gelebet hatte, so ereignete sich nun eine sehr günstige Gelegenheit, sowohl seine Umstände als auch seine Lage zu verbessern und sich Vorbereitungsweise einer glänzendern Rolle zu nähern.

Es war im Jahre 1749, als er an der Hand der immer über ihn wachenden Vorsehung aus seiner Vaterstadt weg, und zu einen wegen seiner Geburt, Rang und Einsichten sehr hervorragenden Mann, zu den Herrn geheimen Rath von Quaalen im Holsteinischen, als Kinderlehrer oder Hofmeister geführet wurde. Diesen Aufenthalt möchte ich fast B—s Canaan nennen, denn er wußte soviel davon zu erzählen, als die Juden von Canaan, Jerusalem und ihrem Tempel. Würklich freue ich mich recht sehr diesen merkwürdigen Mann, durch dürre und oft nachrichtleere Gegenden bis hieher begleitet und gebracht zu haben. Nunmehr fängt sein Leben an mehr interessant und unterhaltend zu werden. So wie er mir von dem ungefähr drey oder vierjährigen Aufenthalte bey diesem großen und edeldenkenden, und für seine Zeiten sehr aufgeklärten Manne recht sehr vieles mit wahrer Entzückung und innigsten Vergnügen, und den angenehmsten Seelengefühlen der Zurückerinnerung erzählet hat; so ist mir selber dieser Zeitpunct seines

Lebens

Lebens noch bis itzt so angenehm, daß ich würklich mich werde bestreben müssen, bey der Beschreibung desselben nicht in eine Art von Redseligkeit zu gerathen. Keiner Periode des Basedowischen Lebens und keines Abschnitts seiner Schicksale kann ich mich erinnern, worin er mir damals und bis itzt liebenswürdiger, nachahmungswürdiger und lehrreicher vorgekommen ist, als während dieses Aufenthaltes. Damit ich nichts wesentliches vergesse, will ich das merkwürdigste in folgende kleine Nummern vertheilen: 1) An keinem Orte hat B** zufolge seiner mündlichen Versicherung nachher wieder so ruhig, so vergnügt und so zufrieden gelebet als hier, wo er gleichsam den ersten Schritt in die große und vornehme Welt that. Der Herr von Quaalen war die ganze Zeit seines dasigen Aufenthalts ausserordentlich mit ihm und allen seinen Einrichtungen bey seinem Kinde zufrieden, so neu und ungewöhnlich selbige auch schienen, oder in der That waren: denn dieser Herr war ein sehr kluger, gelehrter, und für seine Zeit schon sehr aufgeklärter Mann. Der Herr von Quaalen gab seinem Hauslehrer öftere, sehr schmeichelhafte und auffallende Beweise von seiner Zufriedenheit und Gewogenheit, und B** war klug und erfahren genug, von seiner Seite alles mögliche zu thun, um sich in der Gewogenheit eines solchen Mannes

immermehr zu befestigen; da er gleich anfänglich voraussehen konnte, daß dieser in einem so großen Ansehen stehende Mann zu seiner künftigen Beförderung sehr viel würde beytragen können. Hierin hatte sich auch B** nicht im geringsten geirret; denn dieser Herr als eifriger Gönner von B** belohnte nach wenigen Jahren seine mit Rechtschaffenheit und Treue ihm geleisteten Dienste damit, daß er ihm ein ansehnliches und einträgliches Amt durch seine vielgültige Empfehlung verschafte.
2) Es verlohnt sich der Mühe aus der mündlichen Erzählung B—s in einigen detaillirten Stücken zu zeigen, wie sich B** bey dem Unterrichte benahm, welchen er dem noch nicht erwachsenen Sohne eines so aufmerksamen und aufgeklärten Mannes täglich einige Stunden ertheilte. Zum voraus muß ich mich aber gegen eine muthmaßliche Beschuldigung verwahren, daß, da ich nemlich hier B—s Geschicklichkeit, Kinder zu unterrichten, rühme, ich doch wohl in der Einleitung zuviel behauptet hätte, daß B—s Ruhm als Jugendlehrer, eben nicht groß und ausserordentlich seyn könne. Ein paar Jahr einen unerwachsenen Knaben mit Beyfall zu unterrichten, ertheilt noch lange nicht rechtmäßige Ansprüche auf einen solchen Ruhm. Sodann rede ich dort von B—s ganzer Lebenszeit, und von der erwachsenen Jugend, und da hatte er

würklich,

würklich, theils nicht ausgebreitete Kenntniß in Sprachen, Künsten und Wissenschaften, theils nicht Geduld und Herablassung und Methode genug, um auf einen solchen Ruhm Anspruch zu machen. Jeder unpartheyische Kenner B — s wird dieses eingestehen müssen. *) Der jetzt noch junge, muntere und rasche B * *, mit Gesundheit des Leibes, vorzüglichen Geistes-Gaben und so ziemlichen Kenntnissen ausgerüstet, benahm sich bey seinem Privat-Unterricht auf eine Weise, die ich nicht besser werde beschreiben können, als wenn ich seine Erzählung in deutlichen Beyspielen hersetze. So jung und unerwachsen der Zögling noch war, so fing er doch schon an, spielend, und seiner Fähigkeit gemäß, ihn in Sprachen und Wissenschaften zu unterrichten. **) Ich würde zu weitläuftig seyn

 müssen,

*) Auch bey diesem Unterrichte begieng B** schon viele Fehler, die er selber als Pädagog tadelt. Wäre er inzwischen auf dieser angetretenen Bahn geblieben, so hätte gewiß ein sehr tüchtiger Jugendlehrer aus ihm werden können. Aber er war zu unbeständig, um lange auf der rechten Straße zu bleiben.

**) Daß B * * es aber dem allen ohnerachtet hier schon übertrieb, und von einem Kinde zu viel verlangte, und den jungen Baum gleichsam ins Treibhaus brachte, ist schon bemerkt worden, und wird weiter unten noch mehr gerüget werden. Hier ist nur von den

müssen, wenn ich alles Gehörte hersetzen wollte; und will also nur aus der Zahl der Wissenschaften, die dem kindlichen Alter in gehöriger Ab- und Zuthuung angemessen sind, die Arithmetik und Mathematik, oder eigentlicher, die Geometrie anführen. Er ließ sich zu dem Kinde und desselben Fähigkeiten herab, und unterrichtete selbiges in allem spielend. Wenn er z. B. zuweilen seinen Zögling in einem Kinderwagen ziehen ließ, oder selber zog, so machte er selbigen auf die Räder und derselben Bewegung aufmerksam, und zeigte ihm dabey die Beschaffenheit und den Nutzen des Zirkels, in so weit er selbiges nach Maaßgebung seiner Jahre verstehen konnte. Auf gleiche Weise zeigte er ihm an den Fenstern und derselben Rauten; an den Thüren; an den Tischen, Stühlen und Bänken; an den Wänden und Fußböden, und überhaupt an hundert andern kleinern und grössern Gegenständen der Kunst und der Natur; im Hause und im Garten, in Ställen und im Hofe, alle vorkommende mathe-matische

den unleugbaren und liebenswürdigen Anlagen die Rede, die B * * als Kinderlehrer hatte und hier practisch ausübte. B * * war Projectirer, hatte seinen Kopf immer voll von Planen und Entwürfen, aber nicht Geduld und Kenntnisse und Einsicht genug, sie auszuführen; daher wird er als Theoretiker bewundert, aber als Practicus sehr getadelt, und das mit Recht.

matische Figuren und derselben Nutzen und Gebrauch, wobey sogar die Form und Gestalt der Bücher und derselben Blätter nicht unbenutzt blieben.*) Jeder etwas kundige Leser wird dieser Lehrart, wenn sie nicht in lauter Spielwerk und Tändelei ausartet, seinen Beyfall nicht versagen können. Jeder theilnehmende, oder doch nicht ganz gleichgültige Leser wird mich auch leichte verstehen, und dasjenige hinzudenken können, was ich um der Kürze willen übergehen, und nur bey der Oberfläche stehen bleiben muß. Eben so spielend angenehm und leichte war seine Lehrart in der Rechenkunst, wo er, durch Vorzeigung vieler kleiner körperlichen Einheiten, zum Exempel Waitzenkörner oder Erbsen, die vier Haupt-Veränderungen der 9 Zahlen, woraus die ganze Rechenkunst bestehet, mit vieler Geduld lehrete, und in Zerschneidung eines

*) Zum voraus und überhaupt hätte ich erst noch bemerken sollen, daß B** mit seinem Zöglinge auf eine sehr vertraute Weise umging, sich zu selbigen sehr herabließ, und sogar mit ihm spielte, und sich immer nach dessen Geschmack und Neigung, und Hang und Temperament, so viel richtete, als es ohne Nachtheil geschehen konnte. Das war das sicherste Mittel, das Herz und Zutrauen seines jungen Zöglings zu gewinnen, und sich bey selbigem ein väterliches Ansehen zu erwerben. Kurz in allen Stücken benahm sich B** dabey so, daß man sehen konnte, er dachte selber und trieb sein Geschäfte mit Enthusiasmus.

eines Apfels oder einer Birne und derselben kleinern Theilen die Lehre von Brüchen in $\frac{1}{2}$, $\frac{1}{3}$, $\frac{1}{4}$, $\frac{1}{6}$, $\frac{1}{8}$, $\frac{1}{9}$ u.s.w. handgreiflich zeigte. B** übte seinen Erfindungsreichen Kopf während dieser Hofmeisterschaft in Allem, was auch zum Unterricht der ganz unerwachsenen und noch ganz ununterrichteten Kinder erfordert wird, z. B. wenn sie die Buchstaben sollen kennen lernen; wenn sie zum Lesen und Buchstabiren sollen angeführet werden. Nothwendig müßte ich zu weitläuftig werden, wenn ich dieses alles so beschreiben wollte, daß es jedem Leser verständlich wäre; und welches mir auch um desto leichter wäre, da ich längst vorher fast einerley Kunstgriffe bey diesem Unterrichte gebraucht hatte. Das würde aber zu weitläuftig und zu ermüdend seyn, und könnte nur auf Verlangen in einer besondern Abhandlung geschehen. Daß eine solche Lehrart diesem jungen Mann bey seinem Zöglinge und desselben aufmerksamen Aeltern große Liebe und Ansehen und Gewogenheit zu Wege bringen mußte, läßt sich leicht erachten. Wäre B** nachher beständig auf dieser angetretenen Laufbahn geblieben; hätte er seine wissenschaftlichen und philologischen Kenntisse zu vermehren gesucht, und sich selber durch damals vorräthige Lectüre systematisch gebildet; wäre er nicht so sehr in Projecte, ins Unthunliche und Unausführbare gerathen,

rathen, und endlich, wäre er immer der freundliche und biegsame, der geduldige und nachgebende Mann geblieben, der er itzt war; so würde er vielleicht noch grössern Ruhm, als Jugend- oder Schullehrer sich erworben haben, als er nachher als Schriftsteller und Projectirer und Philanthropinenstifter erlanget hat. Wenn man B** auf dieser Seite will kennen lernen, wie er ungefähr in dieser Periode seines Lebens dachte, so muß man einige seiner kleinern Lehrbücher lesen, die er in seinen frühern und spätern Jahren geschrieben hat, z. B. eine Arithmetik von 1763, eine Anweisung zum Lesen von 1786 und so weiter — davon erst in der vierten Abtheilung. Mit dem Unterrichte in Sprachen verfuhr B** ohnerachtet seiner sich bewußten Schwäche fast eben so. Neuere Sprachen verstand er weniger oder gar noch nicht, und brauchte sie auch nicht zu lehren; denn zur Anweisung im Französischen war eine geschickte Französinn vorhanden, von welcher nachher noch ein Wörtlein zur Erbauung folgen wird. Also schränkte sich sein Sprachunterricht bloß aufs Lateinische ein, weil er andere alte Sprachen fast gar nicht verstand. Zum Unglück war B** im Latein so schwach, — welche Schwachheit ihm in seinem ganzen Leben so anklebte, und oft mit Recht vorgeworfen wurde, daß man zuweilen hätte glauben sollen, er hätte sich durch das viele Lesen der epist. obscur. vir. den Geschmack verdorben — daß er kaum schwächer und ungeübter hätte seyn dürfen. Jedoch B** hatte Muth und Kopf, und wußte seine wenigen Sprachkenntnisse an den Mann zu bringen, damit zu brilliren und zu wuchern, und lernte bald aus der Erfahrung wie wahr es sey: docendo discimus. Um mich recht kurz zu fassen, will ich seine Lehrart in Sprachen, davon er aber gewiß nicht Erfinder ist, weil sie längst vor ihm gebraucht worden, in folgenden kurzen Sätzen anzeigen, die ich aber itzt nicht jedem Leser deutlich und verständlich machen kann. Sie ist übrigens in der Erfahrung gegründet und unter den Händen kluger und geschickter Lehrer dem alten Schlendrian unendlich vorzuziehen. *) a) Sein Zögling

---

*) Ich habe vergessen, noch kurz zu zeigen, wie B** die übrigen dem kindlichen Alter angemessene Künste und Wissenschaften; z. B. Historie und Geographie lehrete. a) Er fing vom Ganzen an, und stellte selbiges so kurz vor, als möglich, und kam dann zu den grössern Theilen. b) Die grössern Theile fing er mit seinem Zöglinge von dem Lande an, worin er selber sich aufhielt. c) Er bestimmte immer die Himmelsgegenden sehr genau. d) Das meiste lehrte er durch kurze Erzählungen. e) Er suchte alles practisch zu lehren und mehr den Verstand zu bilden, als das Gedächtniß mit leeren Namen anzufüllen. f) Meistens oder doch sehr ofte lehrte er, wie ein Peripatetikus im Spazierengehen.

Zögling lernte Declinationen und Conjugationen unvermerkt und doch vollkommen. b) Bey allen schon genannten Uebungen nannte er ihn die Gegenstände lateinisch, z. B. das ist der Baum arbor; das ist das Rad rota; das ist das Pferd equus u. s. w. c) Er las schon mit ihm lateinische Bücher. d) Er sprach mit ihm lateinisch, und alles, was er mit seinem Zöglinge gelesen hatte, z. B. ein Pensum aus dem Orbis pictus, das wiederholte er in ganz kurzen lateinischen Fragen, und verwieß das Kind mit Fingern, mit Mienen und Geberden auf die Figuren, Kupferstiche und Holzschnitte. e) Auch ließ er ihn schon etwas aufschreiben. So lehrte er die Sprachen durch Reden, Lesen und Schreiben. Ermüdend würde ich vielen Lesern seyn, wenn ich B—s Lehrart als Jugendlehrer noch mit mehrern Beyspielen verständlich zu machen, unternehmen wollte. Man kann aus diesen wenigen den Mann erkennen, der selber dachte. Er selber bekannte offenherzig, daß er sich bey diesem Geschäfte noch sehr vervollkommnet, und fast noch mehr, als sein Zögling gelernt hätte.*) 3) Aus dem bisher Erzählten läßt sich

 nun

*) Die bisher nur summarisch erzählten Stücke enthalten nun eigentlich die Großthaten, wodurch sich B** als Jugendlehrer soll ausgezeichnet haben. Zwischen Jugend-

nun leichte begreifen, warum dieser Aufenthalt B** so sehr angenehm war, ob es gleich immer eine Art von Sclaverey und Dienstbarkeit blieb, und doch dauerte diese Lebensart nicht ein, sondern mehrere Jahre. Da nun aber dieser Mann die Freyheit, Ungebundenheit und Unabhängigkeit liebte, da er unruhig und ungeduldig war, und nicht leichte lange an einem Orte bleiben konnte, ohne seinen unruhigen Geist verspüren zu lassen: So könnten unkundige Leser — und das werden in diesem Stücke wohl die allermeisten seyn — die bedenkliche Frage aufwerfen: wie denn B** sich an diesem Orte so gut hätte zugeben, und so ruhig und vergnügt leben können? wenn das nur halb wahr wäre, was in der Einleitung von seinem Character gemeldet worden. Ich könnte ganz kurz antworten, daß B** sich schicken mußte; weil er bey

Jugend- und Kinderlehrer bleibt immer noch ein großer Unterschied Betrachtet man diese kurze Erzählung unpartheyisch, so erscheinet hier B** als ein lobenswürdiger aber noch lange nicht als ein ausserordentlicher junger Mann. Diese an sich eben nicht ausserordentlichen Proben seiner Geschicklichkeit legten den Grund zu seiner nachmaligen Beförderung u. s. w. Viele Hofmeister haben noch grössere Proben abgeleget, und legen sie noch ab; und besitzen weit mehr Kenntnisse, als B** besaß; aber es fehlt ihnen ein aufmerksamer und belohnender Gönner. Hier ist Schicksal nicht zu verkennen.

bey einem Manne war, der seine Dienste und Verdienste belohnen konnte, und zu belohnen mehrmal versprochen hatte. Ferner, daß er freye Hand gehabt hatte, zu handlen und zu verfahren, wie er es für gut hielte. Und das war schon eine seltene Freiheit. Und endlich könnte ich antworten: daß B** itzt noch nicht daran dachte und daran denken konnte, so ruhmsüchtig er auch war, ein so sehr berühmter Mann zu werden, als er wirklich geworden ist, oder wenigstens nun schon eingesehen hatte, daß man nicht so leichte und ohne Mühe ein großer und berühmter Mann werden könne? Allein, alle diese Angaben, so richtig sie sind, oder doch seyn könnten, würden doch das Räthsel längs noch nicht auflösen. Zum Glück finde ich in meinen Collectaneen eine ganz befriedigende und alle Zweifel hebende Antwort auf diese Frage. Kurtz die Liebe mischte sich ins Spiel, und diese hat ja von Adam an bis itzt die Ungeduld der Männer in Geduld und Ausharren; ihre Rauhigkeit in scheinbare Feinheit; ihre Veränderlichkeit und Unbeständigkeit in Felsen- und Statuen-Standhaftigkeit, auf einige Tage, Wochen, Monathe oder wohl gar Jahre umschaffen können. Etwas war B** mit dem Erzvater Jacob in gleichem Falle, als derselbe einige Jahre um die schöne Rahel dienete. B** verliebte sich in die oben schon genannte

nannte Französin, die Demoiselle D**, deren Bruder und Schwester schon oben sind genannt worden, und diese würdige und geschickte Person wurde seine erste Gattin zu Sorøe. Ob B** schon vorher zu Hamburg sich einige Kenntnisse in der französischen Sprache erworben hatte, das kann ich nicht mit Gewißheit behaupten; das aber weiß ich zuverlässig aus seiner eigenen und anderer Aussage, daß er durch den langen Umgang mit dieser liebenswürdigen Person, und durch den gemeinschaftlichen Unterricht bey einerley und demselben Zöglinge sich eine ziemliche Fertigkeit in dieser Modesprache eigen gemacht hat. Freylich darf ich nicht unbemerkt lassen, daß wenn Frauenliebe (ich meine die wohlgeordnete und von der Natur eingepflanzte) bey Philosophen tadelswürdig wäre, so würde B** gewiß unter allen Philosophen am wenigsten zu tadeln seyn: denn nach meiner Erfahrung und Beobachtung schien er, und wie es mir vorkam, von Natur am wenigsten zu Liebeswerken und Liebschaften geneigt zu seyn. Jedoch sein Herz war nicht so sehr von Stahl oder andern harten Materialien zusammengesetzet, daß er so ganz gegen die Pfeile des schelmischen Amors sicher und unverwundbar gewesen wäre. 4) So lebte B** an diesem Orte sehr ruhig und vergnügt, und bereitete sich auf einen zweiten und merkwürdigen Auftritt

in

in der grossen Welt vor. Bevor B** das öffentliche Lehramt auf der Academie zu Sorve antrat, erhielt er erst die Magisterwürde zu Kiel, und hielt bey dieser Gelegenheit eine von ihm selbst ausgearbeitete Disputation unter dem Titul: inusitata & optima honestioris juventutis erudiendæ methodus, Kilonii 1752. So gut B** bisher nach meiner Einsicht und angestellten Vergleichung seine Sachen während und in seiner Hofmeisterschaft gemacht hatte, so scheint es mir doch, daß von dieser Zeit an ein gewisser Stolz, eine überspannte Ruhmsucht, Grosspralerey und Ruhmredigkeit sich dieses Mannes dadurch bemächtigte, weil er von andern über Gebühr gerühmet, gelobet und bewundert wurde. Auch diese kurze Periode des Basedowischen Lebens, um nichts wesentliches zu vergessen, will mit einigen wiederholenden, erläuternden und bestätigenden Anmerkungen beschliessen. a) Welche Fertigkeiten und Kenntnisse dieser junge Mann besaß, als er seine Hofmeisterstelle antrat, ist oben allbereits angezeiget worden. b) Während dieser Zeit übte sich B** recht sehr, und erwarb sich bey seinem Unterrichte eine etwanige Fertigkeit in der lateinischen Sprache. c) Er erregte freylich durch seine angeblich neue Methode einiges Aufsehen im Holsteinischen; allein der Stand und Rang und die Bewunderung, und der ziemlich

aus-

ausgebildete Geschmack seines hohen Gönners trugen das meiste dazu bey, sowohl als zu seiner nachher erfolgten Beförderung. Nur hiedurch wurde B ** aus der Dunkelheit hervorgezogen, und das war bey ihm Schicksal und Bestimmung, oder der Weg der Vorsehung. Einzig war er hierin eben nicht; denn die Geschichte zeiget mehrere Beyspiele, daß junge Männer durch solche Schicksals-Begünstigungen weit über ihre Verdienste und Würdigkeit, zur Bewunderung und Anschauung erhaben wurden. d) Nochmals behaupte ich, und werde es in der letzten Abtheilung weiter beweisen: daß B—s methodus gar nicht inusitata war. Der ruhmsüchtige Mann zeiget sich hier gar zu sehr, und noch dazu gab er hiedurch den allerdeutlichsten Beweis von seiner gänzlichen Unbekanntschaft mit der Pädagogik und mit den pädagogischen Unternehmungen der vorhergehenden und ältern Zeiten. Auch die erlangten Fertigkeiten seines Zöglinges, werden gar zu vortheilhaft vorgestellt. Ich kann mich nicht besinnen, je aus B—s Munde gehöret oder irgendwo gelesen zu haben, daß der junge Herr von Quaalen nachher in der grossen Welt eine solche Rolle gespielt, die dieser sehr frühzeitige Ruf erwarten ließ. Des Grafen Chesterfields Briefe an seinen Sohn, alle Unternehmungen dieses grossen Staatsmannes mit diesem

sem Sohne, und alle dadurch aufgeregte und nachher getäuschte Erwartungen kommen mir hiebey ins Gedächtniß. Ja oft Könige wurden als Kronprinzen der Welt so ofte und in solchen übertriebenen Lobreden angekündiget, daß man noch mehr als einen August und Trojan und Antonin in ihrer Person erwartete. Es ging überhaupt hier mit B** und seinen Unternehmungen, wie es nachher in seinem ganzen Leben mit ihm ergangen ist, immer zu frühes Lob; immer zu frühe Bewunderung der Knospen und Blüthe, ohne reife Früchte zu erwarten; immer zu große Erwartung von zu freygebigen Versprechungen und Verheißungen aufgereget, und die sich doch zuletzt in einem parturiunt montes auflöseten. Nemo ante mortem beatus: das weiß man wohl; aber B** und seine Anhänger haben von Anfange ihrer Unternehmungen vergessen, analogisch zu denken und zu sprechen: *nemo ante experimentum probatus*. e) Jedoch B** war seines erlangten Ruhmes so voll, und wollte der Früchte und des Ausganges seiner Methode so gewiß seyn, daß er noch eine deutsch geschriebene Nachricht von dieser angeblich neuen Lehrart heraus gab, und sich dadurch der Welt, als den Erfinder derselben ankündigte. f) Sonst kommt es mir vor, daß B** in seiner Privatinformation entweder gleich anfänglich,

lich, oder doch nach einem oder ein Paar Jahren schon damals anfing, Wissenschaften zu treiben und Bücher zu lesen, die nach meiner Erfahrung unmöglich izt schon der Faßlichkeit, und den noch so wenig entwickelten Verstandeskräften seines Zöglingens konnten angemessen, wenigstens gar nicht zuträglich und heilsam seyn. Wäre der junge Herr von Quaalen auch ein præcox ingenium gewesen, und hätte er gar die Fähigkeiten und Anlagen eines jungen Baratier gehabt, so waren doch diese Wissenschaften und Bücher noch viel zu schwer, und im Umfange zu groß, als daß ein Kind von 7 - 11 Jahren sie schon hätte gehörig fassen und verdauen können. Wie? Ernestii initia solidioris doctrinæ, mit einem noch so zarten und dem Körper nach, so wenig ausgebildeten Kinde zu lesen? Man denke doch an den Inhalt und an die Schreibart des Buchs. Hier verdient B** wahrhaftig nicht gelobet und bewundert, sondern getadelt zu werden. Für ihn selber waren die Bücher sehr gut, aber nicht für seinen Zögling. *) Mit Recht haben

dabey

*) Zuverläßig wird B** mehr bey dieser Lektür und beym Lesen anderer ähnlicher Bücher profitirt haben, als sein Zögling. In Mangelsdorfs Versuch über das Erziehungswesen S. 370. stehet folgende Stelle aus B—s Schriften ausgehoben: "Nicht zu geschwinde vorwärts mit den Genies! wenn ein 10 "oder

daher zu aller Zeit berühmte und erfahrne Pädagogen das Ueberspannte und Uebertriebene in der Lehrart dieses Mannes für höchst schädlich erklären. 8) Jedoch es kann auch seyn — und ich weiß aus dem persönlichen Umgange mit diesem Manne, daß ich mich nicht irre, oder zu viel behaupte — daß er die Würkungen und Früchte seiner neuen, angeblich von ihm erfundenen Methode, viel zu hoch angab. Es war diesem Manne sehr eigen, daß er alle seine Thaten, seine Unternehmungen und die Ausführungen derselben selber bewunderte, und in wortreichen kleinern und größern Schriften der Welt ankündigte und anpries; dazu denn eine Dreistigkeit erfordert wird, die B** in hohem Grade besaß.

Es wird nun Zeit seyn, unsern B** auf seiner Lebensbahn nach Soroe zu begleiten, und ihn da sein erstes öffentliches Amt antreten zu sehen. *)

Wie

"oder 12 jähriger Knabe schon diejenigen Sachkenntnisse hat, deren er erst im Jünglingsalter "bedarf, so ist die Folge, daß er durch Müßiggang "lüderlich wird, u. s. w." Als Hofmeister in der Praxis und als Schriftsteller in der Theorie ist hier B** sehr inconsequent, und sich selber widersprechend.

*) In unsern Zeiten sollte man ja wohl erwarten können, daß sich wenige oder gar keine Layenleser mehr finden werden, die nicht wissen sollten, daß Soroe ein berühmtes Städtchen auf Seeland in Dännemark ist, die eine schon in alten Zeiten gestiftete Ritterakademie hat, mit der sehr öfte beträchtliche Veränderungen sind vorgenommen worden.

Wie schon gemeldet worden, hat er allbereits zur Vorbereitung und zur Vermehrung seines Ansehns die Magisterwürde angenommen. Durch Unterstützung und Empfehlung seines vielvermögenden Gönners, des Herrn geheimen Raths von Qnaalen, erhielt er ungefähr im 30sten Jahre seines Lebens vom dänischen Hofe den Ruf nach Soroe, um daselbst bey der Ritterakademie als Professor der Philosophie und Beredsamkeit angesetzet zu werden. Zum voraus muß ich hier sagen, daß da ich sowohl aus B — s mündlicher Erzählung, als auch von andern sehr glaubwürdigen und kundigen Männern eine große Menge Nachrichten über B—s Aufenthalt an diesem Orte erhalten und gesammlet habe, ich auch hier, so wie im Vorhergehenden, in einigen Stücken in ergänzenden und erläuternden und berichtigenden Anmerkungen von meinen Vorgängern ziemlich merklich abzugehen genöthiget seyn werde. Doch auch hier will ich mich der möglichsten Kürze befleissigen, und abermals in kleinern Abtheilungen durch Nummern angeben, und das Wesentlichste und Nothwendigste im erzählenden und zuweilen raisonnirenden Tone vortragen. 1) An diesem Orte heirathete B** die oben genannte Demoiselle D**, mit welcher er einen Sohn zeugte, der noch lebet. Nur kurze Zeit, die ich aber doch nicht so genau bestimmen kann, lebte diese Gattinn. Ihre

nächsten

nächsten Anverwandten wollten versichern, daß häufiger Verdruß und Aerger die Ursache ihres Todes gewesen wären. Es kann ein Mißverstand seyn. B** war jetzt in einer neuen Lage, worin er sich erst recht herein arbeiten mußte, um seine Rolle gut, und der großen Erwartung gemäß zu spielen. Sein Temperament war feurig; seine Art zu studiren ganz sonderbar, und in der That mußte er sich ausserordentliche Mühe geben, und ganz besondern Fleiß anwenden, wenn er die Mängel ersetzen und die Lücken ausfüllen wollte, die bey ihm, als bey einem öffentlichen Lehrer durchaus nicht durften merklich und auffallend seyn.*) Da läßt es sich leicht denken, daß er bey seiner gewöhnlichen und tumultuarischen Art zu studiren, sich wenig oder gar nicht um häusliche Angelegenheiten bekümmern konnte, welches über das gar sein Fach nicht war. Freilich klebte der Fehler diesem Manne in seinem ganzen Leben an, daß er im häuslichen Umgange durch seine Launen den Seinigen nicht selten etwas ungenießbar wurde, wie schon in der Einleitung bemerket worden. Um nicht zu anticipiren und den Faden der Erzählung

*) Basedow erkannte und bekannte ofte, wie wohl er von der Vorsehung erst zu einer Hofmeisterstelle sey geführet worden, um sich daselbst zu wichtigern und schwerern Auftritten vorbereiten zu können. Aber q. e. q. n.

abbrechen zu müssen, werde ich von der zweiten würdigen und vortreflichen Gattinn dieses Mannes, die er zu Sorve heirathete, mir dann erst reden, wenn ich seinen Aufenthalt zu Altona beschreiben werde. 2) In einigen Stücken spielte B * * als öffentlicher Lehrer und Mann in Ansehen, besonders anfänglich, seine Rolle nicht nur gut sondern recht vortreflich; aber in vielen andern Dingen fing er auch bald an, sich durch sein sonderbares Betragen sehr merklich auszuzeichnen, wodurch er theils hämische Aufmerksamkeit, theils tadelnde Beurtheilung und theils Beschuldigungen, und wie natürlich, daraus entstehende verminderte Achtung oder wohl gar Verachtung von sich und über sich erregte. Bey diesem sonderbaren Manne war dieses alles desto gefährlicher und bedenklicher, weil er sich um die Urtheile der Welt nicht bekümmerte, selbige, wenn er sie hörte, mit Stolz und Großmuth verachtete: denn er glaubte sie nicht zu verdienen. Folgende Nummern werden beyde Stücke erläutern. 3) Rühmlichst machte sich B * * während dieses Aufenthaltes schon durch einige seiner grössern und kleinern Schriften dem nähern und entferntern Publikum bekannt. Die practische Philosophie, eine teutsche Grammatik, eine Anweisung zur Beredtsamkeit, einige gehaltene und herausgegebene Reden und Beyträge zu

damalis

damaligen Zeitschriften sind die vornehmsten Erzeugnisse des Basedowischen Genies, wodurch er sich während seines Aufenthalts zu Soroe der Welt als einen Mann ankündigte, der selber dachte, und Muth hatte, von dem damals noch tiefeingewurzelten und hochverehrten Schlendrian abzuweichen. (Von dem Werth und Unwerth einer jeden Schrift insonderheit an einem andern Orte.) Jetzt nur überhaupt so viel, daß alle diese Schriften ein unverwerflicher Beweiß sind, wie sehr B** an diesem Orte bey seinem schon häufigen Vorlesungen thätig und geschäftig müsse gewesen seyn. Jedoch man muß sich hier an die Art und Weise dieses Mannes zu studiren erinnern, wenn er besonders für die Presse arbeitete. Einige grössere Schriften brauchte er nur zu ordnen und auszuführen, denn nach seiner eigenen Versicherung hat er allbereits zu Leipzig, Hamburg und besonders während seiner Hofmeisterschaft die Materialien dazu gesammlet und die Anlagen gemacht. Ich darf aber nicht vergessen zu bemerken, daß B—s Geschäftigkeit im öffentlichen Unterrichte, besonders extensive zu hoch angegeben wird. Es waren vestgesetzte Ferien, wozu noch andere Gelegenheits- und nach eigener Wahl genommene Ferien kamen; so daß einem so jungen und raschen Manne es eben nicht an Zeit fehlen konnte: theils sich auf seine Vorlesungen vor-

vorzubereiten: theils noch für den Drucker und das lesende Publikum zu arbeiten. Wie schon in der Einleitung bemerket worden, so muß ich den Leser nochmals erinnern, ja beständig eingedenk zu seyn: daß B** in seinem ganzen Leben darin Ruhm suchte, wenn er seine Arbeiten recht drückend und für einen Mann fast unglaublich und unerträglich vorstellen konnte. Die vielen Erholungstage u.s.w. wurden in der Rechnung immer vergessen. Noch einen Umstand darf ich bey Gelegenheit der zu Soroe herausgegebenen Schriften zu bemerken nicht unterlassen. Daß er sie nicht alle mehr hatte, auch kaum mehr kannte, als ich zu ihm nach Altona kam, ist oben schon angezeiget worden. Hier will ich nur noch des Umstandes gedenken, daß B**, wie ein nachlässiger und vergeßlicher Vater, sich um das Daseyn und die Vervollkommung seiner gelehrten Erzeugnisse nach einiger Zeit und nach wenigen Jahren gar nicht mehr bekümmerte, und recht hartnäckig sich nicht bekümmern wollte. Dem ersten Anscheine nach gereichte es diesem Manne zum Ruhme, daß er selber von einigen seiner Jugendschriften mit Verachtung und Geringschätzung sprach. In der That aber rührte dieses von seiner Veränderlichkeit und Unbeständigkeit her. Sein Lieblings-Kind der damaligen Zeiten war die praktische Philosophie, die er selber rühmte und

mir

mir sehr empfahl, und darin hatte er auch vollkommen Recht. Doch konnte ich mich über des Mannes Eigensinn nicht genug wundern, daß als, wo ich nicht irre, im Jahre — 68 sich ein großer Buchhändler meldete, der dieses Buch von neuen auflegen wollte, um Zusätze und Verbesserungen ersuchte, und ein starkes Honorarium und andere wichtige Vortheile und Beyträge und eine große Zahl Pränumeranten auf das Elementarwerk versprach; er doch durch keine Vorstellung zu bewegen war, (obgleich seine Geschäfte damals noch nicht sehr dringend waren,) die sehr vortheilhaften Anerbietungen anzunehmen. Wie ein Blitz mußte ihm erst ein Unternehmen durch den Kopf fahren, und das geschahe mit diesem Buche erst lange Jahre nachher, nemlich 77. — Viele seiner Schriften, wenn sie verbessert und berichtiget in seinen spätern und reifern Jahren wären herausgegeben worden, würden gewiß ihr Glück gemacht und mehr Gutes gestiftet haben, als viele spätere pädagogische Ausgeburten, die dem Publicum mit so großen Versprechungen angekündiget, und mit so vieler Empfehlung eingehändiget wurden. - Da B** als Schriftsteller, der Aufsehen macht, und des Publicums Aufmerksamkeit rege macht, eigentlich erst zu Soroe zum erstenmale recht geflissentlich und in ganzem Ernste auf-

auftritt, so muß ich meine Leser ein für allemal ersuchen, um unnützer Wiederholungen überhoben seyn zu können, dieser so eben nur mit wenigen geschilderten Tugenden, aber auch Mängel und Schwachheiten dieses Mannes, als eines Schriftstellers beständig eingedenk zu seyn, weil er in den folgenden Auftritten seines Lebens in dieser glänzenden Hülle, oder in dieser Nebelkappe noch ofte erscheinen wird. Dabey aber auch der Umstand noch besonders zu merken ist, daß B** nicht nur als Schriftsteller, sondern auch bey allen andern Rollen und Personen, die er in der Welt spielte und spielen mußte, alle die Schwachheiten, Mängel, Gebrechen und Thorheiten, recht wissentlich und geflissentlich in seinen frühern Jahren beybehielt; daher sie denn nach Verfluß einiger Jahre zur andern Natur wurden. Wer dieser Anmerkung in dem Basedowischen Leben, Schicksalen und Auftritten beständig eingedenk ist, der wird sich viele scheinbare Widersprüche leichte erklären und heben können. 4) Auch als öffentlicher Lehrer hatte B** zu Sörve eine geraume Zeit grossen und recht ungewöhnlichen Beyfall. Das bezeugen alle Zeitgenossen der damaligen Periode. Würde hier etwa ein Leser denken, daß vielleicht die Neuheit dieses Lehrers diesen Beyfall und Zulauf verursacht hätte, so kann ich nach der Aussage der glaubwürdigwürdigsten Zeugen und Männer versichern: daß dieser sonst gewöhnliche und häufige Fall, diesmal bey diesem neuen Lehrer nicht Statt fand. Sein Beyfall war anhaltend, daurte viele Jahre, und nahm mit der Zeit immer mehr zu. Das aber ist Wahrheit und Thatsache, daß B** nicht lehrete, wie die Schriftgelehrten und Pharisäer, daß er bey allen seinen Eigenheiten und üppigen Speculazionen, doch kein ausgedroschenes Stroh auf seine Tenne brachte, oder seinen Zuhörern fast lauter Spreu und Trebern vorwarf; wie leider! bisher vor B—s Ankunft bis zum Eckel und Ueberdruß geschehen war; daher die aristotelisch-scholastischen Vorlesungen sehr nachläßig und nur pro forma besucht wurden. Als B** seine Lectionen anfing, da spitzte man die Ohren; da hieß es: "das ist ein ganz andrer Mann; es ist "ein neuer Lehrer, ein Prophet unter uns ge-"kommen.„ Wer dieses Mannes practische Philosophie gelesen hat, der wird ohne alle fernere Erzählung und Beschreibung leichte sich denken können, mit welch einem außerordentlichen Beyfall er die Moral müsse gelesen haben, zumal in den Jahren seines Lebens, wo er noch alle Stärke des Leibes und völlige Munterkeit des Geistes besaß, durch passende Gleichnisse, durch rührende Beyspiele und durch treffende Vorstellungen diese Glückseligkeitslehren seinen fähigen und horchenden Zöglingen einzutröpfeln. Dieser erhaltene Beyfall wird dadurch noch mehr bestätiget, daß ihm nach einigen Jahren, auf speziellen Befehl vom Hofe aufgetragen wurde, auch theologische Vorlesungen zu halten. Man hat mir versichern wollen, daß B** und seine Anhänger unter der Hand, durch mächtige Gönner dieses bey Hofe gesucht hätten; damit er desto freyere Hand und desto mehr Gelegenheit hätte, dem alten Schlendrian und Wirrwar, und sehr baufällig und wrackartig leck gewordenen Systemen entgegen arbeiten zu können. Ich darf und kann hier nur kurz seyn. Das Meiste in der Welt geschiehet durch erlaubte oder unerlaubte Cabalen. Nach meiner Einsicht benahm sich B** hierbey sehr klüglich. Möchte ers immer gethan haben!! Eine Hauptnachricht aber, die ich gleich anfänglich hätte anführen sollen, ist diese: daß B** um diese Zeit noch ziemlich orthodox muß gewesen seyn. Gerne gebe ich zu, daß schon zu Leipzig, und darauf zu Hamburg, und wieder in seinem stillen Aufenthalte oder Patmus, und endlich auch zu Soroe einige erhebliche und minder erhebliche Zweifel gegen einige, damals noch sehr herrschende Kirchenthumslehren, bey ihm mögen aufgestiegen seyn; allein sie waren noch lange nicht von der Art und Beschaffenheit, als nachher, da sich B** öffentlich in

Schriften

Schriften als einen sogenannten Ketzer und Irrgläubigen ankündigte. Ueberhaupt ist B — s ganze Ketzerey und Irrgläubigkeit nie von grossen Belang gewesen, wenn man ihn mit andern Helden dieser Art der alten, mittlern, neuern und allerneuesten Zeiten vergleichet; obgleich aus seinen Abweichungen von den eingeführten und festgesetzten Lehrpuncten so viel Wesens und Aufhebens gemacht wird, und B** selber in einer gewissen Zeitperiode seines Lebens es gerne sahe und suchte, daß man sich in ihm einen gefährlichen und scharfsinnigen heterodoxen Denker und Widersacher vorstellen möchte. Aus einigen zu Sorøe gehaltenen öffentlichen Reden, ferner daraus, daß ihm nach einigen Jahren erst noch die theologischen Vorlesungen aufgetragen wurden; und endlich aus den Zeugnissen solcher Männer, die ihn damals kannten, oder doch zuverläßige Nachrichten von ihm erfahren hatten, schließe ich, daß B — s Heterodoxie, wenigstens in den ersten Jahren noch muß fast unmerklich gewesen seyn. Daß er klüglich zurückhielt, und einige vorgetragene abweichende Meinungen nicht für die seinigen ausgab, aber doch dem Nachdenken empfahl; das kann alles seine Richtigkeit haben; allein B** besaß in diesem Stücke zu wenig die Kunst und Klugheit, sich lange zu verstellen und dichte zu halten, als daß seine Heterodoxie in so

vielen

vielen Jahren nicht mehr sollte transpirirt haben, wenn selbige auf wichtige Lehrpuncte des Kirchenthums sich erstreckt hätte. Sein hoher Gönner, der H. G. von Quaalen, so aufgeklärt der Mann auch für seine Zeiten war, würde es gewiß nicht gewagt haben, ihn als einen declarirten Widersacher des Kirchenthums zu empfehlen, da diesem sonst edel und vortreflich denkenden Manne nicht unbekannt seyn konnte, wie strenge damals über Orthodoxie und alte eingeführte Kirchenlehren in Dännemark und in den dänischen Ländern gehalten wurde; so daß einige solcher ruchtbar und kund gewordenen Ketzer sogar mit Gefängniß und andern Strafen belegt wurden, wenn sie Studirte waren, — deren ich noch einige nach Altona und Hamburg gekommene, als gewesene Theologen persönlich gekannt habe; ich brauche nur einen längst verstorbenen Stöstrup, dessen Söhne noch leben, und rühmlichst bekannt sind, anzuführen — andere aber, als verführte und verirrte Layen mit Gewalt in die Kirche geschleppt wurden. Der H. G. von Quaalen konnte als ein kluger Mann wissen und voraussehen, daß B** zu Soroe, mit zu vielen Orthodoxen und sehr stark witternden und in B—s Lehrluft sehr heftig einschnaufenden Nasen würde umgeben seyn; als daß er als ein feuriger, hitziger, ungeduldiger und leicht auffahrender

render Mann, lange würde verborgen bleiben können. Mir ist es also nicht nur in B — s Lebens-Auftritten wahrscheinlich, sondern ausgemachte Thatsache, daß B — s Heterodoxie und Orthodoxie noch eine geraume Zeit zu Sorōe in guten Vernehmen und Verträglichkeit mit einander gestanden haben, und daß seine Abweichung höchstens nur einige sehr ausserwesentliche Dinge zum Gegenstande gehabt habe. Da aber B** übrigens sehr orthodox als bon vivant lebte, kein Mucker war, nicht einen stillen und verborgenen Wandel, wie die damaligen heterodoxen Separatisten führte; so entfernte auch dieser auffallende und überzeugende Umstand den etwanigen Verdacht einer Ketzerey noch mehr. Nur deswegen habe ich diese Basedowische Ausgabe etwas widerlegt, um zu zeigen, daß er in Rücksicht auf Heterodoxie, das noch nicht mal in den ersten Jahren zu Sorōe war, was er schon zu Leipzig wollte gewesen seyn. Und woher wurde er denn erst recht Ketzer zu Sorōe? da, wo es die meisten und oft die besten, redlichsten, edelsten und vortreflichsten Männer zu allen Zeiten bey allen Sekten und Partheyen geworden sind; durch Verunglimpfung, Verfolgung, Verlästerung und Verläumdung der Orthodoxen, wozu freylich, wie gleich in folgender Nummer soll gezeiget werden, B** durch seinen zu sehr nach alter Rechtgläubigkeit schmeckenden

Wandel

Wandel nicht wenig beytrug, und schon lange vorher, ohne selber daran zu denken, seinen Feinden nach und nach dazu alle Materialien in die Hände geliefert hatte. Der Handwerks- und Brodt-Neid war die erste und unterste Grundlage dieser nach und nach angezettelten Verfolgung. Ein geborner Deutscher, ein Hamburger sollte klüger und einsichtsvoller seyn, und mit mehrern Beyfall lehren, als Landeskinder, die auch noch nicht trepanirt worden wären? Das wäre ein drückender Vorwurf zur Schande einer ganzen ehrsamen und ehrenfesten Nation. Es giebt bey allen christlichen Nationen ein zahlreiches Völkchen, das sich rein dünkt, und doch von seinem Koth und Unflath seit Jahrhunderten nicht gewaschen ist: dessen Zorn brennt bis in die unterste Hölle; dieses Völkchen sendet Laurer aus; wittert Ketzerey; riechet Heterodoxie von weiten; schnüffelt verdammliche Irrthümer wie Trüffeln. B** war zu sehr Myops, als daß er weit in die Ferne hätte sehen können; aber er war doch auch zugleich zu stolz, hatte zu viel Verdienste, war sich seiner gerechten Sache zu sehr bewußt, als daß er auf solche entfernte Stürme und Ungewitter hätte achten können. Ohne daß er daran dachte; ohne daß ers vermuthete; ohne daß ers glaubte, brachen die unter seinem Horizont stehenden Ungewitter über ihn herein: und er wurde

nun

nun in allem Ernste Ketzer; welches er vielleicht ohne diesen Umstand nie würde geworden seyn. Geschichtskundige mögen urtheilen, ob B** in diesem Stücke nicht einige Aehnlichkeit mit dem grossen und unsterblichen Luther und andern Zeugen der Wahrheit habe. So sind die unbesonnenen Orthodoxen fast immer Geburtshelfer bey dem Eintritt eines Ketzers in diese Welt gewesen, oder haben wenigstens bey dem Kindlein Gevatter gestanden. B** hatte seine Freunde, Anhänger und Vertheidiger auch unter den Rechtgläubigen; aber seine Widersacher behielten die Oberhand.

5) Bevor ich die vorhergehende Nummer noch mehr bestätige, und die Vorwände und Scheinursachen, nebst den eigentlichen und wahren Ursachen, nach welchen B** von Soroe nach Altona versetzet wurde, anzeige, muß ich zuvörderst seiner mächtigen Gönner und seiner Herzens-Freunde, wie B** glaubte und sich schmeichelte, mit wenigen gedenken. Als B** freymüthiger mit seinen heterodoxen Lehren hervortrat, und damit Aufsehn erregte, und erregen und gleichsam Wehethun, Trotz bieten und seine Standhaftigkeit und seinen Muth zeigen wollte; so hatte er unter hohen und vornehmen, geistlichen und weltlichen Personen, die seine Gönner und Beschützer schon geraume Zeit gewesen waren, und ohnerachtet der wider B** sich

erhe-

erhebenden Verfolgungen, blieben. Der große und berühmte Staatsminister von Bernstorf, ein Mann von felsenfester Treue und unerschütterlicher Standhaftigkeit, war B — s Gönner gleich anfangs, und blieb es bey allen Widerwärtigkeiten beständig. Aus dem Cardinals-Collegium könnte ich auch noch einige hersetzen, allein ich habe meine gegründete Ursachen, daß ichs nicht thue, und vielmehr über diese ganze Gönnerschaft den Schleier der Verschwiegenheit herbreite. Sonst rühmte sich B** sehr ofte, zu Soror viele rechte Herzens-Freunde gehabt zu haben. Dieselbigen, die in den Beyträgen nahmhaft gemacht werden, hat er nebst einigen andern nicht unbekannten theils noch lebenden, theils längst gestorbenen Männern auch mir ofte genannt, jedoch einige derselben zuweilen mit Winken und Stoßseufzern und Seitenblicken, die verständlich und leserlich übersetzt, nichts anders bedeuteten, als: zur Zeit der Anfechtung fallen sie ab. Ob er nun einige der in den Beyträgen nahmhaft gemachten meinte, oder andere; das ist in meiner Kladde etwas unleserlich geschrieben. So viel weiß ich gewiß, daß er mit vielen derselben entweder gar nicht oder doch sehr selten nachher correspondirte. Daß B — s Herze überhaupt nicht zur innigen und vertrauten Herzens-Freundschaft geschaffen war, ist oben schon bemerkt worden.

Von

Von vielen angesehenen und berühmten Männern, die dem Anscheine nach Parthey nahmen und ihn bedaurten und rechtfertigten, bildete sich der gute Mann ein, daß sie seine rechte Herzens-Freunde wären, die Leib und Leben für ihn lassen, und in jedem Kampfe und Strauß mit gemeinschaftliche Sache machen, und seine Gegner und Widersacher mit vereinigten Kräften angreifen würden. Darin irrete sich Basedow nun abermals recht gröblich, und zeigte, wie wenig gründliche Kenntnisse er sich von der Freundschafts-Welt in gewissen Menschen-Classen von gewissen Range und Würden bis jezt erworben hätte. Aber zur Vertheidigung und Entschuldigung dieser angeblichen Freunde B—s muß ich auch bemerken, daß sein aufbrausendes, auffahrendes, hitziges und oft etwas ungesittetes und rohes Betragen, ihn ofte seinen Freunden unausstehlich und ungenießbar machte; daher sie ihn nicht selten im Herzen verabscheueten und flohen; ob sie gleich im äußern ihrem Betragen eine andere Wendung, Gestalt und Vorwand geben wollten. B** war nur zeitvertreibender und zeitverkürzender Freund auf eine kurze Zeit, wenn er bey Sommer- und Winter-Lustbarkeiten und Vergnügungen von guter Laune beseelet war, oder es nach und nach erst wurde. Bey einem solchen kurzen Umgange mußte man den lustigen und aufgeräumten Mann

 noth-

nothwendig liebgewinnen. Aber er war wetterwendisch, unbeständig und nach Aprilwetter zu sehr schmeckend; daher er auch auf beständige und in seiner Freundschaft sich letzende und erquickende Freunde fast in seinem ganzen Leben keine sichere Rechnung machen durfte. Idem velle & idem nolle, ea demum est firma amicitia. Dieses Haupt-Merkmahl fiel bey B — s Freundschaft oft ganz weg, wie im vorhergehenden Satze angezeiget worden. Sonst kann ich noch bemerken daß er mich oft mit seinen Ergötzlichkeiten unterhielt, die er so oft in dem Zirkel seiner zahlreichen Freunde zu Hause und unter freiem Himmel wollte genossen haben. Wenn ich ihm nun meine Verwunderung zu erkennen gab darüber, daß diese Freunde das nicht mehr in der Entfernung zu seyn schienen, was sie doch in der Nähe gewesen wären; so pflegte er ganz kurz eben so proverbialisch als unphilosophisch zu antworten; "wohl aus den Augen, wohl aus "dem Sinn!„ Denn nach meiner Einsicht und Erfahrung gleicht die Liebe in der wahren Freundschaft der Liebe Salomons, die stark ist wie der Tod, und welche Abwesenheit und Entfernung so wenig verlöschen mögen, daß sie vielmehr gerade, so wie bey zweyen von einander entfernt seyenden Verliebten, nur dadurch stärker und sehnsuchtsvoller wird. So raisonnirt und so muß der Philosoph

nach

nach der Erfahrung raisonniren, der je geliebet hat, der je einen treuen Freund an seinen Busen gedrückt hat. (6.) Es folgen nun die in kurz vorhergehenden versprochenen Schein- und angeblichen Ursachen, welche aber auch zugleich die wahren sind, warum man ihn von Soroe nach Altona versetzte. Wie schon gemeldet, war es erstlich seine aufkeimende Heterodoxie bey weitem nicht alleine. (S. das vorhergehende.) Er heirathete ja noch eines orthodoxen Predigers würdige Tochter, nach dem Absterben seiner ersten Gattin; welcher sein geliebtes Kind einem übelberüchtigten Ketzer nicht würde anvertrauet haben. Also zweitens hatte B** heimliche Neider und Hasser, die er stolz verachtete und reizte. Sodann hatte die gar zu freye Lebensart und sein oft etwas ans unanständige gränzender Umgang mit den jungen Leuten schon lange die Ohren der Auflaurer gespitzet. B** vergaß, daß er nicht mehr bey dem Herrn von Qualen Hofmeister war. Sein Umgang artete oft in etwas Gemeinmacherey aus. Ferner waren seine Ergötzlichkeiten in Gesellschaft der jungen Leute oft gewaltthätig und sogar gefährlich, welches die meiste Aufmerksamkeit erregte, obgleich B** dabey die besten Absichten haben mogte. Und wahr ist es auch, denn ich selber habe einige etwas schröckliche Beyspiele davon mit eigenen Augen gesehen;

 daß

daß dieser Mann in seinem Beginnen und Unternehmen oft etwas tollkühn, ja sogar ganz rasend und blind und ganz unvernünftig zu seyn schien, auch zuweilen nur in bloßen Spaaß und Scherze. Ich würde die Aufmerksamkeit und Geduld der Leser gewiß mißbrauchen, wenn ich von jedem dieser Stücke erläuternde Beyspiele hersetzen wollte, allein ich würde auch meiner Glaubwürdigkeit etwas schaden, wenn ich jezt, wie bisher noch nicht geschehen ist, ohne alle Thatsachen fort erzählen wollte. B** wollte bekanntermaßen Universaliste seyn, und die Rolle eines Karrenschiebers, eines Kutschers, — — — — eines Staats-Ministers, ja sogar eines Königs spielen können. Bey einer Ausfahrt fiel ihm einstens ein, sich auf den Sitz des Kutschers zu setzen, und die jungen Herren im Wagen als Kutscher spatzieren zu fahren. Er peitschte aber so mächtig auf die muthigen Rosse, daß wenig fehlte, daß er nicht mit samt den jungen Leuten von den wildgewordenen Pferden wäre geschleift worden. Dieser Vorfall erregte Aufmerksamkeit und erweckte Klage bey Hofe. Ab uno exemplo disce omnia. Vieles wurde wieder unterdrückt, und in Vergessenheit gebracht; aber neue unangenehme Vorfälle regten immer das Andenken der alten wieder auf. B** fuhr fort dreust und oft mit Ungestüm zu reden und sich zu vertheidigen,

und

und wohl gar manche Seitenhiebe in seinen Vorlesungen auszutheilen. Nicht einmal alle junge Leute waren ihm so getreu und ergeben, wie er sich einbildete. Seine Hasser und Neider, Ankläger und Verfolger waren zum Theil Männer von hoher Geburt und von hohem Range und Würde. An der Spitze derselben stand der orthodoxe und von Nationalstolze nicht wenig beseelte Graf Danneskiold. Die mündlichen Klagen wurden nach und nach zu Papier gebracht und übergeben. Ausser den schon angeführten Stücken waren die Hauptpuncte der wider B** angebrachten Klagen folgende: theils daß er die jungen Leute durch Heterodoxie verführte, und dadurch wurde denn der gute Mann dem heiligen Socrates etwas gleich, *) theils daß sein Privatleben unordentlich und anstößig wäre, und er dasjenige am wenigsten ausübte, was er in seinen moralischen Vorlesungen so deutlich lehrte; theils daß er diesem allen zufolge keine guten Exempel gäbe, u. z. B. selber rauh, grob und ungesittet wäre, da er doch gesittete Leute bilden wollte und sollte. Jeder unpartheyischer Kenner B — s wird einsehen, daß diese Beschuldigungen eben so übertrieben als ungegründet waren, und daß man Temperaments-Fehler, Mängel und Ge-

 brechen

*) Vide Memorabilia Socratis: gleich im Anfange.

brechen für grobe und vorsetzliche Ausbrüche des Herzens und des Verstandes ausgab. Kurz es wurde beschlossen, daß B** nach Altona sollte versezt werden, weil er in einem kleinern Orte, wie Soroe zu viel Aufmerksamkeit auf sich lenkte; und zuweilen von unbefugten Richtern beurtheilt wurde; dagegen aber zu Altona, als in einer weit größern und volkreichern Stadt mit seiner Heterodoxie und allen übrigen vorgeworfenen Mängeln und Gebrechen weit unbemerkter würde leben können; zumal Altona recht absichtlich das im kleinen wäre — und noch ist — was Holland immer in großen gewesen sey; nämlich, daß zur Beförderung der Volksmenge und der Gewerbe Altona immer der Zufluchtsort gewesen wäre, wohin alle Ketzer und Dissidenten und Anhänger der grössern und kleinern Sekten zu allen Zeiten gekommen wären, um daselbst in Freyheit und ungestört zu leben. So dachte und urtheilte man zu Soroe, zu Copenhagen und an andern Orten in Dännemark und im Hollsteinischen von und über B**. Man würde sich aber sehr irren, wenn man dächte, daß er förmlich und öffentlich, wie ein erklärter Ketzer und Heterodoxe, wäre seiner Dienste entlassen worden. Ein solcher Gedanke würde der Ehre und dem Ruhme B—s sehr nachtheilig seyn. O nein! vielmehr wurde er mit allen Ehren, unter allerley scheinbarem Vorwande, mit

einem

einem Gehalte von 800 rℓ nicht entlassen; sondern nur nach des Königs und desselben Ministern gnädigen Wohlgefallen, nach einem andern Orte an ein berühmtes Gymnasium, mit Beybehaltung des Professortitels und Ranges gesetzet. Nachdem B * * also ohngefähr acht Jahr an der Ritteracademie zu Soroe gestanden und daselbst in der That mit vielen Ruhme, obgleich auch bey abwechselnden guten und bösen Gerüchten gelehret hatte, so ging er von da von einigen bedauret und von andern bejauchzet, weg nach Altona; wo er abermals eine beträchtliche Reihe von Jahren seinen festen Wohnsitz aufschlug und hier Gelegenheit fand, sich noch mehr, als bisher hatte geschehen können, dem gelehrten Publicum durch Lehr- und Streitschriften bekannt zu machen; weil er seiner berühmten Vaterstadt sehr nahe war, und an den Gränzen von Teutschland wohnete.

Hier hebt sich abermals eine neue Periode des Lebens dieses berühmten und berüchtigten Mannes an. Hier zu Altona war es, wo ich diesen schon damals weit und breit bekannten Mann durch einen persöhnlichen und ziemlich langen Umgang kennen lernte, und Gelegenheit hatte, die schon gemeldeten und noch zu meldenden Nachrichten von ihm einzuziehen: wie in der Vorrede bereits zur Gnüge ist angezeigt worden. In einigen seiner Schriften

 nennet

nennet er das Land, wo er sich jezt aufhielt, Nord Albingien; und sich selber legte er ofte den verdeckten Namen Nord Albingius bey. Jedoch dies sind bekannte und unbedeutende Umstände. W—s Lebens-Geschichte fängt hier an, noch interressanter aber auch zugleich verworrener und schwerer zu werden für denjenigen, der selbige einigermaßen in einem fortgesetzten Denkmale der theilnehmenden Lesewelt vorlegen will. So weit meine gesammleten Nachrichten es erlauben werden, werde ich die Altonaische Lebensperiode dieses Mannes ununterbrochen und im Zusammenhange, doch aber in kleinern Abtheilungen fort und durch den 10jährigen Aufenthalt zu Altona durchführen. Sollte aber die Erzählung mannichmal etwas mager und nicht unterhaltend genug für die Leser ausfallen, so muß ich sie auf die in dem 2ten Theile dieser Lebensbeschreibung erst nachfolgende Abtheilung über den sonderbaren Character dieses sonderbaren Mannes verweisen, wo sie für alle unbefriedigte Neugierde sollen entschädigt werden. So viel als möglich, wollte ich gerne bey der großen Menge von Materialien einige Ordnung beobachten, und habe daher diese Eintheilung gewählt. Auch wird nur erst in der 3ten Abtheilung manche hier stehende und nur ganz kurz hingeworfene Nachricht ihre verständliche Deutlichkeit erhalten können. Auch hier will ich in

klei-

kleinern Abtheilungen oder Nummern die nöthigen und wesentlichen Nachrichten abfassen; welches freilich, wie sich von selber verstehet, weder in systematischer Ordnung, noch chronologischer Zeitfolge geschehen kann. (1.) Zu Soroe machte ich den Anfang mit der ersten Gattin B — s und erinnere hier noch zum Voraus, daß ich des einzigen mit selbiger erzeugten und noch lebenden Sohns weiter unten vielleicht erst in der 3ten Abtheilung Erwähnung thun werde. Auch hier will ich den Anfang mit der 2ten Gattin machen, die B** noch zu Soroe geheirathet hatte. Es ist selten, oder wenigstens ist der Fall doch nicht allzuhäufig, daß bey Frauenzimmern Schönheit des Gesichtes und eine einnehmende Bildung des ganzen Körpers von der Schönheit des Geistes, von ungemeinen Naturgaben und von andern liebenswürdigen weiblichen Tugenden begleitet seyn sollte. B — s zweyte Gattin gehörte zu den wenigen Beyspielen dieser Art, an welcher man die gute Bildung ihres Körpers eben sowohl, als ihren schönen und ausgebildeten Geist und ihre seltenen Tugenden bewundern und verehren muste. Sie war gewiß ein Muster von Schönheit des Geistes und des Leibes. Ihre Sprache, ihr Ton und Accent, ihre Mienen und Gebehrden, ihre beständige Freundlichkeit und Sanftmuth, ihre richtigen Urtheile, ihre nicht geringen Kenntnisse,

 und

und ihr sich immer gleichbleibender Character; so lange ich sie wenigstens gekannt habe, konnten auch dem gleichgültigsten und fühllosesten Beobachter nicht unbemerkt bleiben. Sie mochte holdseelig scherzen, oder im ernsthaften und doch sanften Tone reden; so stößte sie immer Ehrerbietung und Hochachtung ein. Schade, daß B** für so viele Schönheiten und Vollkommenheiten so wenig Gefühl und Geschmack hatte. Ofte, recht sehr ofte habe ich mich nicht genug wundern können, wie dieses liebenswürdige Frauenzimmer an einem solchen speculirenden Philosophen hat Geschmack finden können. Ja was noch unschätzbarer ist, als alles bisher Gesagte, und welches die ausgezeichnete Vortreflichkeit dieser Gattin noch mehr beweiset; so liebte sie ihren wunderlichen und sonderbaren Gemahl aufs zärtlichste; und konnte durchaus nicht leiden, daß das geringste Nachtheilige von ihm gesagt würde. Sie vertheidigte ihn auf alle Weise, und wo sie seine Irregularitäten und Thorheiten nicht läugnen konnte: da deckte sie alles mit dem Mantel der Liebe und mit dem Vorgeben zu, daß ihr Gemahl ein gutes Herz hätte. Das ist die Schilderung der zweyten Gattin unsers B—s. Und was hat diese fromme Dulderin nicht während ihres langwierigen Ehestandes ertragen und ausgestanden? davon weiter unten

in

in dieser Abtheilung zu Dessau, und dann in der dritten nach meinen gehabten Erfahrungen. Sie war eines würdigen dänischen Predigers Tochter, und mußte gewiß von beyderseits Eltern einen vortreflichen Unterricht und eine musterhafte Bildung erhalten haben. Dieses kann ich um desto zuversichtlicher behaupten, da ich Gelegenheit hatte, ihre rechtschaffene und fromme Mutter kennen zu lernen, als welche zugleich mit nach Altona gegangen war, und bey B** sich aufhielt und die zu meiner großen Verwunderung ihre Tochter und ihren Schwiegersohn überlebet, und im 89sten Jahre ihres Lebens, vielleicht noch bis itzt zu Dessau im Leben ist. Eine würdigere, sanftmüthigere, stillere, nachgebendere, klügere und erfahrnere Schwiegermutter hatte ich in meinem Leben noch nicht gesehen und gekannt. Sie war das zweyte Beyspiel, so ich von guten Schwiegermüttern bey ihren Töchtern und Schwiegersöhnen in meinem Leben beobachtet hatte. *) Auch sie lebte mit ihrem Schwiegersohne in dem allerbesten Vernehmen. Nie habe ich gesehen oder gehört, daß das geringste harte Wort aus ihrem oder ihrer Tochter Munde gegen Schwiegersohn

*) Sollte diese würdige Mutter noch im Leben seyn, so danke ich ihr in weiter Entfernung für alle mir erwiesene Gefälligkeiten. Vielleicht erinnert sie sich noch itzt an unsere häufigen und vertrauten Unterredungen.

sohn und Gemahl geflossen wäre. Zu wünschen wäre freilich gewesen, daß B** wenigstens zuweilen den klugen Rathschlägen und Warnungen einer so würdigen Schwiegermuter hätte Gehör geben wollen! Noch einen Augenblick sey es mir erlaubt, zu der vortreflichen eben geschilderten 2ten Gattin B—s noch einmal zurückzukehren. Vor meiner persönlichen Bekanntschaft mit B**, der so manches ins Publicum schleppte und demselben mittheilte und wichtig damit that, was wohl hätte unterbleiben können, hatte ich in seinen Schriften gelesen: daß er seine zweyte Gemahlin, eine kleine Naturalistin nannte, die er bekehret hätte. Daher machte ich mir vor meiner persönlichen Bekanntschaft mit dieser Dame eine sonderbare Vorstellung von ihr. Ich fand aber nachher bey genauerer und näherer Untersuchung, daß es so arg nicht war, als ichs mir nach B—s Beschreibung vorgestellet hatte; denn ich wagte es, sie selber in mehr als einer Unterredung auf diesen Umstand zu bringen, und fand, sehr unbedeutende Kleinigkeiten ausgenommen, daß Mutter und Tochter die besten und orthodoxesten Christinnen waren. Woher die etwanigen Zweifel mochten entstanden seyn, das kann ich hier nicht erörtern. Soweit habe ich ein für allemal, zwey mit B** in der allergenauesten Verbindung stehende, musterhafte und verehrungswürdige

würdige Frauenzimmer, eine Mutter und eine Tochter, eine Schwiegermutter und eine Gattin, nach meiner eigenen Erfahrung schildern wollen, um in B—s Lebensbeschreibung nichts fehlen zu lassen, was nur einigermaaßen als ein wesentliches Stück kann angesehen werden, und sowohl mit dem Vorhergehenden als auch besonders Nachfolgenden, in einer zu der Deutlichkeit gehörenden Verbindung stehet. Wo nun weiter unten dieser würdigen Damen noch zuweilen Erwähnung wird geschehen müssen, da werde ich dieses abermals nur kurz und im Vorbeygehen thun. 2) B** war von Soroe nach Altona auch deswegen versetzet worden, weil er hier in einer größern Stadt und vor einem zahlreicheren Publicum unbemerkter, wenigstens unbeachteter, unbelauerter und unbelauschter leben könnte. Dieser Umstand hat mich eine Bemerkung machen lassen, die ich in der Lebensbeschreibung eines in der Ferne so berühmten Mannes, als ein vorläufiges Stück nicht ungemeldet übergehen kann. Man hatte zu Copenhagen und zu Soroe sehr richtig geurtheilet, daß dieser schon eben so berüchtigte als berühmte Mann hier weniger Augen und Aufmerksamkeit auf sich ziehen würde. Hätte ich es nicht aus eigener Erfahrung gelernt, so würde ich nimmermehr geglaubet haben, was Mercier — ob in Bonnet de nuit oder in

Ville

Ville de Paris? darauf kann ich mich jezt nicht genau besinnen — behauptet, daß nemlich die größten und berühmtesten Männer in großen Städten so unbemerkt und unerkannt und unbekannt bleiben und leben können, daß sie nicht einmal in dem Hause wo sie wohnen, geschweige in der Straße und noch weniger in der Stadt Aufsehen machen, oder dem großen Publicum nur dem Namen nach bekannt sind. B — s Lebensart zu Altona war gewiß nicht eingezogen, sondern ofte in öffentlichen Häusern bey Spielen und andern Vergnügungen sowohl zu Altona als zu Hamburg ziemlich geräusch-voll und Aufsehen machend. Dem feinern und gelehrten Publicum wurde er freilich durch seine Schriften und seinen Umgang bald bekannt; denn er war gesprächig und dreuste Bekanntschaft zu suchen, und Liebhaber von Zerstreuungen; wodurch er einige Bekanntschaft nothwendig erlangen mußte. Jedoch im Ganzen blieb dieser berühmte und berüchtigte Mann auch seinem Namen nach unbekannt, daß, als ich ihn das erstemal nach einem erhaltenen Schreiben besuchte, ich länger als eine Stunde auf vielen Straßen dieser großen Stadt herumlief und alle mir begegnende Juden und Christen fragte, und mich sogar in einigen großen Häusern erkundigte, wo doch der Herr Professor B** wohnte? und mir da alle antworteten: "daß ihnen der Name

"ganz

" ganz unbekannt wäre; „ obgleich B** damals schon viele Jahre an diesem Orte gewohnt hatte. Ich bildete mir ein, daß alle Gesichter sich in ehrerbietige Falten legen würden, wenn ich nur den Namen eines so berühmten Mannes nennen würde: allein ich hätte noch lange in ängstlicher Ungewißheit herumirren können, wenn nicht ein Dienstmädchen, die ehemals bey B** gedient, im Vorbeigehen meine winselnde Bewunderung gehöret, und mir aus der großen Verlegenheit geholfen hätte. O! großer und ausgebreiteter Ruhm großer und weit und breit bekannter Männer, wie klein und eingeschränkt bist du doch im Ganzen!!! Recht sehr wünschte ich, daß diese Bemerkung vielen meiner Leser eben so wichtig und lehrreich seyn möchte, als sie es mir immer gewesen ist! Sollte diese Erscheinung nicht daher rühren, daß die meisten berühmten Männer durch ihre Schriften und durch ihre weittönende Unternehmungen wenig oder gar keinen Einfluß auf das Ganze haben, und haben können und wollen; sondern sich meistens nur auf die wenigen Erdensöhne und Erdentöchter von sogenannter edler Herkunft beziehen, und doch auch da wenigen Nutzen stiften und Früchte schaffen. Und was folget hieraus? Diese Frage zu beantworten würde überflüßig seyn. Der wahre Ruhm bestehet darin:

wenn

wenn man wie Regen und Sonne bey dem Grössten und Kleinsten gemeinnützig wird. Als ich eben erzählten Vorfall dem Herrn Professor B** mittheilte, so erzählte er mir viele lustige Anecdoten, wodurch er bewieß, wie unerkannt er noch zu A** und H** lebte, und auf ihren Straßen herumgehen könnte. Nicht nur B** selber, sondern auch alle seine Freunde erkannten diesen Vortheil sehr wohl, der ihm auch in seiner Lage zu allen Zeiten sehr wohl zu statten kam. 3) Mit ganz Wenigem will ich nun das Lehramt beschreiben, zu dessen Verwaltung B** nach Altona war versetzet worden. Das Gymnasium zu Altona hat seit seiner Errichtung, sowohl unter Friedrich V. als auch unter den itzt regierenden Christian VII. mancherley Veränderungen und verneuerte Einrichtungen erlitten; worüber ich mich hier weiter zu erklären nicht nöthig habe. Einen Lehrer dieses Gymnasiums aber unter Friederich V. der von meiner vaterländischen Schule zu Wernigerode nach Altona berufen wurde, will ich aus gegründeten Ursachen nahmhaft machen — ich meine den Director Schütze — nicht als wenn ich ihn selber gekannt hätte, sondern weil sein Sohn, der als Professor am hamburgischen Gymnasium verstorbene Gottfried Schütze, mein wahrer Freund und Gönner war, sowohl, so lange ich

mich

mich zu Hamburg aufhielt, als auch nachher, da ich auf Anrathen dieses Mannes und des schon genannten Rectors Müllers vom Privatisiren abließ, und wieder ein öffentliches Lehramt annahm. Aber wozu denn in aller Welt diese hieher gar nicht gehörende Erzählung? — Aus gegründeten und gleich im Anfange dieser Abtheilung angezeigten Ursachen thue ich auch dieses Mannes Erwähnung, mit dem ich so manche vertraute Unterredung gehabt habe. Bey seiner Ankunft in Altona, fand B** dasjenige wieder, was er zu Soroe verlassen hatte. Das Gerüchte von ihm und von seiner Heterodoxie, war auch von Soroe aus nach Altona erschollen, und einigen Lehrern am Gymnasium ins Gehirn gefahren. Die meisten Lehrer, wo nicht alle, waren also schon zum voraus gegen B** eingenommen. Einer derselben, die Quintessenz und das Elixir von Orthodoxie, eiferte am meisten gegen B**, und über ihn führte auch B** die meisten Klagen. Die Gemüther der Gymnasiasten waren auch schon gegen B** eingenommen. Auf dem Schulcatheder, auf dem akademischen Lehrstuhle und auf Mosis Stuhle und auf den Kanzeln ist mancher ehrliche, wackere und biedere Mann von der Zeit des Nicäischen Conciliums bis in die Mitte dieses Jahrhunderts, und noch viel weiter, verketzert, zu einem Höllenbrande feierlich erklärt, und für einen Verführer des Volks ausgerufen worden; und das alles mit den ängstlichsten und andächtigsten Mienen und Geberden. Hiedurch wurde, wie ganz natürlich, B—s Neigung zur Heterodoxie noch mehr gereizet und genähret. Davon nachher. B—s Lehrgeschäfte an diesem Gymnasium war weder intensive noch extensive von weitem Umfange. Er fing Troz aller bemerkten Gleichgültigkeit, Kaltsinnigkeit und Gleißnerey seine Vorlesungen an. Wie viel Stunden er wöchentlich gelehret, und wie lange er diese Arbeit verrichtet, das habe ich mit Wissen und Willen vergessen. Es kann seyn, daß alles darauf angelegt war, ihn zu jubiliren, dazu er doch noch zu jung war. Das weiß ich gewiß, daß B** anstatt von seinen Zuhörern geachtet und bewundert zu werden, wie zu Soroe geschehen war, er von ihnen heimlich und offenbar verlachet und verhöhnet wurde. Wie können doch collegialische Eingebungen solche große Dinge thun? Antwort: Durch Afterreden und bösen Leumund machen. Weitere Nachrichten hierüber in diese Lebensgeschichte einzuweben, würde zweckwidrig seyn. Genug, B** sezte seine Vorlesungen nicht lange fort, und ich weiß nicht, wie es kam; genug, er gab sie zulezt ganz auf; behielt seinen Gehalt, und war nun also frey von allen öffentlichen

lichen Berufsgeschäften. Das ist die ganze Geschichte des öffentlichen Lehramts, das B** an dem altonaischen Gymnasium verwaltet, und welche mit der zu Soroe freilich nicht zu vergleichen ist, und nicht einen Pendant, sondern ein Gegenstück dazu abgeben kann. Ob B** andere Gelegenheiten und Veranlassungen zu den collegialischen Mißhelligkeiten ausser den schon angeführten, gegeben habe, davon habe ich keine zureichende Nachrichten einziehen können. Es ist aber nicht sehr glaublich. Der Brodneid und der eingebildete Eifer mit Unverstand, die gewöhnlich beyde nicht aus dem Kopfe, sondern aus dem Magen ihren Ursprung haben, waren wohl ohne Zweifel die in Bewegung gesetzten Triebfedern, wodurch dem itzt mit Recht stolz und trotzig seyenden B** so viele Hindernisse und Steine des Anstosses in seinen, ihm eigenen Weg geleget wurden. 4) Ein thätiger, rastloser, project- und planvoller B** zu seyn, und doch sich leidentlich ruhig, stille und unthätig zu verhalten; das wäre unter allen Widersprüchen einer der ersten und größten gewesen. B** ließ sich gerne und ungerne seine völlige Befreiung von allen Amtsverrichtungen gefallen, und wendete diese Musse dazu an, die in Planen, Entwürfen und Skeletten schon zu Soroe aufgesetzten Schriften auszuar-

 beiten

beiten und herauszugeben. In dieser kleinern Abtheilung sollten nun also alle die Schriften, nebst einer kurzen Anzeige und Beurtheilung ihres Inhalts nahmhaft gemacht werden, welche er während seines Aufenthalts zu Altona herausgegeben hat. Meine Leser wissen aber schon, weil ich es mehr als einmal in dem Vorhergehenden angezeiget habe, daß den gesammten Schriften dieses Mannes ein besonderer Abschnitt im Folgenden bestimmet ist. Daher darüber hier nur einige allgemeine Anmerkungen überhaupt nur Statt finden können, die sich unten nicht gut anbringen lassen, wenn eine etwanige Ordnung soll beobachtet werden. a) Die Zahl der zu Altona ins nahe und ins entfernte Publicum geschickten Schriften ist nicht geringe, und übertrift an Menge die zu Soroe sehr weit. B** hatte zu Altona in seiner Lage zur Ausarbeitung und Auspolirung derselben alle erwünschte Musse. Nach meiner Einsicht verdient es also eben nicht sehr bewundert zu werden, daß er in diesem Zeitraume so viel geschrieben hat; und ich glaube, man könnte eher fragen, warum er nicht noch mehrere Bücher in dieser Zeit herausgegeben hätte. Hätte B** freylich Gelegenheit und Geduld und Kenntnisse und Erfahrung genug gehabt in dieser Zeitperiode seines Lebens 10 — 15 — 20 Jünglinge zu bilden und

in

in die Welt zu schicken; so, glaube ich, würde er doch vielleicht noch mehr Gutes gestiftet haben, als durch alle diese größern und kleinern Schriften ist bewirket worden. b) Dem Inhalte nach sind die zu Altona herausgegebenen Schriften sehr verschieden. Einige sind theologische, andere philosophische Streitschriften. Einige kleinere oder größere Stücke oder Abhandlungen sind auch noch bis jezt sehr gute und brauchbare Lehrbücher, deren Anzahl freylich klein ist. Die meisten sind mit Widersprüchen und Streitigkeiten angefüllet, und waren auch zu dem Ende recht absichtlich aufgesezt, dem Drucke übergeben und ins Publicum geschickt worden, daß sie Aufsehen machen, Widersacher entdecken, und ins Gewehr bringen sollten. Die letztern Schriften an diesem Orte herausgegeben, sind meistens pädagogischen Inhalts. Von jeder Hauptgattung dieser Schriften wird in folgenden Nummern noch überhaupt etwas bemerkt werden, weil der Inhalt sowohl, als die daraus entstandene Wirkungen und Folgen in dem Leben dieses Mannes eine vorläufige Erwähnung verdienen. c) An die schon in der Einleitung über B — s Schriften insgemein und überhaupt gefällten Urtheile, muß ich hier die theilnehmenden Leser nochmal wieder erinnern; um nicht genöthiget zu seyn, eine und dieselbe Sache mehrmal niederzuschreiben. d) Um die Altonaischen

Schriften von den andern Orten herausgegebenen unterscheiden zu können, will ich vorjezt nur die Titul derselben ganz abgekürzt hersetzen. 1) Ueberzeugende Methode der auf das bürgerliche Leben angewandten Arithmetik. 2) Die berüchtigte Philalethie. 3) Streitschriften gegen D. Winkler, Prose und andre Gegner. 4) B—s Schutzschrift für seine neuesten Bücher gegen Götze. 5) Methodischer Unterricht in der Religion, der Vernunft und der Bibel; welches 2 besondere Bücher sind. 6) System der gesunden Vernunft. 7) Organon, oder erleichterte Untersuchung der Religion. 8) Von der Stärke und Schwäche der natürlichen Religion. 9) Ueber Rechtgläubigkeit und Toleranz. 10) Religion Israels, oder Auszug aus dem Alten Testament. 11) Wahrheit des Christenthums der besten Religion. 12) Vorbereitung der Jugend zur Moralität. 13) Altchristliche Religion, oder Auszug aus den Evangelisten und der Apostel-Geschichte. 14) Lehren der Apostel im Auszuge. 15) Hauptprobe nebst Beylagen. 16) Freymüthige Dogmatik. 17) Privat-Gesangbuch. 18) Vorstellung an Menschenfreunde. 19) Das Nöthigste im Auszuge von dieser Vorstellung. 20) Die ganz natürliche Weisheit im Privatstande der gesitteten Bürger. 21) Vierteljährige Unterhaltungen mit Menschenfreunden. 22) Bernhards aus Nord-

Albin-

Albingien Schreiben an Johannem Turicensem. 23) Methodenbuch für Väter und Mütter. 24) Drey ersten Stücke des Elementarbuchs nebst 53 Kupfertafeln. 25) Kleines Buch für Eltern und Lehrer. 26) Kleines Buch für Kinder. 27) Agathokrator von der Erziehung künftiger Regenten. 28) Documentirte Beschreibung der Schlözerischen Thaten gegen das Elementarwerk. Das wären, so viel ich weiß und habe erfahren und finden können, die abgekürzten Titel aller größern und kleinern Schriften, die von B** zu Altona in einer Zeit von 10 Jahren sind herausgegeben worden, und die ich zur Erinnerung und Vorbereitung herzusetzen nicht habe unterlassen wollen, zumal solches auch zu Soroe geschehen ist; obgleich von jeder derselben weiter unten insonderheit wird zu reden seyn. 5) Die Verfolgungen, welche B** wegen seiner Heterodoxie erduldet hat, oder doch will erduldet haben, verdienen in der Lebensperiode dieses Mannes zu Altona eine besondere Stelle. B—s ebenerwähnte theologische Streitschriften, worin er einige bis itzt noch nicht allgemein angefochtene Kirchenthums-Lehren bezweifelte, verdeckt oder offenbar angriff, und den Ungrund und Widersinnigkeit derselben zu zeigen suchte, sollen ihm manche harte und heftige Verfolgung zugezogen

 ha-

haben.*) Man übertreibt wahrhaftig diese Behauptung abermals, sie mag nun aus B—s Munde, oder seinen Schriften hergenommen seyn. Man muß hierbey zum voraus folgende schon oben ganz unbezweifelte Sätze und Wahrheit noch einmal wieder ins Gedächtniß zurückrufen. Erstlich, B** war unermeßlich ehrgeizig und ruhmsüchtig. Die Nahrungsmittel dieser Leidenschaften, welche er zu Soroe verlassen hatte, fand er zu Altona in seinen öffentlichen Amtsverrichtungen nicht wieder, sondern vielmehr das Gegentheil. Und nun gab ihm seine Ehrbegierde ein: und wer könnte ihn gänzlich tadeln? — hæc contumelia me non franget, sed potius ad majora concupiscenda eriget.**) Sodann ist oben schon sattsam bewiesen worden, daß B** zur Führung theolo-

*) Man merke aber hier einmal für allemal, daß B** nie eine Sylbe, nie ein Wort, nie einen Satz bezweifelt und angegriffen hat, der nicht schon, da er noch in Vaters und Großvaters Lenden steckte, wäre bezweifelt und angegriffen worden.

**) Des Lateins kundige Leser habe ich bis itzt noch nicht um Verzeihung, Vergünstigung und schonende Nachsicht gebeten: obgleich schon so mancher lateinischer Brocken bisher ist angebracht worden. Einmal für allemal will ich mich also hier dieser Pflicht entledigt haben, und zu meiner Rechtfertigung meine Leser an den lateinischen Schulmeister Thomas in Gilblas erinnern.

theologischer Streitigkeiten, weder Anlage noch Kenntnisse genug hatte. Endlich, so thrasonisch dieser Mann ofte in seinen Worten war, oder so keck er zuweilen redete; so furchtsam und kleingläubig war er doch in seinem Herzen nach seinem eigenen Gefühle und Bewußtseyn in der That, welche Schwäche er zuweilen verheelete und einhüllete; zuweilen aber nur gar zu sehr verrieth. Jedoch seine Hypochondrie, und seine ihm angebohrnen veränderlichen Launen können alle diese Defecte entschuldigen. So ausgerüstet und in einer solchen Lage seines Gemüthes, unternahm es B** diejenigen theologischen Widersprüche ins gelehrte Publicum zu bringen, woran er zu Sorne gekäuet, und sie wiederkäuet hatte, und nunmehr glaubte, sie etwas verdauet zu haben.*) Die Hauptabsicht B—s dabey war, sich seines Schadens und seines Ver-

*) Schon zu Leipzig soll B** durch beunruhigende und quälende Zweifel dem entschlossenen Unglauben nahe gebracht worden seyn. Schon oben habe ich hierüber meine Gedanken geäussert. Der sogenannte Studente wird von solchen Plagegeistern eben nicht sehr angegriffen. Es schmeckt aber doch nach Tiefdenkerey, wenn man an wichtigen Wahrheiten zweifelt, und schon so jung daran will und soll gezweifelt haben. B** bleibt sich auch hier in seinem ganzen Leben gleich; er hört zuweilen auf zu zweifeln, und ruhet sich aus, um nachher desto stärker wieder zweifeln zu können.

hustes zu erholen, seine Scharte auszuwetzen, und mit einem alten Postillen-Sinnbilde vom Palmbaume hergenommen zu reden: destomehr empor zu streben, je mehr er gedrückt würde; folglich troz aller seiner Feinde und Verfolger noch größern Ruhm zu ersagen, als er bisher hatte erhalten können, und zugleich seine Widersacher zu Boden zu strecken, und ihnen eine ewige Schande und rechte derbe Schlappe anzuhängen. Hier sehen meine Leser dieses Mannes wahre Gesinnung und Absichten bey allen seinen, soviele Jahre hindurch geführten theologischen Streitigkeiten. Harte und schwer zu beweisende Behauptung! wird mancher kundige und doch noch an Vorurtheilen etwas kränkelnde Leser denken. Einen dickleibigten Folianten müßte ich schreiben, wenn ich mich hier ins Detail einlassen wollte. Gelassen und ganz ruhig werde ich Widersprüche erwarten, und unterdessen in unermüdender Kürze folgende Sätze und Wahrheiten und Thatsachen als Schutz- und Nothwehre, als Winke und als Erläuterungen voranschicken. a) Wegen Unbeständigkeit und Veränderlichkeit konnte B** in seinem ganzen Leben, es sey worin es wolle, besonders aber in theologischen Sachen, zu keiner gewissen und beruhigenden Erkenntniß und Ueberzeugung gelangen. Er grübelte, er spekulirte über alles und zweifelte

mehr,

mehr, als Pyrrho jemals gezweifelt hat.*) b) Daß Kirchenthumslehren um diese Zeit angegriffen wurden, war weder so gefährlich noch ungewöhnlich, als man es vorstellen will. Vielmehr war es itzt die rechte Zeit, damit hervorzutreten, um dadurch Ruhm zu erjagen. Lieber Gott! wie heftig und wie zu unzähligenmalen waren seit der Reformation bis auf B—s Kampfs-Lüsternheit diese Sätze weit heftiger angegriffen worden, als er sie mit seinen wenigen Kenntnissen angreifen konnte**). Bis auf eine gelegenere Zeit, wenn es

*) Vielleicht habe ich im Vorhergehenden den Namen Pyrrho, und das Kunstwort der Gelehrten: Pyrrhonismus, schon gebraucht, ohne unkundigen Lesern gesagt zu haben, wer Pyrrho gewesen sey, und was Pyrrhonismus bedeute. Pyrrho, ein alter griechischer Weltweiser, lange vor Christi Geburt, suchte die Wahrheit beständig und mit Eifer, wollte sie aber nie gefunden haben; er zweifelte daher an allen von andern Menschen angenommenen Wahrheiten und Erscheinungen, auch sogar an seinem eigenen Daseyn, und glaubte nicht gewiß zu seyn, daß er wesete, weil er dächte. Pyrrhonismus heißt daher die Lehre und Denkungsart eines Gelehrten, an allen auch sinnlichen Erscheinungen und an ihrer Wesentlich- und Wirklichkeit zu zweifeln.

**) Was Arnold in seiner Kirchen u. K. H. und seine Anhänger und Nachfolger; was Dippel; was Edelmann; was die Verfasser des Berleb. Bibelwerks; was

es ja erforderlich wäre, verspare ich auch hier alles und jedes Detail. Die Kirchengeschichte alter, neuer und neuesten Zeiten, im Ganzen und im Kleinen, in Städten und Ländern, kann vorläufig Gewehrsmann in dieser Behauptung seyn. c) Ich will hiermit gar nicht ableugnen, daß B** durch seine theologischen Streitigkeiten und Schriften nicht sollte manches Gute gestiftet und einigen Ruhm erlanget haben. Aber so groß sind die erfochtenen Vortheile und der dadurch erlangte Ruhm bey weiten nicht, als seine zu gütigen Lobredner vorgeben wollen. Es würde sich auch wahrhaftig der Mühe nicht verlohnen, in dem Leben dieses an sich merkwürdigen Mannes, durch Widerlegung hieraus

was in neuern Zeiten der berüchtigte Damm; was die Rezensenten der theol. Schriften in der A. d. B. in neuern und allerneuesten Zeiten, in diesem Stücke geleistet und kühnlich gewagt, und mit welch einem Muthe sie die angebliche Orthodoxie bestürmet haben: das alles ist bekannt genug, und weit mehr. Ich besitze ein ziemlich starkes, sogenanntes Glaubens-Bekenntniß im Manuscript, welches ein ganz junger Mann, ohngefehr in der Mitte dieses Jahrhunderts, einem zahlreichen und ansehnlichen Consistorium übergab, und ihnen ihre Menschensatzungen und heilige Mummerey sehr nachdrücklich vorstellte. Es ist nie beantwortet worden, ob er gleich 3 Jahre auf die versprochene Antwort wartete. Man verfolgte ihn so wenig, daß man vielmehr nun erst anfing, ihm mit Aufmerksamkeit und Achtung zu begegnen.

hieraus soviel Wesen zu machen. Seine theologischen Streitschriften sind noch in vieler Kenner Händen, und ich berufe mich dreiste auf eine unpartheyische und aufmerksame Prüfung derselben, und werde dann fragen: ob B** das Geringste bestritten und gerüget habe, was nicht von seinen Zeitgenossen, entweder kurz oder lange vor seiner Zeit, weit nachdrücklicher und treffender sey gerüget und bestritten worden. d) Es ist also wahrhaftig und zuverläßig: B** sahe es gerne, daß seine Widersprüche in seinen theologischen Streitschriften Aufsehen erregten, und einen unüberwindlichen Paulsen und andere theologische Klopffechter ins Gewehr brachten; denn dadurch erreichte er eben dasjenige, was er suchte, nemlich vor der großen Welt bekannt, berühmt, oder auch nur berüchtiget zu werden, welches ja doch in vielen Fällen mit Berühmtseyn einerley und oft noch kräftiger und würksamer ist; weil man durch die theologischen bösen und guten Gerüchte den Vortheil erlanget*), daß man mit einem Steine zwey

*) In der leztern Hälfte und dem letzten Viertel dieses Jahrhunderts, scheint es recht Mode geworden zu seyn, daß man nur durch böse Gerüchte großen Ruhm erhalten könne. Man denke doch an Mirabeaus Geständniß, und an die abgerissene Larve d. K. d. N. u. v. d. M. und viele andere.

zwey Würfe thun kann. e) Uebrigens ist es nur allzu wahr, daß B** sehr ofte etwas ängstlich und höchst bekümmert in dieser Kampfperiode seines Lebens gewesen ist; denn dies war ihm sehr natürlich, und rührte vermuthlich von der Erbsünde her, ob er selbige gleich leugnete. Die theologische Hetze und Balgerey nahm ein Paarmal eine sehr ernsthafte Wendung. Denn einige seiner Widersacher kratzten nicht nur mit ihren Klauen gegen ihn an, sondern wiegelten auch mit ihrem Schnabel an sogenannter heiliger Stätte den unkundigen und ununterrichteten großen Haufen gegen B** und seine Streitschriften auf, und warneten selbigen vor allen verdammlichen und in die tiefste Hölle stürzenden Irrthümern, die sich in eines neuerdinges erst aufgetretenen Irrlehrers Schriften befinden sollten. Aus seiner Philalethie und aus andern gleichlautenden Schriften führten sie fast mehr Stellen und darin stehende Dinge an, als aus der Bibel selber. So machten sie es mit seinen Schriften, wie die Scholastiker, wortreichen und sachleeren Andenkens es mit Aristoteles Nachlas machten. Ja diese orthodoxen Vorfechter und Verfechter gingen gar so weit, daß sie B** irrlehrende und in Hamburg gedruckte Schriften mit Arrest belegten; und so confisciren und das böse Ding mit Stumpf und Stiel ausrotten wollten.

Welch

Welch einen grossen Fehler begingen hier diese klugen und gelehrten Männer! Sie sprützten kaltes Wasser, wie die Grobschmiede, in die brennenden Kohlen und machten dadurch das Uebel ärger *), denn sie reizten die Neubegierde und erregten ausserordentliche Aufmerksamkeit und Erwartung. Die klugen Männer hatten so viel die Kirchenhistorie studirt, und diese so oft gebrauchte und fast abgenutzte Kriegeslist gänzlich vergessen. f) Ob nun B** zu dieser Zeit der Trübsal und der Verfolgung in allem Ernste so bange und so besorget und bekümmert gewesen sey, wie er das Ansehn haben wollte, oder ob er sich nur so gestellet, darüber bin ich mit mir bis diesen Augenblick noch nicht recht einig. Zur Vermehrung seiner Ehre und seines Ruhms würde ich wünschen, daß er sich möchte nur bange und furchtsam gestellet haben. Das aber muß ich als Thatsache hersetzen, daß er mich nicht nur sehr ofte von dieser gefahrvollen Zeitperiode seines Lebens unterhielt: sondern auch diese Geschichten so fürchterlich und so schrecklich vorstellete, daß mir selber noch hätte bange werden können, wenn ich nicht schon aus andern Erzählungen,

*) Man sehe des mit Recht unsterblich genannten Ernessuss's colloquium religiosum, wo er unnachahmlich die Verfahrungsart der damaligen Orthodoxen in ihren Widersprüchen fast eben so beschreibt: *frigidam affundunt.*

lungen, Muth und Trost, als ein Gegengift hätte hernehmen können. Aus meiner Jugend erinnere ich mich, daß mir mancher brave Soldat von seinen in dem schlesischen Kriege überstandenen Beschwerlichkeiten und Gefahren recht viel erzählet hat; ja ich selber bin auf dem mit ertödteten Leichnamen bestreueten Schlachtfelde bey Roßbach gewesen, und habe auch da aus manches braungesichtigen und zerfetzten und zerlumpten Helden Munde ähnliche Erzählungen gehört; aber zur Steuer der Wahrheit muß ich doch bekennen, daß B** in der Erzählung seiner überstandenen Gefahren, während seines Kampfes und Streites, alle jene Helden noch weit übertraf. B** war ein Held vom ersten Range, der die Kriege des Herrn geführet hatte und hatte führen wollen, dem die weltlichen Helden Davids und andere Könige und Fürsten nicht mal ähnlich, geschweige gleich waren. Es war nicht alles ungegründet, was er sagte, sondern nur etwas übertrieben; und nochmals wünschte ich zu seiner Ehre, daß er zu dieser Zeit gegen Freunde und Feinde mehr Muth und Standhaftigkeit möchte bewiesen haben, um nachher mit jenen französischen Helden aus Bewußtseyn sagen zu können: hättet ihr mich schwach und muthlos gefunden, so würde ich euch getödtet haben! g) Seine würklichen oder angeblichen und eingebildeten Gefahren bestanden darinn: theils, daß eine beträchtliche Anzahl von ehrsamen Schustermeistern einen Anfall auf seine Wohnung wagten, und Genugthuung und Ehrenerklärung verlangten, dafür, daß er den Namen ihres ehrsamen Handwerks auf dem Titul einer Streitschrift: der ehrliche Schuster, betitelt, gemißbraucht hätte, — und da hatte der gute Mann mit dem frommen Lavater oder seinem Joannes Turicensis einerley Schicksal, — theils daß, so unbekannt als B * * seiner Kleidung und Bildung nach bisher gewesen war, ihn doch nun der große Hause, und unter selbigem sogar Jan Hagel kennen lernte, mit Fingern auf ihn wieß und sogar drohete, (wenn es anders so arg gewesen ist,) diesen verführerischen und verdammten Ketzer durch einen Steinregen, zur Ehre Gottes und der christlichen und rechtgläubigen Kirche, eben so in die andere Welt zu schicken, wie ehemals die Juden den heiligen Stephanus auf dieser geschwinden Extrapost auf Verlangen und mit Genehmigung ihrer hochwürdigen Vorsteher abschickten: theils endlich, daß er besorgte, daß ihn durch Verlästerung seiner Feinde am dänischen Hofe sein Gehalt von 800 ℛ möchte genommen werden. Diese letzte Besorgniß mogte wohl der sogenannte schwerste Sorgenstein seyn, der ihm am drückendsten auf dem Herzen lag.

 Denn

Denn Haut um Haut, was der Mensch hat, läßt er für sein Leben. Anfälle auf Ehre und guten Namen, und andere dergleichen moralische Güter sind kränkend und schmerzlich: aber keine Kränkung kann der gleich kommen, als wenn wir in Gefahr sind, unsern Lebensunterhalt und die Mittel, uns selbige anzuschaffen, zu verlieren. *) Jedoch, wie ich oben schon gesagt habe, zeigte sich hier B** zu sehr in seiner Feigheit und Muthlosigkeit. Vielleicht war noch nicht daran gedacht worden, ihm seinen Gehalt entweder abzukürzen oder gänzlich zu nehmen. So wie B** aber sich ofte einbildete, daß sein Ruhm über die ganze Welt ginge, und daß in dem gelehrten Publicum von nichts mehr, als von seiner Grösse, von seinem Ruhme und von den Beweisen desselben gesprochen würde; so dachte und muthmaßte und besorgte der furchtsame Mann auch, daß in dieser für ihn so trübseligen

*) Geschichtskundigen kann nicht unbekannt seyn, daß die rechtgläubigen Bonzen und Derwische aller Zeiten und aller Nazionen zu allen Zeiten bis auf diesen Tage immer nicht grimmig, sondern wüthend wurden, und mit ihres Gottes Rache und Strafen droheten; wenn ruchlose Verächter solcher theuren Männer Angriffe auf ihren Beutel und Bauch wagten, und zeigten, daß sie als inutilia terræ pondera bey dem Staate gemeinschädliche und sehr theure Kostgänger wären.

seligen Zeit alle seine Feinde auf nichts mehr dachten, nach nichts mehr trachteten, als Materialien zu sammlen, woraus sie tödtliche Geschosse und Pfeile schmieden könnten, um selbige auf ihn, als das Ziel ihres Grimmes, abzuschießen, und so entweder ihn ganz aus dem Lande der Lebendigen zu vertilgen; oder doch ins tiefste Elend zu stürzen. So dachte dieser Philosophe; der doch zur andern Zeit, bey heiterm Wetter, so vielen Muth und solch eine unerschütterliche Standhaftigkeit haben und vorzeigen wollte. So verlebte er einen guten Theil seiner männlichen Tage, Wochen und Monate und sogar Jahre in ängstlicher und quälender Besorgniß und Erwartung der Dinge, die über ihn kommen sollten, und der Gewitter und Stürme die über ihn hereinbrechen würden. Ich würde beständig in der Meinung geblieben seyn, daß alles dieses B** nicht recht von Herzen gegangen wäre, sondern daß eine gute Dosis von Verstellung und Zurückhaltung seiner wahren Gesinnung die Haupt-Ingredienz der Aengstlichkeitsrolle wäre, die er in dieser ganzen Zeit so natürlich spielte, wenn mich nicht ein anderer Umstand nöthigte, die Meinung fahren zu lassen. Der Vorfall ist folgender. 1) Der nagende Kummer, die quälende Besorgniß und die peinigenden Sorgen hatten auf seinen Geist und seinen Körper einen solchen sichtbaren Einfluß daß sie in beiden eine grosse Zerrüttung anrichteten. Zu verwundern war es nicht; denn die Periode, wo er nach seiner Angabe so viel zu leiden und zu befürchten hatte, dauerte nicht ein, sondern mehrere Jahre. Man muß sich nur an das schon Gesagte nochmals und öfters erinnern und immer im Andenken behalten, daß B** das Uebertriebene liebte, und *en gros* handelte; er mochte sein Glück oder sein Unglück, seine Grösse und seinen Ruhm, oder seinen verabsichteten Sturz und Herabwürdigung vorstellen wollen. Gewiß ist es, daß er in dieser langen Zeit zuweilen kränkelte; manigmal gefährlich krank wurde, und besonders zu ofte in die Fassung seines Gemüthes gerieth, die man mit dem Namen der Schwermuth, der Melancholie, oder noch gewöhnlicher, der Hipochondrie belegte.*) Dadurch wurde er sich und den Seinigen oft unausstehlich und eine unerträgliche Last. Diesen Zustand kann ich mir recht lebhaft vorstellen, weil ich ihn in dieser Lage seines Gemüths öfterer, als mir lieb war, mit

*) Nach allen angestellten Prüfungen und gehabten Erfahrungen aber, muß ich diese ganze Krankheit, woraus so viel Wesens gemacht wird, bloß seiner Mißmüthigkeit, Unzufriedenheit, unruhigen Wetterwendischkeit und besonders seiner Bangigkeit und Feigheit und Zaghaftigkeit zuschreiben. Niemand hat wohl weniger die practische Philosophie geübet, als B** selber.

mit eigenen Augen gesehen habe. *) Und doch sollten dieses, nach Aussage seiner Bekannten, nur Ueberbleibsel von jenen Anfällen der Schwermuth seyn. Ofte, recht sehr ofte dachte ich bey mir: Wie glücklich hätte B** die ganze Zeit seines Aufenthalts zu Altona leben können, wenn er gewollt hätte. O felicem Basedovium! rief ich ofte mit dem begeisterten Virgil aus: si sua bona nosset! und setzte aus dem Horaz hinzu: et sua sorte contentus vivere potuisset! **). Daß doch die berühmten Philosophen die Lehren der practischen Philosophie immer wortreicher und schmuckvoller mit dem Munde vortragen können, als sie selbige, um ihr Licht leuchten zu lassen, auszuüben sich bestreben! So ofte er mich mit diesen seinen Leiden unterhielt, besonders nachdem ich ihn erst besser kannte, und seinen Character studirt hatte, konnte ich ihm meine Verwunderung nicht verbergen, daß er, als ein so großer und berühmter Mann, sich

*) Wer mit B** nicht umgegangen ist, wenn er hypochondrisch, ängstlich und niedergeschlagen; oder wenn er grimmig und wüthend war, der hat ihn niemals kennen gelernt.

**) Noch einmal bitte ich, wegen solcher l. Brocken um Verzeihung. Der Schulmeister Thomas guckt freylich recht sehr durch; aber wie kanns anders seyn? Die Tonne riecht doch immer nach den Heeringen, und die Hände nach dem Handwerke.

von quälenden Besorgnissen so sehr hätte hinreissen lassen können; da er doch, nach seiner eigenen Versicherung, so viel Kopf und Geschicklichkeit und Muth hätte, daß er auch im Fall der Noth mit seiner Hände Arbeit sich seine Bedürfnisse erwerben zu können sich getrauete. *) Solche Einwürfe kamen dem guten Mann niemals recht gelegen, und er half sich, so gut er konnte, damit: "daß "er nicht allein wäre; sondern Familie hätte, und "sonst vieles wagen müßte, der Welt zu dienen."

Das ist nun die kurze Schilderung, welche ich, nach Aussage der eingezogenen Nachrichten, mit Beystimmung meiner eigenen Erfahrungen, über diese angeblich so gefahrvolle Basedowische Lebens-Periode, über dieses Mannes Religions-Streitigkeiten, und die darüber wirklich erduldeten, oder nur eingebildeten Verfolgungen in möglichster Kürze und in zusammengedrängter Schreibart habe geben können. Was hier etwa zu fehlen scheint, das wird weiter unten am gehörigen Orte ersetzet werden.

---

*) Wenn je ein Sterblicher recht grobe, oft unverdauliche oder handgreiflich satyrische Schmeicheleyen und Lobeserhebungen, die ihm ins Gesicht gesagt wurden, hat als einen gebührenden Zoll einstreichen können; so war es B**. Man mochte ihn rühmen und loben, so viel als man konnte und wollte, er verdiente nach seiner Meinung immer noch mehr. Was ist der Mensch!!!

den. Ich kann leichte voraussehen, daß die hier geäusserten freimüthigen Urtheile eben nicht nach dem Geschmack vieler Leser werden zugerichtet seyn. Allein es werden meistens nur solche Leser seyn, die entweder gar nicht, oder doch nicht lange genug Gelegenheit gehabt haben, mit B** umzugehen, und so zu reden, ihn an Ort und Stelle oder bey der Quelle selber zu studiren.*). Die schon in der Einleitung zur Genüge beschriebene Unbeständigkeit, plötzliche und oft wiederholte Veränderung und Verwandelung seiner selbst; seiner Gesinnungen, seiner Laune und seines Charakters erschwerte diese Bemühung ausserordentlich. Ob ich Gelegenheit gehabt, und selbige genutzet habe, diesen Mann so zu studiren, daß ich diese freimüthigen Urtheile ruhig und getrost dem Publikum vorlegen kann; das

S 4 wird

*) Sollte einigen Lesern die freymüthige Beurtheilung B—s nach unleugbaren Thatsachen hier schon zu weit getrieben zu seyn scheinen, so rathe ich ihnen wohlmeinend, ja lieber gleich hier das Buch aus der Hand zu legen und nicht weiter zu lesen; am allerwenigsten aber den zweyten Theil dieses Lebenslaufes sich anzuschaffen; denn ich besorge aus guten Ursachen, daß diese Freymüthigkeit weiter unten noch einige Grade steigen werde. B** soll B** bleiben, aber er soll auch nicht mehr und nichts anders seyn, als was er wirklich gewesen ist; nemlich der irrende Ritter von der grimmigen und unbeständigen Gestalt im Lande Pädagogia.

wird aus dem 2ten Theil dieser Lebens-Beschreibung noch mehr erhellen. Eben deswegen, weil so wenige theologische Widersacher diesen Mann von Aussen und Innen recht kannten, und viele von seinen auffallenden Schwächen nicht die geringste Nachricht hatten; und endlich gar einige sehr gelehrte, kluge und vernünftige Männer ganz ruhig und stille dabey waren, und den ganzen Streit keiner Aufmerksamkeit würdigten: so dachte man sich in B — s Person einen heftigeren und furchtbareren und streitbareren Held, als er in der That war. *) Wer sich die Mühe geben will, dieses Mannes theologische Angriffe zu lesen, zu prüfen und einen Auszug daraus zu machen, der wird den bisher vorgetragenen Behauptungen seinen Beifall nicht versagen können: indem er finden wird, daß B** gar nichts gesagt hat, was nicht schon tausendmal vor ihm weit treffender ist gesagt worden.

Wenn

*) Mit dem Angriffe, den B** gleichsam als einen Sturm auf öffentliche Schulen und Lehranstalten wagte, hatte es dieselbe Bewandniß, und hat auch denselben Ausgang gehabt. B** war eben so wenig Theologe als Schulmann; und doch dachte man sich beydes in diesem Manne in einem hohen Grade vereiniget. Solche sonderbare Erscheinungen in und bey diesem Manne weiß ich mir nicht anders zu erklären, als durch die angenommenen Schicksals-Einzigheiten und Sonderbarkeiten.

Wenn also vom Strohlager, vom Verluste der Freiheit, von Landesverweisung und der Erwartung anderer schrecklichen Dinge, die über ihn als einen Ketzer hätten kommen können, geredet wird; so gehört dieses zu den oratorischen Figuren, wovon der gute Man in seiner Schreibart so sehr überfloß; welche aber auf die Zeit, worin er lebte, handthierte und den Helden spielte, nicht mehr wohl passen konnten. Seine eigenen Versicherungen sowohl hierüber, als die Betheurungen seiner Freunde und Anhänger in dieser Sache sind also würklich sehr übertrieben. Die wahre Ursache hievon ist in dem Vorhergehenden schon mehr als einmal angezeigt worden. Daß B** übrigens lobpreisend und hochtönend dankbar gegen seine hohen Gönner und Freunde für den ihm geleisteten Schutz sich beweiset, das ist sehr löblich. Auch unverdientes Lob, oder welches einerley ist, Schmeicheley, thut in der Welt viele und große Dinge. 6) Ich komme zu einen abermaligen neuen Stücke, neuen Rolle und neuen Auftritte des Basedowischen Lebenslaufes; einer Rolle, die er bis ans Ende seines Lebens mit abwechselndem Glücke bald siegend, bald besieget, bald hoch herfahrend, jauchzend und frohlockend, bald aber gebeugt und gedemüthigt, niedergeschlagen und als eine nahe Beute der Verzweifelung, bald als

Theilnehmer und Compagnon, bald als Abgesonderter gespielet hat. Man erinnere sich auf einen Augenblick an die in der vorhergehenden Nummer vorgelegten Erörterungen. B.*° war unruhig, geschäftig, und wollte durchaus berühmt werden und Aufsehen machen.*). Er suchte diesen Zweck in der Theologie zu erreichen; machte einiges Aufsehen; und es schien anfänglich, als wenn er den richtigen Weg zum Tempel der Ehre und des Ruhms und des Reichthums erwählet hätte. Allein am Ende schlug es doch fehl; entweder weil er es nicht recht angegriffen hatte, und nicht Kenntnisse und Geschicklichkeit und Fähigkeit und Erfahrung genug besaß; oder nach dem gewöhnlichen Lauf der Dinge in dieser Welt, nach welchem man bey den wichtigsten Erscheinungen am politischen und theologischen Kirchenhimmel mit dem seligen Krüger ausrufen muß: O Eitelkeit! O Eitelkeit! — —

Die

*) Eine andre seiner Haupt-Absichten war freylich auch mit, das Publicum in Contribuzion zu setzen, und sich dadurch für seine Neigungen und für seinen Hang ein reichliches und bequemes Auskommen zu verschaffen. Dies ist ganz unleugbar, für Männer die prüfen und vergleichen können. Und lieber Gott! wie viele Gelegenheiten hat nicht die Pädagogie in unsern Tagen zu Finanz-Operazionen gegeben? Sie ist die leibhafte ehemalige Goldmacherkunst; nur mit veränderten Nahmen.

Die wärmsten Stuben werden kalt, die schönsten Jungfern werden alt. — — Bey der Erzählung und Vorstellung dieses Basedowischen Auftrittes als Pädagogiker zu Altona könnte ich recht sehr weitläuftig seyn, und noch eine sehr lange Beschreibung dem Publikum darüber mittheilen, weil ich Augen- und Hörzeuge davon gewesen bin, wie die Leser aus der schon in der Vorrede, und nachher in der weitern Ausführung angegebenen Jahrzahl haben ersehen können. Allein, das will ich nicht thun, um die Leser durch eine unnütze Weitläuftigkeit nicht zu ermüden; sintemal der ganze pädagogische Aufruhr und Lerm dieses Mannes in Schriften sowohl, als in allen seinen zuversichtlichen Verheißungen und Versprechungen sich doch zuletzt nach vielen verschwendeten und aus ganz Deutschland herbeygeholten Kosten, mit einem: parturiunt montes, geendiget haben. *) Die

Magde-

*) Auch noch an Vorurtheilen laborirende Leser, z. B. welche die Fragmente und Beyträge über Basedow gelesen, bitte ich, sich ja nicht an solchen hartscheinenden Urtheilen zu stoßen; wenigstens so lange mit ihrer Entscheidung zu harren, bis sie das ganze Leben B— s. werden gelesen haben, und alsdann ihren Ausspruch für oder wider mich erschallen oder ertönen zu lassen. Heiligst versichere ich, daß ich meine Urtheile mit möglichster Behutsamkeit bisher eingerichtet habe, und noch ferner einrichten werde. Sonst — — —.

Magdeburgischen Beyträge sind in Beschreibung und Erhebung des Anfanges und Fortganges dieser pädagogischen Unternehmungen außerordentlich wortreich.*) Ohne übertrieben zu reden, müßte ich wahrhaftig einen Quartanten, wo nicht gar Folianten aufsetzen; wenn ich alles nach meiner Ueberzeugung und Bewußtseyn und Erfahrung berichtigen und ins gehörige Gleis bringen wollte. Allein, ich will es bey Winken bewendet seyn lassen, da vielleicht itzt nichts weiter nöthig ist; nachdem man hinten nach, aus unleugbaren Thatsachen gesehen hat: daß so leichte in der neuern und alten Geschichte kein Mann der Welt grössere Versprechungen gethan und weniger gehalten hat, und nach seiner längst vorher gehabten Ueberzeugung halten konnte, als B**. Um den Faden der Erzählung wieder anzuknüpfen, so merke man aus dem Vorhergehenden, daß die

theo-

*) Wo ich aber nicht sehr irre, so glaube ich doch auch in diesen Beyträgen, eben wie in den Fragmenten, sehr häufige Winke gefunden zu haben, die zu erkennen geben, daß der Verfasser durchaus nicht immer Lobredner seyn, sondern auch zuweilen den Tadler machen will; jedoch wird dieser verdiente Tadel so versteckt und verhüllet angebracht, daß es einem Nichtkenner lauter Lob und unsterblicher Nachruhm zu seyn scheinet. Es wäre freylich besser, ohne das Kind mit dem Bade auszuschütten, demselben doch den rechten Namen zu geben, um das Publicum vom irrigen Wahn und Vorurtheil zu heilen.

theologischen Streitschriften nach und nach eben keinen Beyfall mehr hätten, noch starken Abgang fanden. Sie wurden nicht mehr confisciret: es erschienen keine obrigkeitliche Verbote mehr. Jeder Mann konnte sie kaufen und lesen, und sich so viel wundern als es seine Einsichten erlaubten. Sie fielen also im Werthe, und die Buchführer wollten nichts mehr wagen, weil sie ihre Rechnung nicht fanden. B—s Feinde und Widersacher wurden des Streitens müde, nachdem sie ihren Mann besser kennen gelernt hatten. Hiezu kam noch, daß neue und noch besser gerüstete Kämpfer, zum Beyspiel Bahrdt mit der Uebersetzung des neuen Testaments u. s. w. auf dem Kampfplatz traten, und nach Götzens und anderen ähnlich gesinnten Meinung mehr Aufmerksamkeit und Widerlegung verdienten. Was war zu thun? B** hatte die Pfeile seines theologischen Köchers verschossen. Er erinnerte sich an seine Hofmeisterschaft und den dabey erworbenen Ruhm *); an sein verwaltetes

*) Auf diese Hofmeisterschaft und auf den dabey erworbenen Ruhm und Beyfall beruft sich B** fast unzähligemal in seinen Schriften, und will daraus die rechtmäßigen Ansprüche herleiten, die er auf den Titel eines Schul-Reformators machen könnte. Bey der Beschreibung seiner Hofmeisterschaft habe ich ihm oben Recht wiederfahren lassen, und gelobet was zu loben

tes öffentliches Lehramt zu Soroe und den daselbst eingeerndteten Beyfall. Einige gehabte Ideen aus seiner Jugend erwachten wieder, indem er sich an die schlechte Beschaffenheit des Unterrichts in den Schulen die er besuchte, erinnerte, und sich zugleich lebhaft vorstellete, wie wenig er seinen Schul- und academischen Lehrern zu verdanken, und wie wenig und ungern er ihre Lectionen besucht hätte, und wie er alles aus sich und durch sich geworden sey. Daher schloß also B**, daß der noch übliche öffentliche Unterricht müßte allgemein verwerflich und untauglich seyn. Der gute Mann versahe es nur darin sehr, daß er von einigen oder wenigen, auf alle und von einzelnen Stücken aufs Ganze schloß. *) Große und bittere Klagen waren übri-

loben ist; aber dieses Lob gehet dadurch wieder verlohren, daß der gute Mann dieses kleine und sehr gemeine Verdienst zum Range der Heldenthaten erheben will.

*) Hiezu kommt noch besonders, daß das Zeugniß und die Klagen eines Mannes von solch einem bizarren Geschmacke, wie B** hier fast nicht den geringsten Grad von Gültigkeit und Glaubwürdigkeit haben können. Wenn auch Engel und Erzengel als eingemenschte Schul- und akademische Lehrer aufgetreten wären, und B** hätte bilden und unterrichten wollen: so würde er doch an ihrem Vortrage keinen Geschmack gefunden haben. B** war in diesem Stücke nach seinem eignen Zeugniß nicht mehr zu bessern.

übrigens schon lange vor B** über den schlechten Zustand der Unterrichtsanstalten geführet, und Verbesserungs-Vorschläge gethan worden. Einige derselben hatte B** gelesen, und andere aus dem Munde einsichtsvoller Männer gehöret. Nachdem er dieses alles geraume Zeit überleget, und sich mit seinen Freunden darüber unterredet hatte, die ihn in seinem Vorhaben bestärkten, so faßte er den Entschluß, die Theologie mit der Pädagogik zu vertauschen. Nach B — s Plan war hiebey nicht blos Ruhm, sondern auch große Vortheile zu erjagen; denn er war seiner Sache so gewiß, daß, in seiner Sprache zu reden, es gar nicht fehlschlagen könnte, daß ihm die Louisd'or und Ducaten nicht bey Spinten sollten ins Haus gebracht werden. Hier ist nun also B** als Pädagogiker zu betrachten, und ich bemerke bey dieser Erscheinung folgende Stücke: a) Es ist ganz falsch, wenn man diesem Manne durchaus den Ruhm beylegen will, als wenn er als der einzige unter so vielen Tausenden und Millionen Menschen allein, und vorzugsweise auf die Verbesserung des öffentlichen Unterrichts gefallen wäre. Es ist mir ganz unbegreiflich, wie man diesem Manne, eben so wie es schon bey der Theologie geschehen war, hier abermals fast Columbus Ruhm und Entdeckungsgeist hat beylegen wollen.

Obgleich

Obgleich erst in der letzten Abtheilung des Lebens B—s im zweyten Theile hievon müßte geredet werden; so würde doch die Ausführung hier zu kahl und zu unbefriedigend ausfallen; wenn ich nicht auch vorläufig etwas zur Bestätigung und Erläuterung hersetzen würde. Von der Erziehungsgeschichte oder der Pädagogik der uralten, alten, mittlern, neuern — und man darf sagen — der allerneuesten Zeiten — hatte B** wenige oder gar keine Kenntnisse durch Lektür sich erworben. In der Litterär-Geschichte, so wie in vielen andern zur wahren und gründlichen Gelehrsamkeit gehörenden und dazu unentbehrlichen Stücken und Theilen, war der Mann unglaublich unwissend. Xenophonts Kyropädie hatte er nie, auch nicht mal in einer erträglichen Uebersetzung gelesen; ob ihm gleich als einem so großen und berühmten Mann Wielands Lobsprüche über dieses göttliche Buch nicht hätten unbekannt seyn sollen. Mit der Erziehung der Griechen u.s.w. war er eben so unbekannt, obgleich Hochheimers vortreflicher Versuch eines Systems der Erziehung der Griechen, 1785. sogar zu Dessau herauskam, wo B** sein Feuer und Heerd und Werkstelle hatte. Doch dies ist ihm noch zu verzeihen.*) Aber das ist einem so hochberühmten Manne

*) Mangelsdorfs Versuch einer Darstellung dessen, was seit Jahrtausenden in Erziehungswesen gesagt und

Manne gar nicht zu verzeihen, daß er nicht weiß und nicht wissen will, daß lange und nicht lange vor ihm Männer gewesen sind, die freylich nicht so viel Aufsehen und Lerm und Spektaculum gemacht, aber doch mehr Gutes gestiftet haben, als er; und dabey noch weit mehr Verfolgungen und Strapazen willig und freudig auf sich genommen haben, ohne von begüterten Menschenfreunden so reichlich und so bereitwillig unterstützt worden zu seyn. Was August Herrmann Franke durch Erbauung des hallischen Waisenhauses in diesem Fache geleistet, das übergehe ich, weil es Geschichtskundigen nicht so unbekannt seyn kann; zumal Franke noch weit mehr Geldbeyträge und Unterstützung erhalten als B * *, die er aber auch sehr gut und gewissenhaft angewendet hat, wie die Gebäude und Lehranstalten noch beweisen, ohne den größten Theil auf unnütze Reisen und Schriften zu verschwenden. Locke, Rollin, Rousseau, (Miller in moralischen Schilderungen)

und gethan worden; nebst einer freyen Beurtheilung der Basedowischen Lehranstalten kann unwidersprechlich darthun, daß B * * gar nichts Neues gesagt, gethan und erfunden, sondern nur nachgebetet und als Projectirer durch seine Einfälle und Schimären das Gute und Taugliche der Alten ganz verdorben und verhunzet habe, um selbigen ein neues Ansehen zu geben.

derungen) haben in ihren Erziehungs=Schriften alles weit deutlicher, nachdrücklicher, rührender und besser gesagt, als es B** je in seinen zahlreichen pädagogischen Abhandlungen, aus Mangel der nöthigen Kenntnisse hat vortragen können. Vorzüglich aber muß ich hier eines Mannes, Wolfgang Ratichius genannt, aus dem vorigen Jahrhundert Erwehnung thun, der noch viel grösseres Aufsehen als B** im römischen Reiche mit seiner neuen Methode gemacht, und es sogar dahin brachte, daß man auf einem Reichstage Deliberazionen über seine Lehrart anstellete. Dieses Mannes merkwürdigen Lebenslauf, doch nur in kurzem Auszuge, hatte ich erst in der Anlage für des zweyten Theils letzten Abschnitt bestimmet; allein die Leser möchten diesen Aufschub nicht wohlnehmen. Um also zu zeigen, daß B—s Methodus gar nicht res inusitata sondern fast obsoleta, wenigstens perquam antiqua sey; so setze ich hier dieses Mannes Lebenslauf kürzlich her, worin man die Aehnlichkeit mit B** nicht verkennen wird. Wolfgang Ratichius, ein Philologus, geboren zu Wilster, einer kleinen Stadt im Herzogthum Holstein 1571. den 18ten October. Anfänglich wollte er ein Kirchenlehrer werden, und legte sich deswegen auf dem hamburgischen Gymnasio und nachher zu Rostock mit allem Fleiß auf die

Theologie

Theologie und Philosophie: stand aber nach der Hand an, ob er solchen Zweck zu erlangen, seiner schweren Aussprache wegen, geschickt seyn möchte. Daher entschloß er sich alle seine Bemühungen, auf Erfindung einer leichten und bequemen Lehrart in Sprachen, Künsten und Wissenschaften anzuwenden. In dieser Absicht suchte er sich im Hebräischen recht feste zu setzen, und ging sodann, um in der Mathesi eine gründliche Einsicht zu erlangen, nach Engelland und Holland; hielt sich auch deswegen in Amsterdam 8 Jahre auf, woselbst er zugleich von einem gebohrnen Araber das Arabische erlernte. Als er endlich mit seiner vorhabenden Lehrart so weit gekommen war, daß er sich getrauen durfte, dieselbe zum Vorschein zu bringen, bot er seine Dienste zu allererst dem Prinzen Moriz von Oranien an, der ihm auch eine ansehnliche jährliche Pension zu geben versprach, wenn er seine Bemühungen einzig und allein der lateinischen Sprache zu widmen sich entschliessen wollte. Weil er aber meinte, daß sein Vorhaben hiedurch in gar zu enge Grenzen eingeschlossen würde, nahm er solches nicht an, sondern begab sich nach Strasburg und Basel, woselbst er, wie auch noch an andern Höfen und Städten seinen Vorschlag bekannt machte, und zuweilen nicht ungeneigtes Gehör antraf. Insonderheit übergab er 1612 der Reichs-Versammlung zu Frankfurt am Mayn ein

Memorial, welches so viel wirkte, daß ihm der Pfalzgraf Wolfgang Wilhelm zu Neuburg, zur Beförderung seines Werkes 500 Gulden schenkte; der Landgraf zu Hessen-Darmstadt Ludovicus aber die beiden Gießischen Professores, Helvicum und Jungium, befehligte, daß sie ihr Gutachten hierüber ertheilen sollten. Diese ließen sich, nachdem sie vorher schriftlich versprochen hatten, die Handgriffe und Vortheile dieser neuen Didactik niemanden zu offenbaren, von Ratichio selber darin unterrichten, und gaben darauf 1614 einen kurzen Bericht von Ratichs Didactik oder pädagogischer Lehrkunst zu Jena heraus. Der Ruf von dieser Erfindung kam auch an den Weimarischen Hof, daher die verwittwete Herzogin Dorothea Maria, eine große Liebhaberin der Gelehrsamkeit, nicht allein 1613 eine Zusammenkunft verschiedener Gelehrten zu Erfurt veranlassete, um die Sache in genaue Erwägung zu ziehen, sondern auch mit einigen andern berühmten Männern darüber sich unterredete. Die Jenaischen Professores Grawer, Brendel, Walther und Wolf gaben 1614 ihr schriftliches Bedenken unter dem Titul heraus: Bericht von der Didactica oder Lehrkunst W. R. welchem der Bericht der Gießischen Professoren mit beygefüget wurde. Hierauf berief die ebengenannte Herzogin den Ratichium nach Weimar, und ließ sich selber von ihm nebst ihrer

Prinzeßin

Prinzeßin Schwester in der lateinischen Sprache unterweisen. Diese hohe Gönnerin vermachte ihm auch vor ihrem 1617 erfolgten Absterben zur Beförderung seines Instituts 2000 Gulden. Ratichius war damals nicht mehr zu Weimar, sondern nach Frankfurth und Augspurg gegangen, um daselbst seine Erfindung anzubringen. Nach der Herzogin Tode nahm sich der Erbprinz Johann Ernestus seiner an, und vermochte seinen Vetter Ludovicum, Fürsten zu Anhalt-Köthen, daß er Ratichium in seiner Residenz aufnahm, und eine schöne und kostbare Buchdruckerey zu 6 verschiedenen Sprachen anlegte, in welcher auch Ratichius seine pädagogischen Schriften drucken ließ. Jedoch die große Erwartung und Hofnung davon wurde nicht erfüllet. Ratichius kam 1620 nach Magdeburg, und durch Hülfe des Pastors Cramer und des Stadtsecretairs Werdenhagen brachte er es so weit, daß der Magistrat daselbst ein öffentliches Ausschreiben ergehen ließ, welches nachher auf 15 Bogen gedruckt, herausgekommen ist. Da aber Ratichius mit dem dasigen Rector Evenius unnütze Streitigkeiten anfing, so kam sein Institut auch hier nicht zu Stande, und er mußte seinen Stab weiter setzen. Seine hohe gewesene Schülerin, die Prinzeßin Anna Sophia zu Weimar, an den Schwarzburgischen Grafen Karl Günther zu Rudelstadt vermählet, bere-

 dete

dete ihren Gemahl, daß er Ratichium an seinem Hofe versorgte, wo sie selber noch das Hebräische von ihm lernte. Ratichius hatte aber schon viele Feinde, die seine Unternehmungen vor Betrügereien erklärten, besonders auch den D. Hoe, der seine Didactik völlig verwarf. Auch die Herzöge von Weimar und Gotha wollten ferner mit ihm und seiner Lehrart nichts zu schaffen haben. Die eben genannte Prinzeßin aber fuhr doch fort ihn zu begünstigen, und unterhielt ihn nach dem Tode ihres Gemahls, nebst seinem Mitarbeiter Matthias Britrius erst auf dem Schlosse Kranichfeld, und nachher zu Erfurt. Ja sie empfahl selbigen aufs nachdrücklichste dem schwedischen Reichs-Kanzler Grafen von Oxenstiern; welcher auch durch einige Gelehrte des Ratichius Lehrart zu Erfurt untersuchen ließ, und darüber einen weitläuftigen Bericht erhielt. Allein, da Ratichius zweymal vom Schlage gerührt wurde, so hatte die Sache weiter keinen Fortgang, und er starb 1635. Seine pädagogischen Schriften, welche zu Köthen in der Fürstl. Druckerey herausgekommen, sind folgende: 1) Encyclopædia prodidactica Ratichii 1619. 2) Allunterweisung nach der Lehrart Ratichs. 3) Allgemeine Sprachlehre. 4) Lesebüchlein für die angehende Jugend, nach der Lehrart Ratichs. 5) Grammatica universalis. 6) La Grammaire univer-

universelle. 7) Compendium grammaticæ latinæ. 8) La grammatica universale. 9) Griechische Sprachübung. 10) Compendium logicæ. 11) Kurzer Begrif der Verstandlehre zu dieser Lehrart. Soweit gehet dieses merkwürdigen Pädagogikers Lebenslauf. Aufmerksame Leser werden auffallende Aehnlichkeiten und Gleichheiten zwischen dem alten R** und dem neuen B** entdecken, und wohl gar mit Raguel aus dem Büchlein Tobias ausrufen: wie gleich siehet der Junge Geselle unserm Vetter!*) Ich behaupte aber aus guten Gründen, daß Ratichius weit mehr Kenntnisse und Geschicklichkeit für seine Zeiten besaß, als B** für die unsrigen. Ratichs Hand- und Kunstgriffe bey seiner Lehrart sind meist verlohren gegangen, und seine Schriften sind rar geworden.

b) Daß B** zu diesem wichtigen Unternehmen, Er-

 ziehung

*) Diese Nachricht selber habe ich aus dem Jöcherschen Gelehrten Lexicon, oder welches hier einerley ist, aus dem Zedlerschen Universal-Lexicon, woraus Jöcher alles von Wort zu Wort genommen hat, ausgehoben. M. Rapp in seiner schon oft angezogenen Erholung u. s. w. S. 3. versichert aus einem Original-Briefe, daß B** offenherzig einem großen und gelehrten Manne das offenherzige Geständniß gethan: es sey ihm ganz was Neues, daß lange schon vor ihm sollte Ratich so viel Aufsehen im Erziehungs-Wesen gemacht haben. So erfahren war B** in der Litteraturgeschichte.

ziehung und Unterricht zu verbessern, bey weitem nicht Geschicklichkeit, Anlage und Naturgaben genug besaß, ist in dem Vorhergehenden schon mehr als einmal bewiesen worden. Es ging dem guten Manne mit der Pädagogik gerade, wie vorher mit der Theologie. Als ein Mann voll Projecte, der auf Ebentheuer ausging, schmeichelte er sich in seiner Unwissenheit und Unerfahrenheit, daß er mit dieser tausendmal wichtigeren und weitläuftigeren Unternehmung eben so leichte fortkommen würde, als mit seinem Privatunterrichte bey den Herrn von Qualen, und daß ihn sein angeblicher *inusitata methodus* dazu berechtigte. Ja man kann mit Wahrheit behaupten, daß, wenn B** weniger Präsumtion und wenigern Hang zur Projectirerey, und mehr gründliche und ausgebreitete Kenntnisse in alten und neuen Sprachen und in Künsten und Wissenschaften besessen hätte; wenn er mit der Pädagogik der Alten und Neuern mehr bekannt gewesen wäre; und wenn er den Zustand der Schulen und Akademien und derselben Lehrer, und die vorhandenen Lehrbücher nicht bloß nach seiner unglaublich geringen und ganz unbedeutenden Erfahrung und Lectüre beurtheilet hätte, er schwerlich würde das Werk unternommen haben. *)

Nieder-

*) So wie der Mann in seinem ganzen Leben in allen seinen Unternehmungen außerordentlich suffisant war, sich

Niederreissen kann jeder; aber aufbauen nur wenige. c) Man kann dieses um desto mehr behaupten, da B * * nach seinem eigenen Geständnisse selber nicht gut erzogen, nicht gut gebildet und unterrichtet war, und weder als Jüngling noch als Mann, in und ausser seiner Familie, durch Ausübung solche Proben gegeben hatte, die ihn dazu berechtigen konnten. Dies ist noch etwas mehr als Widerspruch, und erreget mit Recht ein von Unwillen begleitetes Erstaunen. So hart das Urtheil klinget, so kann man sich doch nicht enthalten, hierbey an den Schuster in Phädri Fabeln zu denken, der den Arzt machte. Frey und offenherzig sagte ich diesem Manne ofte ins Gesichte, daß wir erst bey uns anfangen und die Mängel ersetzen, und die Schwachheiten abthun müßten, die wir an andern curiren wollten. Seine Antwort auf solche gegründete Vorstellung ist schon oben gemeldet worden. d) B * * fing das Werk damit an, daß er von dem

 Publi-

sich mehr als gewöhnliche Menschen-Kenntnisse und Einsicht in omni scibili bey aller seiner Unwissenheit zutraute; und so wie er in seinem ganzen Leben tollkühn und vermessen war, und dabey immer mehr Glück als Verstand hatte: so hat er auch den mächtigen und fast allmächtigen und allgewaltigen Pädagogiker gespielt, oder doch spielen wollen, so daß Städt- und Länder noch davon zu sagen und Wunder zu erzählen wissen. Auch darin war B** einzig.

Publicum große Summen zur Ausführung seiner Unternehmungen verlangte. Abermals bekenne ich aufrichtig, daß ich anfänglich über diese großen Forderungen herzlich lachte, und nimmermehr geglaubt hätte, daß das hohe und mittlere Publicum nur mal auf solche Vorschläge und Forderungen horchen würde. Aber wie sehr fand ich mich beschämet, als doch fast die Louisd'or und Ducaten Spintweise entweder schon würklich ankamen, oder doch versprochen wurden, und was war die Ursache? Nach dem Laufe und Meinung und Einbildung der Welt muß dasjenige gut und vortreflich seyn, was theuer ist. Hätte B** nur wenige Scheide-Münze gefodert, statt der Louisd'or und Ducaten; so würde ihm das ehrenveste Publicum gewiß ausgelacht haben. Auf der einen Seite kannte B** das Publicum sehr gut, dessen Bestes er so sehr zu Herzen genommen hatte, und einer seiner Lieblings-Sprüche war: Das Publicum ist gleich einer viel Milch gebenden Kuh, welches lauter Louisd'ors und Ducaten demjenigen zufliessen lässet, der es zu melken verstehet. Es war ohngefähr im Jahr 1768, wo B** seine pädagogische Laufbahn zu Altona erst recht antrat, und bis 1771 daselbst fortsetzte. Freilich war er in dieser ganzen Zeit recht unruhig und rastlos, weil er selber bald einsah und fühlte, wie viel er versprochen hätte, und

wie

wie wenig er leisten könnte. Doch B * * kannte und wußte die durch so viele Erfahrung bewährte Richtigkeit des Sprichsworts: il faut payer d'audace & d'un verbiage specieux, sehr wohl, und diese Kenntniß rettete ihn in so manchen Bedrängnissen. Mit der Vorstellung an Menschen-Freunde machte B * * den Anfang und gab nachher noch einen Auszug aus dieser weitläuftigen Schrift dem Publicum in die Hände. Kapp in seiner Erholung für Lehrer und Freunde der Schulen, urtheilet sehr richtig, "daß B * * in dieser menschenfreundlichen Schrift und andern ähnlichen Piecen, alles gesammelt habe, was jemals Böses und Abscheuliches, mit Recht oder Unrecht, wider die öffentlichen Schulen und deren Lehrer gesagt worden ist, oder gesagt werden kann; daß er ihnen beynahe nicht das geringste Verdienst übrig gelassen; daß er die Gegenstände des Unterrichts, Methode und Disciplin auf Seiten der Lehrer sowohl, als seichte Kenntnisse, Unwissenheit und gräulichen Verfall der Sitten bey den Schülern so arg tadelt und vorstellet, daß wenn alles, oder nur das Meiste wahr wäre, was er von den Schulen und Akademien sagt, sie für keine nützliche Pflanzstätte und Anstalten, sondern für eine Pest des Staats und für wahre Mördergruben gehalten werden müßten, darin die Kinder an Seel und

Leib

Leib verwahrloset würden.„ *) Da nun diese Vorstellung nebst ähnlichen Piecen in ganz Deutschland und in angrenzenden Ländern herumgeschickt wurden, und an jedem Orte leicht einer oder mehrere sich fanden, die etwas oder viel wider die öffentlichen Schulen einzuwenden hatten, indem sie sich an das erinnerten, was sie selber in ihrer Jugend gesehen und erlebet hatten; so kann man leicht erachten, welch eine Sensation diese gedruckten Beschuldigungen weit und breit müssen erreget haben. **) Die Geschäftigkeit B — s, bey Versendung

*) Was in S. C. v. C. und im S. Vater Roderich unter seinen Kindern, wider die öffentlichen Schulen — besonders in dem letzten Buche — und die darin allgemein herrschenden Greuel gesagt wird, verdiente bey dieser Gelegenheit wohl eine umständlichere und weitläuftigere Erörterung, wenn es die Kürze erlaubte. Rechtschaffen und edeldenkende Männer, wie S. S. ohnstreitig sind, sollten doch nie sagen: ab uno disce omnes.

**) Die neuesten Erziehungs-Begebenheiten, erster Jahrgang St. 2. S. 110. drücken sich so darüber aus: Man glaubte, daß ein Mann, der so lebhaft und rührend reden könnte, Recht haben müßte, worin man um so mehr bestärket wurde, als fast Niemand ist, der sich nicht einiger Fehler der Erziehung und des Unterrichts der Schulen aus seiner Jugend erinnern sollte, oder nachher hätte kennen gelernt. Man hofte, daß der Mann, der so viele Fehler bemerkt hatte,

sendung dieser Schrift, übersteiget mein Vermögen, etwas zu beschreiben, ob mir gleich dieser erste Akt dieser

---

hatte, und auf deren Verbesserung drang, auch wohl im Stande seyn müßte, diese Verbesserung zu bewürken; obsgleich leichter ist, Fehler zu sehen, als sie würklich zu heben. Man schmeichelte sich, sein Geld wohl anzuwenden, wenn man ein so heilsames, nöthiges und neues Werk beförderte. — — — — Kurz, B** erhielt nach 4 bis 5 Jahren, nach eigenen Geständniß eine Summe von 15000 Rthl. schreibe Funfzehn tausend Reichsthalern; und es verlohnt sich der Mühe ein kurzes Detail herzusetzen von den einzelnen kleinen Summen, woraus die große für die klügere Nachwelt kaum glaublich zusammengesetzt worden. Die Kaiserin von Rußland gab 1000 Rthlr.; der Großfürst 500 Rthlr.; der König von Dännemark 900 Rthlr.; der Erbprinz von Braunschweig — itziger Herzog 200 Rthlr.; ein ungenannter regierender Herzog 100 Rthlr.; der Kanton Basel 150 Rthlr., und ausser vielen kleinern Summen so ich übergehe, waren in der Schweiz 1200 Rthlr. und zu Berlin 1300 Rthlr. gesammlet worden; wozu allein die Juden 240 Rthlr. beygetragen hatten. B** mußte es fast eben so machen, wie einst die Juden, die so viel zur Reparatur des Tempels zusammentrugen, daß die Priester verbieten mußten, ferner mehr zu bringen. Auch B** gab dem Publicum zu verstehen, daß er keine Pränumerazion mehr wünschte; aber NB. für Geschenke war immer noch Raum genug in dem pädagogischen Depositen-Kasten. Der kluge Mann! Nie werde ich vergessen, wie sehr sich B** in die Brust warf, wenn er mir diesen glücklichen Fortgang erzählte; denn ich war schon zu Hamburg. Aber Gottlob! ich kann mich rühmen, nie im Geringsten bis jetzt meine Meinung über diesen Mann geändert zu haben, den ich zu gut kannte.

dieser ersten Scene noch so frisch in Andenken ist, als wärs erst dieses Jahr geschehen. Jedes Exemplar wurde mit einem ziemlich langen und recht umständlich abgefaßten Briefe begleitet. Könige und Fürsten und Fürsten-Söhne erhielten so gut ihren Brief und Exemplare, als Männer von mittlern Stande und Range. B** verlangte von jedem, ausser freywilligen und selbstbeliebigen Beyträgen und Geschenken, 6 Louisd'or, die er 4 Jahr mit 4 pCt. verinteressiren und dann baar oder mit Exemplaren bezahlen wollte. Sollte aber das Vorhaben und Unternehmen nicht gerathen, so wollte er das Erhaltene zurück zahlen, NB. wenn ihm nicht etwa das vermögende Publicum ein freywilliges Geschenk damit machen wollte. Nur ein B** konnte so dreiste oder so unverschämt seyn, und solch eine fein seynsollende, in der That aber recht grobe und handgreifliche Einkleidung wählen. Ungerne und mit der allerunangenehmsten Empfindung und Zurückerinnerung weile ich bey dieser Beschreibung, und würde lieber alles ganz mit Stillschweigen übergehen, wenn es nicht die etwanige Vollständigkeit erforderte. Die allermeisten Umstände und Vorfallenheiten will ich gänzlich ungemeldet lassen, und nur so viel sagen, daß die Meisten wirklich antworteten, und entweder Geld oder Versprechungen schickten. Doch

einige

einige Excellenzen und Eminenzen und Hochwohlgebohrne wollten an den Köder nicht beissen; dabey denn zuweilen ganz artige und lustige Geschichtchen sich ereigneten, die pour la bonne bouche gut wären. Nachdem B** durch seine ins deutsche Publicum geschickte Vorstellung an begüterte Menschenfreunde rc. Aufmerksamkeit erreget, und schon einige günstige Antworten erhalten hatte, so fing er nun an: Vierteljährige Unterhandlungen über moralische und dennoch unkirchliche Verbesserungen herauszugeben, dadurch das aufmerksam gewordene Publicum sollte in Othem und horchender Stellung erhalten werden. Das Beywort: unkirchlich, ist hier in dieser Stellung und Verbindung von grosser Bedeutung. Die Orthodoxen sollten dadurch gesichert und beruhiget werden: daß B—s Absicht gar nicht wäre, diese moralische Besserung auf die Zerstörung einiger Lehren und Satzungen des Kirchenthums bauen zu wollen. Wie sich von selber verstehet, sollten diese Unterhaltungen für Lutheraner, Katholiken und Reformirte, und auch für andre grössere und kleinere Sekten und Partheyen, ja sogar für die Juden geschrieben seyn.*) Keine Unterscheidungslehre

*) B** hatte überhaupt seinen Plan so weitläuftig und vielumfassend angelegt, daß er alle Nazionen wenigstens

lehre und Menschensatzung, oder durch lange Gewohnheit eingeführte und ehrwürdig gewordene Lehre, sollte darin ferner angegriffen und bestritten werden. Mit wenigen lateinischen Worten abermals viel zu sagen, spreche ich mit Terenz: duram suscepisti provinciam. Diese Unterhaltungen über moralische Besserung, enthalten viel Gutes, und haben immer Beziehung auf die Verbesserung des Unterrichts in der Schule. Doch davon an einem andern Orte. Ob aber moralische Verbesserung ohne kirchliche Reinigung möglich sey, und ob der Sauerteig der Menschensatzungen bey dem Süßteige der Lauterkeit und Wahrheit bestehen könne, und ob man nicht dadurch neue Flicken auf ein altes abgenutztes und sehr kahl und mürbe getragenes Kleid setzet u. s. w., das mögen unpartheyische Männer beurtheilen, welche Wahrheit suchen, lehren und vertheidigen, und dadurch Glückseligkeit verbreiten, ohne dabey

Neben-

---

stens vors Erste in Europa aufs Korn genommen, um mit der Zeit, gleich einem unersättlichen Conqueranten, wenn der erste Versuch gelungen wäre, bis diesseits und jenseits des Ganges u. s. w. bis nach China mit seinen Unternehmungen vordringen zu können. Unglaublich und doch wahr. Ehrgeiz und Habsucht dieses Mannes um seine Projecte ausführen zu können, waren gleich unersättlich. Er wollte sich gerne für einen Gesandten Gottes gehalten wissen.

Nebenabsichten des Eigennutzes zu haben. Und hat denn B** den bessern und verbesserten Unterricht in der Religion geleistet, wodurch diese moralische Besserung könnte bewirket werden? Es scheinet, als wenn wir uns bis itzt im Religions- und damit verbundenen Erziehungs-Wesen noch nicht recht besinnen können; so mächtig hat das verwirrende Geschrey der vorhergehenden Jahre auf unser Herz und unsern Verstand gewirket.*) Doch laßt uns bey B** und dessen fernern Aufsehn erregenden Verhandlungen stehen bleiben. B** grif nun die Sache recht ernstlich an. Von dem, mit so vielen Verheissungen und versproche-

nen

*) Wenn wir erst mit unsern verwirrenden und nicht bessernden Religions-Meinungen werden zu dem ächten, alten, reinen, wahren Christenthum zurückgekehret seyn, und folglich den Sauerteig der Menschensatzungen und des Kirchenthums werden ausgefeget haben; nur dann und nicht eher, werden wir in die Fußstapfen der alten und uralten Weisen und Gelehrten bey allen Nazionen mit unserer Erziehung und Unterricht treten, und uns recht sehr schämen, daß wir, durch Queerköpfe und Schwindelgeister verleitet, uns schmeicheln konnten, in Tändeln und Spielen und durch Projecte und Schimären wahre und gründliche Gelehrte, und überhaupt edle Menschen zu erziehen und zu bilden, oder selber auf solchen Schwindelhöhen zu einer wahren und beglückseligenden Gelehrsamkeit gelangen zu können.

nen Wundern und Zeichen der Würkungen, angekündigten Elementar-Werke, gab er den ersten Versuch heraus. Noch recht wohl und sehr lebhaft erinnere ich mich des Anblicks dieses ersten Versuchs und der Urtheile, welche von unpartheyischen Kennern darüber gefället wurden, die sich vor Erstaunen und Unwillen nicht zu lassen wußten. Es war eine Nachahmung und zwar eine sehr unvollkommene des *Orbis pictus* *) u. s. w. mit dem Unterschiede, daß hier theure Kupferstiche, und dort wohlfeile Holzschnitte sind. B** schickte diesen ersten Versuch an einige seiner Freunde und Gönner

*) Vielleicht werde ich für unsere Zeiten zu viel zu behaupten scheinen, wenn ich sage, daß der orbis pictus gewiß eines der besten und brauchbarsten und nützlichsten Schulbücher ist, damit große Dinge könnten ausgerichtet werden, wenn es gehörig gebraucht und von geschickten und geübten Schullehrern zweckmäßig angewendet würde. Die neue Ausgabe ist in 4 Sprachen, der lateinischen, französischen, italienischen und deutschen abgefasset; aber im Französischen und Italienischen mit so vielen und ganz entstellenden Druckfehlern besudelt; daß man daraus wohl sehen kann, wie wenig der große Werth dieses Buchs bisher ist erkannt worden. Ich besitze noch den zweyten Theil dieses Buchs, der mit *Canton* ro I. anfängt, und mit *Præstigiatör* ro CL. aufhört. Dieser 1737 herausgegebene Theil scheinet ganz in Vergessenheit gerathen zu seyn; der noch reicher an Materien ist, als der erste itzt nur in der Mode seyende Theil.

Gönner und Rathgeber. Nie in meinem Leben ist mein Erstaunen höher gestiegen, als damals über die darüber erfolgten Antwortschreiben. Nur eines einzigen noch lebenden und hochberühmten Mannes Urtheil will ich hersetzen, welches auch nachher, wo ich nicht sehr irre, gedruckt ist; denn Lobeserhebungen waren B** zu schätzbar, als daß er sie in der Vergessenheit hätte begraben liegen lassen sollen. Dieser Mann war Lavater, und der schrieb in sehr schmeichelhaften Ausdrücken: daß dieser erste Versuch sowohl gerathen wäre, daß selbiger alle seine Erwartung übertroffen hätte u. s. w. Bis itzt kann ich noch nicht glauben, daß dieser so rechtschaffene und einsichtsvolle Mann das Urtheil aus dem Bewußtseyn seiner Seele sollte herausgeschrieben haben, und ich entschuldigte ihn damit, daß ich aus vielen Erfahrungen wußte, daß man dem zudringlichen und ungestümen B** zuweilen Recht geben mußte, um seiner wiederholten Anfälle nur loß zu werden. Jedoch diese Eloge war nur eine Kleinigkeit gegen die im allerhöchsten Grade übertriebenen gütigen Urtheile und Recensionen, die in einigen Zeitschriften in die ganze gelehrte Welt ausposaunt wurden. Eine der allermerkwürdigsten jener Zeiten, welche auch in den Beyträgen zu B — s Lebensgeschichte aus der Leipziger Bibliothek der schönen Wissenschaften ent-

 lehnet

lehnet worden, will ich hersetzen, doch nur in den allerwesentlichsten und gleichsam quintessencialischen Hauptstücken. "Nach B — s Schriften zu urtheilen, ist er der rechtschaffenste und würdigste Mann. Der Entwurf seines Werks zeiget, daß sein Unternehmen Wohlthat für sein Zeitalter ist. B** verwendet allen seinen Scharfsinn auf die Besserung und Beförderung der Glückseligkeit der Menschen, und gehöret zu den wenigen, welche alle Kräfte ihres Geistes zur Beförderung der moralischen Vollkommenheit in allen Ständen angewandt haben. Es giebt vielleicht keinen einzigen Gelehrten, der mit seiner Scharfsinnigkeit so viel Thätigkeit verbunden hat. *) Solch eine seltene Geschäftigkeit wollen einige dem Eigennutze zuschreiben.

*) Welch ein übertriebener, unerhörter Lobspruch, der B** als den Einzigen vorstellet! Also noch nie hat ein Gelehrter so vielen Scharfsinn besessen, und so viele Thätigkeit bewiesen, als B**? Von Anbeginn bis itzt, hat es nie solche gelehrte, geschäftige, thätige und gemeinnützige Männer gegeben, als B**? Wahrhaftig, so war B** fast ein neuer Meßias und Erretter der Welt. Nicht bloß Eigennutz vermochte ihn, das zu unternehmen, was er nicht verstand und nicht ausführen konnte, sondern auch sein Stolz und Ehrgeiz und seine Projecktirsucht. Nicht als ein vernünftiger und überlegender und bedachtsamer, sondern als ein tollkühner und verwegener Mann griff er das Werk an, gleich einem irrenden Ritter voriger Zeiten.

schreiben. So konnte dieser eifrige und mit Wärme thätiger Mann sich nicht vor dem Verdacht niederträchtiger Bewegungsgründe schützen. Sein Werk mag Mängel haben, so ist doch sein Unternehmen vortreflich, und sein Plan im Ganzen nicht zu misbilligen. Die gewählten Mittel sind zum Theil gut und möglich, nnd der übrigen Güte und Möglichkeit muß erst durch ihre Anwendung versucht werden.*) Billigung und Beystand müßte solch einem Manne nicht versagt werden.„ Eben so sehr wurde auch das Methodenbuch herausgestrichen, ohnerachtet des vielen eingemischten und schimärischen Spielwerks. Am Ende hat man gesehen, was es vor einen Ausgang mit diesem Versuche und nachher mit der Ausführung und Umarbei-

*) Fast sollte man in Versuchung gerathen, diese Worte für Satyre zu halten. Bewahre uns Gott vor berühmten Aerzten und Panacee- und Universalmittel-Krämern, die ihre hochgerühmten Arzeneyen schon vorher als untrügliche und wunderwirkende Mittel ausposaunt haben; doch nachher ihre meisten Mittel nur für gut und möglich halten; die übrigen aber an ihren Pazienten erst probiren wollen, um zu sehen, ob ihre Gesundheit dadurch verschlimmert oder verbessert würde. B** war also der Wirkungen seiner Universalmittel noch nicht gewiß? Freylich war er in seinen Unternehmungen eben so kühn, als er ungewiß, unzuverläßig und unbeständig war; und doch alles seyn oder doch scheinen wollte.

arbeitung desselben genommen hat. Ob die Verfasser dieser Urtheile ihre Meinung geändert haben, oder noch des Glaubens sind, das kümmert mich nicht. Wie sehr B** durch solche zu günstige Urtheile in seiner Einbildung mußte bestärket werden, das läßt sich leicht erachten. Auch hier scheint mir der Mann einzig in den ihn begünstigenden Schicksalen zu seyn. Wenige oder gar keine Pädagogiker vor ihm oder nach ihm haben sich dieses Glücks erfreuen können. Täuschung und Blendung sind oft so hartnäckig wie ein langwieriges Fieber. Man mußte zu jenen Zeiten gewiß ein Mann von großem Ansehen und großer Würde seyn, wenn man nur etwas zweifeln und Widerspruch entdecken wollte. Weit sicherer konnte man die heiligsten Dinge angreifen, als B—s Schimären und Projecte. M. Kapp in seinen Erhohlungen, Seite 11, sagt sehr richtig von jener Periode, wo B** mit seinen pädagogischen Projecten und Schimären alle Welt bethöret hatte: "daß es fast für Hochverrath wider die Menschheit angesehen worden wäre, über B—s Erziehungs-Grundsätze ein gerades schlichtes Urtheil zu fällen. Die Schulmänner, fährt Kapp fort, verbargen sich im ersten Lermen, um zu sehen, wo es hinaus wollte, und ihr Schicksal zu erwarten. In der ersten philantropinischen Hitze wollte man ihnen

gar

gar das Recht streitig machen, sich verantworten zu dürfen; denn Richter und Kläger und die Anwalde des Klägers waren eine Person, wenigstens ein Herz und eine Seele, und maßten sich das richterliche Urtheil über die öffentlichen Schulen und ihre Lehrer an.„ Und wie ein stärkender Trost und welch eine Labsals-Erquikung ist es, daß man mit Kappen hinzusetzen kann: “sie ist vorbey, jene Periode, wo durch eines Menschen unbedachtsame und unüberlegte Hitze Eingriffe und Beeinträchtigungen wider das Völkerrecht erlaubt waren. Die Schulmänner sind wieder in ihre Rechte eingesetzet worden, und dürfen sich nun vor dem unpartheyischen Publicum verantworten.„ Einige wenige auch akademische Lehrer wagten es früher oder später über B — s pädagogische Vorschläge freye Urtheile dem Publicum vorzulegen. Die vornehmsten derselben waren folgende: Schlözer, Mangelsdorf, Schlögel, Krebs, Rapp, die Verfasser der Göttingischen gelehrten Zeitungen und der zu Gießen herausgekommenen Erziehungs-Begebenheiten, wovon, meines Wissens, zwey Jahrgänge da sind. Wider keinen entrüstete sich B * * mehr, als gegen Mangelsdorf und Schlözer. Diesem letzteren schickte er gar ein Cartell zu und forderte ihn heraus, sich mit ihm auf den Mantel zu schießen, worüber er sich freundschaftliche Verweise von seinem frommen Rathgeber und Lobredner, dem Joanne Turicensi zuzog. Ohnerachtet aller dieser frühern oder spätern Angriffe fuhr B** fort zu handthieren. Frühzeitig meldete er dem theilnehmenden Publicum, daß er von allen öffentlichen Amtsverrichtungen sey frey gesprochen worden mit Beybehaltung seines Gehalts, und daß er leben könnte, wo er wollte, um blos seinen Unternehmungen obliegen zu können. Es war ganz überflüssig, dieses dem Publicum kund zu thun, denn wie oben gemeldet, hatten seine Amtsverrichtungen schon lange aufgehöret, und ich wunderte mich, als er um Befreyung davon Hofe bey anhielt. Jedoch auch dieses Verfahren hatte seine Bedeutung; denn es zeiget auf der einen Seite die Wichtigkeit seiner Unternehmung, der er sich mit Leib und Seele widmen wollte, und auf der andern Seite sicherte es die Einkünfte von 800 Rthlr. Nächst dem Elementarwerk schrieb B * * auch den Agathokrator, von der Erziehung der Prinzen; dedicirte dieses Buch dem Kaiser, und erhielt eine Medaille zur Belohnung und zum Beweise des allerhöchsten Beyfalles. So wie ich vor mein Exemplar des großen Basedowischen Elementarwerks in 3 Sprachen manche wichtige Nachrichten, und wie ich hoffe, treffende Bemerkungen für diejenigen vorgeschrieben

habe,

habe, denen etwa bey der Nachwelt dieses voluminneuse Werk möchte in die Hände fallen; so habe ich vor dem Agathokrator die Geschichte des alten radotirenden Phormions, eines alten griechischen Weltweisen gesetzet, der dem höchst erfahrenen und sehr geübten und größten Feldherrn seiner Zeit, dem Hannibal, in einer langen Rede zeigen wollte, wie der Krieg mit Vortheil müsse geführet werden, ob er gleich selber nie einen Degen zur Vertheidigung des Vaterlands gezogen hatte. Jedoch B** schrieb nicht allein, und ließ nicht bloß seine pädagogischen Versuche drucken, sondern er war auch so bescheiden, sich Rath und Critik von dem Publicum und besonders seinen darunter sich befindenden Freunden auszubitten. *) Auch hierin handelte er sehr klug und vorsichtig; weil er anfing, die Wichtigkeit seines Unternehmens zu fühlen, sich seiner Schwäche bewußt zu werden, und die

*) Wenn man nun hintennach lieset, daß B** selber diesen ersten, so sehr gelobten Versuch eines Elementarwerks, nachher gleichsam für ungültig und confiscirt erkläret, und es nur das Elementarbuch wollte genannt wissen, und nun erst das Elementarwerk herausgab, und auch selbiges noch immer wieder umänderte und umschafte, was soll man denn sagen und denken? Wer dabey seinen Verstand nicht verliert, der hat keinen zu verlieren. So sehr kann man sich auf Lobeserhebungen verlassen.

Mängel seines Versuchs selber zu entdecken. Nach den großen Versprechungen, so er von Vollkommenheiten gethan, war dies überflüßig. Er erhielt aber von den meisten, statt Tadel und Critik, lauter Lob und Beyfall und Ausdrücke, die fast soviel sagen wollten, daß das Werck weiter keinen Fehler hätte, als den, daß es keinen hätte. Man sehe hier wieder B** den einzigen. Bey dem allen aber hielt B** doch für rathsam, noch nähere Erkundigung über seinen Versuch einzuziehen; und er glaubte, daß dieses am allerbesten auf einer Reise geschehen könnte. Es ist schon oben bemerket worden, daß das Reisen eine Haupt- und Lieblings-Neigung dieses Mannes war. Er hatte nun Geld genug von dem Publikum erhalten, wovon er lange und kostspillige Reisen bestreiten, und die Kosten mit in Rechnung bringen oder von den freywilligen Geschenken wegnehmen konnte. *)

B**

---

*) Ich muß meinen Lesern noch eine Bemerkung oder vielmehr Berechnung mittheilen, die vielleicht übertrieben scheinen kann, und doch nur mittelmäßig angesetzt ist. Wenn ich den bloßen Gehalt oder den Solair zusammen in einer Summe nehme, so B** zu Sorøe, Altona und Dessau gezogen, so beträgt diese Summa weit über 50000 Rthlr. Wie viele Geschenke hat er nicht erhalten? Wie viel hat er nicht mit seinen Schriften verdienet? und nun thue man noch die großen Summen hinzu, die das freygebige Publicum zum Elementarwerke hergab. Wie einzig erscheint auch hier Basedow!

B** hätte sich nun durch seine Vorstellung an begüterte Menschenfreunde und durch den Versuch des Elementarwerks Ruhm und Ansehn in ganz Teutschland, und sogar in den angränzenden Ländern erworben. Günstige Antworten und Vorausbezahlungen und Geschenke hätten seine Erwartung übertroffen. Nicht übel ausgedacht war also sein Plan, daß er nun an ziemlich entfernten Orten sich persönlich zeigen müßte, um die Lobeserhebungen in der Nähe und aus der ersten Quelle zu schöpfen. Bey dem allen aber darf ich nicht bergen, daß es mir damals im Jahr — 71 etwas mehr als Widerspruch zu seyn schien, wenn der Vorwand dieser langen und kostbaren Reise war: "daß er die berühmten Schulen und Lehranstalten selber an Ort und Stelle zu sehen, ihre Vorzüge und Fehler zu untersuchen, und die daran arbeitenden Männer kennen zu lernen Gelegenheit haben möchte.„ Sonderbarer Vorwand! das hätte ja B** vorher thun müssen, da er ja in seiner Vorstellung u. s. w. soviel Böses von den öffentlichen Lehranstalten in die Welt hinein schrieb; als wenn er sie längst alle genau kennen gelernt und untersucht hätte. Nun fällt es ihm erst ein, eine Untersuchung anzustellen? Sonderbar! etwas mehr als sonderbar! B** wollte eine Musterschuhle oder ein Educationsinstitut anlegen, um dazu das Beste von diesen angestelleten Untersuchungen im einem einzigen Ganzen vereinigen. Wenn man noch unpartheyisch urtheilen will und kann, und nicht von Vorliebe eingenommen ist, so wird man dergleichen Erzählungen unmöglich ohne einen gerechten Unwillen lesen können. B** war auch gar nicht der Mann, der solche nützliche und heilsame Untersuchung und Prüfung hätte anstellen können. Er reisete um zu reisen. Viel zu ungedultig; viel zu sehr von sich und für seine Projecte eingenommen; viel zu eingebildet und stolz auf seinen Ruhm; viel zu feindselig gesinnt gegen die öffentlichen Lehranstalten, die nicht mit seinen Einbildungen harmonirten, als daß eine solche Untersuchung der angeblichen Absicht hätte entsprechen können. Dergleichen Reisen berühmter Männer haben wir mehrere in den neuern Zeiten. Kennikott kam aus England nach Deutschland und nach Hamburg, um in der dasigen Bibliothek hebräische Handschriften zu sehen und zu excerpiren und — that gute Mahlzeiten und trank ein gutes Glas Wein. *) Auch dieser reisete auf Kosten des englischen Publikums, das auch aus Dilettanten, Kennern, Halbkennern und Nichtkennern in die-

*) Nicht von dem vielzüngigen Gerüchte, sondern aus dem Munde des Bibliothekars selber, habe ich diese Nachricht und dieses Urtheil erhalten.

diesem Stücke bestand. Das Uebrige ist bekannt. Ob B** von dieser kostbaren Reise seiner und des Publikums Erwartung entsprechende Kenntnisse mit zurückgebracht, das habe ich nie mit Zuverlässigkeit erfahren können. Er selber hatte das Vergnügen alte Freundschaft zu erneuern, und sich viele neue Freunde und Gönner zu erwerben. *) 7) Alles was bisher während des vieljährigen Aufenthaltes zu Altona von B** als merkwürdige Stücke seiner Lebensgeschichte ist erzählet worden, betrift meistens sein öffentliches Amt und seine Unternehmungen, womit er soviel Aufsehen in der Welt gemacht hat. In dieser siebenten kleinern Abtheilung müßte nun noch sein Privatleben in und ausser seinem Hause, desgleichen seine Reisen beschrieben, und eine kurze Nach-

*) Die Beyträge melden noch, daß auf dieser Reise ihn seine Freunde so entstellet und ganz verändert gefunden hätten, und ihm deswegen gerathen, sich zu erholen und erst wieder Kräfte zu sammlen, ehe er das große Werk wieder zur Hand nähme. Man sucht doch wahrhaftig bey diesem Manne alles Mögliche, auch die unbedeutendsten Umstände hervor, seine Anstrengung und Thätigkeit, und die Wichtigkeit seines Unternehmens recht vorzuzeigen. Freunde die einander lange nicht gesehen, finden immer einige Veränderung, und die Reise trägt oft das Meiste dazu bey. Wer bedaurt doch so einen braven Officier in einem Feldzuge?

Nachricht von seinen Freunden und Feinden erthei- let werden. Allein die dritte Abtheilung, womit der zweyte Theil dieser Lebensbeschreibung anfangen wird, nemlich über den Basedowischen Character in der allerweitläuftigsten Bedeutung dieses Wortes ist so entworfen worden: daß von allen diesen kleinern Stücken befriedigende Nachrichten, obgleich nur in Bruchstücken ohne Ordnung und Zeitfolge, vorkommen werden. Mit einigen wenigen und abgemeinen Schlußbemerkungen kann ich daher auch diesen vieljährigen Aufenthalt B — s zu Altona beschließen. a) Schon in der Einleitung habe ich gegen den magdeburgischen Fragmentisten behauptet, und zwar als Augenzeuge nach meiner gehabten Erfahrung, daß B** weit mehr Freunde und recht eifrige Vertheidiger und Anhänger als Widersacher und Verfolger hatte; und zwar fast noch mehr zu Hamburg als zu Altona. Gewisse Umstände, Lagen und Verfassungen der kirchlichen und politischen Angelegenheiten brachten dieses ganz natürlich mit sich. Es würde aber ganz un- zeitig und zweckwidrig seyn, und mich zu sehr von der Hauptsache abbringen, so vielen ergiebigen Stoff ich auch in Bereitschaft habe, mich hierüber verständlicher zu erklären; zumal ein Zeitraum von länger als 20 Jahren, zwischen jener und der itzigen Zeit liegen würde. Die würdigsten, angesehensten

und

und berühmtesten Männer vom geistlichen und weltlichen Stande, habe ich bey meinem Aufenthalte zu Altona und nachher noch zu Hamburg eben deswegen gesehen und kennen gelernt, weil ich eine geraume Zeit mit B** in Verbindung gestanden habe. Wenn ich aus den vielen Freunden B—s nur einen Pastor Alberti zu Hamburg; einen Probst Alemann und Pastor Plür zu Altona; einen noch lebenden Pastor von Deyen, einen Professor Ebert zu Braunschweig und einen Lessing nenne; so glaube ich für noch lebende kundige Kenner der damaligen Zeiten, Männer als Freunde B — s genannt zu haben, die größtentheils in der Welt bekannt genug sind. Zur Erläuterung und Bestätigung kann dies kleine Verzeichniß hinreichend seyn. Man würde sich aber irren zu glauben, daß er sich diese Freunde erst durch seine pädagogischen Unternehmungen erworben hätte. So beträchtlich ihre Anzahl war, und größer als man glaubet, so waren doch die allermeisten alte Freunde, die ihn schon auch während der theologischen Streitigkeiten und noch lange vorher hatten kennen gelernt, und ihn beständig geschätzet, geliebet und vertheidiget hatten. Auch sogar unter den Damen hatte B** seine eifrigen Anhängerinnen und Schülerinnen, ob er gleich weder durch seine äußere Bildung, noch sein Betragen und Benehmen das schöne Geschlecht

eben

eben nicht sehr für sich einnehmen konnte. So unwahrscheinlich als es ist, so wahr ist es doch, daß es von vielen Damen recht sehr übel genommen wurde, wenn sich jemand herausnehmen wollte, über B — s Irregularitäten zu urtheilen. *) Wie einzig war der Mann auch in diesem Stücke! Der Mann kam mir mit allen seinen Unartigkeiten und Irregularitäten wie ein verzogenes Lieblingskind vor, das man aufs zärtlichste liebet und vorziehet, ohne eben gewisse und gegründete Eigenschaften angeben zu können, worauf solch eine ausgezeichnete Liebe und Vorzüge beruhen könnten. Sehr wenigen Menschen sind solche merkwürdige Vorzüge wiederfahren, die doch weit mehr Ansprüche darauf machen konnten, als B* *. Was also die Feinde und Widersacher B — s anbetrift, so kann ich außerdem, was schon im Vorhergehenden davon gesagt worden, darüber weiter nichts mehr zur Erläuterung hinzuthun. Freylich kann mir in einem so zahlreichen Publikum, als Hamburg und Altona enthält, vieles hierüber verborgen und unbekannt

*) Als eine etwanige Erläuterung dieser sonderbaren Erscheinung, darf ich nicht vergessen zu bemerken: daß B — s zweyte liebenswürdige Gattin, die schon oben mit sammt ihrer ehrwürdigen Mutter nach Verdienst etwas beschrieben worden, viele wahre Freundinnen in Hamburg hatte, welche hierdurch zugleich Schülerinnen und Vertheidigerinnen ihres Gatten wurden.

kannt geblieben sey. Soviel kann ich aber versichern, daß W** durch die überstandenen theologischen Streitigkeiten und angefangenen Schul- und Unterrichts-Verbesserungen so ziemlich in der Nähe und Ferne bekannt geworden war. Unter Juden und Christen; unter Lutheranern, Reformirten und Katholiken, und sogar kleinere Secten nicht ausgenommen, hatte er seine Freunde und Verehrer. b) Von der Religion und den Religions-Meinungen dieses Mannes, womit er erst zu Altona recht hervortrat, brauche ich nicht viel zu sagen, weil selbige in seinen herausgegebenen Schriften deutlich genug am Tage liegen. Wie es mir vorkam, blieb der Mann auch hierin sich nicht gleich, und schien das köstliche Ding, wodurch das Herz feste wird, wenig oder gar nicht zu kennen. In diesem Stücke habe ich aus des Mannes Gesinnung und Denkungsart nie recht klug werden können; denn nach seinen Schriften dachte ich mir ihn ganz anders, ehe ich ihn persönlich kennen lernte. Das weiß ich zuverläßig, daß er in seinen theologischen Schriften anders schrieb, als er oft nachher redete, und nicht selten anders zu reden schien, als er würklich dachte. Welcher Parthey er unter den Christlichen am meisten geneigt und hold war, auch das habe ich nie zuverläßig erfahren können. Soviel weiß ich nur, daß er von einer kleinen Secte in Holland, die Collegianten genannt, oft mit grossen Lobeserhebungen sprach, und selbige mit den ersten Christen verglich. Auch weiß ich, daß er den Reformirten zugethaner war, als den Lutheranern; ich meine zu der Zeit, da ich ihn kennen lernte und mit ihm in Verbindung stand. B** änderte auch hier bis an sein Ende seine Meinungen, wie oben schon sattsam bewiesen worden. Der Mann war gar zu unbeständig und veränderlich, so daß man in diesem Stücke, so wie in hundert andern keinen festen Character in ihm entdecken konnte. Ketzer war er, und das mag immer für ihn Ehre seyn. Sonst schienen Naturalismus, Deismus, Idealismus, Materialismus und Egois- und Fatalismus, Orthodoxie und Heterodoxie, auf eine unerhörte und unerklärbare Weise sich in ihm zu vereinigen; weil er bald mehr bald weniger in seinen Reden, diese oder jene Secte begünstigte, oder wieder zu verwerfen schien. Merkwürdig war es sonst noch bey diesem Manne, daß, so wie er sich getrauete, in Kirchen- und Schulsachen, im Ganzen zu verbessern, und davon auch recht deutliche und verständliche Winke in seiner Dogmatik, und besonders der Hauptprobe gegeben hat, so unternahm er es auch kühnlich und recht gutmüthig und treuherzig, jedem insonderheit seine Zweifel in der Religion aufzulösen, zu benehmen

und

und ihn darüber zu beruhigen, wenn er etwa bey diesem oder jenem, aus dessen Reden oder Mienen und Geberden dergleichen Plagegeister zu entdecken glaubte. Mehr als einmal bat er mich inständigst, ihm meine Zweifel und Bedenklichkeiten zu entdecken, weil er eine solche Lage meines Gemüthes in meiner Niedergeschlagenheit durchaus wollte wahrgenommen haben.*) Seine Dienstfertigkeit verkannte ich nicht, allein, nachdem ich diesen Mann auf dieser Seite hatte näher kennen gelernt, so würde ich ihm unter allen Menschen am wenigsten meine Zweifel entdeckt haben, und wenn sie mich auch, wie ihm schon auf der Universität soll beynahe wiederfahren seyn, der Verzweifelung und der Atheisterey nahe gebracht hätten. c) Von B—s Reisen brauche ich auch keine lange Erwähnung zu thun, da ich schon einer derselben im vorhergehenden gedacht habe. Während der Zeit ich bey ihm war, that er auch eine Reise nach Copenha-

*) Wer sollte auch hier nicht eine Haupt-Ingredienz oder Mischung in dem Charakter B — s entdecken. Selber hülflos, matt, schwach, krank und elend will er, wie der Ritter von der traurigen Gestalt, Hülfsbedürftige durch Projekte unterstützen; Matte und Schwache und Kranke durch Schimären stärken, erquicken und beglückseligen, und Elend auf solch eine Weise vermindern und heben, wo es nach dem Laufe der Natur nothwendig müßte vermehret werden.

hagen, der auch in den Beyträgen Meldung geschiehet. Die Hauptabsicht war, seinen mit der ersten Frau erzeugten Sohn nach Copenhagen in die Lehre zu bringen. Ich würde diese Thatsache ganz mit Stillschweigen übergangen haben, wenn ich nicht noch dabey zur Vollständigkeit der Lebensgeschichte B—s als merkwürdig und characteristisch anzuführen hätte, daß zu der Zeit, wenn B** auf kurze oder lange Zeit abwesend war, man auf den Gesichtern der ganzen Familie, wahre Ruhe, Stille und Zufriedenheit lesen konnte. Sonderbar und doch wahrhaftig wahr! Nie habe ich nach Sehnsucht schmeckende Klagen gehört, wenn er etwa wider die Erwartung zu lange ausbliebe. Im Scherz pflegte ich ofte denen zu sagen, die es verstanden: Halcyonia agimus. War er wieder da, ja dann mußte man wegen der häufigen Anfälle seiner Launen und Hypochondrie, und seiner unglaublich tumultuarischen Thätigkeit in steter Furcht und Besorgniß leben, wobey man fast dieselbigen Gefühle hatte, als diejenigen zu haben pflegen, welche mit Nachtwanderern oder mit solchen, die öftere Anfälle von der fallenden Sucht erleiden, in Umgangs-Verbindung stehen. Hamburgs Nähe und die öfteren Wanderungen dahin, waren alsdann die einzigen Aussichten, worin man etwas Ruhe und Stille entdecken

konnte.

konnte. d) Von B — s Privatleben, so lange er zu Altona gewesen, so lange ich mit ihm in näherer Verbindung gestanden habe, und so viel ich vor und nachher zuverläßige Nachrichten darüber habe einziehen können; desgleichen von seinen Ergötzungen und Vergnügungen und Zeitvertreiben und ihm sehr nöthigen Zerstreuungen, will ich hier gar nichts sagen, weil davon in der dritten Abtheilung, oder eigentlich der ersten des 2ten Theils dieser Lebensbeschreibung umständlich bey der Schilderung seines Characters wird geredet werden müssen. e) Wer nun den grossen Auftritt dieses Mannes zu Altona mit einiger Aufmerksamkeit gelesen, und mit den daraus gesammleten Begriffen und Vorstellungen in die Vergangenheit zurückgehen, und vergleichende Berichtigungen anstellen kann und will; der wird finden: daß B** immer B** bleibet, er sey Knabe, oder Jüngling oder Mann. Die Erscheinungen ändern sich nur in Nebendingen; — oder wenn ich so sagen darf, in Modificazionen; bleiben aber in der Hauptsache immer einerley. Ehrgeiz, Ruhmsucht, Habsucht, Eigenliebe und Dünkel, unmenschliche Präsumtion; thrasonische Feigheit und Verzagtheit u. s. w. Dadurch zeichnet er sich beständig aus. Ich komme nun zu der merkwürdigen Lebensperiode dieses Mannes, während welcher er sich zu Dessau, als

 ein

ein in ganz Deutschland bekannter Schulen- und Unterrichts-Reformator aufgehalten hat. B—s jugendliches Leben zu Hamburg ausgenommen, ist dieser Aufenthalt zu Dessau, die längste unter allen bisher beschriebenen Aufenthalts-Veränderungen und localen Auftritten dieses Mannes; denn sie währet von 1771 bis an seinen Tod 1790 ununterbrochen fort. Von diesem vieljährigen Aufenthalte werde ich aber gerade die kürzeste Beschreibung diesem Lebenslaufe mit einverleiben. An Stoffe und Nachrichten fehlt es mir zwar nicht; allein, ich kann mich nicht rühmen, von einem einzigen kleinern und grössern Auftritte an diesem Orte, Augenzeuge gewesen zu seyn. Ja ich muß sogar bekennen, daß wegen der ziemlich weiten Entfernung ich nur sehr selten das Glück und die Gelegenheit gehabt habe, mit solchen Personen mich über B** zu unterreden, die als Zuschauer und Beobachter eine kürzere oder längere Zeit an Ort und Stelle gewesen waren. Was ich etwa aus der zweyten oder dritten Hand erfahren habe, hat weiter keine Glaubwürdigkeit, als in soferne selbiges mit dem allgemeinen durch den Druck bestätigten Nachrichten übereinstimmet. Fast einzig und allein werde ich also die Fortsetzung und den Beschluß dieser Lebensbeschreibung, aus den in Händen habenden gedruckten Nachrichten hernehmen

müssen,

müssen, die sowohl von B** selber, als auch von einigen seiner Verehrer sind aufgesetzt worden. Das *audiatur & altera pars*, werde ich beständig vor Augen haben.*) Allein da ich B** so ziemlich kennen gelernt habe, wie die bisherige Beschreibung beweisen kann; da ich weiß, daß, ohnerachtet aller Unbeständigkeit dieses Mannes er sich doch in seiner Laune und Gesinnung vollkommen gleich blieb, und da mich meine lange Erfahrung und B—s eigene Versicherung überzeuget hatten, daß er niemals irgend eine seiner alten Gewohnheiten würde ablegen können; und endlich da die meisten gedruckten Nachrichten mit meinen Erfahrungen vollkommen übereinstimmen, — denn auch durch den Schleyer und Einhüllung der allervortheilhaftesten Lobeserhebung kann der Kenner in Verbindung mit andern Nachrichten sehr leichte die in der Mitte liegende Wahrheit entdecken: so werde ich auch in dieser letzten Periode des Basedowischen Lebens nach meiner besten Erkenntniß und Einsicht reden. Es war im Jahr 1771 als B** durch seine Vorstellung an begüterte Menschenfreunde, und durch seine übrigen pädagogischen

*) So oft aber die Nachrichten von B** selber oder von seinen nicht selten etwas Partheylichkeit und Verhelung vorzeigenden Anhängern herrühren; wird es mir hoffentlich nicht verarget werden, wenn ich meine Zweifel, Urtheile und Schlüsse freymüthig entdecke.

Schriften solch ein Aufsehen erreget hatte, und so berühmt sogar bey den Großen und Mächtigen dieser Welt geworden war: daß ihn der Fürst von Dessau, einer der bekanntesten und belobtesten regierenden Herrn Deutschlandes, an seinen Hof und nach seiner Residenzstadt berief, um daselbst eine solche Lehranstalt anzulegen, als er in seinen pädagogischen Schriften mit so vieler Wärme vorgestellet hatte. *) Es läßt sich leicht erachten, daß B** über diesen erhaltenen Ruf ausserordentlichen Stolz vorzeigte, besonders denen, die nach seiner Meinung seine Grösse und Geschicklichkeiten, seine Talente

*) Leser, die Grund und Ursache lieben, können doch immer fragen: Wie kam es doch, daß dieser Mann so bald und bey so vielen höchsten, hohen und angesehenen Personen Beyfall und geneigtes Gehör fand? Erst nur unten soll und kann diese Frage vollständig beantwortet werden. Hier will ich nur vorläufig auch meiner Seits fragen: Wie kam es doch, daß Goldkocher und Projektmacher so oft bey Königen und Fürsten Gehör und Eingang fanden? B—s eigenthümliche Vorstellungs- und Schreibart; seine ihm eigenthümliche unverschämte Dreistigkeit und Zudringlichkeit; sein Wichtigthun in Worten und der Schreibart, u. s. w. u. s. w. Diese Stücke bahnten ihm den Weg. Dazu kamen Lobredner und Nachbeter und Nachahmer. Die Großen sind meistens am wenigsten fähig und erfahren genug, Projectmacher zu prüfen, und werden daher so ofte getäuschet. So viel vorläufig.

Talente und den Werth seiner Schriften bisher verkannt, und nicht Geschmack genug daran gefunden hatten. Die Selbstzufriedenheit und Selbstgenügsamkeit dieses Mannes ging itzt weiter, als man sich denken kann. Er hielt diesen Ruf für einen sehr auffallenden und merkwürdigen Ruf des Höchsten, wodurch er für einen außerordentlichen Mann und gleichsam Gesandten Gottes erkläret würde, welches zu werden, er nun nicht mehr zweifelte; da sogar Fürsten mit ihm gemeinschaftliche Sache machen, und die Realisirung seiner Vorschläge unterstützen wollten. Mir selber gab er ofte zu verstehen, daß ich nun Ursache hätte, meinen Eigensinn zu bereuen, nicht bey ihm haben bleiben zu wollen, ob er mir gleich so ofte vorhergesagt: daß ich unter seiner Leitung recht glücklich und berühmt werden könnte. Ich blieb aber noch bey demselben Geständnisse, das ich ihm that, als ich von ihm wegging — und Gott nehme ich zum Zeugen, daß mir dieses Geständniß von Herzen gegangen war und noch ging — daß, wenn ich auch mit einem Gehalte von mehr als 1000 Rthl. in dieselbe Verbindung wieder treten könnte, ich doch lieber unstät und flüchtig seyn, oder meinen Lebens-Unterhalt aufs kümmerlichste verdienen wollte, als noch einmal das zu wagen, was ich so ofte bereuet hätte gewagt zu haben. So sehr kannte ich B**; doch ich nicht alleine, sondern sehr viele Kenner B — s stimmten diesem Urtheile vollkommen bey, und sagten im Ganzen richtig voraus, wie es kommen würde, und wie es auch gekommen ist. Ihrer Vorhersagung Inhalt war: es wird immer heissen, *parturiunt montes*. Der Ruf war allerdings merkwürdig und erregte zu Altona und Hamburg großes Aufsehn. In gehöriger Bedeutung kann man ihn auch göttlich, ja sogar wunderbar nennen, nur nicht in dem Verstande, wie es B — s partheyische und itzt recht gloriirende Anhänger wollten genommen wissen. Noch ganz am Ende dieses Jahrs reisete B** von Altona nach Dessau ab. Der Mann war auch darin einzig, wie ich schon einigemal bemerket habe, daß er in Abwesenheit durch seine Schriften und die darin herrschende Schreibart immer die gröste Erwartung und Meinung von sich und über sich erregte; welches beydes aber gar sehr herabstimmte, so bald man ihn erst persönlich kannte und eine Weile mit ihm umgegangen war.*) So gings auch zu Dessau. Doch davon nachher.

*) Als ich im Jahr — 67 diesen Mann, auf sein ausdrückliches Verlangen, besuchte, nachdem ich bisher nur mit ihm correspondiret hatte; so hatte ich mir durchs Lesen seiner Schrift n eine solche Vorstellung von B — s Person und Betragen gemacht, daß ich kaum meinen Augen und Ohren zutrauete, als ich ihn das

nachher. Ich bemerke dieses nur zum Voraus, damit man in der Folge beständig auf diesen merkwürdigen Umstand aufmerksam seyn möge. Von Altona nahm B** den nachherigen Professor Wolcken mit, der mein Nachfolger war, und in der Lebensgeschichte dieses Mannes zu Dessau so ofte vorkommt. Wie dieser recht sehr geschickte junge Mann so viele Jahre mit B** fertig werden, und ihn und seine Launen ausstehen konnte, das blieb mir so lange ein Räthsel, bis auch der Ausgang zeigte, daß Wolcke und B** nicht länger harmonieren konnten. Doch auch dies sey nur anticipirt. Einige wollten wehnen, als wenn der Fürst bey diesem Rufe Finanz-Absichten gehabt hätte. Es ist zwar wahr, daß die Großen dieser Welt nur gar zu ofte alsdann in der That oder dem Scheine nach recht thätig geworden sind, wenn die schmeichelnden Hofnungen sie belebte, daß sie dadurch ihre Intraden beträchtlich würden vermehren können. Allein dieser große Fürst war als Landesvater und Beglückseliger seines Volks durch viele und unläugbare Proben zu sehr bekannt, als daß ein solcher Argwohn mit der

das erstemal handthieren sahe und schwadroniren hörte, daß er derselbe Mann seyn könnte, dessen Schriften ich gelesen hätte. Wie sehr stimmte ich herab, und trug wirklich in mir selber Bedenken, ob ichs wagen sollte und dürfte, mich mit ihm einzulassen.

der allergeringsten Wahrscheinlichkeit hätte unterhalten werden können. Die Folge hat diesen Argwohn noch mehr widerleget, da dieser freygebige Fürst so große und recht ausserordentliche Kosten zu den Basedowischen Unternehmungen hergab, und B** selber die lange Reihe von Jahren so reichlich salarirte, obgleich die projectirte große und auf ganz Deutschland und andere Länder Beziehung habende Lehranstalt nicht zu Stande kam, sondern bald wieder ins Stecken gerieth. Gewiß viele Könige würden Bedenken getragen haben, so große Kosten auf ein solches Werk und unter der Anführung eines solchen Mannes zu verwenden. *) Der wahrhaftig groß und edeldenkende Fürst suchte dadurch seines Landes und seiner Unterthanen wahre Glückseligkeit zu befördern.

---

*) Der Argwohn ist freylich in seiner Dollmetschung eben so ergiebig und fruchtbar, als die orthodoxen Theologen in ihren Erklärungen der Bibel. Viele wollten behaupten, daß viele Anhänger und Gönner B — s bloß aus Schaam diese Rolle fortgespielet hätten, um vor dem Publikum nicht öffentlich bekennen zu müssen, daß sie getäuscht und angeführt worden wären. Ob ich gleich aus guten Ursachen glaube, daß sogar einige warme Freunde B — s in diesem Falle gewesen sind, so kann ich doch diesem Urtheile im Ganzen nicht beystimmen. Es ist übrigens nur allzu wahr, daß man ofte aus Klugheit in solchen Fällen seine wahre Gesinnung zu verbergen sucht.

fördern. Aus diesem Gesichtspuncte betrachtet, werden die verwendeten Kosten auch dieses Fürsten Namen in der Geschichte unsterblich machen. Ob es dem Fürsten nicht mannigmal gereuet habe, diesen Mann gerufen und kennen gelernt zu haben, und ob er nicht manchen heimlichen Gram und Verdruß darüber empfunden, wie einige sich für Kenner ausgebende Männer behaupten wollten; das kann ich weder bejahen noch verneinen. Das weiß ich aber gewiß, daß der Fürst zu sehr Philosoph ist, und auch B — s gute Seite nicht verkannte. Mit entdeckten und unvermutheten Schwachheiten unzufrieden seyn, ist von Bereuen sehr weit unterschieden. Einen Mann, wie B**, kennen zu lernen, war sehr viel werth; denn er war eine wahre Seltenheit, und verdiente, daß man ihn auch durch Kosten und Aufwand kennen lernte. Für meine dunkele und unbedeutende Wenigkeit lege ich hiemit das offenherzige Geständniß ab, daß ich es unter die wichtigsten und merkwürdigsten Schicksale meines Lebens rechne, von der Vorsehung so geleitet worden zu seyn, daß ich auf diesem Wege Gelegenheit fand, einen Theologen und Philosophen und Pädagogen, wie B**, kennen zu lernen, und daß ich die dadurch erhaltne Kenntnisse für die schätzbarsten halte, so ich je habe erwerben können. Erfahrung und Menschenkenntniß ist eigentgentlich wahre und brauchbare Gelehrsamkeit.*) Den 19jährigen Aufenthalt dieses Mannes zu Dessau will ich in folgenden kleinern Abschnitten so kurz als möglich, aber doch so beschreiben, daß nichts Wesentliches und Merkwürdiges vermisset werden möge.

1) Auch hier, wie zu Soroe und zu Altona, will ich vorläufig die Titel der von B** zu Dessau herausgegebenen Schriften ganz kurz und abgebrochen hersetzen, weil es um des folgenden willen nöthig ist, sich an selbige ofte zu erinnern, und weil viele darunter sind, welche zu der sogenannten Elementarbibliothek bestimmet waren. a) Elementarwerk vollendet und ins Lateinische und Französische übersetzet; b) Arithmetik zum Vergnügen und Nachdenken; c) theoretische Mathematik; d) erwiesene Grundsätze der reinen Mathematik; e) Ver-

*) Und wann werden wir in unsrer Erziehung und bey unserm Unterricht die glücklichen Zeiten erleben, wo besonders erwachsene und in buchstäblichen Kenntnissen genug unterrichtete Jünglinge auf diese wichtige Wahrheit werden verwiesen werden? Die meisten, auch nach der neuen pädagogischen Lehrart unterrichtete Jünglinge, mit Sprach- und Wissentschaftlichen Kenntnissen ausgerüstete Jünglinge, kennen sich und andere Menschen nicht; daher sie als Männer in Aemtern mit aller ihrer Gelehrsamkeit so wenigen Nutzen stiften. Hier haben wir der Alten Fußstapfen ganz verlassen.

e) Vermächtniß für die Gewissen, oder natürliche und christliche Religion; f) Auszüge als Chrestomathien aus alten lateinischen Schriftstellern; g) deutsche Grammatik; h) neue Ausgabe der practischen Philosophie; i) an das Publikum, über Mangelsdorfs Schmähschrift; k) pädagogische Unterhandlungen und Fortsetzung unter dem Titel: philantropisches Journal; l) Vorschläge zu einer Privatakademie in Dessau; m) das in Dessau errichtete Philantropin; n) Auszug aus Youngs Nachtgedanken; o) Auszug, oder Chrestomathie, aus Corderi &c. colloquiis scholasticis; p) kosmopolitische Kleinigkeiten, wegen philanthropinische Seminarien; q) für Kosmopoliten etwas zu lesen und zu denken; r) provocabularium cellarianum, nebst lateinischer Grammatik und Rhetorik; s) philanthropinisches Archiv. t) chrestomatia historiæ antiquæ; u) philanthropinische Sittenlehre; v) philantropinisches Gesangbuch; w) etwas aus dem Archiv des Basedowischen Lebens; x) B—s und Wolkens geendigte Streitigkeit; y) Vorschlag an die Selbstdenker des 19ten Jahrhunderts u.s.w.; z) Lehren der christlichen Weisheit für forschende Selbstdenker; aa) Vorschlag zu einer Sacramentalliturgie; bb) Urkunde der neuen Gefahren des Christenthums, durch die scheinbare Semlersche Vertheidigung; cc) allgemeines Gesangbuch für alle

alle Kirchen und Secten; dd) Gesangbuch einer philadelphischen Gesellschaft für Christen und philosophische Christengenossen; ee) paraphrastischer Auszug des neuen Testaments; ff) zur christlichen Besserung und Zufriedenheit in vornehmen Ständen; gg) Examen der allernatürlichsten Religion; hh) Jesus Christus, die große Christenwelt und die kleine Auswahl; ii) zum Nachdenken und Nachforschen über die Lehrform der Latinität; kk) unerwartlich große Verbesserung der Kunst, lesen zu lehren; ll) neues Werkzeug zum Lesenlehren; mm) neues Werkzeug zur gemässigten Aufklärung der Schüler durch die Lehre des Mittelstandes. Das sind die Titel der zu Dessau herausgegebenen Schriften. Sollten welche meiner Aufmerksamkeit entwischet seyn, so kann der Mangel weiter unten ersetzet werden. *)

2) Das

*) Es ist abermals eine beträchtliche Menge von Schriften, woran man die B—sche Thätigkeit und Geschäftigkeit nicht verkennen wird. Doch muß man auch nicht vergessen, theils, daß einige dieser Schriften nur klein im Inhalte sind; theils, daß andere nur sind umgearbeitet worden, da sie schon vor vielen Jahren existirten; und theils die Länge des Aufenthalts zu Dessau, und daß B** seine meiste Zeit auf die Ausarbeitung derselben verwenden konnte, zumal er noch immer Schreiber und andere Gehülfen hatte; und endlich, daß er von 1778 an fast ganz frey von allen Geschäften und unabhängig war.

2) Das berühmte Elementarwerk verdient eine besondere Beschreibung in der Basedowischen Lebensgeschichte. Man muß B** das Zeugniß geben, daß er mit allen Kräften des Geistes, und fast möchte ich auch hinzuthun des Leibes, an der Fortsetzung und Vollendung dieses so offt mit einem Pomposo angekündigten Elementarwerkes arbeitete. Freylich konnte ich mich des Lächelns nicht enthalten, als ich im Jahr — 72, theils die dem Publikum gemachte öffentliche Entschuldigung laß, daß die Fortsetzung dieses Werks noch nicht erschienen wäre; theils aber als er in demselben Jahre durch einen seiner Mitarbeiter dem Publikum ankündigen ließ, daß er sich auf ein ganzes Jahr alle Correspondenz verbitten müßte, und daß ein anderer bestellt wäre, der dieses Geschäfte übernehmen und die Briefe an ihn annehmen und beantworten würde, und daß er sich selber diese ganze Zeit allen Geschäften ohne Ausnahme, auch sogar dem freundschaftlichen Umgange entziehen würde, um bloß einzig und allein diesem wichtigen Werke obliegen zu können. Wer hier B — s unwichtige, und ich setze dreiste hinzu, belachens- und bemitleidenswürdige Wichtigkeit nicht fühlet, riechet und schmecket, der thue ganz Verzicht auf diese Entdeckung.*) Bey

*) So groß die Anzahl der Gelehrten und unter denselben der Projectmacher und Schimären-Händler ist, von

Bey dieser Arbeit war B** so glücklich, die Unvollkommenheit und die grossen Fehler der noch zu Altona herausgegebenen Versuche einzusehen und zu erkennen; daher er eine Destinction erfand, und diesen fehlerhaften Versuch das Elementarbuch, die vollständige Ausgabe aber das Elementarwerk nannte, und das erstere für ungültig erklärte. Wichtiger Unterschied! der sich wohl verhalten wird, wie das Gerüste, durch dessen Hülfe ein Pallast aufgebauet wird, oder wie die Hütten bey einem Tempel oder Heiligthum, worin die Tagelöhner, Arbeiter und Werkmeister Mittagsruhe halten, welche dasselbe aufführen. Gerüste und Hütten werden hernach abgebrochen. Auch B** erklärte seinen aufgeführten Prodromum für ungültig und confiscirt; und dadurch erklärte ja auch B** alle Lobeserhebungen für ungültig, die darüber

---

uralten Zeiten an bis auf den heutigen Tag; so wird man doch nicht leichte ein einziges Beyspiel finden, das B** auch in diesem Stücke nur etwas ähnlich gewesen wäre. Der unerträgliche und doch auf keine große Vorzüge und Verdienste gegründete Stolz, die unermeßliche Prätension dieses Mannes erreicht auch hier den allerhöchsten Grad. Auch hier ist B** einzig. Und doch hielt das größte und bethörte Publikum ihm diese beyspiellose Thorheit abermals zu gute, und fuhr fort, ihn für einen Reformator und Weltbeglückseliger zu halten. Mein Gott! wie blind ist doch die Welt! u. s. w.

darüber in das grosse Publikum waren herein posaunt worden, und die schon oben sind angeführet worden. Schon im Jahr — 74 hat er dieses wichtige Werk vollendet. Wahrhaftig eine sehr kurze und zu kurze Zeit für ein so wichtiges Werk. Doch auch das ist Vorzug unserer Zeiten, daß wir in einem oder ein Paar Jahren dasjenige vollführen, woran die Alten und Uralten 20 und mehrere Jahre lucubrirten; daher arbeiten jene für die Ewigkeit, wir aber für eine ganz kleine Weile, weil wir schon mehrentheils das Ende und den Untergang und die Vergessenheit unserer Werke erleben. Von dem Inhalt dieses Buches will ich itzt noch kein Wort sagen. Auch in einer neuen Ausgabe wurde nachher eine solche beträchtliche Veränderung vorgenommen, daß selbige der ersten, für vollkommen ausgegebenen, in vielen Stücken kaum etwas ähnlich war. B—s Unbeständigkeit und Unzulänglichkeit ist hier abermals nicht zu verkennen. Ich besitze die erste Ausgabe, die mich mit der französischen und lateinischen Uebersetzung über 4 Louisdor kostete. Nur sehr wenige Schulleute konnten dieses Geld anwenden. Wie konnten die Besitzer die 2te verbesserte Ausgabe noch mal ankaufen? In den Beyträgen wird es ein sehr schätzbares und nützliches Werk betitelt, welches noch lange für den jugendlichen Unter-

 richte

richt brauchbar bleiben wird. Wie gerne möchte ich hinzusetzen können: Amen! Amen! daran wir keinen Zweifel haben! Obgleich B** bey dieser Anstrengung und bey seiner gewöhnlichen Art zu arbeiten krank wurde, und gar Insomnien erlitte, so darf man ihn doch nicht tadeln, daß er so eifrig fortarbeitete; denn er erhielt allein vom russischen Hofe an die 5000 Rthlr. zum Elementarwerke. Geld, und andere handgreifliche Vortheile sind heut zu Tage die mächtigsten und stärksten Triebfedern. Während dieser Zeit arbeitete B** auch noch an andern pädagogischen Schriften, die nach und nach mit sammt dem Elementarwerke eine Elementarbibliothek ausmachen und vorstellen sollten. Alle diese Schriften nun sind noch in vielen kleinen und großen Büchersammlungen vorhanden. Ob man sich ihrer noch erinnert, sie noch lieset, und noch gebraucht: das kann ich weder bejahen noch verneinen. Nach der Versicherung der Lobredner B—s sollte man vermuthen, daß sie noch itzt bey dem Unterrichte und Erziehung sehr brauchbare Werkzeuge seyn müßten; weil nach einer Weissagung sie ihren Werth noch lange behalten sollen.*)

Ich

---

*) Nachdem oft angezogener M. Kapp in seinen Erhohlungen eine große Anzahl von geschickten Schulmännern namhaft gemacht, S. 5—7, so thut er hinzu: "Das

Ich finde hier nichts weiter mehr zu erinnern, als folgende kurze Fragen theilnehmenden Kennern vorzulegen: a) Hat denn dieses Elementarwerk die versprochenen Wirkungen hervorgebracht? b) Wird es noch itzt da gebraucht, wo es mit großen Geräusche zur Welt gebracht worden? c) Ist es ein Ganzes, ein Halbes oder ein Viertel? d) Hat es mehr Fehler als Vollkommenheiten, oder umgekehrt? e) Enthält es viel oder wenig oder gar nichts Neues? f) Besaß B * * ausgebreitete Kenntnisse und Gelehrsamkeit genug, solch ein wichtiges Werk in so kurzer Zeit zu vollenden? *) g) Haben wir

 weder

"Das sind Männer von ausgebreiteten Kenntnissen, entschiedenen Verdiensten und vestgegründeten Ruhme, deren Schriften von der Nachwelt weit mehr werden geschätzet werden, als viele Basedowische, oft in der Eile und ohne Kenntnisse zusammengestoppelte Schriften, besonders seine Chrestomatien aus den alten Auctoren, die er doch fast für das *non plus ultra* der zweckmäßigsten Schulausgaben der alten Auctoren zu halten, Keckheit genug hatte; die aber ziemlich bald selbst im Philantropin wieder bey Seite gelegt wurden, und ihn belehren konnten, daß die Bearbeitung der alten Classiker seine Sache nicht sey.."

*) So recht lebhaft habe ich mir B** ofte vorgestellt, — da ich aus Erfahrung wußte, wie er arbeitete und wie tumultuarisch er handthierte — wie er eine geraume Zeit die Rollen mit wichtiger Miene an seine Mitarbeiter vertheilte und sich selber die seinige wählt, und

weder vor noch nach B** Bücher, die entweder gar nicht, oder doch nicht mit solch einem Posaunen- und Trommeten-Hall der Welt sind angekündigt worden, und doch in ihrem Inhalte dem Elementarwerke weit vorzuziehen sind? h) Wie ist die Uebersetzung gerathen, und warum blieben von der ersten Ausgabe soviele Exemplare als Ballast liegen, so daß nur das Deutsche konnte umgearbeitet und herausgegeben werden? i) Ist dieses kostbare Werk in seinem Versuche und Fortsetzung und neuer Verbesserung und Vermehrung von allen Recensenten unpartheyisch und nach Gewissen und Bewußtseyn beurtheilet worden? Alle diese Fragen sollen im Ganzen an einem andern Orte beantwortet werden. Hier mögen sie vorläufig zur Prüfung und Gewissensrüge dienen.

3) B** hatte vollkommen recht und urtheilte ganz richtig, wenn er vor der eigentlichen Errichtung eines gemeinnützigen Lehrinstituts erst Lehrer wollte gebildet haben, die bey einer solchen voll-

und nun Essen, Trinken, Ruhe, Schlafen und alles vergisset und geflissentlich vergessen will, um das Elementarwerk ja bald der Welt zu liefern, und sein Ehrenwort einzulösen und seine Schulden abzutragen. So arbeitete ein Mann wie B** für das Heil des grosen Publikums, und beschenkte selbiges mit dem unvergänglichen Elementarwerke! Gewiß ein kostbares und theures Werk!

vollkommneten Lehranstalt könnten angesetzet und in gemeinnütziger Thätigkeit erhalten werden. Ganz natürlich — und diesmal dachte B** der Ordnung und der Natur gemäß — verfiel er also in seinen Gedanken auf die Anlegung eines Seminariums, wo Schullehrer für hohe und niedrige Schulen sollten gebildet werden.*) Er that also dem Publikum neue Vorschläge zur Anlegung einer pädagogischen Privat-Akademie zu Dessau; theils dasselbe aufmerksam zu machen; theils aber zu einer milden Beysteuer und Unterstützung vorzubereiten. B** war erbötig, so viel seine Zeit erlauben würde, seiner Seits selber in eigener Person durch Unterricht und Unterweisung Lehrer

 für

*) Daß übrigens Schullehrer an obern Schulen sich selber bilden und nicht brauchen gebildet zu werden; davon nachher noch ein Wörtlein. Mit den Schulmeistern an den Land- und Bürgerschulen hat es eine ähnliche Bewandniß. B** war der untüchtigste unter allen Menschen, selbige zu bilden. Allein, es war hier nur Vorbereitung aufs Philantropin. Kein Unternehmen konnte der Mann anfangen, wobey er nicht allemal das Publicum in beträchtliche Contribuzion setzen wollte. Ja wohl! ja wohl! hatte er das Publicum geheyrathet. Daß diese begüterte und verheyrathete Menschenfreundin aber so lange Zeit so geduldig blieb, das bleibet in der ganzen Farze immer das Merkwürdigste. Ich weiß keine Ursache, als: B** war einzig und beyspiellos in seiner Art.

für hohe und niedere Schulen zu bilden. Hier muß ich abermals frey heraus sagen, daß der Mann zu große Einbildung von seinen Kräften und Vermögen und Kenntnissen und Fertigkeiten und Erfahrungen von sich in diesem Stücke hatte. Ich bin mehr als mathematisch gewiß, daß unter allen Zeitgenossen B — s keiner weniger Anlage und Geschicklichkeit und gründliche Kenntnisse und Erfahrung, recht brauchbare Schullehrer zu bilden, haben konnte, als B**. Den Beweiß von dieser Behauptung verspare ich auf eine gelegnere Zeit, und thue weiter nichts hinzu, als daß Project-Fabrikanten und Schimären-en gros Händler die alleruntüchtigsten Männer bey aller ihrer Einbildung und Vorzeigung rechtskräftiger Ansprüche sind, tüchtige Schullehrer zu bilden. Und ein solcher Mann war B** ohne allen Widerspruch, was auch seine von Vorurtheilen getäuschten Anhänger und Nachbeter und Verehrer dawider einwenden und seufzen mögen. Man nehme sein ganzes Leben zusammen, und man wird finden, daß es aus lauter Widersprüchen, Inconsequenzen, Unverschämtheiten und Tollkühnheiten, von Stolz und Ruhmsucht gewürzet, zusammengesetzt ist, und eine zusammenhängende Kette davon ausmacht. B** wollte Lehrer an hohen und niedern Schulen bilden? Der Mann wollte durchaus immer

mit-

mittheilen, was er selber nicht hatte; und dafür von andern erhalten, was er suchte und was ihm fehlte. Der Mann war ja selber nicht gebildet und unterrichtet worden, sondern höchstens ein durch Schicksals = Begünstigung Lerm und Aufsehen machendes Automaton. Inzwischen gab dieses an sich sehr lobenswürdige Project unserm B * * Gelegenheit, abermals auf Kosten des Publikums eine kostbare Reise vorzunehmen, um einen bequemen Ort aufzusuchen, wo er eine solche Schullehrer-Bildungs = Akademie oder Seminarium anlegen könnte. Jedoch von B * * Reisen weiter unten an einem bequemern Orte. Hier sey es mir erlaubt, nur noch einige Bemerkungen über die sogenannten Seminarien einfließen zu lassen, wo Jugendlehrer sollen gebildet werden. Diese Seminaria existirten weit eher, als B * * geboren war. Die ganze Einrichtung des hallischen Waisenhauses war ein Seminarium. Eine kurze Zeit bin ich selber ein Mitglied eines solchen Seminarii in meiner Jugend gewesen. Es war einmal eine Zeit, wo solche Seminaria für künftige Lehrer der Niedern- oder Deutschen- oder Bürgerschulen recht sehr Mode waren. Recht viel könnte ich hier von meinen gehabten Erfahrungen anbringen; allein aus guten Ursachen will ichs bey kurzen und wenigen Anmerkungen bewendet seyn lassen. An vielen Orten, be-

besonders in großen Städten, wurden solche Seminaria mit vielversprechender Ankündigung angelegt. Es wurde aber gleich anfänglich darin versehen, daß man Lehrer bestellete, die erst noch einige Jahre hätten lernen müssen. Nach und nach erkaltete der erste Eifer, und man fuhr fort, Laquaien als Lehrer bey niedern Schulen einzusetzen. So weit und nicht weiter. Sonderbar und recht unbegreiflich sonderbar! daß gerade die allernöthigste menschliche Einrichtung und Angelegenheit in der bürgerlichen Gesellschaft noch bis itzt, seit der Reformation, mit der allergrößten Nachläßigkeit und Geringschätzung ist behandelt worden. *) Man erwarte ja

*) Es verstehet sich von selber, daß in unsern Zeiten dieses Gottlob schon Ausnahmen leidet, aber wahrhaftig nicht so beträchtlich als man erwarten sollte. Was der Hr. v. Rochow in diesem Stücke geleistet und verbessert hat, ist zu bekannt, als daß es eine weitläuftigere Erwähnung bedürfte. Dieser Mann verdient eine Ehrensäule. Zu Halberstadt existiret schon lange ein sehr zweckmäßiges und vortrefliches Seminarium: darüber eines hochwürdigen Dom-Capitels Verordnung, wegen zweckmäßiger Einrichtung des Domcapitularischen Land-Schullehrer-Seminariums in Halberstadt 1789 auf einen Bogen gedruckt, mehr Gutes enthält, als oft in einem ganzen Buche nicht darüber gesagt worden. Hier kommts auf viele Praxis und Erfahrung, von weniger Theorie unterstützet, an.

ja keine weitläuftige Ausführung. Ich erinnere mich noch, abgedankte Soldaten, und Schuster, Schneider und Leineweber, als Jugendlehrer gesehen zu haben, an deren Stelle nachher die Lakaien gekommen sind. Seminarien! traun eine schöne Sache! Aber bis itzt ist an vielen Orten noch nie im ganzen Ernst daran gedacht worden; daher der große Haufe noch in eben solcher dicken Finsterniß und Unwissenheit lebet, wenigstens noch an vielen Orten, und in vielen Ländern, als in jenen Zeiten der Unwissenheit, wo man Jugendlehrer bey dem großen Haufen anstellte, die oft kaum so vielen gesunden Menschenverstand hatten, daß sie erträgliche Zuhörer eines guten Lehrers hätten seyn können. Was etwa der große Haufe in Städten, Flecken und auf dem platten Lande scheinet an Kenntnissen und Einsichten und verminderten Aberglauben, oder kurz, an sogenannter Volks-Aufklärung vor dem rohen Haufen jener Zeiten voraus zu haben, das ist nichts mehr und nichts weniger, als ein Bischen Politur, und eine gute Dosis von vergifteter Verfeinerung: daher itzt Kirchen- und Schullehrer bey allen angeblichen Verbesserungen weit weniger Nutzen stiften, als bey jenem rohen und unausgebildeten Menschengeschlechte. Für niedere Schulen müssen Lehrer erzogen und gebildet werden, und zwar in Erziehungs-Anstalten, die

dazu

dazu zweckmäßig eingerichtet sind. Und darin hatte B** vollkommen Recht. Jedoch bis itzt gehören im Ganzen solche Seminarien zu den frommen Wünschen; es müßte denn noch einmal ein B** kommen, der eben ein solches Gehör bey dem Publikum fände, und dann ohne Projectirerey und Schimären das realisirte, was jener nur wünschte und nicht ausführte. Hier und da hat man so kleine Versuche angefangen; allein aufs Ganze hat es keinen großen Einfluß, weil es an Beyfall, Unterstützung und Ermunterung fehlet. Die vielen Volkslehrer auf dem Lande, die oft nicht wissen, wo sie mit ihrer leeren Zeit bleiben wollen, könnten am meisten diesen Zweck befördern. Allein auch diese sind in sehr vielen Ländern noch so herzlich unwissend und unerfahren, und dabey so vornehm und unthätig und träge, daß sie schwerlich ohne vorhergenossenen Unterricht nur einen mittelmäßigen Jugendlehrer würden vorstellen können. Alte versuchte, gründlich gelehrte, thätige und gemeinnützige Kirchen- und Schullehrer können hier allein geschäftig seyn und die erregte Hofnung erfüllen.*) Diese

*) Und lieber Gott! wie viele, welche ganz vortrefliche, ja ich mögte fast sagen, welche göttliche, von der Vorsehung in die Hände gegebene Hülfsmittel haben nicht itzt Schullehrer und Volkslehrer auf dem Lande und in den Städten, um sich selber zu bilden, und zu

Diese Zeiten, wo man diese so oft gesagte Wahrheit beherzigen wird, müssen wir erst noch erwarten.

---

zu dem wichtigen Werke des Unterrichts des großen Haufens vorzubereiten? Aus meinem Büchervorrath will ich nur folgende Volksbücher nach ihren Titeln hersetzen; so wie sie mir in die Hände fallen, für deren Brauchbarkeit und Werth ich mit meiner Ehre und Leben hafte, da ich sie geprüft habe, so weit meine Einsicht reichet. Man wundere sich nicht über die Menge; es ist derselben noch eine weit grössere Zahl. Für treufleißige Landprediger und Schulmeister könnten einige derselben leichte angeschaft, oder gar ein zweckmäßiger Auszug daraus gemacht werden:

1) Landschulbibliothek oder Handbuch für Schullehrer auf dem Lande, von — 80 — 88 besitze ich 4 Bände. Ein vortrefliches Buch!
2) Liebermanns Schulbuch — 78. Ein allerliebstes Büchlein, das man beym Lesen küssen möchte, wie der Jude seine Thora.
3) Rists Anweisung für Schulmeister niederer Schulen — 82. l. a. h. c. a.
4) Lorenz Lesebuch für die Jugend, der Bürger und Handwerker, 2 Bände — 85 — 86. Sehr gut, sehr zweckmäßig, aber schon wieder vergessen.
5) Plato's Volks-Schulbuch, — 89. Abermal ein allerliebstes Büchlein.
6) Seilers allgemeines Lesebuch für den Bürger und Landmann, — 90.
7) Fröbings Bürger-Schule, 2 Bände, — 88. Beyde Bücher vortreflich.
8) Zerreners Volksbuch in 2 Theile, — 88. bene præclare, nil supra.

9)

ten. B** selber war gar nicht der Mann, der, soviel er auch darüber versprochen hat, solche Kinder oder

9) Junkers Handbuch für Volks-Schulen, 2 Th. — 87. Sehr reich an Stoffe.

10) Bahrdts Handbuch der Moral für den Bürgerstand, — 90. Vortreflich.

11) Das Buch der Weisheit, ein Lesebuch für Jünglinge, — 82. Enthält etwas starke Speise, die an Milch Gewähnten noch nicht behaget.

Das sind lauter Bücher, durch deren zweckmäßigen Gebrauch, und durch die dabey fortgesetzte Uebung ungemein viel Gutes könnte gestiftet werden; ja weit mehr Gutes, als bis itzt viele pädagogische Neuerer, Projectmacher und Plusmacher mit ihren schimärischen Vorschlägen haben verheißen wollen. Die meisten dieser schönen Bücher sind aus der Erfahrung geschrieben, folglich von Practikern, die alles selber versucht und probirt haben. Jedoch, seitdem sich das pädagogische hitzige Fieber wieder geleget hat, und man doch auch hinten nach einsiehet, daß es besser ist, wenn der große Haufe in Dummheit und Unwissenheit verharret: so bekümmert man sich auch nicht mehr um diese und dergleichen Schriften, deren Titel in vielen Städten und sogar Ländern kaum wohl mehr bekannt sind. Gewiß! wir leben auch in diesem Stücke in recht merkwürdigen und beyspiellosen Zeiten. Höchstunwissende, unerfahrne, notorisch untüchtige und unfähige, und noch wohl gar ansäßig lebende Volkslehrer an Kirchen und Schulen, werden nach wie vor eingesetzet, weil sie in der Reihe folgen, und der E** eines Herrn bedarf. Vorher aus-

oder Jugendlehrer hätte bilden können. Seine Entwürfe und Plane sind auch nur in wenigen Stücken anwendbar, und zwar in solchen Dingen, die die Alten und Uralten schon besser wußten, kannten und ausübten: daß es also ganz überflüßig war, darüber so viele projectvolle Vorschläge zu thun. Was aber die Lehrer an den höhern oder sogenannten lateinischen Schulen und derselben Bildung betrift, so war B** auch hier unter vielen Tausenden am allerwenigsten tüchtig und geschickt, und mit genugsamen Kenntnissen versehen, solche Männer bilden zu können; er mag auch noch so sehr und ofte auf diese Geschicklichkeit Anspruch haben machen wollen. Denn er hat keine Beweise vor sich, als seinen Cheval de Bataille; ich meine seine dreyjährige Hofmeisterstelle, und sein zu Soroe verwaltetes öffentliches Lehramt. Man erinnere sich an das oben Gesagte. Für Lehrer an den höhern Schulen brauchen gar keine Seminarien errichtet zu werden; denn diese bilden sich selber, wenn sie nur gehörig ermuntert, belohnet und hernach geschätzet und hervorgezogen würden. Aber bey Gott!

---

aufmerksam zu seyn und Sorgfalt anzuwenden, daß solche Subjecte nicht heranwachsen mögen, daran wird nicht gedacht. Wie schwer wird die Verantwortung derer seyn, die dies hindern konnten und mußten, und nicht thaten?

Gott! welche Leute werden bis itzt weniger geachtet, geschätzet, ermuntert und belohnet; ja umgekehrt, welche Menschen-Kinder werden noch bis itzt an sehr vielen Orten mehr verachtet, gering geschätzet, herabgewürdiget, aufs schändlichste verlästert und verfolget, als würdige, erfahrene, bejahrte und verdienstvolle Schulmänner!*) Zu allen Zeiten bis itzt und in allen Ländern hat es Trotzendorfe gegeben und giebt es noch, die ganz andere Männer waren, als B** mit allen seinen Projecten und Schimären, und denen nichts gefehlet hat und noch fehlet, als daß sie nicht zu Trotzendorfs Zeiten lebten, oder daß ihre sehr abgetragenen und abgenutzten Titulaturen der Rectoren und Conrectoren u. s. w. nicht in das Modegewand, in die Schild-

---

*) Unmöglich kann diese Verachtung und aus dummen Stolz und Unwissenheit, und Bosheit herrührende Geringschätzung verdienstvoller Schulmänner lebhafter und treffender geschildert werden, als ich selbige durch Vorstellung und unleugbare Beyspiele in den frommen Wünschen geschildert habe, so ich von —81 —89 in 4 Stücken herausgegeben habe. An jedem andern Orte, und vielleicht bey den Wilden würde es Eindruck gemacht und doch wohl etwa Scheinbesserung verursacht haben; allein bey meinem kleinen Publicum, für welches ich nur schreiben konnte, weil ich keinen Verleger hatte, hat es so wenig genutzet, daß es offenbar merklich schlimmer darnach geworden ist, und noch immer schlimmer wird.

Schild- und Helmdecke der Professoren, Directoren und Prorectoren umgeschaffen wurden. Sehr viele studierende Jünglinge sind, eben wie die Dichter, zu Schulleuten gebohren; sie werden aber das nicht, was sie hätten werden können. Wenn sie nur mittelmäßig wären unterstützet und geschätzet, wenigstens nicht verachtet, verlästert, verfolget, und durch muthwilliger und boshafter Weise in ihre Laufbahn hingeworfene Hindernisse und Steine des Anstoßes wären aufgehalten und muthlos gemacht worden.*) So gehet es in der Welt voll Einbildungen und Phantasien! was die Menschen im Ueberfluß haben und ohne große Kosten nutzen könnten, das suchen sie mit Verschwendung vieler Kosten, da wo sie es nie finden wer-

*) Theilnehmende und nicht bloß aus Neugierde blätternde Leser erinnere ich hier nochmal an dasjenige, was ich in der etwas langen Vorrede von mir und meinem eignen Beyspiele erzählet habe und zur Erläuterung vorläufig erzählen mußte. Um tüchtige und brauchbare, und rüstige und lustige Schullehrer zu haben, sollte man alle mögliche Aufmerksamkeit anwenden und alle ersinnliche Aufmunterung gebrauchen; und man würde gewiß die geschicktesten Männer haben. In ganzen Ländern thut man gerade noch das Gegentheil. Projectvolle Rumohrmacher und Lermblaser müssen kommen, und — nichts leisten; da giebt das liebe Publikum gerne die Kosten bey 10000 her.

werden. Recht sehr viele Jünglinge habe ich gekannt, sowohl auf Schulen als auf der Universität, und nachher noch mein ganzes Leben durch, welche unverkenntbare Merkmale an sich trugen, daß sie zu Schulmännern gebohren waren. Wenn die Jünglinge auf Schulen sähen, daß ihre Lehrer mehr geachtet und belohnet würden: so würden gewiß weit mehrere sich zu diesem Stande vorbereiten lassen, und sich frühzeitig eben so sehr auszeichnen, als Wolcke bey B**. Inzwischen werden und bleiben doch viele aus angebohrener Neigung zum Schulstande bey allen Hindernissen und Widerwärtigkeiten treue, muthige und getroste Schulmänner. M. Kapp in seiner Erholung u. s. w. führet ein langes Namenverzeichniß solcher würdigen Schulmänner an.

4) In B—s Lebensbeschreibung darf ich das von ihm zu Dessau gestiftete Philantropin am wenigsten mit Stillschweigen übergehen. Ist es wahr, daß B** durch seine pädagogische Unternehmungen, denen er so wenig gewachsen war, sich dennoch einen unsterblichen Namen, wenigstens einen lang währenden Ruhm bey der Nachwelt erworben hat; so wird und kann diese Stiftung viel, wo nicht das meiste, zu dieser Heldenvergötterung beytragen. Die Errichtung und der Fortgang und die Endschaft dieses Philanthropins ist mit Umständen

ständen begleitet, welche die Nachwelt kaum glauben wird, und deswegen B** gewiß für einen ausserordentlichen und merkwürdigen Sterblichen halten wird, wenn anders die Sache nicht nach 50 oder 100 Jahren eben so sehr in Vergessenheit gerathen wird, als das oben schon beschriebene Ratichiussische Rumoren und Spectaculiren. Ueberhaupt von solchen Lehranstalten, Philanthropinen genannt, zu reden; so habe ich mich ofte gewundert, daß B** ein so ausserordentliches Vergnügen daran fand, mit fremden Namen, besonders griechischen Ursprunges, einige seiner Bücher und seiner angeblichen Erfindungen und Einrichtungen zu benennen. Die Kenntniß der griechischen Sprache war doch gewiß seine allerschwächste Seite, wie er selber versicherte und ich ihm gerne ohne Betheurung zuglaubte. Denn in seinem sehr kleinen Bücherschatze fand ich auch nicht einmal ein neues Testament. Philaletha, Philalethus, Alethinien, Kosmopolita, Agathokrator, Philanthropinum und dergleichen fremde Kunstwörter kamen mehr in seinen Schriften und gleich auf dem Titelblatte derselben vor. *) Es

 werden

*) Unsere Sprache ist ja itzt reich und ausgebildet genug, daß wir gar nicht nöthig haben, zu solchen Flickmittelszierrathen unsere Zuflucht zu nehmen. Nicht nur der

werden sich selbige an einem bequemern Orte etwas betrachten und erläutern lassen. Hier wollen wir nur bey Philanthropinum stehen bleiben, welches eine menschenfreundliche Lehranstalt heissen soll; oder vielmehr nur etwas, das Liebe und Freundlichkeit zu und gegen Menschen anzeiget. *) Ich weiß

der große Hause, sondern auch in unsern Zeiten, wo Philologie und Sprachkenntnisse so sehr abnimmt. Gelehrte wissen nicht, was sie sich unter solchen fremden Namen denken sollen. In vorigen Jahrhunderten war es Mode, teutsche Familien-Namen in Griechische zu verwandeln. Z. B. Melanchthon; Chyträus u. s. w.; man gab Büchern griechische Titel: als Isagoge, Diatribe. Aber damals wurden noch viele Lehr- und Schulbücher lateinisch geschrieben, welches noch eher zum Griechischen paßt, als das Deutsche.

*) In den neuesten Erziehungs-Begebenheiten, 1sten Jahrg. S. 468. lieset man folgende Erklärung über das Wort: Philantropin. "Philantropin, heißt menschenfreundlich, wer Menschen nuzt. Es hat dieses Wort eine *active* und *passive* Bedeutung. In der ersten nimmt es Hr. D. Bahrdt, wobey er die Geschicklichkeit besitzt, seinen Lesern vorzuspiegeln, als nähme er es in der andern. Philantropinisch heißt, was dem Herrn D. B. Geld einbringet; wer ihm dazu behülflich ist, ist ein wahrer Philantrop oder Menschenfreund. Weil nun niemand ihm zu Gefallen Geld hergeben will, so sucht er den Leuten weis zu machen, als geschähe alles um ihres eignen Vortheils willen, und dazu muß ihn das zweydeutige Wort

weiß es würklich nicht gewiß, ob B** der Erfinder dieser fremden Benennung ist, die er seinem Institute beylegte, oder ob schon ein anderer vor ihm dieses zusammengesetzte Wort in einem ähnlichen oder gleichen Falle mag gebraucht haben. Das Erstere sollte ich fast glauben. Ob er nun diese zusammengesetzte Benennung von der φιλανθρωπια hergenommen, die in dem Briefe an den Titum Gotte beygelegt wird, und Luther durch Freundlichkeit übersetzet hat; oder ob er den Ausdruck anders woher erborget, das kann ich nicht gewiß sagen. So viel weiß ich, daß ich diese Benennung schon ofte aus seinem Munde gehört hatte. Aber es scheint mir doch, und hat mir immer so geschienen, als wenn es mit diesen und dergleichen fremden Benennungen auf etwas warme und fächelnde und einladende Luft hinausläuft. Freylich ein junges Mädchen, die ein ziemliches Vermögen und einen fremden oder romanen Namen dazu hat, die findet oft weit eher um sie buhlende und sich zu ihr thuende Liebhaber, wenn auch gleich der innere Werth dem pompösen Namen nicht entspricht. Jedoch der Mann war auch hierin, so wie in den aller-

Wort behülflich seyn." So urtheilt der Verfasser über den Stifter und Urheber des heidesheimischen Philantropins. Der Leser mag prüfen, obs auf mehrere könne angewendet werden.

allermeisten Stücken, ein wahrer Separatiste oder Sonderling; der auch darin von der eingeführten Gewohnheit unsers Jahrhunderts abging, daß er besondere Namen und Benennungen ersann, die nicht aus der Zahl der gewöhnlichen und gleich verständlichen hergenommen waren, und doch die Aufmerksamkeit der Gelehrten und der Laien erweckten; weil sie die wahre eingeschränkte Bedeutung dieser neuen Taufnamen nicht sogleich einsehen und errathen konnten, und doch nach dem Inhalt des Wortschmuckes, womit diese Benennungen umgeben waren, denken mußten, daß was Großes und Wichtiges dahinter stecken müßte. Auch dieses gehörte mit zu B — s nicht unerlaubten Kunstgriffen — wenn er nur nicht zu viel Wesens daraus gemacht und zu viel Würkung von diesem Spielwerk erwartet hätte — daß man das Publikum, als die nie versiegende, sondern immer recht sehr viel Milch gebende Kuh, auf allerley Weise etwas blenden, anlocken und einladen müßte. *)

Der

*) Will man B — s Schriften mit Nutzen lesen und verstehen, so muß man sich überhaupt gleich mit seiner Sprache und Redensarten und eigenthümlichen Wendungen, und Wortfügungen und Kunstwörtern und zusammengesetzten Ausdrücken bekannt machen, und selbige in gemeines und im Schwange gehendes Deutsch übersetzen; so wird sich finden und zeigen, daß

Der gute Mann hatte darin vollkommen Recht; denn das liebe Publikum ist von Anbeginn leichtgläubig gewesen, und wird es auch beständig seyn und bleiben, obgleich tausend und hunderttausend Hans Northe es hätten klüger machen sollen und können. Genug B** redete immer von Philanthropinen, und legte bey der Taufe und Einweihung der von ihm errichteten Lehranstalt würklich diesen Namen bey. Es war jämmerlich, aber doch auch zugleich zum Todtlachen anzuhören, wie dieser köstliche Name von Unkundigen geradebrecht wurde, so daß es noch weit ärger damit erging, als mit den holländischen Patrioten, welche die Sprache des Pöbels in Potratten umschuf. Was waren aber nun die andern Schul- oder Lehranstalten gegen ein solches Philanthropinum? Verstehet sich gerade das Gegentheil: nämlich Misanthropina oder Lehranstalten, wo Menschenhaß gelehret, *)

 Menschen-

daß er nichts Neues, sondern was Alltägliches sagt. Hätte er die alten Claßiker der Griechen und Römer gelesen und lesen können; so wäre ich geneigt zu glauben, daß er ihnen die Verschiedenheit der eigenthümlichen Worte und Redensarten abgelernet. Z. B. einen Herodot, u. s. w.

*) Daß man aber auch auf Philantropinen ohnerachtet aller Verbrüderungen und freundschaftlichen Verbindungen einander hassen, neiden, verfolgen, verleumden

Menschenhaß ausgeübet und Menschenhaß autorisiret wurde. Denn die muthwillige Jugend wurde gezüchtiget nach dem Gesetze, da man doch (wider die Lehre des weisen Sirachs) nach einem angeblichen Evangelio mit ihr scherzen, tändeln, spielen und spaßen müßte. Die liebe Jugend müßte ihr Gedächtniß üben, auswendig lernen, sich anstrengen und sich so zur Thätigkeit und Geschäftigkeit gewöhnen; auf den Philanthropinen aber hätte man das große Geheimniß erfunden, Sprachen, Künste und Wissenschaften in kurzer Zeit mit Hülfe des nürnbergischen Trichters durch ein pädagogischen Hokus Pokus einzuflößen. Daß dieses nicht erdichtet, sondern wahr sey, das zeiget die Vorstellung an begüterte Menschenfreunde und andere damit verbundene Schriften ganz klärlich und deutlich. Dieses Philanthropinische Unternehmen hat nun freylich nicht gelingen wollen; allein der philanthropinische Geist scheint sich doch seit der Zeit so über alle Schulen und Lehranstalten und derselben zu bildenden Subjecte ergossen zu haben, daß

leumden und verlästern könne; davon hat man zu Dessau, zu Marschlinz, zu Heidesheim viele Thatsachen gesehen und erlebet, die zum Theil gedruckt sind; wovon aber in dieser Lebensbeschreibung hier und dar nur Winke gegeben sind. Peccatur intra Iliacas muras, & extra, d. h. wir sind alle arme Sünder, und tragen die M. H. auf den Köpfen.

daß die liebe Jugend gar nichts mehr auswendig lernen und ihre Kräfte anstrengen und üben will.*) Man muß den Ausgang gelassen und geduldig erwarten. Die Namen und Benennungen können übrigens nie den Werth einer Sache bestimmen oder erhöhen. Man errichte Institute und nenne sie mit plautinischem Scherze: scholastico — thesauro — chrysonico — chrysidia oder mit einem neu gemachten Worte Argyro — chryso — philanthropina, so werden diese und noch viele andere vielsylbigte und schwerfällige Beneñungen den innern Werth nicht vermehren und erhöhen. Kein Thier äffet mehr nach als der Mensch. Kaum war das Basedowische Philanthropin errichtet worden, so bekamen schon mehrere Lust, welche anzulegen;

 nämlich

*) Ob ich allein diese traurige, höchst betrübende, und für die Zukunft nicht viel Gutes weissagende Erfahrung seit 20 und mehrern Jahren gemacht habe, damit es noch immer ärger wird; oder ob meine Amtsbrüder in der Nähe und in der Ferne gleiche und ähnliche Schul-Jeremiaden in diesem Stücke anstimmen, das kann ich freylich nicht so gewiß behaupten, als ich es selber weiß, wünsche es doch aber um des Ganzen willen zu wissen. Es ist zum Erstaunen, wie seichte Sprachkenntnisse, z. B. die Jugend itzt mit nach der Universität nimmt, bloß weil das Auswendig lernen fast ganz aus der Mode kommt. Eben so gehets auch in Künsten und Wissenschaften alles oberflächlich, weil man gar nicht mehr wissen will: tantum scimus quantum memoria tenemus.

nämlich Herr von Salis zu Marschlinz und Bahrdt zu Heidesheim; welche aber beide gar bald ihre Endschaft erreichten. Ueber beide Philanthropine lieset man gar erbauliche Nachrichten und Anecdoten sowohl in den schon oft angeführten Erziehungs-Begebenheiten, als auch besonders in dem merkwürdigen Lebenslaufe des Herrn Doctor Bahrdts, von ihm selber aufgesetzet. Ich bleibe hier bloß bey dem Dessauis. Philanthropin stehen; denn ich würde sehr weit über die gezogenen Grenzlinien meines Plans hinausgehen müssen, wenn ich mich nur etwas in die Beschreibung der eben genannten und aus bloßer Nachahmungssucht angelegten Lehranstalten einlassen wollte, bey deren Errichtung überhaupt die Finanz-Operationen mit so dicken Faden gesponnen waren, daß auch ein blinder diese eigennützigen und gewinnsüchtigen Absichten mit Händen greifen konnte. Ist die Sache aus Gott, so wird sie bestehen. So dachten und urtheilten viele sehr richtig. Der Ausgang hat es gezeiget. B** kündigte sein errichtetes Philanthropin in einer kleinen Schrift unter dem Titel an: Das in Dessau errichtete Philanthropinum, eine Schule der Menschenfreundschaft für Lernende und junge Lehrer. Noch bis itzt kann ich nicht einsehen, was der fremde Ausdruck: Philanthropinum, und der vaterländischen Menschenfreundschaft, hier auf dem Titel

einer

einer Ankündigungsbroschüre vor eine besondere und nachdrückliche Bedeutung haben soll, um des Publikums Aufmerksamkeit rege machen zu können. Menschenhaß und Menschenfreundschaft sind sehr alltägliche zusammengesetzte Ausdrücke. Da B** ausserordentliche Summen und starke Beiträge fast aus ganz Deutschland erhalten hatte, so war es ihm leichte, die Kosten anzuwenden, und seine, in sehr pathetischer Schreibart abgefaßte Ankündigungsschrift in ganz Deutschland an die höchsten und hohen Personen und an alle seine ansehnlichen Freunde zu versenden.*) Man muß aber gleich zum Voraus wissen, daß die Errichtung dieses Philanthropins durch Hülfe dieser von Dan bis gen Berseba, und in ganz Medien und Persien ver-

*) Bella constant fama, und ich thue hinzu: scholæ constant fama. Es ist ganz unbeschreiblich, welche Kunstgriffe da en vague und grande mode sind. Manche wohleingerichtete und vortrefliche Schule in Lehrern sowohl als in Lectionen kann nicht empor kommen, weil sie ihre Eyer nicht selber rezensiren kann, und auch keine öffentliche Blätter als Zufluchtsörter hat, um sie anpreisen und ausposaunen zu lassen. Wer diesen Vortheil hat, der hat gewonnene Sache. B** hatte diesen Vortheil im allerhöchsten Grade auf seiner Seite, und was konnte er da nicht ausrichten. Viele Lehranstalten haben Heilige und Patronen, und Magazine und Journale; und andre weit bessere haben nicht mal den Schwein-Patron Antonium von Padua.

versendeten Kundthuungsschrift den alten öffentlichen Schulen und Lehranstalten den letzten Gnadenstoß beybringen, und ihnen das letzte Restchen des noch daseyenden Credits völlig rauben, oder doch wenigstens sehr ungewiß machen sollte. Denn sehr menschenfreundlich wurden in dieser Schrift, eben wie in der Vorstellung an Menschenfreunde, die Fehler und Mängel der öffentlichen Schulen nach dem alten Stil mit sehr starken Farben geschildert, und dagegen die Vorzüge des neu errichteten Philanthropins herausgestrichen, und allen Staaten und Fürsten und Reichsstädten bestens empfohlen. *) Die alten Schulen wurden wie der alte Calender betrachtet, die durch das neue basedowianische Institut müßten ganz abgeschaft, oder wo noch etwas Gutes daran wäre, doch so umgeschaffen werden, daß sie ihrer ersten Einrichtung gar nicht mehr ähnlich wären. In meinen

*) Wer so hoch steigen und seine gelegten Eyer, wie die Henne im Hahnebalken selber rezensiren oder von guten Freunden rezensiren und ausposaunen lassen kann, der hat gewiß ein Publicum mit aufgeweckten Halse vor sich und um sich; und kann, wie ehemalige Marktschreyer, von ihren Kilian Brustflecken und Hanswursten umgeben, des zugewinkten Beyfalls versichert seyn. Da heißt es: nos poma natamus, vos autem estis pigri. Guter Gott! wie gehets in dieser Welt! Doch du regierst alles, und am Ende findet sichs.

meinen Beobachtungen und Wahrnehmungen dachte ich immer: ist die Sache aus Gott, so wird sie bestehen. Und das war ein Sela, eine Pause, ein Ruheplätzgen zur Erhohlung, zum Ausruhen und zur Erquickung. Denn wer kann es aushalten, und wer sollte nicht mit Leßing sagen: wer hierbey seine Vernunft nicht verlieret, der hat keine zu verlieren! Es war nun soweit gekommen, daß nach B—s menschenfreundlicher Absicht sollte gesungen werden: es war ein wunderlicher Krieg! da Philantropin und Schulen rungen; das Philanthropin behielt den Sieg, es hat die Schulen verschlungen. Um Verzeihung vielgünstige Leser! ich sage gar nicht zu viel. Das Philanthropin sollte eine Mutterschule für ganz Deutschland, und weiter für Europa und gar für mehrere Welttheile werden. Das laß mir ein viel umfassender Plan seyn! Wer Ohren hat, der höre: denn die Berge kreisten. Junge künftige Lehrer sollten hier gebildet werden; folglich sollte es auch ein Seminarium seyn. Sodann sollte es ein vorzügliches Erziehungs-Institut, oder eine Musterschule für **begüterte** Pensionairs seyn, die man vom 6ten Jahre bis ins 18te, jeden für 250 ℛ︀ jährlicher Pension annehmen, und *methodo inusitata* unterrichten lassen wollte. In zwölf Jahren würde dieses ein ansehnliches Sümmchen ausmachen. In 12 Jahren kann man ein

Schäf-

Schäfchen auch mehrmal scheren, als in einem Jahre. Das beste war noch, daß kein merklicher Unterschied der Religion sollte beobachtet werden; denn wenn man Pensionairs aus allen Haupt- und Nebensecten annehmen kann: so kann es nicht leichte an begüterten Rekruten fehlen. Ein Versehen war es aber, welches auch H. C. Gedicke rüget in seinem Aristoteles und B**, daß auch unbemittelter Aeltern Kinder für 100 ℛ, ich schreibe hundert Thaler jährlicher Pension sollten aufgenommen, und 4 Jahr, vom 11ten bis 15ten Lebensjahre zu Schulhaltern und zu Bedienten von ganz besonderer Art, die man noch nicht hatte und kannte, sollten gebildet und unterrichtet werden; nemlich, welche Bediente und Hauslehrer zugleich seyn könnten.*). Die Griechen und Römer, welches Plutarchus sehr bitter tadelt, überließen nur gar zu ofte den Unterricht und die Erziehung ihrer Kinder ihren Bedienten oder Sclaven. Jeder rechtschaffene Väter und sorgfältige Mutter werden sich

*) Der ehrliche, thätige, arbeitsame, wackere, biedere Schulmann an gemeinen Schulen von alltäglichen Schlage ist froh, und jauchzet wie Hiobs Schafknechte, wenn er einige Pensionairs für 100 Rthlr. erhalten kann, und muß noch wohl dabey denken: hæc phrasis non semper occurrit. Liebster Gott! was sind Schulleute mit ihren Pensionairs gegen Philantropine!!

sich sorgfältig hüten, ihr Bestes ihren Domestiken anzuvertrauen. Hat B** beydes nicht gewußt, oder hat er nicht daran gedacht? Ich erinnere mich einen Projectirer gekannt zu haben, der etwas in der Mechanik gethan hatte, und der an einem einzigen Wasserrade, dem es oft mehr an Wasser als an Umfange fehlte, doch eine Oel-, Mahl-, Papier- und Säge- und Schleifmühle anlegen wollte; so daß alles zugleich in Bewegung und im Gange seyn könnte. Die Nutzanwendung würde hier überflüßig seyn. B** weihete die errichtete Lehranstalt aufs feyerlichste mit einem abermaligen Pomposo ein, und ertheilte selbiger bey dieser Einweihungs- oder Taufhandlung den neu erfundenen und schon recht modisch gewordenen Namen: Philanthropin. *) Recht sehr viel merkwürdiges könnte

*) Ja gewiß! könnte ich die Einweihungsrede oder nur ein kleines Stück aus selbiger hersetzen; ich bin versichert, es sollte meinen Lesern so warm, so wohl und so weh am Herze werden, daß ihnen selbiges aus dem Leibe wegschmolzen sollte, wie Wachs. Da aber selbige meines Wissens nicht gedruckt ist, und ich nur ein Wörtlein davon gehört habe, so müssen sie sich mit dem guten Willen begnügen. Viele Herzen sollen bey Anhörung derselben zusammen geschrumpelt seyn wie Pergament, und konnten nur durch ein Glaß Wein wieder in Thätigkeit gesetzt werden. Bahrdt rief bey seiner Einweihung des Philantropins aus: Vergesse ich dein, o Jerusalem! so werde meiner Rechten vergessen. Jes. 49.

könnte ich von dieser höchst feyerlichen Einweihung noch einfließen lassen, z. B. daß B** vielleicht in seinem ganzen Leben sich noch nie so sehr in seiner ihn recht kützelnden und wohlbehagenden Selbstgenügsamkeit gefühlet hatte, als bey dieser ungewöhnlichen und feyerlichen Handlung — denn welcher begüterte Vater ist nicht bey der Taufe eines Erben recht seelenvergnügt, dessen jemalige Ankunft er ofte bezweifelt hatte. — Allein alles, was ich hierüber auf meinem Herzen und Gewissen habe, das will ich in folgender kurzen Erzählung zusammenfassen. B** war dreiste genug, das gutmüthige und leichtgläubige aber oft etwas vergeßliche und hartmüthige Publikum in desselben höhern und niedrigern Mitgliedern an den Gevatterbrief zu erinnern, welchen er vor der Errichtung und Einweihung des Philanthropins an so viele begüterte Menschenfreunde geschickt hatte. "Das Kind wäre nun würklich da und allbereits getaufet: sie möchten doch Pathenstelle vertreten, und das Pathengeld aufs baldigste einschicken. Das Sümmchen betrüge fürs erste Jahr nur 22000 Rthlr., welche Beihülfe das Publikum ohnfehlbar stracks und flugs zusammenbringen müßte, wenn das Philanthropin alles leisten sollte, was dadurch geleistet werden könnte." Soll man über diese mehr als unverschämte Forderung lächeln oder von Sinnen

kom-

kommen. *) So machten es gerade die Goldkocher der vorigen Zeiten. Allein B** spannte in der folgenden Zeit den Bogen noch höher, und war mit dieser Summe lange noch nicht zufrieden. Inzwischen nahm die Arbeit auf dem Philanthropin ihren Anfang. Man machte die Probe mit B—s eigenen Töchterlein von 4 Jahren und noch einem Knäbelein von 6 Jahren, und der Versuch gelang über alle Erwartung. Wie B** mit so jungen Kindern dieses wagen konnte und durfte, das kann ich gar nicht begreifen, und wenn der Unterricht noch so spielend geschah, so waren doch diese Kinder nach Aussage der Erfahrung und vieler Beyspiele noch viel zu zart und zu jung. Das Beyspiel des jungen Baratier ist ja bekannt genug. Andere ähnliche Exempel neuerer Zeiten übergehe ich, und führe nur blos noch an, daß ein Recensente in einer öffentlichen Nachricht über

*) B** schloß so: das Publicum hat A gesagt, indem es 15000 Rthlr. hergab, und muß nun auch B sagen, und allmählig an die progress. geometr. gewöhnt werden, daß es nun die Summe verdoppelt und 30000 zusammen bringet. Das durfte auch B** nur thun, denn jeden andern Menschen würde man für Tollhausfähig bey einer solchen Forderung erklärt haben. Man muß mirs ja nicht verdenken, daß ich immer so positiv rede; ich kenne meinen Mann, und habe nichts vergessen.

über ein solches so gebildetes und unterrichtetes Knäbelein sehr richtig urtheilte: "daß es grausam wäre und öffentliche Ahndung verdiente, solche junge und zarte Kinder eben so zu behandeln, als wenn man Bäume ins Treibhaus setzet, und durch erkünstelte Wärme zum Fruchttragen zwinget. Inzwischen hielt es B** doch aller dieser bewährten Erfahrungen ohngeachtet, für gut, an seiner eigenen noch sehr zarten und unerwachsenen Tochter, die Probe seiner angeblich neuen Methode zu machen und machen zu lassen. Der gute Mann reißte sogar mit ihr nach Leipzig, und ließ in Gegenwart vieler angesehenen und gelehrten Männer ein Examen mit diesem zarten Kinde anstellen; wodurch große Aufmerksamkeit und Bewunderung soll erregt worden seyn. Man müßte von allen gegenwärtig gewesenen Zuhörern Zeugniß haben, so würde sich zeigen, was viele davon dachten und darüber urtheilten. B** hielt ein jedes Lächeln und ein jedes Beyfallswort für einen vollkommnen Beweiß, daß andere mit ihm völlig übereinstimmten. Wie wenig kannte der gute Mann die Menschen und die Welt! und warum nahm er denn am Ende seine Tochter wieder aus dem Institut heraus, um ihr, wie er selber sagte, ein entgegenstehende Erziehung geben zu lassen, damit sie das Erlernte wieder verlernen möchte?

möchte? Das sind ja Widersprüche über Widersprüche, die man unmöglich einem Manne wie B**, so ungerüget kann hingehen lassen. Da das Publikum die 30000 rℓ nicht hergeben wollte, und er noch andere Verdrießlichkeiten hatte; so wurde er nach seiner Unbeständigkeit des Philantropins müde und überdrüßig. Mit dem jungen Schwarzen hat es eine gleiche Bewandniß. Dieses Kind von 5 Jahren sprach auch schon Latein, mischte aber noch einige deutsche Wörter mit unter. Das mag ein Mischmasch gewesen seyn! Jeder vernünftige und unpartheyische Mann kann sich unmöglich eines gerechten Unwillens enthalten, wenn er solche und dergleichen aufgestützte und wohl accommodirte Nachrichten lieset. Daß B** in seinen philantropinischen Nachrichten solche und dergleichen sehr ungültige Probestücke dem Publikum vorlegt, das weiß ich sehr wohl, und habe mich damals, als er es in die Welt hineinschrieb, nie über solche Großprahlereyen gewundert, weil ich ihn kannte: das kann ich aber nicht recht reimen, wenn der Verfasser der Fragmente und nach ihm ein andrer Verfasser der Beyträge, solche und dergleichen unstatthafte Behauptung, entweder aus B—s Munde, oder seinen Schriften noch als baare klingende Münze dem Publikum aufzählen wollen. Jedoch wenn ich nicht sehr irre, so scheint mir auch der Verfasser der Beyträge das Ungereimte und Lächerliche der Basedowischen Zeugnisse selber gefühlt zu haben; denn er redet selber von widrigen Urtheilen über B — s Philantropin und über seine zu viel versprechende Vorschläge und Plane. Der ganze Streit kann hier eben so geendigt werden, wie der Zwist zwischen den Bienen und den Hummeln in der Fabel." Der junge Schwarze, und folglich auch viele andere philanthropinische Zöglinge lernten sehr geschwinde Latein sprechen. Man erlaube mir folgende Fragen: War es erträgliches Latein, oder ein kauderwelscher Gallimathias? Verstand B** Latein? Er wollte ja selber seit 12 Jahren das Latein nicht mehr getrieben haben, und beschäftigte sich daher mehrere Wochen Tag und Nacht mit der abermaligen Erlernung dieser Sprache, wobey er immer im Bette lag; nichts als Latein sprach und las: denn er arbeitete an der versprochenen Schulbibliothek und besonders an verschiedenen Schulbüchern, die er für den Unterricht im Lateinischen bestimmt hatte. Nur halbkundige Leser werden hier abermals B — s einzige und eigenthümliche Art zu handthieren nicht verkennen." Recht sehr wundere ich mich, daß man alle dergleichen lächerliche und närrische Nachrichten in dem Leben dieses Mannes zu seinem Lobe hat mit anführen wollen. B** war sehr unfähig

und

und ungeübt, solche Schulbücher zu excerpiren und zusammen zu tragen, und nur bloß unglaubliche Präsumtion und suffisance vermochten ihn dazu. Jedoch ich bin mit meinen Fragen noch nicht fertig. Was ist denn nachher aus dem jungen Schwarzen und allen Philanthropinisten geworden, die so geschwinde Latein sprechen lernten? Wenn noch einige von diesen Philanthropinisten leben, so wollte ich wohl wünschen, daß sie ein einstimmiges Zeugniß über ihren genossenen philanthropinischen Unterricht in Sprachen, Künsten und Wissenschaften ans Publikum gelangen lassen möchten; denn seit einer so beträchtlichen Reihe von Jahren könnten sich doch nun wohl die Blüthen in Früchte verwandelt haben. Zuletzt frag ich nochmal: Was war es denn vor Latein, so diese Zöglinge sprachen? Wenn man doch ein Pröbchen von solch einem philanthropinischen Lateine haben könnte, um zu sehen, ob es feinlöthiges, oder zwölflöthiges oder gar acht- oder vierlöthiges und ganz falsches und unechtes sey. *) Das Basedowische Latein stehet in keinem

 bessern

*) Doch wir haben ja das ganze Elementarwerk in einer lateinischen Uebersetzung, deren Verfasser das Latein auf dem Philanthropin scheinen erlernet zu haben. Von B — s eigenthümlichen prätiösen Lateine werde ich an gehörigem Orte aus dem Leipziger allgemeinen V. neuer Bücher eine Stelle anführen, die meinen Lesern

bessern Rufe, als das preußische Silbergeld und Louisd'or in den letzten Zeiten des 7-jährigen Krieges. Jedoch das Philanthropin erregte nach B—s Absicht Aufsehen und Aufmerksamkeit, und B** that alles mögliche, dieses Aufsehen zu erhalten, um von dem Publikum das oben genannte Sümmchen von 30000 Rthlr. zu erhalten; welche Forderung denn, wie sich von selber verstehet, noch öfters würde wiederhohlt worden seyn; weil zur Ausführung der Basedowischen Plane auch dann schon Millionen erfordert würden, wenn das Publikum nur einige Jahre mit

---

Lesern baß gefallen soll. Freylich das philanthropinische und pädagogis. Wesen und Unwesen hat der unschuldigen lateinischen Sprache und der Erlernung derselben großen fast unersetzlichen Schaden zugefügt; oder ihr doch wenigstens einen solchen Stoß beygebracht, daß sie sich schwer in einem Viertel oder halben Jahrhundert wird erhohlen können. Burkhardi fata latinæ linguæ in Germania könnten bloß mit der letzten Hälfte des 18ten Jahrhunderts beträchtlich vermehret werden. Des Lateins Feinde und Widersacher mögen sagen was sie wollen; so lehrt doch das die Erfahrung, daß auf Schulen und Universitäten, seitdem man angefangen hat, deutsch zu reden und zu schreiben, und deutsche Lehrbücher herauszugeben, der Eifer nach wahrer gründlicher Gelehrsamkeit ausserordentlich abgenommen hat. Man schüttet das Kind mit dem Bade aus, und vergißt: Dies sollt ihr thun; und jenes nicht lassen! Wie werden itzt Doctores und Magistros gemacht? ists nicht zum Todtlachen oder Todtärgern?

mit Angaffen und Bewundern sollte amusirt und ergötzet werden. Der Ruf von dieser neumodischen, neugebackenen Lehranstalt verbreitete sich in entfernte Länder. Viele Fremde reiseten hin, das Wunderding zu sehen. Ich nenne nur einen Ulysses von Salis. Dieser Mann wird in den Beiträgen ein Mann von tiefen Einsichten, und von dem feurigsten Eifer für alles Gute genannt. Soll das im Ernst so gemeinet seyn, oder ist es feine Satyre? Dem Verfasser dieser Beiträge konnte unmöglich unbekannt seyn, was Bahrdt in seinem Lebenslaufe von diesem Manne von so tiefen Einsichten, und der mit so starren Blicke auf das Beste der Menschen hinschauen soll, als Thatsachen erzählet und von seinem Charakter urtheilet. Bahrdt habe ganz oder halb die Wahrheit gesagt, so erinnere ich mich nicht bis itzt, eine Zeile Widerlegung gelesen zu haben, welche doch aus London vom Herrn Pastor Wendeborn so bald erfolgte. Hat Bahrdt nur einigermaßen Recht; so war dieser Besuch des Herrn von Salis sehr eigennützig, und dieser Herr war darinn mit B * * vollkommen gleichgesinnet, daß er das philanthropinische Wesen als eine sehr ergiebige Gold- und Silbermine betrachtete. Ueberhaupt mit wenigen viel zu sagen, wenn der Verfasser der Beiträge immer im Ernst redet, so scheint er es noch weit

 mehr,

mehr, als der Fragmentist darauf angeleget zu haben, Personen und Thatsachen ohne merkliche Einschränkung und Ausnahme zu rühmen und zu preisen. Von dem Institute des Herrn von Salis zu Marschlinz, welches er durch Basedown gerne in ein Philanthropin umgeschaffen hätte, und ihn deswegen bey seinem Besuche überreden wollte, mit nach Marschlinz in Graubündten zu ziehen, giebet Bahrdt in seinem Lebenslaufe eine ziemlich umständliche Beschreibung. Auch der noch bis itzt berüchtigte Bahrdt, der eher verdienet hätte, hier ein Mann von tiefen Einsichten und feurigen Eifer, als der Herr von Salis, genannt zu werden, stattete einen Besuch zu Dessau ab, und hielt sich hier einige Zeit auf, um zu lernen, theils was ein Philanthropin vor ein Ding sey; theils wie man es anfangen müsse, wenn man nach der Form des dessauischen Mutterphilanthropins ein Filial-Philanthropin an andern Orten anlegen wollte. Denn auf Anrathen B — s berief der Herr von Salis den Herrn Doctor Bahrdt von Gießen nach Marschlinz, um das dasige Lehr-Institut in ein Philantropin umzuschaffen. Bahrdt selber bekennet hier aufrichtig seine Unwissenheit und erzählet sehr ehrlich in einem burlesken und drolligen Tone, wie und warum er nach Dessau gekommen wäre, und was er daselbst gesehen und gelernet hätte. Was übrigens der berüchtigte züchtigte oder vielmehr der berühmte Bahrdt von dem philantropinischen Unfug urtheilet, ist schon oben aus dem Ketzer-Almanach zur Gnüge bemerket worden. Es wird aber weiter unten aus dieses allermerkwürdigsten Mannes Lebenslaufe noch eine treffendere Schilderung angeführt werden. Als ganz sonderbar und merkwürdig muß ich bey dem Philantropinen noch bemerken, daß alles so recht geschwinde angefangen, fortgesetzet und ausgeführt wurde, und daß man hierauf eben, als auf einen grossen Vorzug der Philantropine, das Publikum recht aufmerksam machen wollte. In kurzer Zeit lernte Bahrdt zu Dessau, mit Hülfe seiner Augen und Ohren philantropinisiren, so wie Gilblas bey den Doctor Sangrado in kurzer Zeit doctoriren und kuriren lernte. Bahrdt selber spottet recht bitter darüber, und das mit Recht. Nach dem Lauf der Natur, wird man erst durch vieljährige Uebung ein geschickter Arzt, Rechtsgelehrter, Volkslehrer und Schullehrer. Die Philantropinisten aber sind nicht an die Gesetze der Natur gebunden. Cito citissime können sie Erwachsenen und Unerwachsenen alles glücklich beybringen, auch sogar, was sie selber nicht gelernt haben. Quod cito fit cito perit. Das ist nun wohl wahr, aber es ist doch ein Wunder. B** selber lernte geschwinde noch Latein, nachdem er es 12 Jahr, wie er versichert, vernachläßiget hatte, um lateinische Schulbücher zu schreiben. Es ist oben schon mehr als einmal gezeiget worden, daß B—s Kenntniß der lateinischen Sprache die allerschwächste Seite war, und daß er niemals mittelmäßige und erträgliche Fortschritte in dieser Sprache gemacht hatte. Und doch will dieser Mann geschwinde noch Latein lernen, geschwinde Bücher für den lateinischen Unterricht aufsetzen, damit die Jugend recht geschwinde, durch Hülfe derselben zu Lateinischschwätzern könne gebildet werden. So ging alles ohne Ausnahme mit dem Philantropin recht geschwinde, so wie es B—s tumultuarische und schimärische Art zu verfahren mit sich brachte. *) Ich kann mich nicht enthalten, noch eine practische Anmerkung einzustreuen. Hocus pocus fiat celeriter. Dieser Hurtigkeits- und Uebereilungsgeist schei-

*) Für alle diese Geschwindigkeits-Manövre und philanthropinische Hurtigkeits-Handgriffe erwartete nun B** auch *cito citissime* recht geschwinde auf allen Posten Deutschlandes, oder mit feuriger Ungedult, wie der Verfasser der Beyträge sagt, die Beyhülfe von 10000 Ducaten. Aber das liebe Publikum war diesmal sehr langsam und träge, und was das allerschlimmste war, die sehnlichst erwartete Beyhülfe blieb gar aus. Die gar zu große Geschwindigkeit auch besonders in unverschämten Foderungen mußte doch dem hartleibigen Publikum etwas verdächtig vorkommen.

scheinet sich von der Zeit an über viele, wo nicht die meisten Schulen Deutschlandes verbreitet zu haben. Recht geschwinde und spielend will unsere Jugend alte und neue Sprachen, Künste und Wissenschaften lernen, ohne durch Anstrengung und Anwendung aller Mühe auf Schulen und auf Universitäten reif zu werden. Als unwissende Kinder und unerfahrene Knaben verlassen sie die Schule, eilen nach der Universität; leben dort Burschikos; kommen geschwinde wieder; wollen geschwinde ins Amt; leben sehr geschwinde und vergessen geschwinde, weil sie nicht viel zu vergessen hatten. Ist das nicht ein herrlicher Vortheil und ein philanthropinisches Vermächtniß für die öffentlichen Schulen? Der Leser verzeihe mir diese nach einer Ausschweifung schmeckende Anmerkung. Die innigste Wehmuth hat sie mir ausgepresset. Gott erbarme sich unsrer Schulen, und erwecke die höchste und hohe Obrigkeit, diesem verwüstenden und schädlichen Unfuge zu steuren und zu wehren, warum sie freilich sich noch wenig zu bekümmern scheint, oder wir werden in 20 bis 30 Jahren die größten und aufgeblasensten Ignoranten in allen Aemtern haben, wovon sich schon itzt so viele Vorläufer zeigen und schon längst gezeiget haben. Doch noch einmal zurück zum Philanthropin. Um noch mehr

Auf-

Aufmerksamkeit bey dem Publikum zu erregen, so hielt B** für rathsam, ein feyerliches und öffentliches Examen mit dem bisher nach philanthropischer Lehrart unterrichteten Zöglingen anzustellen, und zwar 3 Tage hinter einander. Das war eine Feyerlichkeit, worüber Sonne, Mond und Sterne sich freueten, und darob die Morgensterne jauchzten. Auch diese Feyerlichkeit wurde vorher dem theilnehmenden Publikum in der Nähe und in der Ferne kund gethan, und viele Gelehrte wallfahrteten hin, dieses Wunder zu schauen, wie ehemals die Pillgrimme nach dem heiligen Grabe. *) Man würde mich unrecht verstehen, zu glauben, als wenn ich diese Männer tadelte. Nein, ich lobe es vielmehr von ganzem Herzen! Wir haben daher verschiedene Nachrichten, die theils etwas parthenisch

*) Ich weiß wohl, daß in den Beyträgen ausdrücklich gesagt wird, daß ohne persönliche Einladung sehr viele angesehene und berühmte Männer aus nahen und entfernten Orten dabey erschienen wären. Allein eingeladen waren die Kenner des Publikums, und ich erinnere mich recht sehr wohl, welch eine Erwartung durch die Ankündigung dieses bevorstehenden Examens erwecket wurde. Die Ableugnung einer persönlichen Einladung stehet hier aber nicht so müßig und von ohngefähr. Die Aufmerksamkeit des Publikums auf alle B—sche Unternehmungen soll dadurch recht vorgestellet werden. Practica est multiplex. K. g. z. H.

theyisch und einseitig; theils aber doch ziemlich aufrichtig lauten. Die Grenzen, die ich mir selber bey diesem Lebenslaufe vorgeschrieben habe und vorschreiben mußte, erlauben mir nicht, diese Feyerlichkeit weitläuftig zu beschreiben, und die darüber gefällten Urtheile auch nur in einem kurzen Auszuge herzusetzen. Für Kenner und Kundige jener philanthropinischen Herrlichkeiten ist es nicht nöthig; und für unkundige Leser müßte ich ein eigenes Buch darüber schreiben, wenn ich nur dasjenige excerpiren wollte, was ich darüber in Händen habe. Der seelige Stroth scheint mir am richtigsten diese Feyerlichkeit beurtheilt zu haben, ob er gleich ein wenig zu trippeln und zuweilen links- oder rechtsum zu machen scheint, anstatt daß er geradezu gehen sollte. Der weise Terenz sagt doch über die Maßen fein: vicissitudo est omnium rerum! das heißt, um noch einmal einen Krügerschen Einfall zu nutzen: O Eitelkeit! O Eitelkeit! die wärmsten Stuben werden kalt; die schönsten Jungfern werden alt; und mit Bahrdt aus dem Ketzer-Almanach zu reden: parcius pulsant vetulae fenestras! B** und seine Mitarbeiter wünschten, daß theilnehmende Fürsten und Regenten die Vorzüge des Philanthropins möchten untersuchen lassen: aber der Wunsch blieb ohne Würkung. Statt der gehoften 30000 Rthlr. lief

nur

nur eine unbeträchtliche Summe ein. Viele in der Nähe und in der Ferne fingen an selber zu denken, und richtig zu denken; verglichen Ursach und Würkung, und wurden mißtrauisch und kaltsinnig. Man fing nun an, B—s Projecte und Schimären zu wittern, und die Reihe kam nun an ihn, in seinen pädagogischen Verbesserungen getadelt zu werden, nachdem er so ofte die öffentlichen Schulen mit dem bittersten Tadel hatte brandmarken wollen. Besonders aber fühlte man B—s unverschämte Foderungen recht lebhaft; und sehr viele, die vorher Vertheidiger und Anhänger gewesen waren, sahen nun recht deutlich ein: daß B** gar der Mann nicht war, der in diesem Stücke eine merkliche Verbesserung in der Welt verursachen könnte; weil er sonst selber von Jugend an bis itzt, eine merkliche Verbesserung an sich und in sich hätte erfahren müssen. B** that alles mögliche, dem drohenden Sturz und Fall vorzubeugen. Er schrieb: für Kosmopoliten etwas zu denken, zu lesen und zu thun, und schickte es abermals von Dan bis gen Barseba und that Nothschüße auf dem wellenfurchenden Schiffe, worin ihn Herr Gedicke fahren läßt, um das Goldne Wließ von Colchis zu holen. *) Er drohete, das Philan-

*) Es war auch ein recht verdammter Streich! B** war Kolchis und dem goldnen Wließe so nahe, oder glaubte doch

Philanthropin aufzugeben, und so das undankbare Publikum zu bestrafen, wenn die geforderten 10000 Ducaten nicht bald eingesandt werden würden. Hier zeigt sich B** in seinem größten Lüstre. Es war aber alles vergebens und ohne Würkung. B** that noch mehr. Er gab selber Lectionen auf dem Philanthropin, und zwar anfänglich so hitzig, so eifrig und mit solch einer ausserordentlichen Anstrengung, daß man hätte glauben sollen, er wäre plötzlich aus einem Theoretiko in einen Practikum umgeschaffen worden. Wär ich zu der Zeit zu Dessau gewesen, so hätte ich eben so sicher und richtig voraus sagen wollen, als die Sternkundige Sonn- und Mondfinsternisse vorhersagen, daß B** dieser Arbeit nicht lange treu bleiben würde. *) In der That dauerte auch dieser

Base-

---

doch wenigstens sehr nahe zu seyn, daß er doch wenigstens, wo nicht das ganze Vlies, doch einen Lappen 10000 Dukaten werth, zu erobern glaubte. Aber widrige Winde brachten ihn von seiner Fahrt ab, die er nachher bey aller Bemühung und Anstrengung nicht wieder erreichen konnte. Hätte er doch auch, wie Salomo eine Fahrt nach Ophir gewaget, vielleicht wäre die besser gelungen. Q. v. r. d. v.

*) Wenn der Pabst selber Hochamt hält, das will schon was sagen, aber das geschiehet auch selten. Man merke was ich sage. Geschäftig thun, und doch das Meiste für sich durch Unterhabende thun und ausrichten

Basedowische Unterricht nicht länger als etwas über einen Monat. Da nun die schon oft geforderte Unterstützung des Publikums von 30000 rℓ ausblieb, und sich sonst schon andere Widerwärtigkeiten ereigneten, so läßt sich leicht erachten, daß B — s unruhiger Geist nunmehr noch unruhiger wurde, und daß seine alten Launen und Hypochondrie in ihrer völligen Stärke zum Vorschein kamen. Nach und nach fing das bisher trunken gewesene Publikum an, nüchtern zu werden, und über B — s unausführbare projectvolle und schimärische Plane und Entwürfe mit reiflicher Ueberlegung nachzudenken, und besonders die unverschämte Forderung zur Unterstützung des Philanthropins ihm sehr zu verargen, da es schon zu dem Elementarwerke so bereitwillig und so freigebig das geforderte Quantum und noch weit mehr, entweder als Pränumeration vorgeschossen oder gar geschenket hatte. Man kann leicht denken, daß diese tadelnde Urtheile dem guten Manne nicht unbe-

---

richten lassen, das ist heuer eines der besten und untrüglichsten Mittel, wodurch man ein grosser, berühmter, angesehener, vornehmer und reicher Mann wird. Man hüte sich aber ja, sich durch gewisse anhaltende Arbeiten dem Pöbel an die Seite zu setzen und sich gemein zu machen. Wenig Thätigkeit und viele Geschäftigkeit, das macht eigentlich h. z. T. den wichtigen und vornehmen Mann.

unbekannt blieben. Da er aber bisher in allen seinen Unternehmungen so vielen Beyfall gehabt hatte, daß sogar seine gierige und eben nicht leicht zu sättigende Erwartung weit übertroffen war, so mußte ihn dieser Kaltsinn des Publikums und die versagte Hülfe und Rettung ausserordentlich kränken und befremden. B** scheint mir abermal hier nicht consequent zu handeln. Er selber war unbeständiger, als das Aprillwetter. Von ihm hätte man mehr Menschenkenntniß des vielköpfigten Publikums erwarten sollen. Er als der unbeständigste und veränderlichste Mann verlangte, daß das Publikum gegen ihn treu, standhaft und bereitwillig zu allen Forderungen und auf alle Winke seyn sollte. Er hatte freylich diese Matrone geheirathet; wie konnte er aber als Philosophe solche Standhaftigkeit von ihr erwarten. Varium est & mutabile semper publicum. Bey allen diesen Widerwärtigkeiten ereigneten sich doch noch immer Vorfälle, und die Umstände waren noch immer so beschaffen, daß er noch hoffte und hoffen konnte. B** hatte schon sehr geschickte und brauchbare Mitgehülfen, ehe die feyerliche Prüfung auf dem Philanthropin angestellet wurde, und es kamen derselben durch den grossen Ruf herbey gezogen, immer noch mehrere. Es freuete B** gar sehr und das mit Recht, daß auf sein Verlangen und Bitten, die daseyenden

Lehrer nach dem Examen zu Professoren erklärt, und nachher die folgenden mit andern Titeln ausgezeichnet wurden. *) Es ist ja längst eine durch die Erfahrung ausgemachte Sache, daß die Titel erstaunend große Dinge thun können. Jedoch da ich in diesem Lebenslaufe mir eine gewisse Ordnung vorgeschrieben habe, so will ich itzt von den Lehrern des Philanthropins weiter nichts gedenken, weil dieses nach meinem Entwurfe bald nachher erst in einer abermaligen kleinern Abtheilung geschehen kann. Kraft der eben genannten Erholungen und Erquickungen that B** noch immer sein mögliches, das Philantropin nicht nur zu erhalten, sondern auch recht in Flor zu bringen. Die vielen vortheilhaften Nachrichten, welche nach dem obengenannten feyerlichen Examen weit und breit,

*) B** handelte in diesem Stücke sehr klüglich. Mundus regitur titulis besonders heut zu Tage. Unter einem Professor denkt sich der große Haufe ein ganz andres Geschöpf von weit höherer Art und Geschicklichkeit, als einen gewöhnlichen Schulmann und Jugendlehrer, die nichts haben, als die uralten abgenutzten Schultitel, damit die Dorfküster und Dorfschulmeister schon ihr unbedeutendes Nichts etwas bemerkbar machen. Im Preußischen und in andern Ländern gab man den Schulleuten andre Titel; in andern Ländern vergißt man die Schulleute und frägt wenig darnach, ob sie Brodt oder Titel haben. Aber L. und T. die müssen Titel haben; verstehet sich.

breit, geschrieben und gedruckt, versendet wurden, reizten die Neugierde vieler, daß sie in eigener Person nach Dessau reiseten, um das Philanthropin näher kennen zu lernen, und alles selber in Augenschein zu nehmen. Beydes, wie sich leicht erachten läßt, war Labsal für B** und belebte seine erschlaffende Hofnung. Dazu kam noch, daß immer noch einige Beyträge für das Philanthropin einliefen, die aber immer noch so geringe waren, daß sie gegen die großen Forderung eine Kleinigkeit waren. Sonst schien mir B** darin abermals einen unverzeihlichen Fehltritt zu begehen, theils daß er den sehr klugen und gründlichen Gelehrten Iselin aus Basel zum Amtsgehülfen am Philanthropin berief, theils daß er sich daraus immer ein großes Verdienst machte, daß er soviel für das Philanthropin aufopferte. Möchte B** sich selber halb so gut gekannt haben, als Iselin ihn ganz kannte und durchschauete!! Und da er von dem Publikum so große Summen und Geschenke erhalten hatte und sonst mehr Solair einnahm, als mancher verdienstvolle Mann in einem sehr hohen Posten, so hätte er doch bedenken müssen, daß alles, was er aufopferte, eigentlich nur der Ueberfluß von demjenigen war, was er so reichlich von hohen und begüterten Gönnern erhalten hatte und noch täglich erhielt. B—s erfinderischer Kopf

 gab

gab ihm noch ein Mittel ein, die 10,000 Ducaten aus den Beuteln des Publikums herbeyzulocken; nemlich, er versprach, an die schon angelegte Oehl- und Mahlmühle, welche beide mit der Zeit Zwangsmühlen hätten werden können, noch eine Schleifmühle anzulegen, nemlich: ein Erziehungs- und Lehrinstitut für junge Frauenzimmer. Aus Dankbarkeit gegen die Kaiserin von Rußland, die gewiß eine erstaunende Summe zu B—s Unternehmungen hergegeben hatte, welches die Nachwelt kaum wird glauben wollen, sollte das Philanthropin auch mit einem Erziehungsinstitute für junge Frauenzimmer erweitert werden, wenn nur vors erste 3000 Rthlr. Unterstützungsgelder von dem Publikum dazu würden eingesandt werden. Allein es kamen weder 30,000 noch 3000 Rthlr., obgleich das Educationsinstitut der großen Kaiserin Rußlands zu Ehren Catharinum sollte getauft werden. So kam das Seminarium für Landschullehrer und auch dieses projectirte Educations-Institut nicht zu Stande. Das Philanthropin gerieth ins Gedränge; denn die großen so sehnlich erwarteten Summen gingen nicht ein, welche doch erforderlich waren, wenn man einen kostbaren Versuch mit den Basedowischen Projecten hätte machen wollen. Es war also gar nicht zu verwundern, wenn B** bey solchen fehlgeschlagenen Erwar-

tungen

tungen äuserst mißmüthig und hypochondrisch wurde. B** fühlte und sahe nunmehr selber ein, daß er theils seinen Plan viel zu groß angeleget hätte, als daß er jemals ohne ungeheure Kosten könne ausgeführet werden, und doch noch immer ungewiß bleiben würde, ob auch nur ein sehr kleiner Theil von solch einem Ideal realisirt werden würde; theils daß er selber viel zu schwach am Geist und Leibe wäre, als daß er ein solches colossalisches Unternehmen je würde ausführen können, oder nur Hofnung haben, die Ausführung desselben zu erleben. Bey Hindernissen, bey Widerwärtigkeiten, wie schon im vorhergehenden sattsam bewiesen worden, und besonders, wenn Hofnung und Erwartung fehl schlugen, war B** immer einer der ersten, der kleinmüthig wurde und verzweifelte. So ging es ihm in seinen theologischen Streitigkeiten, und einen gleichen Ausgang hatten auch seine grossen Unternehmungen in der Pädagogik. Und ein Mann, wie man aus vielen Erfahrungen wußte, der so bald verzagte, sollte so große Dinge ausführen können? Zu seiner Unterstützung hatte er immer noch geschickte, einsichtsvolle und sehr thätige Männer. Ja es kamen immer noch welche an, zum Exempel, der sehr berühmte Campe. Jedoch dieses und vieles andere war nicht hinreichend, das Philanthropin nach dem

Plane zu erhalten und fortzusetzen, wie es war angeleget worden. Mit B** lange in gemeinschaftlicher Verbindung zu stehen, um ein Unternehmen auszuführen, war fast unmöglich. Wer ihn nicht aus dem Umgange hat kennen lernen, der kann über diese Behauptung nicht urtheilen. Kurz, man sahe sich genöthiget, den ungeheuren und fast unermeßlichen Plan des Philanthropins aufzugeben, sich einzuschränken, um das Ganze besser übersehen zu önnen. B** half sich abermals mit einer Distinction, wie oben mit dem Elementarbuche und dem Elementarwerke; denn das Philanthropin sollte nun nur ein philanthropinisches Erziehungs-Institut heissen. Ob diese beiden Dinge nun wie Majus und Minus unterschieden sind; oder ob sich sonst Abstands-Merkmale dabey befinden, das will ich hier itzt so genau nicht untersuchen. Genug, B** bleibt sich auch hierbey gleich und einzig. Er wollte sich gerne von dem ganzen Institut losmachen, und schützte sowol Krankheit als auch besonders merkliche Abnahme seines Gedächtnisses und seiner Geisteskräfte vor. Kühnlich behaupte ich, daß das kahle Ausflüchte waren; denn über Mangel des Gedächtnisses hat er in seinem ganzen Leben geklagt, und daß seine Geisteskräfte, die er zu sehr wollte angestrenget haben, noch nicht erschöpft waren, das beweisen seine nachher heraus-

gegebenen

gegebene Schriften. Kurz, B** sahe selber das Unausführbare seiner Projecte ein, daher wollte er sich mit Ehren zurückziehen, und andern das Werk überlassen. Und das war sehr klug von ihm gehandelt. So kühn als meine Behauptung klinget, so bin ich doch versichert, daß er auch deswegen so ungeheure Summen dem Publikum abforderte, weil er voraus sehen konnte, daß er sie nicht erhalten würde; und also immer eine Entschuldigung und Ausflucht bey denen nicht erfüllten großen Versprechungen haben würde. Wer sollte B** so viel Unverschämtheit zutrauen, daß er eine doppelt so starke Summe für nichts und wieder nichts fodern könnte, als er allbereits doch für das Elementarwerk erhalten hatte. Aber, gesetzt er hätte die Summe erhalten, so wäre ja, wie Salzmann richtig urtheilet, kaum eine Million hinreichend gewesen, den Basedowischen Plan nur etwas auszuführen; und folglich würde er das Publikum immer um neue Beiträge haben ersuchen müssen, und da diese immer von neuen geforderten Summen nicht erfolgen würden, so lag in dieser Verweigerung immer eine Ausflucht und Entschuldigung in Bereitschaft. In seiner Art war B** ein sehr kluger und verschlagener Rechenmeister und Baumeister, der sich für seine Rechnung vor groben Fehlern wohl zu hüten wußte. Er that ungeheure

Foderungen, um etwas zu erhalten, und einen Entschuldigungs-Rückenthalt zu haben, wenn die Forderungen nicht befriediget wurden. Er legte einen ungeheuren Plan an, den er selber nicht zur Hälfte übersehen konnte; damit auch andere selbigen nicht so leichte im Kleinen durchdenken und durchschauen möchten. Die Grösse des Plans und die kleine Summe der Beiträge konnten auf allen Seiten und in allen Fällen immer eine Ausflucht durch die Vorder- oder Hinterthür gewähren. Wenn B** nun anfing des errichteten Philanthropins überdrüssig zu werden, so kann ich nach meiner Erfahrung nicht anders urtheilen, als daß die Hauptursache davon besonders in seiner unheilbaren Unbeständigkeit und Veränderlichkeit lag. Sehr viele seiner wahren Freunde und Gönner, auch selber den großen und vortreflichen Fürsten nicht ausgenommen, thaten ihm die triftigsten Vorstellungen, daß er sich nicht gänzlich mit seinem Einflusse dem Philanthropin entziehen möchte. Was hatte der freygebige Fürst nicht schon angewendet, und wie bereit war er nicht, noch große Summen anzuwenden und aufzuopfern; und wie fürstlich und als erlauchter Gönner hielt er nicht sein Wort. In der That konnte es diesem edlen Fürsten Deutschlandes nicht verdacht werden, daß er die Fortsetzung eines Lehr-Instituts wünschte, das schon so viel

viel gekostet und so großes Aufsehen und Erwartung gemacht hatte. B** schien standhaft bey seinem Entschlusse bleiben zu wollen, die fernere Aufsicht über das Philanthropin fast gänzlich abzugeben. Dies war aber kein Beweiß seiner Standhaftigkeit, sondern vielmehr seiner kleinmüthigen Veränderlichkeit. Aber hierin handelte B** weder als kluger Weltbürger; noch als tiefdenkender Philosoph und scharfblickender und erfahrener Menschen-Kenner. Auf die Gnade und Beistand seines besten Fürsten konnte er sich verlassen. Er hatte die wackersten und geschicktesten Mitarbeiter. Als Philosoph und Naturforscher und Geschichtskundiger hätte er wohl wissen können und sollen, daß die größten Werke und Geschöpfe und Reiche und Flüsse einen kleinen und unmerklichen Anfang und Ursprung gehabt haben und noch haben. Und was hatte der Mann nicht schon voraus, und wie große Vortheile kämpften und stritten nicht mit ihm wider alle Hindernisse! Außer schon genannten Vortheilen braucht es anfänglich nur eine beträchtliche Zahl von begüterten Eleven, daran es nicht fehlte und ferner nicht fehlen konnte, um das Werk im Kleinen anzufangen und einen guten Grund zu legen. Jedoch B** wollte geschwinde alles, oder nichts haben. Mit geringen Vorbehalt trat er die Aufsicht über die Lehranstalt zum Glücke an einen sehr gelehrten,

 geschick-

geschickten und berühmten Mann ab, nämlich an den Herrn Rath Campen, der das Große ins Kleine zog, die Fehler verbesserte, und den Grund zu dem noch blühenden Institut legte. Sonderbare Erscheinung! sonderbarer Ausgang des Philanthropins! sonderbare Rolle, die B * * hier abermals spielte! Aber bleibt er sich nicht immer gleich? Bleibt er nicht immer einzig? Hat er nicht immer eine und dieselbe Rolle gespielt? Auch hier, wie in so vielen Auftritten seines Lebens, waren seine verschuldete Wankelmüthigkeit und Zaghaftigkeit und durch eigene Schuld begangene Verrechnungen die Hauptbewegungs = Ursachen seines Betragens. B * * begab sich gleichsam zur Ruhe und nach seinem veränderlichen Geschmacke wurde ihm das Philanthropin unausstehlich; so große Liebe und Zuneigung er auch bey der Einweihung desselben demselben zugesaget und gleichsam geschworen hatte; worin ihm auch Bahrdt zu Heidesheim nachahmte. B * * legte seinen Unwillen dadurch recht deutlich an den Tag, daß er auch seine Tochter von dem Philanthropin wegnahm, um selbige, wie er selber sagte, zweckmäßiger erziehen und das Gelernte wider verlernen zu lassen. Wie inconsequent zeigt sich der Mann hier abermals! also wußte er, daß seine Tochter nicht zweckmäßiger erzogen wurde, und daß sie das Gelernte doch dereinst wieder verlernen müßte?

müßte? Welch ein handgreiflicher Widerspruch in Worten und in der Sache! Solch ein Ende hatte das so sehr ausposaunte Philanthropin; und solch ein Ende haben auch die andern genommen, die nach diesen entstanden waren. Bevor ich diese Nachricht von dem Dessauischen Philanthropin beschliesse, sofern sie B** und sein Leben betrift, kann ich mich nicht enthalten, meinen Lesern eine Stelle aus einem von einem gründlich gelehrten, durch Schriften bekannten und in einem hohen Posten stehenden Geistlichen erhaltenen Briefe mitzutheilen, woraus sie sehen können, was B** selber von seinem Philanthropin geurtheilet, und welche Absicht er eigentlich bey der Errichtung desselben gehabt. Dieser vortrefliche Mann, dem ich mein Vorhaben, B — s Leben zu schreiben, mitgetheilet hatte, antwortete mir auf diesen Punct folgendes: "Sie werden über B** schreiben. Thun Sie es immer. Der Mann ist merkwürdig genug, um von allen Seiten betrachtet zu werden. Ich habe ihn auf seiner Durchreise durch unsere Stadt persönlich kennen gelernt, und das: magna ingenia multum dementiæ &c. an ihm bestätigt gefunden. Unter seinen Schriften halte ich das Examen in der allernatürlichsten Religion für die vorzüglichste, ohne damit ihren ganzen Inhalt zu billigen. Er hat mir unter andern freimüthig gestanden,

daß

daß sein projectirtes Philanthropin nicht Zweck, sondern Mittel gewesen sey, nämlich ein von ihm versuchtes Mittel, eine Religions-Parthey zu stiften, die vom Kirchenthum (das sind seine eigene Worte) unabhängig wäre, u. s. w.„ Es sey dieses nun B — s eigentliche und wahre Absicht bey Errichtung des Philanthropins gewesen; — woran ich aber meiner Seits aus guten Ursachen sehr zweifle; — oder er habe dieses nur als eine Entschuldigung und Vorwand gebraucht, um mit Ehren aus der Sache zu kommen, — welches mir sehr wahrscheinlich ist, — so siehet man doch hieraus auf beiden Seiten, wie schwankend und unzuverläßig B ** in allen seinen Unternehmungen war, und wie wenig auf den Bestand seiner Worte und seiner Versprechungen zu bauen war. In allen seinen Schriften, die das Philanthropin ankündigten, dessen Errichtung meldeten, und dessen Prüfung wünschten, hat er dieser versteckten Absichten nie mit einer Sylbe Meldung gethan. Das in ein Institut umgegossene Philanthropin wurde unter Campens Direction bald eine recht blühende Lehr-Anstalt, und davon will ich nur noch soviel anführen, als mit B — s Leben in Verbindung stehet. Der blühende Zustand des Instituts war in B — s Augen so reitzend und anlockend, daß er abermals auf eine kurze Zeit, Gott weiß, aus welchen Bewegungs-Gründen, als Rathgeber und als Mitarbeiter Antheil daran nahm. Es dauerte diese Theilnehmung aber nicht lange, so gieng Campe und andere Lehrer ganz unvermuthet und plötzlich weg, welcher Vorfall damals großes Aufsehen erweckte. In die Untersuchung der Ursachen der plötzlichen Abreise dieser Männer von Dessau, mag ich mich hier nicht einlassen. Aus dem Vorhergehenden haben meine Leser schon sattsam lernen können, daß es fast unmöglich war, mit diesem wunderlichen und oft unerträglichen Manne lange in theilnehmender Gemeinschaft wichtiger Geschäfte zu stehen. Nach der Abreise obbenannter Gehülfen und Mitarbeiter sahe sich B** genöthiget, die Oberaufsicht des Lehr-Instituts fast ganz allein wieder zu übernehmen. Allein sowohl die vorher fehlgeschlagenen Hofnungen, als auch der unvermuthete Abgang solcher geschickter Männer, und besonders neuentstandene Mißhelligkeiten machten B** so ausserordentlich mißmüthig, daß er sich völlig von aller Aufsicht und Mitarbeit an der dessauischen Lehranstalt lossagte, und seit der Zeit ganz frey und unabhängig war, ohne von seinen beträchtlichen Einkünften das geringste zu verlieren. Dieses geschah ums Jahr 1778, folglich hat dieser sehr glückliche, und auch in diesem Stück einzige B** sich einer so vortheilhaften und ruhigen und sehr

bequemen

bequemen Lage an die 12 Jahr zu erfreuen gehabt. Wie klein ist die Anzahl von solchen durch Glücksumstände begünstigten Gelehrten, die, ich will nicht sagen in einer gleichen, sondern nur in einer ähnlichen Lage, wie B**, so lange Jahre gewesen wären? Wie groß ist dagegen die Anzahl hochberühmter Gelehrten, die für alle ihre großen und gemeinnützigen Verdienste so wenig von einem gütigen und milden Schicksal begünstiget wurden; daß sie vielmehr im Gegentheil mit lauter Unglück und Elend und Widerwärtigkeiten bis an ihr Ende zu kämpfen hatten. Wie B** nun diese 12 Jahre der Ruhe und Geschäftlosigkeit, wenn er sie hätte so anwenden wollen, bis an sein Ende verlebet; darüber werden in folgenden kleinen Abschnitten noch einige wenige Nachrichten erfolgen. Hier stelle ich nur noch eine Vergleichung an. Zu Altona glückte es B**, fast von allen öffentlichen Amts-Verrichtungen frey zu seyn, und doch dabey seinen sehr beträchtlichen Gehalt beyzubehalten. Nachdem er ohngefähr zu Dessau 7 Jahre gearbeitet, und meistens sehr tumultuarisch handthieret hatte, gelang es ihm abermals, sich gänzlich von aller fernern thätigen Theilnehmung loszusagen, ohne daß es übel genommen oder viel erhebliches dagegen eingewendet wurde. Zu Altona war er besorget und ofte in einer Art von

Ver-

Verzweiflung, seinen Gehalt zu verlieren, und seine Besorgniß war ungegründet. Zu Dessau gerieth er in eine, wo nicht gleiche, doch ähnliche Lage seines Gemüthes, und zwar so sehr, daß er nach seiner eigenen Versicherung befürchtete, in dieser Unruhe seines Gemüths von Sinnen zu kommen. In diese Lage kam B** sehr ofte, und sie hatte ihren Grund in einem unbändigen Eigensinne, wozu eine große Dosis von Stolz und Einbildung mit einem Quentlein Verstellung vermischet, kam. Doch davon weiter unten im zweiten Theile. Wer alle diese günstigen Umstände zusammen nimmt, und B** in seinem ganzen Leben betrachtet, der kann unmöglich die außerordentlich glücklichen Schicksale dieses Mannes verkennen, und im Sprichwort zu reden, müßte B** die Nachtmütze mit auf die Welt gebracht haben, oder als ein außerordentliches Glückskind geboren seyn.

5) Ehe ich in der Erzählung der Basedowischen Lebensbeschreibung fortfahre, wird es um der Vollständigkeit und besonders um des Folgenden willen nöthig seyn, wenigstens die Namen der berühmtesten und bekanntesten Männer herzusetzen, welche als Gehülfen und Mitarbeiter, sowohl am Philanthropin, als auch an dem nachherigen Lehr-Institut längere oder kürzere Zeit gestanden haben. Wolcke ging von Altona, wie schon gemeldet worden, mit

B** nach Dessau, und hat es am längsten mit B** ausgehalten. Meines Wissens hat er nichts von B—s Leben bis itzt herausgegeben. Campe und Salzmann sind zwey Männer, die sich schon vorher der Welt durch ihre Gemeinnützigkeit bekannt gemacht hatten; die aber besonders nachher durch ihre angelegte Lehranstalten und durch ihre vielen vortreflichen Schriften einen Ruhm erworben haben, der ihr Andenken lange bey der Nachwelt erhalten wird. Außer dem was Salzmann in schon oben angeführter Stelle aus dem Thüringer Boten von B—s Schicksalen und Ableben erzählet, wüßte ich nicht, daß beyde Männer irgend etwas über B** geschrieben, oder von den Ursachen ihres Weggehens von Dessau dem Publikum bekannt gemacht hätten. Schweighäuser, Simon, Becker, Mangelsdorf, Trapp, Mahel, Schmohl und Neuendorf, sind lauter Männer, die nach ihrer Abreise von Dessau durch ihre pädagogische Schriften und Unternehmungen in Deutschland bekannt genug geworden sind. Dieß sind meines Wissens die Namen der bekanntesten und merkwürdigsten dessauischen Lehrer, welche ausser denen, die noch itzt am Institute arbeiten zu B—s Lebenszeiten und zum Theil in seiner Gemeinschaft gearbeitet und unterrichtet haben. Diese Männer könnten freilich auch dem Publikum entscheidende

und

und befriedigende Nachrichten mittheilen. Jedoch haben sie es entweder der Mühe nicht werth gehalten, oder andere gegründete Ursachen gehabt, ihre Erfahrungen der Welt vorzuenthalten. Ich nehme mir aber doch bey dieser Gelegenheit die Freiheit, jeden dieser Männer zu ersuchen, daß, wenn diese Lebensbeschreibung auch in ihre Hände fallen sollte, sie meine Nachrichten und Urtheile auf eine ihnen selbst beliebige Weise entweder widerlegen oder durch irgend ein Zeichen ihres Beyfalls und Einstimmung mich vor dem Publikum rechtfertigen wollen. Thun sie keines von beiden, so werde ich glauben, daß sie ihre wichtigen Ursachen werden gehabt haben, weder diese Nachrichten und Urtheile bestätigen, noch auch widerlegen zu wollen; und daß keine Antwort auch eine Antwort ist.

6) B — s Verdrießlichkeiten, Zänkereien und Zwistigkeiten stehen mit einigen der eben genannten Männer, und sodann auch mit seinem zu Dessau geführten Lebenslaufe in solch einer genauen Verbindung, daß sie um der Vollständigkeit des Ganzen Willen, nicht fehlen dürfen, daher ich diesem leider zu ergiebigen Stoffe zwar eine eigene Abtheilung bestimmen, doch aber von allem nur sehr kurze Nachricht hersetzen werde. Voraus muß ich nur bemerken, daß hier gar nicht von den theologischen Streitigkeiten die Rede ist, die B** auch

auch zu Dessau wieder anfing. Hier ist blos von solchen Verdrießlichkeiten, Mißhelligkeiten und Streitigkeiten die Rede, welche entweder auf das Philantropin und Lehr-Institut, und auf B—s Verhältniß dagegen oder auf seine Gehülfen und Mitarbeiter Beziehung haben. a) Verursachten die geforderten und ausgebliebenen Summen zur Unterstützung des neu errichteten Philantropins in B—s Herzen einen ausserordentlichen Gram und Verdruß. Davon schon oben. b) Sein eigenes heftiges, hitziges und unbiegsames Wesen und seine Art zu tadeln, wo er doch hätte loben sollen, und seine unvorsichtige Offenherzigkeit, und sehr viele andere Natur- und Gewohnheits-Fehler überhäuften B** abermals mit unzählbaren Verdrießlichkeiten, und ließen ihm manche herbe und bittere Stunden verleben. Es würde unmöglich auch nicht einmal rathsam seyn, sich hier ins Detail einzulassen. Es wird zur Vollständigkeit und Deutlichkeit hinreichen, folgendes überhaupt zu bemerken. Einige seiner Freunde und Bekannten wurden scheu und mißtrauisch gegen ihn; andern wurde er durch sein gebietrisches und entscheidendes Wesen oft unerträglich. Hieraus entstand, daß B** glaubte, einige Kaltsinnigkeit und sogar eine Art von Verachtung gegen sich wahrzunehmen. Vielleicht war es nur Einbildung und Argwohn, welche ihn diese so

un-

ungewöhnliche Erscheinung erblicken ließ. Es ist ganz natürlich, daß bey solchen Umständen die Urtheile über diesen Mann sehr verschieden ausfallen mußten, die ihm auch nicht allemal verborgen blieben. Soviel weiß ich aber gewiß, ob es gleich nicht gänzlich an Cabalen fehlte, auch nicht fehlen konnte, daß die meisten Freunde B—s ihn mehr bemitleideten und beklagten, als daß sie ihn hätten verlästern und verfolgen sollen, und daher lieber nachgeben und weichen, als sich der Nothwendigkeit aussetzen wollten, zu Verdrießlichkeiten und Zänkereyen Anlaß zu geben. c) Mangelsdorf war zwar eine geraume Zeit Mitarbeiter an den Dessauischen Lehr-Institut gewesen, und hatte sogar manche Schriften mit B** gemeinschaftlich ausgearbeitet, allein er wurde ein Wiedersacher B—s zu der Zeit, als er gar keinen Antheil an dem Lehr-Institut mehr hatte. Um hierin kurz zu seyn, so Mangelsdorf über B** die bittersten Klagen, und fing sogar einen Proceß mit ihm darüber an, daß B** seine gethahenen Versprechungen nicht gehalten hätte. Wer unsern B** aus der ersten Abtheilung nur etwas hat kennen gelernt und sich noch erinnern wird, daß sich B** in Erfüllung seiner Versprechungen nach den Umständen determinirte, und für seine Person es für erlaubt und pflichtmäßig hielt, Ausnahmen zu machen und

 die

die heiligsten Zusagen nur halb oder gar nicht zu erfüllen; der wird in diesem Streite sehr leichte einen Ausspruch thun können. Jedoch B** wurde über diese gerechten Beschwerden des damaligen Magister Mangelsdorfs so sehr erbittert, daß er diese Streitsache ins Publikum brachte, und mit den heftigsten Ausdrücken eine Vertheidigungsschrift aufsetzte, unter dem Titel: An das Publikum, die Mangelsdorfsche Schmähschrift betreffend, worin er sich doch nur mit sehr kahlen und ungültigen und für einen Philosophen höchst unanständigen Ausflüchten und Exceptionen und Einschränkungen zu retten und seine Ehre zu sichern suchte. Es würde sich nicht der Mühe verlohnen, sich in Aufzählung der Gründe pro und contra einzulassen. Die darüber gewechselten Schriften sind noch vorhanden. Der unpartheiische und gerechtigkeitsliebende Leser wird finden, daß Mangelsdorf das größte Recht auf seiner Seite hatte. B** war gar der Mann nicht, der seine Fehler und Irrthümer, und Mißgriffe und Verrechnungen und nicht gehaltene Versprechungen, auch nur mit verdeckten Worten hätte bekennen sollen. Dazu war er viel zu eigensinnig, unbiegsam und stolz, welches alles bey ihm durch die ungewöhnliche Nachsicht und Begünstigung und freigebige Unterstützung des Publikums, und besonders durch die

vielen

vielen und übertriebenen Lobeserhebungen gar sehr war vermehret worden. B** wollte und mußte immer Recht haben. Hätten auch seine projectirten und nicht im geringsten wahrgemachten Plane das Publikum Millionen gekostet, so würde er doch deswegen nicht Unrecht gehabt oder Irrthümer und Fehler begangen haben. Wenn dem Doctor Sangrado im Gilblas die Patienten starben, die er in einer Fluth von warmen Wasser ersäuft hatte, so pflegte er immer dieses häufige Absterben darauf zu verschieben, daß man den Patienten nicht genug warmes Wasser gegeben hätte. In der pädagogischen Heilungs-Methode scheint mir B** ein wahrer und ächter anderer Sangrado zu seyn, der auch nie gestehen wollte, geirret zu haben. Dieser Fehler wurde bey diesem Manne, so lange er lebte, desto unheilbarer, je mehr Vertheidiger und Anhänger er hatte, und je kleiner die Zahl derer war, die seine Irregularitäten rügeten. Daher er gerade, wie ein verzogenes Lieblings-Söhnchen im allerhöchsten Grade erbittert und aufgebracht wurde, sobald es nur jemand wagte, ihn über offenbare Abweichungen anzugreifen. So war der Fall mit Mangelsdorf, und so ungeberdig wird er sich auch noch inskünftige stellen, wenn ihm Fremde oder seine verdienstvollen Freunde etwas Wahrheit ins Gesichte sagen, oder vor Augen schreiben. B—s Character

 ist

hier unverkennbar. Darum ich auch vorläufig bey der Erörterung dieses Basedowischen Verdrusses etwas umständlich gewesen bin. Bey dieser Gelegenheit aber darf ich nicht mit Stillschweigen übergehen, wie edel und schonend, ohnerachtet aller von B** ihm zugefügten Beleidigungen, Mangelsdorf in seinen Versuche u. s. w. und in seiner freien Beurtheilung der Basedowischen Anstalten gegen diesen Mann verfährt. d) Ein verdrießlicher Streit von minderer Erheblichkeit war es, den B** mit dem hand- und ehrenfesten Magister Reich hatte, der aber desto mehr Aufsehn im Publikum machte, weil er in eine entehrende und sehr herabwürdigende Faustkämpferey in einem öffentlichen Hause ausartete, so daß dieser fühlbare Streit sogar in öffentlichen Zeitungen, z. B. in der Frankfurter Kaiserlichen Reichs-Postamt-Zeitung 1783 vom 1sten und 11ten April in gebundener und ungebundener Schreibart in die Welt geschrieben wurde. Folgendes ist ein Pröbchen: "Die Herren üben sich ———

Vermuthlich nach der Lehre
Von Sophoniskus weisen Sohn;
Sie machen der Gymnastik Ehre.

In honorem generis humani wird das meiste mit Stillschweigen übergangen. e) B—s Streit mit Wolken, und der darüber entstandene Verdruß

währte

währte am längsten. Auch diesen brachte B** vors Publikum, ohne das der sanftmüthige und kluge Wolcke sich eben sehr dagegen verantwortete: doch aber nachher vermuthlich aus guten Ursachen, nachdem der Streit, wie es lautet, gütlich und freundschaftlich war bey geleget worden, das Institut verließ und nach Rußland ging, wo er sich meines Wissens noch aufhält, und von daraus bekannt genug gemacht hat. Aus Verdruß über diesen Wolcke, war es eigentlich, daß B** sich von aller fernern Theilnehmung an der Lehranstalt los sagte, weil er glaubte oder argwöhnte, daß Wolcke auf seinen Trümmern sich einen Tempel der Ehre und des Ruhms erbauen wollte. Bey diesem Streit aber muß ich aufrichtig bekennen, daß ich wider mein besser Wissen und Gewissen partheyisch seyn würde, wenn ich einem von beiden Theilen recht geben wollte. Nie habe ich hinreichende Nachricht von dem erhalten können, was im Stillen als Vorbereitung oder als Thatsache vorgegangen ist. Das darf ich aber sagen, daß ich Wolcken noch persönlich zu Altona gekannt habe; daß mir dieser Mann gar nicht fähig und geneigt zu seyn schien, solche Cabalen anzulegen, deren er von B** beschuldiget wurde. Wolcke hat sich viele Jahre als ein treuer Mitarbeiter um B** sehr verdient gemacht, und dieser wichtige Umstand

 spricht

spricht sehr für ihn. B** war aber gewohnt, Wahrheits- und Gerechtigkeits- und Billigkeits-Thatsachen für Beleidigungen und Eingriffe in seine Gerechtsame anzusehen, sobald sie seine Einkünfte und seinen Ruhm und sein ganzes Einzelwesen nur etwas zu berühren schienen. Doch dem sey wie ihm wolle, auch dieser Stein des Anstosses, der B** so vielen und so langen Verdruß verursachte, wurde auch dadurch gehoben, daß sie sich freundschaftlich und brüderlich mit einander vertrugen. Und das war sehr christlich und löblich. f) So viele bittere Wahrheiten und Urtheile auch in öffentlichen Erziehungs- und Zeitschriften über B—s Unternehmungen und pädagogische Schriften gefällt wurden, z. B. in einigen der schon genannten Rezensionen, in dem allgemeinen Leipziger Bücher-Verzeichniß, oder in den göttingischen gelehrten Anzeigen — davon weiter unten Proben; — oder in den schon oft angezogenen Erziehungs-Begebenheiten, oder in M. Kapps Erholungen; so finde ich doch nicht, daß B** davon Verdruß gehabt oder Unwillen darüber geäußert hätte. Mir ist wenigstens keine Zeile bekannt, worin er sich gegen diese Rügen vertheidiget und verantwortet hätte. Wahrscheinlich hat B** nie was davon erfahren, weil er lieber seine Schriften las und ausposaunte, als daß er anderer gerechten Tadel geprüft hätte,

besonders

besonders wenn der Tadel etwas weitläuftig und umständlich abgefaßt war. Es kann auch seyn, daß er sich stellte, als wenn alle diese antagonistischen Schriften nicht existirten; zumal die meisten derselben erst herauskamen, da B** schon einige Jahre sein Aufseher- und Obermitarbeiters-Amt am dessauischen Institute niedergelegt hatte.

7) Nachdem nun B** gleichsam jubiliret war, oder vielmehr nach so vielen überstandenen verschuldeten und unverschuldeten Verdrießlichkeiten und Widerwärtigkeiten sich selber freiwillig zur Ruhe begeben hatte; so frägt sich nun, womit denn dieser Mann diese lange Reihe von Jahren von 78 bis 90, hingebracht und ausgefüllet habe. Das wird nun das 7te und letzte Stück des Basedowischen Lebenslaufes ausmachen; daß ich nämlich noch kürzlich erzähle, wie er diese 12 Jahre bis an seinen Tod verlebet habe. Ueber folgende kleinere Abtheilungen werde ich meine Leser noch unterhalten: a) B— Reisen und ein Paar Pröbchen von seinem Verhalten und Beginnen auf diesen Reisen; b) von seinen theologischen Schriften und Streitschriften; c) von seinen pädagogischen Schriften; d) von seinem Privatleben unter den Seinigen und von seiner Familie; e) von seinem Tode.

a) Welch ein großer Liebhaber B** gleichsam von Natur von Reisen gewesen sey, das ist schon in

 den

den Vorhergehenden mehr als einmal angemerkt worden. In den Jahren von 71 bis 78, wo er mit der Errichtung seines Philanthropins und mit der Ausarbeitung und Ausgabe der nach seiner Meinung dazu erforderlichen Schriften, und endlich mit Unterrichts-Mühwaltung in eigener Person, und sonst noch mit andern unzähligen Geschäften behelliget und beladen war, konnte er diesen Trieb nicht so befriedigen, als er sonst zu thun gewohnt war, und hatte auch in der That nicht leere Stunden, Tage und Wochen genug, hieran zu gedenken, Entwürfe darüber zu machen, und auf die Eingebungen seines unruhigen, kranken und immer nach Veränderung des Orts und der Geschäfte strebenden Geistes zu horchen.*) Nachdem sich aber B** von allen drückenden und dringenden Geschäften im Jahre 78 losgemacht, und sich nun in die glücklichste Periode seines Lebens hineingearbeitet hatte;

*) Doch findet sich während der Zeit von 71—78 eine ziemlich lange Reise, die B** recht absichtlich vornahm, und die nicht ganz mit Stillschweigen darf übergangen werden. Er reisete nämlich ins Emser Bad; zugleich aber besuchte er mehrere Gegenden und Städte, und sogar kleine Höfe Deutschlandes, um einen Ort zu suchen, wo er sein projectirtes und schon lange im Plane entworfenes Philanthropin anlegen konnte. Er wählte bald diese, bald jene Gegend und Stadt; kam aber endlich zurück, und stiftete das Philanthropin zu Dessau, wovon oben geredet worden.

hatte; auch dabey mit ausserordentlich reichlichen Einkünften versehen und gesichert, und sonst in den besten Vermögensumständen war: so hatte er nun die beste Gelegenheit, theils in der Stille und ohne bestimmte Geschäfte an dem Orte seines Aufenthalts zu leben; theils aber durch öftere Reisen nach verschiedenen grössern und kleinern Oertern seines Geistes Hang und Trieb zu befriedigen. B** konnte leicht einsehen, daß durch die vielen fehlgeschlagenen Unternehmungen, und die darüber in dem nahen und dem fernen Publikum verbreiteten Nachrichten, sein großer Ruhm, sein Ansehn und Credit nicht wenig müßten gelitten haben. Daher war er zu Hause unaufhörlich bemühet, durch Ausarbeitung neuer theologischer und pädagogischer Schriften seinen verfallenen Credit wiederherzustellen, und der Welt zu zeigen, daß er, ohnerachtet der angeblichen Schwäche seines Gedächtnisses, und der Entkräftung seiner Geistes-Gaben, doch noch thätig und geschäftig seyn könnte. Davon nachher noch besonders. B** sahe aber auch wohl itzt eben so gut ein, als er es zu Altona ehemals nach dem ersten Versuche seines Elementarwerks eingesehen hatte: daß das altdeutsche Sprichwort: Selber ist der Mann! sehr kräftig und würksam sey, sowohl durch eigene Gegenwart den schon erhaltenen Ruhm zu bestätigen,

und

auch zu vermehren als auch den verfallenen und gesunkenen Credit wiederum zu heben, und in eine günstigere Lage zu bringen. Ausser daß B** von Natur unstät, flüchtig und unruhig war, nicht leicht an einem Orte lange weilen konnte, und durch solche Veränderung immer das suchte, was er doch bey einer Bereisung des ganzen Erdenrundes nicht würde gefunden haben, war dieses nun eine hauptbewegende Ursache mit, daß er so ofte in dieser Zeit kleinere und größere, nähere und entferntere Reisen unternahm, und während dieser oft wiederholten Exkursionen an einigen Orten sich so wohl befand, daß er sich an selbigen gewöhnlich eine geraume Zeit aufzuhalten pflegte, welcher Zeitraum mannichmal einige Wochen und noch weit länger dauerte. Aus der Zahl der Lieblings-Aufenthalts-Oerter, wo B** so gerne zu weilen pflegte, will ich nur Magdeburg, Halle und Leipzig nennen. Die erste berühmte preußische Stadt und Festung Deutschlandes setze ich mit gutem Vorbedacht oben an. Hier erwarb sich B** eine Anzahl edeldenkender und rechtschaffener Freunde, und behielt sie auch bis an sein Ende. Einige derselben sind schon oben in der Einleitung mit Namen genannt worden. Unter den vielen Beschäftigungen, womit sich B** an diesem Orte die lange Weile vertrieb, nenne ich nur diejenigen, wovon

Bahrdt

Bahrdt in seinem Ketzer-Almanach von 87 sagt, daß er den Schulmeister in Magdeburg machte, und in der Stille die Freude genösse, das Philanthropin zerstört zu haben, welches er hassete, weil man ihn nicht mehr unumschränkt regieren lassen wollte. Hier auf seinen Reisen in Magdeburg, wollte dennoch durchaus, trotz aller widrigen und ungünstigen von ihm ins Publikum verbreiteten Nachrichten zeigen, daß er der Mann sey, der in den niedern und hohen Schulen wahre Verbesserungen stiften könnte. Nachdem er aber eine erleichterte Methode die Kinder lesen und buchstabiren zu lehren, ein Büchlein geschrieben und dessen Inhalt für sehr wichtig hielt, und sich sogar erboten, durch eigenes Handanlegen seine Methode zu zeigen; so fing er wider seine Gewohnheit an, in Magdeburg eine geraume Zeit den Schulmeister so zu machen, daß er in einer dasigen berühmten Kinderschule eine geraume Zeit, so oft er dahin kam, einige Stunden des Tages die Kinder im Lesen, Buchstabiren und Buchstaben-Kenntniß zu unterrichten. Es sey ferne von mir, diesen Bemühungen B — s und der dabey bewiesenen Verleugnung und Herablassung alles Verdienstliche abzusprechen; denn jede Handlung hat eine doppelte Seite; allein es ist doch wirklich meine Schuld nicht, wenn es mir so vorkömmt, als wenn mir immer

immer einer ins Ohr ruft: Dionysius Corinthi. B** scheint mir hier auf seiner Wallfarth und Pilgrimschaft doch etwas zu radotiren, oder doch wenigstens nun erst den Schulunterricht oder Schuldienst von untenauf lernen zu wollen, wo er selbigen in seinen Leben noch nicht gelernt und angefangen hatte. Das Große, Grössere und Größte war ihm mißlungen; also ließ er sich nun zu dem kleinern und allerkleinsten herab, welches er, soviel ich weiß, in seinem Leben noch nicht gethan hatte, sondern nur immer die Projecte seines erfinderischen Kopfes bisher als Theoretikus darüber dem Publikum vorgelegt hatte. Selber seine Lobredner bekennen, daß seine ersonnenen Mittel nicht alle in der Anwendung gleichen Werth gehabt und gleiche Würkung gethan hätten; daß aber dennoch die Schule, wo B** unterrichtet hätte, gar bald in große Aufnahme gekommen wäre, und einen großen Ruhm erlanget hätte. Der gute und edeldenkende Lobredner scheint mir hier abermals einen Trug- und Fehlschluß zu machen. Eine Schule, wo ein so berühmter pädagogischer Schulmeister, wie B** war, alle Jahr einige Wochen und Monathe und täglich einige Stunden in der Buchstaben-Kenntniß, und im Lesen und Buchstabiren in auffallender Verleugnung und Herablassung Unterricht ertheilet, die muß nothwendig berühmt werden,

viele

viele Kunden und Zuspruch erhalten. Das gehet ganz natürlich zu, und würde ein Wunder seyn, wenn es nicht geschehen wäre. Scholæ constant fama. Vor ungefähr 4 Jahren reisete Lavater von Bremen mit Ruhm und Preiß gekrönet kommend durch den Ort, an dessen Schule ich als erster Lehrer stehe. Hätte dieser sehr berühmte Mann sich auch einige Jahre hinter einander abmüßigen, durchreisen und einige Wochen und Monathe aufhalten können, und täglich nur eine oder ein paar Stunden in den obern und niedern Klassen in großer Demuth lehren wollen, wenn er auch noch so wenig in diesem Geschäfte geübt gewesen wäre, und ich dieses hochberühmten Mitarbeiters Gegenwart dem nahen und entfernten Publikum nur durch einige Winke hätte zunicken können: so bin ich versichert, daß diese Schule durch diesen einzigen Mann mehr Ruf, mehr Kunden und mehrern Zulauf würde gehabt haben, als wenn 5 und mehrere der geschicktesten, geübtesten und erfahrensten Schulmänner zehn und mehrere Jahre Blut und Schweis in der allertreuesten Amtsverrichtung vergossen hätten. Nochmals, es gehet ganz natürlich zu. Einige Leute können und vermögen alles, weil sie Ruf und Wahn und Aufmerksamkeit des großen Haufens auf ihrer Seite haben; ob sie gleich in der That nichts vermögen,

nichts

nichts können und nichts zu Stande bringen, wie die Thatsachen und Beyspiele unwidersprechlich beweisen könnten; wenn es anders möglich wäre, daß die Welt jemals von Vorurtheilen zu heilen wäre. Andere gute, ehrliche und biedere Männer müssen ohnerachtet ihrer anhaltenden, zusammenhangenden und blutsauren Beschäftigungen doch nichts können und nichts vermögen, ob sie gleich in der That in ihrer Dunkelheit eigentlich alles thun und ausrichten müssen. So gehet es in der Welt, und so ist es besonders seitdem ergangen, seitdem die Lage verdienstvoller und mühsamer Schulmänner durch projectvolle Pädagogiker noch kritischer geworden ist, als sie jemals war. Der Leser verzeihe mir diese kleine Ausschweifung: sie war natürlich. Wir wollen B** noch eine Reise, denn von seinen Reisen ist ja die Rede, nach Halle zu den berühmten und berüchtigten Bahrdt thun lassen, und aus dem Leben dieses Mannes das sehr wichtige, und nach meinem Gefühl und Erfahrung sehr wahre Urtheil und richtige Schilderung von und über B** hören. Bahrdt kam im Jahr 79 von zurückgelegter Flucht und Wanderschaft nach Halle. Im 4ten Theile seines Lebens, S. 30. u. f. ertheilt er folgende Nachricht über B—s Anmeldung, Reise und Aufenthalt zu Halle. "In dieser Epoche schrieb mir B**, daß er nach Halle kommen

werde,

werde, und bey mir zu wohnen und zu speisen wünsche. Ich kannte seinen Reichthum, folglich seine Kraft mir beyzustehen; und so ganz hatte ich ihm, wie Trapp zu sagen pflegte, noch nicht in den Magen gesehen. Daher freuete ich mich über den Antrag um so mehr, da ich mir einen Freund und Gesellschafter wünschte, der mir die Marter der quälenden Einsamkeit abnahm. Ich machte ihm in meiner Etage eine schöne Wohnung aus, und erbot mich, wenn er sich mit einer Schüssel begnügen könnte, ihn an meinem Tische zu beköstigen.,,

So meldete sich Basedow erst bey Bahrdt, nachdem er dessen Ankunft in Halle erfahren hatte. Ich habe mich also in der ersten Abtheilung der vorläufigen Anmerkungen nicht geirret, wenn ich behauptete — welches ich damals noch nicht gewiß wußte — daß der Verfasser des Ketzer-Almanachs und der darin befindlichen Schilderung B—s, mit diesem Manne eine geraume Zeit müßte Umgang gehabt haben, weil er sein Bildniß so genau getroffen hätte. Jedoch die nun noch folgende Erzählung und Beschreibung des Herrn Doktor Bahrdts, Basedows Reise nach Halle und desselben Aufenthalt bey ihm betreffend, ist von weit grösserer Wichtigkeit und Erheblichkeit, als jenes Zeugniß im Ketzer-Almanach. Bahrdt schildert und characterisirt dieses stolzen und höchst eigennützigen

Mannes Gesinnung, Denkungsart und seinen ganzen Character mit wenigen Worten so genau und so treffend, und entwickelt die Absichten seiner Reise nach Halle und seines Aufenthalts bey ihm so schön und so natürlich und der Wahrheit so gemäß: daß es fast unmöglich ist, daß Basedows eifrigsten Vertheidiger diese Beschreibung ohne Ueberzeugung werden lesen, oder doch vielleicht mehr dagegen sollten einwenden können: als daß diese Nachricht von einem Bahrdt herrührte; welcher Einwurf aber keine Antwort verdienet. Hätte Bahrdt Basedows Glück und begünstigende Schicksals-Umstände als Leiterinnen und Führerinnen gehabt: so würde er gewiß hundert und tausendmal mehr ausgerichtet haben, als B** je hat ausrichten können; da es ganz ausgemacht ist, daß Bahrdts gründliche Gelehrsamkeit und außerordentliche Naturgaben B—s Projecte und Schimären ganz verdunkeln und vernichten. Die Epoche wovon Bahrdt redet, worin er nemlich dürftig und von allen Menschen verlassen zu Halle angekommen wäre, und einen Anmeldungs-Brief von B** erhalten hätte, fält ins Jahr 1779, folglich ein Jahr nachher, nachdem B** sich zu Dessau von allen öffentlichen Amtsverrichtungen losgemacht hatte. Dieses alles nun zur Erläuterung vorausgeschickt; wie auch daß B** seine Reise

nach

nach Halle würklich angetreten hat, und daselbst angelanget ist;" so fährt nun Bahrdt in seiner characterisirenden Erzählung so fort. "Ehe ich soweit kam, daß ich unabhängig und von meinem eigenen Fleiße leben konnte, mußte ich vorher noch eine Art von wohlthätiger Tortur oder vielmehr von torturartiger Wohlthätigkeit ausstehen, welche B** mir erzeigte. Er erschien mir — ganz mit der Miene des Patrons. In seiner ersten Anrede lag der Gedanke: Lieber Bahrdt! Ich kann sie glücklich machen, ich werde es auch vielleicht — wenn ich ihr Herz, ihre Handlungsweise, ihre Duldkraft nach meinem Wunsche finde. Das war der erste Grad, die Daumenschraube. — Denn man denke sich meine armselige Lage, so wird man begreifen, daß ich Geduld mir nehmen mußte, auf den Patron zu horchen und wenigstens zu erwarten, ob meine Duldkraft vermögend war, die Lasten zu ertragen, mit welchen ich meinen Unterhalt für mich und meine Kinder erkaufen sollte. Denn daß es Last war, die B** mir auflegen wollte, wußte ich schon aus dem Totalbegriffe des Wortes Basedow. Und nun nehme man dazu, daß ich dies so alle Tage mir vorsagen, und den ganzen geschlagenen Tag mir vorsagen lassen mußte, daß er viel — viel Vermögenheit habe, mir bessere Tage zu verschaffen, wenn ich nur u. s. w. Auf

 den

den zweiten Grad mußte ich die Probe aushalten die er zu machen schien, ob auch ich der Mann sey, auf dem er Holz hacken könne — eine davon war, daß er verlangte: ich sollte mir gefallen lassen, ihm zuzuhören, auch wenn er halbe Tage lang in einem Striche mir etwas vorsagte oder vorlaß und commentirte, auch wenn es das fadeste Zeug war, und sollte dabey auch nicht gähnen, ihn nicht unterbrechen, alle andere Geschäfte dabey stehen lassen, und sogar Begierde und Lust zeigen, und allenfals, wenn es ihm gemüthlich war, das Essen darüber kalt werden zu lassen. *) Eine andere war, ich sollte eine völlige Superiorität seines Geistes anerkennen, und es glauben und wünschen, wenn er mir sagte: "Lieber Bahrdt, wenn sie der Mann sind, der redlich das Gute will, so

*) Kaum kann ich mich enthalten, nicht bey jeder Zeile eine Anmerkung zu machen, um Bahrdts Schilderung durch meine Erfahrungen zu bestätigen. Doch es soll in der dritten Abtheilung geschehen. Hier nur eine Anmerkung. Sehr ofte war es B * * gewöhnlich Nachmittags um 4 Uhr, und später noch nicht gemüthlich, das Mittagsbrodt zu essen, obs gleich um 2 Uhr Mode war, und das schon spät genug. Daher gieng ich oft gar nicht zu Tische. Einigemal bezeigte ich darüber meinen Unwillen; allein B * * mit seiner Beredsamkeit bewies, daß, wenn man in Arbeit wäre, man viele Tage lang, Essen, Trinken, Schlafen und alle Erholung vergessen müßte. Man sehe da den pädagogischen Don Quichot.

so will ich meinen Geist ganz in Sie hineingießen, denn ich habe Ideen, die noch kein Mensch gehabt hat u. s. w.„ und dergleichen Unverschämtheiten sollte ich nicht nur geduldig anhören und für wahr halten, sondern auch mit andächtiger Miene mich freuen, daß Gott solch ein Pfingstfest mir bescheren wollte. Eine dritte war, ich sollte seine Launen dulden, sollte mit seiner liebreichen und freundlichen mich erquicken, und dann dafür auch bey seiner heftigen nnd groben, wie ein Kind gegen seinen Vater mich verhalten. Nachdem er mich 4 bis 6 Wochen mit dieser Prüfung gequält, und mir immer noch nicht bestimmt gesagt hatte, was das für ein Plan sey, den er mit mir auszuführen gedächte, und durch den er mich — vielleicht — reich machen würde, versuchte er endlich noch die Leiterspannung. — Schon durch das beständige Hören und paßive Denken der Basedowischen Ideen abgestumpft und halb verdutzet, nahm er mich eines Abends nach Tische in mein Studierzimmer; hieß mich auf das Canapee setzen, ging eine Viertelstunde mit seinem Dämpfer auf und ab, wie wenn er für Gott den Herrn einen neuen Plan der Weltregierung ausdenken wollte, und setzte sich endlich mit einer Miene voll Andacht zu meiner Rechten (zur Linken vertrete er sich gewiß nie), und hub an mir eine Rede zu halten,

 wel-

welche von 9 bis nach 1 Uhr dauerte. In dieser Rede sprach er in einem geheimnißvollen Tone von erstaunenden Dingen, die in seinem Kopfe verschlossen lägen, und welche von einem Manne, wie ich, mit meinem Geiste, mit meiner Kraft, (Zucker!) ausgeführt — vielleicht — und wenn er wollte und die Hauptfederkraft verliere — gewiß — 100,000 Rthlr. eintragen müßten; aber es würde — freilich — freilich — freilich von meiner Seite viel — viel erfordert. Ich müßte mich ganz — ganz — ganz ihm vertrauen, ganz nach seiner Idee arbeiten, ganz ihn in mich hineingießen lassen. Ich müßte ferner mit reinem Herzen und mit voller Resignation auf Ehre und Vortheil arbeiten, und ganz — ganz — ganz und allein vom Eifer für das Beste der Menschheit entbrannt seyn.*) Ich müßte das Gute, was wir stifteten, als

*) Hier ist die wahre Sprache eines Adepten, eines Goldkochers, der auch von reinen Händen und reinem Herzen spricht. Lieber Herr Doctor Bahrdt! verzeihen Sie, daß ein unbekannter Schulmann Sie so vertraut anredet. Wenige Ihrer Leser werden Ihre Beschreibung der Basedowschen Farce bey Ihnen gespielt, mit dem Gefühle lesen, als ich. Es ist mir immer, als wenn ich den lebhaften B** vor mir stehen sehe und reden hörte. Wie sehr dankt Ihnen mein Herz für die Mittheilung dieser Anekdote! Schade! daß Sie Bahrdt sind: aber doch besser Bahrdt als Basedow. Nicht wahr?

als die Sache Gottes ansehen. Ich müßte von Herzen und ungeheuchelt bereit seyn, mir Last und sogar Elend gefallen zu lassen. Ich müßte gefaßt seyn, trockenes Brod zu essen, und doch nicht muthlos werden. Ein solcher Mann, lieber Bahrdt, müssen Sie seyn, merken Sie wohl, was ich Ihnen sage. Ich will nicht, daß Sie hinterher mich anklagen, daß ich Ihnen nicht reinen Wein eingeschenkt hätte. Ganz ein solcher Mann müssen Sie seyn — sind sie das, dann — dann Bahrdt! wollen wir Berge versetzen — dann wollen wir Dinge ausführen, die Menschen nie für möglich gehalten hatten. Aber ich bitte Sie, ich beschwöre Sie, prüfen Sie sich. Finden Sie sich nicht stark genug, eine saure Bahn, ich sage es Ihnen vorher, mit mir anzutreten, so entsagen Sie lieber allen Vortheilen, die ich Ihnen in der Ferne gezeiget habe.„ u. s. w. *)

 Diese

*) Es wird doch wohl kein durch Vorurtheile geblendeter Leser die desperate Ausflucht ergreifen und sagen wollen, daß diese Unterredung erdichtet wäre. Ich versichere nach meinem Gefühl und Erfahrung, daß Basedow immer selber alle Worte und Sylben redet. Bey der Beschreibung seines Charakters werde ich dieses mit mehrern Beyspielen belegen können. Jeder vernünftige Leser aber muß nothwendig einen Mann verabscheuen, der so unerhört stolz gegen einen Mann reden kann, der ihm weit überlegen war, und die Rolle eines hohen und erleuchteten Patrons spielen will.

Diese Dinge schwatzte mir der Mann mit tausendfachen Wiederholungen, Wendungen und Variationen des Ausdrucks, der Stimme und Pantomime fünftehalb Stunden lang vor, und ich armer Tropf saß wie eine Genoveva vor ihrem Heiligen, und horchte, und schwitzte und — brauchte die höchste Anspannung meiner Duldkraft, es auszuhalten. Ich hielt es aus; aber nur zum Schein. Schon in der zweiten Stunde war der Gedanke in meiner Seele in seiner vollen Gluth: Der Mensch hat tyrannische Absichten. Er will mit der Masque der Andacht dich 100,000 Rthlr. in der Ferne sehen lassen, die du nicht haben sollst; und durch diesen fernen Blick dich bewegen, dich auf einige Jahre zu seinen Sklaven machen zu lassen, dessen bischen Seelen-Kraft er zu gewissen Schriftsteller-Projecten verbrauchen will, um in der Welt selbst noch Aufsehen zu machen, und Ehre und Reichthum zu erjagen. Ich ließ ihn reden, bis es Eins geschlagen hatte. Da konnte ich mich des Schlafs nicht mehr erwehren, und bat ihn, abzubrechen, und er — gab mir nicht undeutlich zu verstehen, daß ihm diese Unterbrechung eine gewisse Unentschlossenheit anzudeuten schiene: — denn er hätte früh bis 4 Uhr fortgeredet. Ich beschloß von Stund an, auf B — s Hülfe schlechterdings nicht mehr zu rechnen; und schämte mich vor mir selbst, daß ich ein

Thor

Thor gewesen war, so viel Wochen lang den Tyrannen zu dulden und mich von ihm quälen zu lassen. Ich ward nun weit freier und natürlicher in meinem Betragen. Ich sprach mit, wenn er sprach; unterbrach seine Reden und Vorlesungen, (mit denen er damals auch Herrn Eberhardt häufig quälte, indem er ihm seine Urkunde gegen Doctor Semler mit anzuhören zwang,) und handelte überhaupt als ein Mann, der sich fühlte, von B — s Gleichen zu seyn. B** ließ sich als schlauer Mann es gar nicht merken, daß er meine Veränderungen empfand. Er blieb einige Wochen in seiner gewöhnlichen Handlungsweise; kam aber nachher ganz plötzlich, und gab allerley Ursachen vor, warum er Halle verlassen, und sich wieder nach Dessau begeben müsse. In der That geschahe es darum, weil ich ihm nicht mehr schmeckte. — Ich, mein Weib und meine Kinder segneten den Augenblick, in welchem er abzog.„

Da haben meine Leser Bahrdts naive und ungekünstelte Beschreibung und Schilderung von B — s Charakter und Gesinnung. Wem dieses Zeugniß und Beschreibung nicht von seinen Vorurtheilen heilen, und auf alles dasjenige aufmerksam machen kann, was ich schon von diesem Manne bisher gesagt habe, und in dem 2ten Theile noch mehr sagen werde, der ist unheilbar. Freylich

war

war Basedow ein Tyranne, und ein listiger Tyranne, in dem mehr als zu einem geistlichen oder päbstlichen Despoten und Wüterich Stof und Anlage steckte, wenn das Schicksal ihm begünstiget, und in frühern Zeiten hätte geboren werden lassen. Hier haben meine Leser auch eine Probe von B — s Beschäftigungen auf seinen Reisen. Man kann versichert seyn, daß, mit veränderten Nebenumständen, er dieselbe Hauptrolle an allen Orten seines kürzern oder längern Aufenthaltes zu Halberstadt, Helmstädt, Magdeburg, Leipzig und an andern Orten spielte. Das war seine Hauptrolle auf Reisen, daß er den hochgeneigten Patron machte, seine Wichtigkeit vorzeigte, und unerfahrne Nichtkenner dadurch täuschte, daß sie glaubten, er müsse der scharfsinnigste und einsichtsvolleste Mann seyn, und sich schmeichelten, zufolge seiner theuren und gewichtvollen Versicherungen, daß er sie zu glücklichen und berühmten Männern machen würde. Wahrhaftig! würden alle diejenigen Männer, welche Gelegenheit gehabt haben, B** so auf Reisen kennen zu lernen, wie ihn Bahrdt beschrieben hat, und auch vielleicht durch Versprechungen von ihm sind getäuscht worden: würden alle diese Männer, sage ich, es der Mühe werth halten, ihr einstimmiges Zeugniß und Erfahrung dieser Lebensbeschreibung beyzufügen, oder mir selbige gütigst

zuzu-

zuzuschicken, damit ich sie als einen Anhang noch dem zweiten Theile beyfügen könnte: so würde sich zeigen, daß das leichtgläubige und zu gutmüthige hohe und mittlere Publikum von diesem Manne zu Hause und besonders auf Reisen ausserordentlich sey getäuschet und eingenommen worden, und daß vielleicht auch B** in diesem Stücke einzig und in der Geschichte Beyspiellos sey. Da hier und da von B — s Lüsternheit zu reisen und seinen würklichen Reisen schon einige Erwähnung geschehen ist, so will ich auch in dieser kleinern Abtheilung nicht weitläuftiger seyn, sondern nun in der oben angezeigten Ordnung b) Von seinen theologischen Schriften oder vielmehr seinen theologischen Unternehmungen und Streitigkeiten etwas erzählen. Denn die theologischen Schriften selber nach ihren Titeln und Inhalte sind theils schon oben ganz kurz angeführet worden, und werden unten im 2ten Theile mit mehrern beurtheilet werden. Man erlaube mir nur eine kurze Rekapitulation anzustellen. Als B** von Sorde nach Altona gekommen war, wollte er durch Herausgabe seiner theologischen Lehrbücher und Streitschriften den Reformator, den Kirchen-Verbesserer, den Christenthums-Wiederhersteller, den Kirchenthums-Ausfeger, und kurz den grossen und berühmten Welt-Verbesserer spielen, um Ruhm zu erlangen und seine

Ein=

Einkünfte beträchtlich zu vermehren. Das erste gelang ihm so ziemlich; denn er wurde doch wenigstens als Ketzer berüchtigt und etwas verfolget. Mit der Vermehrung der Einkünfte durch diese Handthierung wollte es aber nicht so recht gelingen. Daher warf sich B** ins pädagogische Fach, und da ging es besser; denn es regnete Louisd'or und Ducaten, und der Segen floß ihm von allen Seiten zu. Das liebe Publikum, diese ehrwürdige Matrone, die B** in der Pädagogik geheirathet hatte, brachte ihm eine so reiche Mitgaft zu, daß er nun bequemlich und ohne Sorgen leben und noch dazu sich ofte rühmen konnte: "daß er von diesem erheiratheten Vermögen beträchtliche Summen zum Besten seiner lieben Gattin, des Publikums, aufopferte." Es ist freylich ein kleiner Widerspruch, allein das muß man bey einem so großen Manne so genau nicht nehmen. B** spielte diese pädagogische Rolle einige Jahre mit augenscheinlichem Eifer; wurde aber dieser Rolle überdrüssig, weil seine geheirathete Matrone nicht abermals 10,000 Ducaten herausrücken wollte. Wird es die Nachwelt glauben, daß ein solcher Mann existirt hat? Nein sie wird es nicht glauben; wenigstens doch nicht in dem Umfange, wie es würklich wahr ist! Dieser veränderliche und höchst unbeständige Mann nun wirft sich abermals wieder ins theologische Fach.

Fach, und spielt, beinahe noch möchte ich sagen in seinen letzten Jahren, die Rolle einer alten entkräfteten Betschwester und eines kraftlosen Betbruders, die beide die Welt bekehren wollen, weil sie selbige nicht mehr geniessen können. Ich muß aufrichtig bekennen, daß, ein Paar seiner letzten theologischen Schriften ausgenommen, ich aus dem itzt angenommenen Systeme des Mannes nicht klug werden kann. Er ist weder Heterodoxe noch Orthodoxe; nicht Fisch und nicht Fleisch; nicht Vogel und nicht vierfüßig Thier. Und was ist er denn? Das weiß ich nicht weiter zu beantworten; als daß es derselbe B** ist, der vor vielen Jahren zu Altona dieselbe Rolle, aber in einer ganz andern Masque und Kleidung mit andrer Schminke und bey andern Decorationen spielte. Wer seine altonaischen und dessauischen theologischen Schriften zu vergleichen sich die Mühe geben will, der wird diese auffallende Veränderung wahrnehmen können. Da B** in dem Erziehungs- und Unterrichtswesen nach seinen höchstlächerlichen und unausführbaren Projecten keine Veränderung hatte bewirken oder mit ihm zu reden, keine Besserung hatte stiften können, so wollte er es nun noch einmal mit der Religion versuchen, um dem ächt biblischen Christenthum recht viele aufgeklärte und eifrige Verehrer zu verschaffen. Dieses wichtige Vorhaben setzt voraus, daß B** erst

selber

selber ein aufgeklärter und thätiger und eifriger Verehrer der alten Christusreligion hätte seyn müssen. Jedoch nach der Mode, die heuer im Schwange gehet, findet sich in keiner menschlichen Angelegenheit und Handthierung mehr Theorie und weniger Praxis, als in der Religion: Es kommt auch so sehr nicht darauf an; denn man siehet immer mehr und mehr ein: daß die Ausübung selber nicht jedermanns Ding ist. In diesem Falle war B** und mit ihm sind darin zehn und hunderttausend theologische Arbeiter und Handlanger und Volkslehrer und Priester und Leviten, die alle als Krüppel, als Lahme, als Blinde, als Einäugige und mit dem Staar behaftete, als Höckerichte und Bucklichte, als Keuchende und Engbrüstige von der reinen Christus-Religion und ihren Vorzügen schwatzen, sie selber nicht im geringsten ausüben, und vergessen, daß Tugend und wahre bessernde Religion nicht kann gelehret, sondern bloß durch Beyspiele gelernt werden muß. Diese Lebensperiode, wo Basedow neue Anwandlungen und Erscheinungen von und in der Theologie hatte, gehet ohngefähr von — 79 bis — 84, während welcher Zeit er sehr viele Schriften aufsetzte, worin er die Uebereinstimmung der christlichen und der natürlichen Religion zeigen wollte. Doch so, daß er der geoffenbarten den Vorzug einräumt. Als Geschichtschichtschreiber muß ich im erzählenden Tone verharren, und darf mich in keine Untersuchung hier einlassen. Daß B** im Jahr —79 sich eine geraume Zeit bey Bahrdt aufhielt, haben wir in der vorhergehenden kleinern Abtheilung gesehen. Viele aufmerksame Leser haben vielleicht in ihrer Neugierde es bedauert: daß Bahrdt nicht deutlicher erklärt, wozu ihn B** in seiner Schriftstellerey eigentlich als Sclave gebrauchen wollte. Hier kann ihre Neugierde befriediget werden. Das wußte und fühlte Basedow wohl, daß er gegen Bahrdt in der Theologie und vielen andern Kenntnissen ein Kind war. Da er aber doch nochmal als geistlicher Donquixotte einen Ritt wagen wollte, so sollte Bahrdt Sancho Panza seyn, in den er seinen Geist giessen wollte, d. h., ihm eingeben, wie er sich in seinen Schriften, in den Kriegen des Herrn, zu verhalten hätte; oder B** wollte der Riese seyn, und Bahrdt sollte die Rolle des Zwerchs spielen und dabey Nase und Ohren, Bein und Arm verlieren, und sich doch nicht abschrecken und muthlos machen lassen. Denn B** hatte es ihm ja vorher gesagt und geweissaget, daß es nicht kützelte, sondern wehe thät, wenn einem die Nase oder ein Ohr weggehauen würde. Es wäre doch sehr zu wünschen gewesen, daß B—s und Bahrdts Ideen und Begriffe und Vorstellungen möchten in einem

ein=

einzigen theologischen Erzeugnisse zusammenge-
flossen und zusammengeschmolzen worden seyn.
Das müßte ein recht schnakischer und drolligter
Mischmasch geworden seyn; worin man gewiß den
eingegossenen und eingehauchten Geist Basedows
nicht würde haben verkennen können. Die
Beyträge legen diesen Basedowischen Schriften
abermals einen ausserordentlichen Werth bey,
und behaupten sogar, daß sie noch eine ergiebige
Gold- und Silbergrube bey der Nachwelt seyn
würde, aus deren Ausbeute und vorgefundenen
Schätzen die Gelehrten bey der Nachwelt noch
glänzende und Ruhm und Ehre bringende Geräthe würden machen lassen können. Doch bekennen auch dieselben Beiträge, daß man auch
B** den einzigen in auffallenden Meinungen und
Aeusserungen darinnen wahrnähme: welches man
aber aus seinem forschenden und tiefsinnigen Geiste
herleiten müßte. Doch genug von diesen und dergleichen Floskuln, die man bey B—s Lobrednern gewohnt
werden muß, ohne sich dadurch irre machen zu lassen.
Wer sollte es aber glauben? Der forschende und
tiefsinnige Philosoph; der geübte Denker; der
große Theologe, der die Christenwelt reformiren wollte,
gerieth über die damals erschienenen Wolfenbüttelsche
Fragmente, vom Zwecke Jesu und seiner Jünger, in
Erstaunen. Er las selbige, und wurde von neuen

quälen-

quälenden Zweifeln bestürmet. Jedoch nach B—s Erzählung war diese Lectüre die Gelegenheit, daß er nach einer abermaligen gewissenhaften Prüfung und Untersuchung des neuen Testaments alle seine Zweifel besiegte und von der Göttlichkeit des Urchristenthums völlig überzeugt wurde. Jeder rechtschaffene Verehrer der wahren und beglückseligenden Religion wird an dieser Ueberzeugung redlichen Antheil nehmen. Nur Schade! daß die darauf folgenden Schriften nicht so ganz nach dieser Ueberzeugung und Salbung schmecken. Jedoch B**, voller Freude über seine Entdeckung und Fund, wollte so gerne seine beruhigende Ueberzeugung der Lesewelt mittheilen, um sich zu bekehren. Ofte habe ich mich verwundert, und bin mit dieser Verwunderung noch nicht fertig, daß B** niemals Anwandlungen gehabt hat, ein Missionarius zu werden, und Christen, Juden, Heiden und Türken zu bekehren, und Proselyten zu machen, wozu er doch nach meiner Einsicht und Erfahrung ausserordentlich glückliche Anlagen hatte. Hätte er die lettres édifiantes & curieuses des missions étrangères in 24 tom: und besonders die Nachrichten von China gelesen, ich glaube, er wäre in alle Welt gegangen. Ob sich aber B** aus Liebe zu dem Urchristenthume, wie der hoch- und höchstselige Kuhlemann in einem eisernen Käfig von der heiligen Synode in Rußland auch würde haben verbrennen lassen; daran zweifle ich sehr. Denn in Anfechtung und Verfolgung war B** nicht kauscher, sondern fiel abe. Inzwischen setzte B** verschiedene theologische Schriften auf; die er auch als Geschencke dem nahen und entfernten Publikum zuschickte; weil selbige, wie Bahrdt richtig bemerkt, nicht mehr fahen und ansetzen wollten, und kaum dem Titel nach bekannt wurden. Jedoch B** wußte aus langer Erfahrung, daß in der Streittheologie am meisten von Alters her bis itzt Ruhm und Ansehen zu erjagen gewesen wäre, und daß man sogar den alten welkenden und schlaf gewordenen Ruhm durch neu erregte Streitigkeiten wieder anfrischen und aufsteifen und wachsend grell machen könnte. Er fand, daß Semler auf die eben genannten wolfenbüttelschen Fragmente nicht schulgerecht geantwortet hätte, und wagte sich daher an diesen wahrhaftig großen und gründlich gelehrten Mann, gegen den B** in vielen Kenntnissen ein Kind war, und zeigete in einer besondern Urkunde der ganzen Christenwelt die neue Gefahr an, die durch die scheinbare Semlersche Vertheidigung, dem ächten Christenthum bevorstünde. Hier braucht man nur ohne eingestreuete Raisonnements zu erzählen, um zu zeigen, wer und was B** itzt war. So richtig

aber

aber Bahrdt diesen Mann und seinen Aufenthalt bey ihm zu Halle schildert; so sehr wundere ich mich doch, oder vielmehr ärgere ich mich über seine Partheylichkeit, wenn er behauptet, daß Semler durch die Basedowische Urkunde so ganz wäre zu Boden gestrecket worden, und daß er dadurch einen ausserordentlichen Sieg über diesen großen Theologen erhalten hätte. Wie kann doch ein Mann, wie Bahrdt, so partheiisch oder vielmehr vergeßlich seyn. In dem eben angeführten Stücke seines Lebens und dem Urtheile über B** gedenket er dieser Urkunde nicht mit solch einem Ruhme, sondern bemerket, daß B** mit dem Vorlesen derselben den Herrn Professor Eberhardt gequält und zum Anhören gezwungen hätte. Welch ein Widerspruch findet sich doch in der größten Gelehrten ihrem Betragen und ihren Schriften! Sie sind nun beyde den Weg alles Fleisches gegangen; ich meine Basedow und Semler. Aufgeschlagen liegen da vor mir 2 Brochüren: B—s Begräbniß u.s.w. und Semlers letzte Aeusserungen. Wenn ich beide Schriftchen mit einander vergleiche, so hoffe ich, daß sie sich nun wohl jenseit dem Grabe mit einander werden verständiget haben. Aber nein! ich bin noch nicht fertig. B** fordert Semlern in seiner Urkunde auf. Hier erreicht nach meinem Gefühl und Einsicht B—s kecker, verwegener und tollkühner Stolz die höchste Stuffe. Dieser Mann, der sich mit dem gründlichgelehrten Semler in theologischen Kenntnissen gar nicht messen konnte und durfte, wie er selber fühlen und wissen konnte und mußte, ist doch verwegen genug, Semlern aufzufodern und gleichsam herauszufordern, seine wahre Meinung freymüthig vor der deutschen Christenwelt zu erklären. Ja der Mann ging in seinem Stolze so weit, Semlern anzubieten: daß er ihn mit seinem Vermögen unterstützen wolle, wenn er über ein freymüthiges Bekenntniß seiner Einsichten in Verlegenheit gerathen, d. h. von Amt und Brodt kommen sollte. Jeden edeldenkenden, unpartheiischen und gerechte Sache liebenden Leser frage ich noch einmal, ob B** seinen unmäßigen Stolz gegen Semlern hätte höher treiben können. Seine Absicht war, diesen Mann recht zu demüthigen und herabzuwürdigen, und wo möglich, seinen Feinden und Widersachern zu gefallen an den gelehrten Pranger zu stellen. Denn erstlich greift er Semlern auf dem Titul seiner Streitschrift schon sehr bitter ja fast recht orthodoxmäßig an, um ihn dem christlichen Publikum verdächtig zu machen, als einen gefährlichen und tückischen Mann, der ein offenbarer Feind des Christenthums wäre. Sodann gehet er gar so weit und bietet Semlern aus seinem Vermögen

gleich-

gleichsam einen Gehalt an, wenn er nur ein freimüthiges Bekenntniß vor der ganzen Christenwelt hätte ablegen wollen. Semler wäre der unglückseligste Mensch gewesen, wenn ihn Gott so weit hätte fallen lassen, daß er aus B—s Vermögen einen kümmerlichen Gehalt hätte annehmen müssen. Denn ausser der grossen Demüthigung schon an sich selber, hätte es leichte geschehen können, daß B** auch eine schriftlich von sich gegebene Zusage nicht hätte erfüllen wollen, indem er sich in seinen Entschlüssen und Zusagen nach den Umständen bestimmet, und in den Principien des Handels für sich eine Ausnahme zu machen für erlaubt gehalten hätte. Siehe oben in der ersten Abtheilung No. 11. Semler antwortete nach seiner Gewohnheit dem tollkühnen B** sehr bescheiden, und überließ das übrige der Entscheidung des Publikums. Semler hat kurz vor seinem Tode seine wahre und aufrichtige Meinung über gewisse religiöse Gegenstände geäußert. Welche letzte Aeußerungen von einem glaubwürdigen Hörzeugen sind mitgetheilet worden. Ohnerachtet aller erstern und letztern daseyenden Basedowischen theologischen Schriften habe ich doch wenigstens aus des Mannes geäußerten Meinungen nie recht klug werden können; denn die frühern und spätern Schriften dieser Art sind im Inhalte und Vortrage

 sehr

sehr unterschieden. Wenn der Inhalt der kleinen Brochüre: Basedows Begräbniß, ein Pendant zur Kirchen- und Ketzergeschichte des 18ten Jahrhunderts wahr ist, daß man nemlich B** bey seinem und nach seinem Begräbniß für einen verdammten Ketzer erkläret, der da nicht liegen müßte, wo er begraben wäre; so hat der Verfasser dieser Brochüre recht löblich gehandelt, diesen Pöbelswahn zu widerlegen. Doch die Hauptabsicht war wohl vielleicht, dem hofnungsvollen Sohne B—s, ein Condolenz-Compliment zu machen. Um aber wieder zu B—s theologischen Streitigkeiten zurückzukehren, so kann man billig fragen: was denn B** für Absichten gehabt habe, Semlern so muthig und keck anzugreifen, da er ja von diesem Manne nicht im geringsten war beleidiget worden. Die Beyträge geben zur Ursache an: daß B** durch Semlers Widerlegung der wolfenbüttelschen Fragmente abermals in neue und quälende Zweifel und Ungewißheit gerathen wäre, die ihm wieder viel Unruhe und Kummer verursacht hätten. Man muß es blos der Unbeständigkeit und Wankelmüthigkeit dieses Mannes zuschreiben, daß er so ofte in seinem Leben von quälenden Zweifeln angegriffen worden, und selbige besiegt zu haben sich rühmet; und dann abermals und abermals wiederum von diesen Plagegeistern bestürmet

stürmet worden, und doch den Sturm allemal will glücklich abgeschlagen haben. Als er die Fragmente und nachher die Widerlegung derselben gelesen hatte, hatte er wieder zwey besondere Anfälle von quälenden Zweifeln. Jedoch die herrschende Zweifelsucht B—s, die bekannt genug war, gerne zugegeben; so lag doch hierin nicht der Hauptbewegungsgrund: daß er einen plötzlichen Angriff auf Semlern wagte. Eine Cabale mündlich oder schriftlich angezettelt, die aber nicht recht ins Publikum transpirirt ist, lag dabey zum Grunde. Wie viel schändliche, ehr- scham- und gewissenlose Angriffe werden durch heimliche Cabalen verabredet, welche sogar ofte auf blutige und langwierige Kriege hinauslaufen. Doch zum Ruhme B—s sey es gesagt; er handelte, nicht als ein verworfener und schurkenhafter Meuchelmörder und Gauner aus Jan Hagels Club, der Pasquillen und ihren Verfasser brandmarkende Schandschriften machte, sie Rezensionen nannte, und nach Salzburg an die O. A. L. Z. schickt, wie es heuer Mode wird; nein! er handelte nicht anonymisch, sondern setzte seinen Namen auf die Streitschrift; und das war löblich und für einen theologischen Ritter rühmlich. Aber auch diese Cabale war nicht alleine die bewegende Ursache. Meine Leser sind bisher mit B—s unermeßlicher Ehr- und

Ruhmsucht bekannt genug geworden. Nachdem sein Ansehn und Credit etwas gefallen war, so hielt er diesen Angriff für eine günstige Gelegenheit, sich wieder etwas in der Meinung des Publikums emporschwingen zu können; zumal, wenn er sich an einen so berühmten Mann, als Semler wagen würde. Der eifrige und frömmelnde Ton, in welchen er diesen Angriff einkleidete, mußte ihn dabey noch mehr zu Statten kommen und als einen eifrigen Verfechter des Christenthums, und gleichsam als einen Paulus darstellen. So verhält es sich mit dieser theologischen Streitigkeit. Noch eine geraume Zeit wandelte B** auf dieser theologischen Bahn einher, und gab noch Gesangbücher und andere auf Erbauung, Ermunterung und Erweckung abzweckende theologische Schriften heraus, die aber auch eben nicht sehr bekannt wurden, und darüber ich auch hier weiter nichts sagen will, weil die erläuternden Urtheile über diese Schriften erst weiter unten Statt finden können. Nachdem B** so einige Jahre wieder in der Theologie gearbeitet und Ruhm zu erwerben gesucht hatte: so wurde er diese Beschäftigung abermals überdrüßig und müde, und warf sich c) von neuen und abermals ins pädagogische Fach. Mit der Theologie hat es ihm nicht mehr gelingen wollen, wie ehemals zu Altona; denn itzt konnte er kaum

Leser

Leser kriegen und etwas Aufmerksamkeit erwecken, wenn er auch gleich von einigen seiner Schriften hundert und mehrere Exemplare verschickte und verschenkte; da er doch zu Altona eine geraume Zeit so gierige Käufer gehabt, und sich dadurch so großen Vorbereitungsruhm auf seine pädagogischen Unternehmungen erworben hatte. Er mußte sich also mit dem Doctor Primrose im Landpriester damit trösten, daß er und einige wenige Auserwählte seine Schriften lesen. Da inzwischen doch die Theologie und Pädagogik die beyden besten Reitpferde dieses Mannes waren, worauf er in seinem ganzen Leben wechselsweise längere oder kürzere Ritte gemacht hat; doch auch zuweilen eines derselben oder alle beide vor die Philosophie spannete, und in der Kariol oder Phäeton fuhr: so verfiel er nun noch einmal in den letzten Jahren seines Lebens auf die Pädagogik, oder auf das ganze Schulwesen und Verbesserung desselben. Nach Aufhebung des Philanthropins, und nachdem er sich gänzlich von aller Arbeit an dem Lehr-Institut losgesagt hatte; so konnte er leichte sehen, daß auch der durch die Pädagogik erworbene Ruhm gar sehr müßte gefallen seyn. Damit selbiger nun nicht gänzlich schon bey seinen Lebzeiten verwelken möchte, so wollte er durchaus noch einmal einen Versuch in der Verbesserung der Schulen und des

 Unter-

Unterrichts wagen. Den Eigensinn und die Hartnäckigkeit dieses Mannes kann man nicht genug bewundern, der durchaus das Ansehen und den Ruhm eines Reformators in irgend einer menschlichen Angelegenheit haben wollte, so sehr es ihm auch mit allen seinen Versuchen bisher mislungen war. Folgende Anmerkungen werden dieses erläutern. Basedow versicherte ofte, daß ihm die Verbesserung des Schulwesens ohnerachtet alles Anscheins zum Gegentheil noch beständig am Herzen läge, und bis an sein Ende ihm wichtig seyn würde. Hierin sagte B** wahr; denn auch auf seinen Reisen beschäftigte er sich mit der Ausarbeitung pädagogischer Schriften, ja sogar mit Unterrichts-Ertheilung bis an sein Ende, von — 85 bis — 90. Seine erleichterte Methode, Sprachen, und besonders die Lateinische zu lehren, lag ihm noch beständig im Kopfe, und er wünschte recht sehr, selbige irgendwo auf irgend eine Weise in Ausübung bringen zu können, und setzte auch zu dem Ende noch eine Schrift auf, worin er diese angeblich erleichterte Methode, die er wollte erfunden haben, nach ihrer Beschaffenheit und nach ihren Vortheilen von neuen vorstellig machte. Allein auch hier fand er mit seinen Vorschlägen nirgends Gehör noch Unterstützung. Es würde sich nicht der Mühe verlohnen, meine Leser mit einer weitläuftiläuftigeren Beschreibung zu unterhalten, da sie diesen Mann schon oben sattsam in diesem Stücke kennen gelernt haben. Das nur will ich noch bemerken, daß, da B** in der vorgeschlagenen Verbesserung des Unterrichts höherer Art kein Gehör fand, er sich nun zu der niedrigen und allerniedrigsten herabließ. Denn doch noch etwas Gutes in seinen alten Tagen zu stiften, gab er ein Lese- und Buchstabierbüchlein heraus; womit er aber, Magdeburg ausgenommen, eben so wenig Gehör und Eingang fand und Beyfall erhielt, als mit seinen übrigen jüngst herausgegebenen Schriften. Daß B** in Magdeburg selber in einer bekannten Lehranstalt Hand anlegte, und aus einem Theoretiker ein Praktiker wurde, oder, mit Bahrdt zu reden, den Schulmeister machte, das ist schon oben bey seinen Reisen bemerket worden. Auch in der Beschreibung dieses Geschäftes B—s will ich mich nicht länger verweilen, sondern nun: d) Von dem Privatleben B—s zu Dessau und überhaupt von seiner mit selbiger in genauester Verbindung stehenden Familie etwas erzählen. Auch in dieser Beschreibung werde und muß ich ganz kurz seyn, weil ich davon nicht Augenzeuge, sondern nur Hörzeuge bin. Schon oben habe ich mehr als einmal gesagt, daß ich erst in der dritten Abtheilung über B—s Charakter in der weitläuftigsten

Bedeutung dieses Wortes, B—s hieher gehöriges Privatleben in einigen Stücken und Beispielen so weit beschreiben würde, als ich das Erzählte selber gehört und gesehen habe, und diese Erzählung ein nothwendiges Stück des Ganzen dieser Lebensbeschreibung ausmachen kann. Dieses wird dann erst im 2ten Theile geschehen können. Was nun B—s Privatleben zu Dessau anbetrift, und zwar insonderheit sein Verhältniß und seine Lage gegen seine Familie, so habe ich aus den darüber in Händen habenden Nachrichten, durch Vergleichung und Gegeneinanderhaltung gesehen, daß er hier derselbige war und blieb, der er zu Soroe und zu Altona immer mit weniger Veränderung gewesen war. Ja ich ersehe, und schließe aus einigen in den Fragmenten und in den Beyträgen gegebenen Winken, daß B—s Launen, Bizarrerien, hypochondrische Anfälle und überhaupt sein ganzes, auf Familie Beziehung habendes Wesen und Betragen noch einige Grad müssen gesunken, schlimmer und unausstehlicher und unerträglicher geworden seyn. Dieses insgemein so

ge-

gesagt, läßt sich aber ohne Beyspiel im Kleinen und im Detail so nicht verstehen, ohne welche man doch auf B — s Charakter und Gesinnung nicht schliessen kann. Diesen Mangel kann ich aber nicht eher als im 2ten Theile ersetzen. Unter B — s Familie verstehe ich seine fromme Schwiegermutter, seine edeldenkende und vortrefliche Gattinn und seine Kinder. In den Fragmenten sowohl, als in den Beyträgen, wird überhaupt mehr als einmal zu erkennen gegeben, daß B** nicht immer die zärtliche Sorgfalt gegen die Seinigen beobachtet und gehabt habe, die er doch nach den Gesetzen der Natur und der angenommenen Offenbarung hätte haben sollen. Die Verfasser der obgenannten Schriften melden sogar, daß B** diese Nichtbeobachtung seiner Pflichten, oder die gar zu häufige Vernachläßigung derselben selber offenherzig gestanden hätte, und daß er denen, die ihm darüber freundschaftliche Vorwürfe gemacht, sehr ofte zur Entschuldigung geantwortet habe: er hätte das Publikum geheirathet. Das Unstatthafte und Ungegründete dieses

Ent-

Entschuldigung ist oben schon mehr als einmal gezeiget worden. Die fromme, wie ich höre noch lebende Schwiegermutter B—s, habe ich oben schon etwas nach ihrem Character, Wesen und Denkungsart geschildert. Je seltener, rechtschaffene und edeldenkende Schwiegermütter sind, je mehr verdienet diese wackere Frau Lob und Ruhm, daß sie das auch zu Dessau, gegen ihren Schwiegersohn und Tochter, und Enkel und Enkelinn geblieben ist, was ich allbereits von ihr zu Altona gerühmet habe. Gewiß noch einmal eine preißwürdige und sehr schätzbare Schwiegermutter, von der einstens ein Franzose sagte: voilà une belle mere, dont il n'y en a guere: elle a un fond de probité & de pieté. Auch zu Dessau hat diese vortrefliche Dame ihren raschen und kühnen Schwiegersohn mit ihrer Klugheit geleitet, mit ihrer Behutsamkeit gesichert, und durch ihre warnende und lenkende Vorsicht vor manchen Fehltritt bewahret. Ich bin B** das Zeugniß schuldig, daß so ofte er schon zu Altona verdrießlich und grämlich, und mürrisch und störrisch,

risch, ja oft tyrannisch gegen seine liebenswürdige und vortrefliche Gattinn war, ich doch niemals ein hartes Wort aus seinem Munde gegen seine wackere Schwiegermutter gehört habe; ob sie ihn gleich zuweilen sehr derbe, aber als eine kluge Abigail den Text las. B** hat vor seinem Tode mündlich und schriftlich die Verdienste dieser verehrungswürdigsten Dame erkannt, bekannt und gerühmet. Dies alles macht dem Herzen dieses Mannes wahre Ehre, und ist eigentlich ein wahrer und bleibender Ruhm für ihn, da man dieses von seinen wunderlichen Launen nicht hätte erwarten sollen, nach welchen er die Personen pflegte zu hassen, die ihn tadelten und bestraften. Was soll ich aber von seiner liebenswürdigen Gattinn sagen? Ueber die naturalistischen Zweifel, welche sie gegen die christliche Religion soll geheget haben, habe ich mich schon oben sattsam erkläret. Schon zu Altona hat diese damals noch sehr junge Dulderinn und Kreutzträgerinn sehr viel in der Gemeinschaft mit ihrem Manne erlitten, wovon ich Augenzeuge gewesen

bin,

bin, und davon weiter unten. Jedoch von einem Augen- und Hörzeugen habe ich vernommen, ausser den Winken und Zeugnissen, so ich darüber in den Fragmenten und Beiträgen gelesen, daß sie zu Dessau mit ihrem wunderlichen und launigten Manne noch zehnmal mehr ausgestanden hat, und darüber in eine ordentliche Schwermuth verfallen ist. Diese vortrefliche Gattinn starb — 88, nachdem sie mit ihrem B * *, den sie so zärtlich liebte, 33 Jahr gelebet, und mehr Leiden als Freuden in dieser langwierigen Ehe gehabt hatte. Schon oben habe ich bemerket, daß B** von Natur eben nicht zum Genusse reiner häußlicher Freuden geneigt war. Jedoch ich lasse mit Vorbedacht den Vorhang fallen, und sage weiter nichts von dieser exemplarischen Gattinn und Mutter. Die Kinder aus dieser Ehe betreffend; so habe ich zu Altona nur einen erwachsenen Sohn aus erster Ehe gekannt, der nun, wie ich mit Vergnügen aus den Beiträgen ersehe, sich als Kaufmann zu Dessau gesetzet hat, und schon längst verheirathet und mit Kindern gesegnet ist. Ein Säugling war da; ob Tochter

oder

oder Söhn weiß ich nicht, als ich von diesem Manne wegging. e) Es ist nun nichts mehr übrig, als den Tod dieses sehr merkwürdigen Mannes noch mit wenigen Worten zu beschreiben, weil solches allbereits schon oben in der ersten Abtheilung durch die beygebrachten Zeugnisse und Nachrichten davon und darüber geschehen ist. Er starb zu Magdeburg auf einer kleinen Excursion, die er dahin gemacht hatte, 1790 den 25sten Julius; nachdem er beynahe 67 Jahre erreicht hatte. So war das Ende eines Mannes, dessen Leben in engerer Bedeutung bisher ist beschrieben worden. Allerdings gehört dieser Mann unter die merkwürdigsten Personen, welche in der letzten Hälfte dieses 18ten Jahrhunderts Aufsehen erreget, und sich dadurch bemerkens- und beobachtungswürdig gemacht haben. In welcher richtigen, bestimmten und wahren und eingeschränkten Bedeutung dieser Mann, sowohl itzt noch könne und müsse, als auch bey der Nachwelt, wie ein anderer Ratichius, werde merkwürdig und berühmt genannt werden; werde ich mich im zweyten Theile dieser Lebens-

 beschrei-

beschreibung gewissenhaft, soweit meine Erkenntniß und Einsicht reichet, erklären. Dieser zweyte Theil soll auf diesen ersten sobald folgen, als es die überhäuften und drückenden Geschäfte meines lästigen und höchst beschwerlichen Schulamts erlauben werden. Vielleicht bald nach Michaelis, da die längst gesammelten Materien nur geordnet und angereihet zu werden brauchen. Die für den zweyten Theil noch bestimmten 3 Abtheilungen, wie aus der Vorrede erhellen kann, werden mit gleicher Genauigkeit und Umständlichkeit bearbeitet werden. Ob ich des Publikums Erwartung des Basedowischen Lebens ohne Schminke schon in diesem ersten Theile werde etwas erfüllet und befriediget haben; und ob selbiges mich durch etwas Beyfall und billigen und freundschaftlichen Tadel zur baldigen Auslieferung des zweyten Theils aufmuntern werde: das muß ich in Gelassenheit und Gleichmüthigkeit erwarten. Ich bin mir nach meiner besten Kenntniß und Einsicht bewußt, daß ich dieses Mannes Leben so beschrieben habe, wie es mußte beschrieben werden; und daß

ich

ich ihn gleichfalls nach meinem Gewissen und Bewußtseyn da gelobet habe, wo er mir lobenswürdig zu seyn schien; Ihn aber auch da und zuweilen derbe und bitter getadelt habe, wo er solch einen bittern Tadel verdienet hat. In der Ausarbeitung des zweyten Theils werde ich dasselbe mir vorgeschriebene Gesetz beobachten, um am Ende zeigen zu können: was B** wirklich war, und was er nicht war und was er hätte seyn sollen, können und müssen, wenn er wirklich der hochberühmte und unsterbliche Mann hätte werden sollen, wofür er von vielen mit Unrecht gehalten wird.

Ende des ersten Theils.

Verbesserungen.

Seite 3. Zeile 9. lies einem, anstatt einen.
— 7. Z. 7. l. keinem, anstatt keinen.
— 13. letzte Z. l. und wahre, für unwahre.
— — Z. 3. ist vor Studio zu ergänzen: theologischen.
— 37. Z. 5. von unten auf ist zu, zu, wegzustreichen.
— 45. Z. 11. von unten auf, lies ausbrüten, für ausbreiten.
— 57. Z. 9. von unten auf, lies kreistender, für kreißender.
— 67. Z. 12. von unten auf, lies Beschäftigungen, für Beschäftigung.
— 71. in der Anmerkung in der vierten Zeile von unten auf, fehlt nach Heldenthat: verrichten; und nach bestritten: hatte.
— 94. in der Anmerkung in der siebenten Zeile von oben: lies Gnatho, für Gnochto.
— 111. lies in der zweyten Zeile von oben: N. T. für N. 7.
— 115. Z. 6. von oben; lies zeigte, für zeugte; und auf der letzten Zeile: befindet, für befinden.
— 119. Z. 12. von unten auf: lies Esquimaux, für Esquinaux.
— 134. in der Anmerkung Zeile 3. von unten auf: lies hin, für hui.
— 138. Z. 15. von oben: lies Obsolete, für Absolute.
— 170. Z 7. von unten auf: lies linken, für Pinken.
— 173. erste Zeile ist: daß, wegzustreichen.
— 388. Z. 10. von unten auf: lies Catharineum, für Catharinum.
— 400. Z. 11. von unten auf: lies Mochel, statt Mahel.
— 403. Z. 9. von unten auf im Anfang, fehlt das Wort: führte.

Lightning Source UK Ltd.
Milton Keynes UK
UKHW010955030323
417983UK00006B/392